普通高等教育"十一五"国家级规划教材

高等院校工商管理类系列教材

U0661116

管理学原理

（第三版）

周三多　陈传明　龙　静　编著

南京大学出版社

前　言

　　1983 年初调入南京大学后我开始在周三多教授和蒋俊教授的指导下从事管理学的教学与研究工作。多年的教学实践使我对管理学的几乎每一个基本理论问题都有机会进行比较深入的思考和探索。1986 至 1992 年，在广泛阅读、从而参考国内外大量管理研究文献和管理学教科书、特别是南京大学企业管理教研室周三多、蒋俊、刘君健老师编写的《工业企业管理原理》的基础上，由我主笔写作了主要面向大学本科学生的《管理原理》。这本教材 1992 年初版后，受到了管理理论工作者、大专院校管理专业多层次学生以及企业界的高度好评，并在一定程度上为后来我们参与出版的管理学原理教材提供了重要参照。

　　根据本书诸多读者，特别是以此书为相关课程参考教材的有关老师和同学，以及在参与管理培训时使用了此教材的企业管理工作者的建议，同时也根据我们自己在教学中总结出的一些体会，本版对教材中的部分章节进行了修订和补充，请龙静教授增加编写了第十章《组织文化》和第十六章《知识创新和组织学习》。

　　考虑到"原理性"教材的特点，我们对目前企业管理实践中的一些热点问题未加讨论。相关研究虽然很多，但作为"原理"对其进行概括和介绍，我们觉得目前还不够成熟。我们将继续追踪相关研究，并根据理论的发展情况在适当时机在本书中加以补充。

　　本书读者仍主要定位于高等院校经济管理类本科生、研究生以及所有有志于研究管理问题的同仁。我们也希望那些力图提高自己理论素养的管理实践者能通过本书的阅读而有所收获。

　　愿作者能在和读者的共同努力下对中国管理理论的发展有所贡献。

陈传明

2020 年 6 月于南京

目　录

第一篇 导 论

人类在认识自然、征服和改造自然的实践中早已意识到了集体的力量,早已观察到这样的事实:集体活动可以取得人们各自孤立地工作无法取得的成果。因而,大多数人类活动都以某种集体形式进行。任何人类的集体活动都需要进行管理。管理者的任务就是要设计并维持一种适宜的组织环境,安排和协调不同成员的努力,使每个人都能为集体目标的有效实现提供有益的贡献。虽然不同组织的管理要受到环境、资源、活动、目标和成员等组织要素的特点的影响,但其基本任务和职能是相似的,因而存在一些共通的能够指导管理者有效工作的基本原理和方法。我们正是基于这种认识编写这本教材的。

第一篇导论包括"企业与管理"和"管理理论的历史演变"两章,其任务是为以后的分析提供预备知识。

在第一章中首先分析了组织及其要素,由要素的整合推导出管理的必要性;在此基础上,详细讨论了作为一种特殊的社会经济组织的企业,它具有哪些特征,其任务是什么,为完成这些任务应进行何种活动,以及我国经济体制改革给企业带来了哪些变化;然后,研究了企业管理的性质和特征,并从纵、横两个层面分析了企业管理的内容;最后,介绍了作为管理方法论基础的系统论的基本观点,以及这些观点对我们的启示。

任何科学的发展都是在不断总结前人思想遗产的基础上实现的。管理科学亦然。要了解现代管理理论的一般原理和方法,首先要回顾一下管理思想的形成和发展的历史。这是第二章的任务。在这一章中,分析和介绍了以下问题:

(1) 对中国古代管理思想进行了思考。

(2) 工厂制度早期的企业家和经济学家对管理的探索和思考。

(3) 泰罗的科学管理为什么会在美国产生和迅速推广。

(4) 法约尔的一般管理理论及其特点。

(5) 韦伯对组织理论的贡献。

(6) 梅奥如何在霍桑试验的基础上提出了人际关系理论。

(7) 现代管理理论的主要流派及其研究方法的区别。

(8) 探讨了管理理论的发展趋势。

第一章 企业与管理

企业管理学是管理科学的一个分支,它应用管理学的基本理论和方法来研究企业经营活动的展开和生产要素的组合。因此,在讨论企业管理的具体内容以前,必须首先分析需要管理的对象——企业及其活动有何特征,并给出管理过程中需要运用的基本概念和方法论知识。

第一节 企业与一般社会经济组织

一、组织及其要素

(一) 现代管理学的研究对象

从广义上来看,任何人类活动都需要统筹安排和协调治理。也就是说,管理的客体既可以是个人单独进行的活动,也包括由若干个人组成的集体的活动。任何个人为了使自己的活动取得比较高的效率,都会有意识或无意识地将自己在活动中所要利用的资源(时间、金钱和物质条件等)进行合理的安排和调整;任何集体为了有效地获得每个成员的贡献,都必须对他们的努力进行协调。但是,现代管理学的研究对象是对集体活动,而非个人活动的管理。现代管理理论是在研究管理人类有组织的集体活动的规律的基础上发展起来的。

(二) 组织的概念

由若干个人组成的集合体,如果他们在某段时期内相对固定地集中在一起从事某种活动,则会形成某种社会经济组织。因此,所谓组织是指一群人为了实现某个共同目标而结合起来协调行动的集合体。根据目标的不同,可以将组织划分为不同的类型,如军事组织(其目的是保卫国家的安全)、经济组织(从事商品生产和经营,取得利润)、教育组织(传播科学知识,为社会培养人才)、宗教组织(宣传某种教义,争取信徒)等。

(三) 组织的要素

上面定义的各种组织一般都包括了下列构成要素:

1. 组织成员

任何组织都是一定数量的个人的集合体。任何个人只要接受组织的目标,遵守组织的规章,并提供组织所需的贡献,都可能成为组织的一员,参加组织的集体活动。

2. 组织目标

组织目标是不同组织成员的黏合剂。作为组织成员的个人之所以愿意加入组织,并与其他人协同行动,是因为他们需要实现某个单靠自身的力量无法实现的目标。我们在后面的有关章节中将详细讨论组织的目标,在此只强调两点:

(1)一般来说,每个组织的终极目标都不会轻易改变,但各个时期的具体目标则会经常更新。

(2)组织目标(包括终极目标和阶段目标)虽然要求被全体成员共同接受,但这并不意味着加入组织的每个成员不存在自己的个人目标,更不意味着组织成员的个人目标与整个组织的共同目标是必然完全吻合的。事实上,在很多情况下,个人目标与组织的共同目标是不一致的,有时甚至是相互矛盾的。但是,组织成员仍然愿意接受和承认这种共同目标,因为他们知道自己个人目标的实现往往是以集体共同目标的实现为前提的。管理者的一项非常重要的任务便是为组织选择一个能被其成员广泛接受的目标。

3. 组织活动

为了实现共同的目标,组织成员必须从事某种活动。组织活动的内容是由组织目标的性质所决定的。由于能够实现同一目标的活动形式和内容是多样的,因此组织必须对不同的目标活动进行比较、权衡和选择。

4. 组织资源

任何活动的进行都需要利用一定种类和数量的资源。组织不仅是人的集合,而且是不同资源的集合。特定的组织是人与资源的特殊结合。除了人以外,组织在目标活动中需要利用的资源包括信息、物质条件以及获取信息和物质条件的财务手段。

5. 组织的环境

作为人的集合体,组织总是存在于一定的社会中的。组织是社会的一个基本单位,它在目标活动中必然会与外部存在的其他单位发生各种经济或非经济的联系。外部社会环境便是通过这种联系来影响组织的目标和活动的。同时,组织自己也会通过这种联系,利用自己的活动去影响和改造外部环境。由于构成外部环境的众多因素是在不断变化的,因此,组织与其环境的交互作用是一个不断连续的过程。

(四) 组织要素的整合——管理

为了使组织的各种要素相互协调,必须对它们加以整合——这是我们对管理工作下的初步定义:管理即整合组织的各种要素。这种整合既包括各类要素内部各要素个体间关系的整合,也包括要素类别之间关系的整合。各种不同类型的要素是由不同的要素个体集合而成的,因此需要通过管理去整合不同组织成员的关系、整合各层次各目标的关系、整合目标活动中不同环节之间的关系、整合活动中利用的不同资源之间的关系以及整合各子环境的关系。要素类别之间关系的整合包括:制定有吸引力的目标以聚集组织成员;选择能够最有效地实现共同目标的活动方案;协调不同成员在目标活动中的努力;根据活动的要求和特点组织筹措物质条件;选择最有效的方式加工和利用这些物质条件;根据环境的特点和变化决定或调整组织的目标性质与活动内容等。

二、企业及其特征

企业是一种特殊的社会经济组织。它是一个历史的概念,是商品生产和商品交换的产物。

人类为了生存,必须消费一定的物品。在商品经济的条件下,人们为满足生存需要而消费的物品或与之有关的服务主要是在市场上通过商品交换的形式获取的。专门为市场生产和提供这类产品或服务的社会经济单位便是企业。很难想象在现代社会,人们离开了企业的活动还能继续生存下去。

(一) 企业的概念

根据上面的简单分析可以认为,所谓企业是那些根据市场反应的社会需要来组织和安排某种商品(包括物质产品或非物质的服务)的生产和交换的社会经济单位。生产和提供的商品的性质不同,企业的类型也不同:提供农副产品的被称为农业企业;提供交通运输服务的被称为交通或运输企业;提供工业性商品或劳务的称为工业企业;等等。现代社会是工业社会,构成工业社会的微观经济基础的是大量的工业企业。对工业企业管理的研究是企业管理学的主要内容。

(二) 企业的任务

作为工业经济中的微观组织,企业的任务可以从外部和内部两个不同角度来考察。

1. 满足社会需要

从企业外部来考察,企业的任务与企业存在的社会理由有关,即与社会为什么允许企业存在有关。从上文关于企业的定义中我们已经知道,企业是为生产和提供人们所需的某种商品而存在的,换句话说,社会之所以允许某个企业存在,是因为该企业提供了能够满足人们某种需要的商品。因此,从外部来看,企业的任务首先是满足社会需要。

生产并提供商品性的产品或服务,只是满足社会需要的一个方面,且以这种方式满足的往往主要是消费者个人直接的物质或精神生活的需要。但是,消费者的所有需要并非都能通过个人的消费来得到满足,比如社会安全的需要。这种需要不可能通过每个人都拥有一位保安人员来得以满足,而必须由社会来统一提供服务。我们把类似于这样的需要称为消费者的共同需要。社会设立的诸多公益设施便是为了满足这类需要。政府在提供这类服务时,当然需要资金。这些资金则需要通过企业纳税或上缴利润的形式来聚集。因此,企业向国家纳税,在一定意义上可以被认为是为了满足社会成员的共同需要。

满足社会需要还表现在企业必须通过自身规模的维持和不断扩大,保持并不断增加其提供的工作机会,以满足社会成员的就业需要。就业是人们一项非常重要的需要,它不仅为社会成员提供了谋生的手段,也为他们提供了释放体内必须释放的能量的机会。在一个社会中,如果许多成员无所事事,精力和体力不能够在劳动场所充分发挥,那么就可能在不适当的场合释放,并可能因此而引起某种社会动荡。所以,任何社会都把充分就业当作一项重要的目标来追求。作为经济组织的企业,其重要任务之一就是要不断地创造和提供这种就业机会。

2. 获取利润

企业不仅是一个微观的社会组织,而且是或首先是一群人的集合体。这个集合体的存在,以及集合体的每个成员之所以愿意参加企业的活动,是因为他们希望通过这些活动来实现自己的目标或目的。从集合体的角度来看,不论是谁创办了企业,不论谁是企业的资产所有者,企业一旦问世,其最重要、最迫切的目标可能是继续生存,并力求生存得更好,使企业规模不断扩大;从集体成员的角度来看,他们参加企业活动的目的是为了取得能够保证他们生活下去、并生活得更好的经济收入。

为了实现企业存续和发展的目标,为了使企业员工获得更多的经济利益,企业必须通过生产经营活动实现一定的利润。

所谓利润是通过销售产品得到的收入在扣除了生产经营过程中的各种消耗以后的剩余。没有利润企业就无法追加投资去扩大生产规模;同样,没有利润,企业职工的收入就不能增加,工作和生活条件就难以改善,经济利益难以得到保证。

因此,从自身的角度来分析,企业的一项重要任务是要实现利润。

3. 满足社会需要与获取利润的关系

在关于企业任务的讨论中,许多人只注意了强调上述两个因素中的一个。或者认为企业的根本任务是满足社会需要,这是由企业的社会组织的属性所决定的;或者坚持企业的唯一任务就是盈利,这是由企业的商品生产者的属性所决定的。在我们看来,这两者并非相互排斥,而是互为条件、相互补充的。

首先,利润是企业满足社会需要程度的标志。

根据前面关于利润的定义,我们知道利润与销售收入和成本之间存在下述关系:

$$利润＝销售收入－销售成本$$
$$＝销售量×单价－销售量×单位成本$$

由于在竞争市场上企业操纵价格的能力是有限的,企业难以通过任意提价的方式来增加利润,因此,利润主要是销售量和销售成本的函数。企业利润高,无非是由于销售数量多和(或)单位成本低。而销售数量多则意味着企业产品在市场上深受欢迎,说明通过企业产品的使用能够满足购买者的某种需要;单位成本低则说明企业生产单位产品消耗的资源少,说明企业能够用同样数量的资源生产出更多符合社会需要的产品。

其次,利润也是企业满足,或继续满足、更好地满足社会需要的一个重要前提。前文已分析,没有利润,企业就难以追加投资,难以扩大经营规模。若不能扩大再生产的规模,企业怎能提供更多的产品来更好地满足社会需要。

因此,利润与满足社会需要是相辅相成的:只有满足社会需要,企业才能取得利润;同时,只有取得利润,企业才能更好地满足社会需要。

(三) 企业的活动

企业通过提供某种产品或劳务来完成上述任务。而为了能够提供某种产品,企业必须首先筹集生产这种产品所需要的各种资源。因此,企业为完成基本任务而必须进行的活动主要包括了三个环节:资源筹措、生产制造和产品销售。其中,第一、第三环节的工作与外界有着广泛的联系,而第二个环节的工作主要是在企业内部进行的。人们通常将前者称为经营活动,将后者称为生产活动,将企业活动的整体通称为生产经营活动。

1. 资源的筹措

这是企业生产经营的基础工作,任何产品都是在对一定资源进行加工和利用的基础上生产出来的。企业生产经营需要投入的基本资源主要有以下几类：

（1）人力资源，表现为一定数量的具有一定科学文化知识和劳动技能的劳动者。这是企业生产经营过程中最活跃的要素。

（2）物力资源，表现为一定数量和质量的原材料和能源，以及反映了一定技术水平的劳动工具和生产设施。其中材料是构成产品的物质基础，劳动资料是对劳动对象进行加工的必要前提。

（3）财力资源，这是一种能够取得其他资源的资源，是推动企业经营过程周而复始地不断运行的润滑剂，是用货币形式表现的企业长期和短期的资金。

2. 资源的转换

筹措到一定数量的物质或非物质形态的资源后，企业就要组织对其转换，即组织劳动者借助劳动资料、利用一定的生产技术作用于劳动对象，使原材料改变其化学成分或物理形状，以得到符合预定要求的产品。资源的转换过程，就是产品的制造过程。这个阶段的工作是企业经营的主要内容，也是企业特别是工业企业区别于其他社会经济组织或这些企业之间相互区别的一个主要标志。

3. 产品销售

企业生产某种产品的目的不是为了取得该产品的使用价值，而是为了得到该产品的价值。产品价值的实现是以使用价值的实现为条件的，而产品的使用价值又是在消费者或用户对产品的具体使用过程中体现的。消费者要使用产品，首先必须在物质形态上占有该种产品，必须以支付一定的价格为代价来取得该种产品。因此，企业要实现产品的价值，必须使产品经过惊险的市场跳跃，成功地将产品转移到消费者手中，这是企业销售工作的任务。销售活动通过确定合理的产品价格，开展充分的广告宣传，选择恰当的销售渠道，提供优良的售后服务，使企业成功地在适当的时间和地点，将产品销售给适当的用户；通过销售产品得到的收入，补偿企业生产过程中的各种消耗，并为企业提供实现的利润，从而为扩大生产经营规模创造条件。

企业生产经营活动的这三个环节既相互区别，又相互依存。"资源筹措"为加工制造提供了物质前提；"资源转换"形成了可供销售的产品；而"产品销售"实现的经营收入则使得企业能够继续从外部换取内部活动所需的各种资源。

（四）企业活动的特征

企业在从事上述活动的过程中，表现出以下几个方面的特征：

1. 商品性

企业是商品经济的产物。企业经营活动的整个过程始终具有商品经济的性质：企业制造产品或提供服务所必需的各种原材料、燃料、能源、劳动力、机器设备，甚至一些零部件、半成品等都需要支付一定数量的货币，从外部取得；利用这些资源经过加工转换生产出来的产品或服务也需要标以一定的价格，去和市场上的用户或消费者手中的货币相交换。商品经济的性质决定了企业必须根据市场能够提供的资源种类和数量以及消费需求的特点及其发展趋势来确定生产经营的具体内容和方向。

2. 经济性

经济性是从资源消耗的节省这个角度来考察企业特征的。企业活动必须符合经济性，是指企业应当以尽可能少的资源消耗去取得同样数量的能够满足社会需要的产品,或者以同样数量的资源消耗生产出更多的物质产品。

经济性的特点实际上是人类一切活动应当具备的一个共同特点。一切人类活动的最终目的,都是为了满足人类自身的某种需要。在特定的历史时期,人类认识自然和改造自然的能力总是有限的,因此人们能够从自然界取得的物质资源以及利用这些资源生产的物质产品的数量总是有限的;而与此相对应,人们希望通过这些资源和产品的利用来满足的需要总是无限的。解决资源的有限性与人类需要的无限性之间的矛盾,是经济学的古典课题和永恒任务。为了缓和这个矛盾,人类必须在一切社会活动(特别是经济活动)中遵循经济性的原则。企业经营也必须符合这个要求。

我们知道,满足社会需要是企业存在的理由;为了满足社会需要,企业必须不断地向社会提供合适的产品;而为了能够提供、特别是继续提供这些产品,企业必须源源不断地投入各种生产要素。"商品性"的特点已经告诉我们,企业经营过程中的这种投入与产出("提供")都不是无偿的:企业通过销售产品得到货币收入;利用货币收入去购买资源得到生产条件。要使企业经营过程继续进行,销售收入必须足以补偿生产过程中的各种支出;要使企业经营在更大的规模上进行,销售收入必须在补偿了各种支出后还有所剩余。只有提高资源的利用效果,使企业生产消耗尽可能低于同行业企业的一般水平,才能够满足企业简单再生产和扩大再生产的需要。

3. 联合性

现代企业是建立在社会化大生产基础上的企业。社会化大生产的主要特点是分工细致、专业化程度不断提高,因而要求各生产单位之间保持密切的协作关系。所以,现代企业从事的生产劳动实质上是一种社会性的联合劳动。这种联合性可以从企业与外部以及企业各部门之间的关系这两个不同的角度去考察。

从企业与外部的关系来看,企业所从事的活动是整个社会生产过程的一个部分或环节。社会化大生产在全社会的范围内实现劳动分工,任何产品的生产都是整个社会共同劳动的结果。专业化是社会分工发展的产物,社会分工发展的结果把社会生产分解为若干独立的专业化生产单位。在专业化生产条件下,企业的生产对象不仅可以是一种(类)产品,也可以是一类零部件,甚至可以是加工一类零部件过程中的某项专门的工艺服务。

专业化发展的必然结果要求社会的不同生产单位之间保持紧密的协作关系。这种协作关系远远超过了企业、地区乃至国家的界限。由于每个企业既是大量工业产品的制造者,又是大量物质资料的消费者,每个企业所需的物质资源都需要其他社会生产单位提供,同时又为另一些企业提供生产条件。因此,企业之间的社会协作关系一旦在某个环节被打破,任何一家企业在生产经营过程中发生故障,都会引起连锁反应,从而影响整个社会生产过程的正常进行。

上述分析同样适用于企业内部各部门之间关系的分析。企业生产经营过程可以分解成不同的阶段和环节。每道工序上每个工人利用不同的设备和工具作用于劳动对象的生产劳动只是产品制造的一个部分,企业的任何产品都是各环节的劳动者共同劳动的成果。各环节的劳动是相互依存、互为条件的。为了保证企业生产活动的顺利进行,必须注意使活动过程的各环节之间保持密切的协作关系。

第二节 企业管理的特征与内容

当泰罗和法约尔还在他们的矿山或工场试验各种管理方法时,有一位经济学家已经从理论高度敏锐地意识到管理对于企业生产力提高的重要作用,他就是英国的阿弗里德·马歇尔。他在 1890 年出版的《经济学原理》中第一个提出了"管理也是生产力"的思想,把管理[①]与土地、劳动和资本并列,认为是生产的第四要素。

近一个世纪以来,由于许多管理学家和经济学家的共同努力,人们已普遍认识了管理的重要性。到了 20 世纪 70 年代,人们甚至把管理和技术并列为经济发展的"两大支柱",或称之为"推动现代经济发展的两个轮子"。

确实,管理(或者说有效的管理)是任何宏观和微观的社会、政治、经济组织有效地实现其目标的必要前提和可靠保证。

那么,究竟什么是管理呢?

一、管理的概念及一般特征

自泰罗和法约尔开始以他们的研究开创出管理学以来,学术界对"管理"一词的定义一直是众说纷纭。有人认为,管理就是通过别人的工作去实现自己为组织确定的计划和目标;另一些人指出,管理就是研究系统运行的规律,据此组织系统的活动,使系统不断呈现出新的状态;还有人证明,管理的本质是决策,或者说是围绕着决策的制定和组织实施而展开的一系列活动;也有人根据自己的分析,得出这样的结论:管理就是实行计划、组织、指挥、协调和控制的过程;等等。这些定义从不同角度描述了管理活动的特征,但大多具有某种程度的片面性。综合这些定义,我们认为,所谓管理就是为了有效地实现组织目标,由专门的管理人员利用专门的知识、技术和方法对组织活动进行计划、组织、领导与控制的过程。

这个定义指出了管理工作的下述一般特征:

1. 管理的任务是有效地实现组织预定的目标

管理本身并不是目的,管理是为组织目标的有效实现服务的。"有效"的要求至少表现在两个方面:一是要通过管理来保证组织活动顺利地进行;二是要通过管理使组织的目标活动在不断提高经济效益的前提下进行,即要求通过管理,保证能以较少的资源消耗来实现组织目标。

2. 管理的主体是具有专门知识、利用专门技术和手段来进行专门活动的管理者

管理劳动是社会生产过程中分离出来的一种专门劳动,是一种职业。它符合一般职业要求的下述标准:

(1)从职(业)人员必须具有专门的知识结构。

(2)职业技能的获取需要长期的教育和培训。

---

① 马歇尔当时使用的是"组织"一词。

（3）进入职业受到控制，通常要经过某种形式的考试。

（4）从业人员必须遵守一定的职业道德，违反者将会受到惩罚。

显然，并非任何人都可以成为管理者，只有具备一定素质和技能的组织成员，才有可能从事管理工作。

3. 管理的客体是组织活动及其参与要素

组织需要通过特定的活动来实现其目标；任何活动的进行都是以利用一定的资源为条件的，或者不如说，任何组织的活动过程实际上都是各种资源的消耗和利用过程。因此，要促进组织目标的有效实现，管理所要研究的是怎样充分地利用各种资源，如何合理地安排组织的目标活动。

4. 管理是一个包括了多阶段、多项工作的综合过程

计划与决策虽然在管理劳动中占有十分重要的地位，但是管理不仅是计划与决策。管理者在管理劳动中，制定了活动计划与决策后，还要组织计划的实施，激发组织成员的工作热情，检查和控制计划的执行，把握组织活动的进展情况。因此，管理是一个包括了计划、组织、领导与控制等一系列工作的综合过程。

二、企业管理的内容

企业管理的内容可以从纵横两个不同角度去考察和分析。

（一）横向分析

横向分析是从企业管理涉及的内容这个角度去研究。根据具体对象的不同，企业管理可划分成以下几个部分的内容：

1. 经营管理

企业是一个动态开放系统。企业在生产经营活动中与外界存在着密切的联系：企业活动的资源要从外部获取，利用这些资源得到的产品要在市场上去实现。经营管理就是对企业与外界发生关系的这些活动的管理。经营管理的任务是在环境研究的基础上，根据资源供应和产品需求的特点，指导企业决定正确的生产经营内容和方向，保证企业适时地得到适当数量和种类的经营资源，成功地销售转换这些资源得到的产品，充分实现产品的价值。

2. 生产管理

从事生产活动是工业企业的基本特征。生产管理是对企业内部利用资源、加工制造产品过程进行的组织安排与协调控制。生产管理的内容主要有：

（1）生产条件管理。其包括妥善地保存购进的各种材料和工具，并及时地提供给各生产环节使用；组织设备的日常维护与修理，保证设备的正常运转，提高设备利用率和利用效率；进行动作研究和时间研究，制定合理的劳动定额。

（2）生产过程管理。其包括确定生产过程的总体组织方式，决定机器设备的空间布置形式以及制品在不同生产环节的时间上的移动方式；制定年度生产计划以及各季、月、旬、周乃至每天的生产作业计划；检查生产作业计划的执行情况，控制生产进度。

（3）生产成果管理。主要指对生产过程中形成的产品质量进行检查和控制。其包括制定并修改产品的质量标准，利用特定的方法和手段监测产品质量的变化情况，分析产品质量与生产成本的关系，以保证既能生产优质产品，又能使生产成本保持合理的水平。

生产管理的任务是按时、按质、按量、按成本计划和交货期生产出符合社会需要的产品。

3. 技术管理

现代企业在生产力方面的一个显著特征就是将先进的科学技术以及体现先进科学技术的机器设备广泛地运用于生产制造活动。技术管理就是指对与生产活动同时进行或体现在生产过程中的科学研究与技术开发等活动及其条件进行的管理。技术管理的内容包括：组织与协调产品的开发与研究；计划与安排生产手段的技术改造；研究与实施工艺方法和操作方法的革新；推动和促进群众性的合理化建议运动；制定和修订各种技术标准；收集、整理和贮存各种技术情报及工艺档案。技术管理的任务在于促进企业生产手段、生产过程以及生产成果（产品）技术水平的提高。

4. 人事管理

企业在生产经营活动中要利用诸多资源，其中人是一种特殊的资源：如果说其他资源是被动地参与企业活动的话，那么人则是主动投入的，其他资源是通过人的使用才发挥效用的；人力资源的利用不仅影响其本身的利用效果，还会影响其他资源的利用程度。因此人力资源管理在企业管理中有着极其重要的意义。人事管理是一个比人力资源管理含义更为宽泛的概念，它不仅包括对"人"的"事情"进行管理，更应包括对"人"与"事"（企业生产经营活动）之间的关系进行管理。因此人事管理的内容和任务包括：

（1）根据企业活动的特点，选聘符合一定素质和技能要求的劳动者。

（2）合理使用人力资源，根据劳动者的特点分配适当的工作，明确工作责任，据此考核工作情况和分配劳动成果，并努力提高和维持劳动者在劳动过程中的积极性。

（3）进行在职培训和继续教育，提高劳动者的工作技能和思想政治水平、科学文化素质，为企业未来的发展准备力量。

（4）根据企业生产经营活动的变化，以及人力资源在使用过程中的素质与技能提高，对员工的工作进行调整，实现"人"与"事"的动态平衡，从而促进和保证企业经营目标的顺利实现。

5. 财务管理

企业的任何活动都会在财务上得到反映。财务管理是从资金运动的角度来计划和控制企业的生产经营活动，并评估和分析其合理性。财务管理的内容主要包括：

（1）资金筹措的管理。根据企业组织日常生产活动和扩大生产能力的需要，编制资金筹措计划，利用适当的方式、渠道和代价，筹集足够数量的资金，以保证企业简单再生产和扩大再生产的进行。

（2）资金使用的管理。其包括为企业的各项活动建立财务标准，进行日常的财务控制，分析资金利用效果，评价企业财务状况，以及比较和选择资金长期投放的方向和方案等。

（二）纵向分析

纵向分析是从过程的角度来考察企业管理的内容。实际上，不论是企业的管理还是其他社会组织的管理，不论是企业的总体管理（或一般管理）还是某个方面的具体管理，它都是一个包括了计划、组织、领导与控制等多项工作的过程。

1. 计划

计划是对未来活动如何进行的预先筹划。人们在从事一项活动之前首先要制定计划，这是进行管理的前提。企业计划工作主要包括以下内容：

（1）研究经营条件。企业经营活动是利用一定条件在一定环境中进行的。经营条件研究包括内部能力研究和外部环境分析。内部能力研究是要分析企业内部在客观上对各种资源的拥有情况和主观上对这些资源的利用能力；外部环境研究是要分析企业活动的环境特征及其变化趋势，了解环境是如何从昨天演变到今天的，以找出环境的变化规律，并据此预测环境在明天可能呈现的状态。

（2）制定经营决策。经营条件研究为经营决策提供了依据。所谓经营决策，是在经营条件研究的基础上，根据经营条件研究所揭示的环境变化中可能提供的机会或造成的威胁以及企业在资源利用上的优势和劣势，确定企业在未来某个时期内的活动方向和目标。

（3）编制行动计划。决定了未来的活动方向和目标以后，还要详细分析为了实现这个目标，需要采取哪些具体的行动，这些行动对企业各个部门、各个环节在未来各个时期的工作提出了哪些具体的要求。因此，编制行动计划的工作实质上是将决策目标在时间上和空间上分解到企业的各个部门和环节，对每个单位、每个成员的工作提出具体要求。

2. 组织

计划要能够实现，还必须落实到企业的每个环节和岗位，这是组织工作的任务。为了保证计划活动的有效实施，管理的组织职能要完成下述工作：

（1）设计组织。其包括设计组织的机构和结构。机构设计是在分解目标活动的基础上，分析为了实现企业目标需要设置哪些岗位和职务，然后根据一定的标准将这些岗位和职务加以组合，形成不同的部门；结构设计是根据企业活动及其环境的特点，规定不同部门在活动过程中的相互关系。

（2）人员配备。根据各岗位所要从事的活动要求以及企业员工的素质和技能特征，将适当的人员安置在组织机构的适当岗位上，使适当的工作有适当的人去从事。

（3）开动组织。向配备在各岗位上的人员发布工作指令，并提供必要的物质和信息条件，以开动并维持组织的运行。

（4）监视组织运行，分析企业活动及其环境特点的变化，研究并实施组织机构与结构的调整和变革。

3. 领导

为了有效地实现企业目标，不仅要设计合理的组织，把每个劳动者安排在适当的岗位上，还要努力使劳动者以高昂的士气、饱满的热情投身到企业活动中去。这便是领导的工作任务。所谓领导是指管理者利用组织赋予的权力和自身的能力，去指挥和影响下属为实现组织目标而努力工作的活动过程。有效的领导要求管理人员在合理的制度（领导体制）环境中，利用优秀的素质，采用适当的方式，针对职工的需要及行为特点，采取一系列措施去提高和维持职工的劳动积极性。

4. 控制

控制是为了保证企业系统按预定要求动作而进行的一系列工作。其包括根据计划标准，检查和监督各部门、各环节的工作，判断工作结果与计划要求是否发生偏差；如果存在偏差，则要分析偏差产生的原因以及产生偏差后对企业经营的影响程度；在此基础上，如果有必要的话，还要针对原因制定并实施纠正偏差的措施，以确保计划活动的顺利进行和计划目标的有效实现。

控制不仅是对某时点以前企业活动情况的检查和总结,而且可能要求在某时点以后对企业活动的内容进行局部甚至全局的调整。因此,控制在整个管理活动中起着承上启下的连接作用。由于控制,管理过程得以周而复始地不断循环。

第三节　管理的原则与方法

为了有效地实现组织的目标,合理地安排业务活动和利用经济资源,管理者在管理工作中必须依循一定的原则,利用科学的方法。

一、管理的原则

管理原则是管理者在管理实践中必须依循的基本规则。这些规则主要有:追求效益的规则;以人为中心的规则;寻求适度管理的规则。

(一) 效益原则

任何组织在任何时期的存在都是为了实现一定的目标;同时,任何组织在任何时期的目标活动都需要组合和利用一定的资源,从而付出一定的代价。效益便是指组织目标的实现与实现组织目标所付代价之间的一种比例关系。追求组织活动的效益便是努力以较少的资源消耗去实现组织的既定目标。

追求效益是人类一切活动均应遵循的基本规则,这是由资源的有限性所决定的。我们知道,在特定的历史时期,人类认识自然和改造自然的能力总是有限的,因此人们能够从自然界取得的物质资源以及利用这些资源生产的物质产品的数量也是有限的;而人们希望通过这些资源和产品的利用来满足自身的需要总是无限的。解决资源的有限性与人类需要的无限性之间的矛盾,是经济学与管理学的古典课题和永恒任务。为了缓和这个矛盾,人类必须在一切社会活动、特别是经济活动中遵循效益的原则。

效益即是目标实现与实现目标的代价这两者之间的关系,追求效益就应从这两个方面去努力。组织目标能否实现,实现的程度高低,通常与目标活动的选择有关。活动的内容选择不当,与组织的环境特点或其变化规律不相适应,那么,即使活动过程中组织成员的效率很高,结果也只能是南辕北辙,组织目标无法实现。组织实现目标的代价与目标活动过程中的资源消耗有关,而资源消耗的高低则取决于活动方法正确与否。方法正确,资源则可能得到合理配置、充分利用;方法失当,则可能导致资源的浪费。因此,"做正确的事"是追求效益的前提,"用正确的方法做正确的事"则是实现效益的保证。显然,要提高组织活动的效益,管理者必须注意提高自己以及下属的两种能力:①做正确的事的能力;②用正确的方法做事的能力。

(二) 人本原则

组织是人的集合体;组织活动是由人来进行的;组织活动的管理既是对人的管理,亦是通过人的管理。人是组织的中心,亦是管理的中心,人本原则应当是管理的首要原则。

以人为中心的人本原则要求对组织活动的管理既是"依靠人的管理",也是"为了人的管理"。

"依靠人的管理"是指必须实行民主管理,即组织被管理者参与活动方向、内容以及目标的选择、实施和控制。这是由两个方面的原因决定的。第一,人是参与组织活动的各种要素中的最活跃者。如果说其他要素是被动、消极地参与组织活动的话,人则是积极、主动地投入到这种活动中去。因此,人的态度、人的积极性直接关系到活动中其他要素的利用效果,从而决定着组织活动的效率。激发人的积极性、改善人的工作态度可借助多种手段,组织民主管理是重要途径之一。让组织成员参与活动方向、内容和目标的选择,会使他们在活动过程中产生某种认同感,从而可以诱发他们自觉地为实现自己参与选择的组织活动而努力。第二,如前所述,活动方向(做正确的事)与方式(用正确的方法做事)的选择影响着组织活动的效益水平。这种选择是否正确在很大程度上取决于选择者是否拥有各种与选择有关的情报信息。管理者对这些信息的掌握可能受到时间、角度、层次以及个人能力等方面的限制。通过组织被管理者参与决策,用执行者在具体业务活动中了解的组织各环节活动能力及其利用情况以及相关环境特点的情况来弥补管理者的信息不足,可以提高组织活动方向和方式选择的正确性。

"为了人的管理"是指管理的根本目的是为人服务的。管理的为人服务不仅应包括通过管理工作来提高组织业务活动的效率,从而使组织能够更好地满足服务对象的要求,而且应包括通过管理工作充分实现组织成员的社会价值,促进组织成员的个人发展。在经济相当发达的今天,人们参与某个组织活动的目的绝不仅仅是为了解决生计问题,能在社会活动中有所作为、使自己的社会价值得到充分实现已成为许多社会成员非常重要的心理需要。这种需要的满足,不仅要求管理者组织民主决策,而且要求管理者根据每个组织成员的素质特点安排恰当工作,同时还要求通过这种安排使每个人都有机会在组织的业务活动中增加知识、提高能力、完善素质,从而实现自身的不断发展。

(三) 适度原则

管理活动中存在许多相互矛盾的选择。比如,在业务活动范围的选择上专业化与多元化的对立。专业化经营可以使企业稳定业务方向和顾客队伍,从而有利于企业完善管理,改进技术;多元化经营则可以使企业有广阔的市场,从而承受着较小的经营风险。又如,在组织结构的安排上,有管理幅度宽窄之分。较宽的管理幅度可以减少管理层次,从而可以加快信息的传递速度,提高组织高层决策的及时性,同时还可避免上级对下级工作的过多干预,从而可有利于发挥下级在工作中的主动性;较窄的管理幅度则可以减少每个层次的管理者需要处理的信息数,从而有利于有价值的信息被及时识别和利用,同时还可以使管理者有较多的时间去指导下属,从而有利于下属工作能力的提高。再如,在管理的权力分配上,有集权与分权的矛盾。集权可以保证组织总体政策的统一以及决策执行的迅速;而分权则可增强组织的适应能力,提高较低层次管理者的积极性。

在这些相互对立的选择中,前者的优点恰好是后者的局限之所在,而后者的贡献恰好构成了前者的劣势。因此,组织在业务活动范围的选择上既不能过宽,也不能过窄;在管理幅度的选择上,既不能过大,也不能过小;在权力的分配上,既不能完全集中,也不能绝对分散,必须在两个极端之间找到最适点,进行适度管理,实现最佳组合。

正因为存在着这些相互对立的选择才使得管理者的劳动显得更加重要,同时也正因为这些对立的存在、从而寻求最佳组合的必要,才决定了管理者的工作效率更多的不是取决于他们对管理的理论知识和方法的掌握,而是取决于他们对掌握的这些知识和方法的应用能力。也许正是由于这个原因,许多管理的理论研究者和实际者才不无道理地强调:"管理是一种艺术,而不是一门科学。"

适度原则要求管理者进行适情管理和适时管理。适情管理是指管理者应该根据组织内外的环境和能力特点来进行选择;适时管理则要求管理者根据环境和能力的变化来对这种选择进行调整。

二、管理的方法论基础——系统论的观点及其启示

组织活动的内容不同,对活动管理的特点也会不同,管理过程中采用的方法则必然有别。但是,不论组织在不同的环境中和活动中采用何种方法,要使这些方法收到最佳的效果,管理者必须把管理对象视作一个整体,从整体的角度来研究问题的解决,这即是系统的观点。可以认为,系统论是管理工作最基本的方法理论。要有效地进行管理,必须了解系统论的基本知识,分析系统的观点可以提供的启示。

(一)系统及其类型

系统是研究系统特征及其运行规律的理论。系统是指由若干相互依存、相互作用的要素或子系统组合而成的具有特定功能的有机整体。这种有机整体通常由物质、信息和能量这三种既相互区别、又相互联系的基本元素组成。

客观世界中存在着形形色色大量的系统。可以说,系统是无所不在、无所不包的:个人身体内部都有血液循环系统、消化系统、神经系统;不同的个人可以组成家庭系统、社团系统、生产系统、阶级系统、甚至整个社会系统;自然界存在着万物争辉、千姿百态的生物系统;地球与土星、天王星等同属于太阳系,太阳又置身于浩瀚的银河系,而银河又只是茫茫宇宙系统的一个部分,如此等等,不一而足。

根据不同的标准,可以将系统分成不同类型:

(1)从系统形成方式看,可分自然系统与人造系统。自然系统是由自然物质组成的系统,其主要特征是自然形成的,如生物系统,植物系统等。人造系统或称人工系统,是人为了实现某种目的而有意识建立的系统,如生产、销售、交通、运输、政府系统。

(2)从系统是否与环境交互作用看,可分成封闭系统和开放系统。环境是每个系统外部存在的客观世界。任何系统都存在于一定客观世界中,但存在于这个环境中的系统可能与之、也可能不与之发生相互作用。封闭系统就是指那些不与外界进行物质、信息、能量交换的系统,它们不被外界其他事物所影响,同时也不对这些事物施加影响。开放系统则是指与外界发生交互作用的系统。系统内部活动的进行需要从外界采集和输入资源,从而要受到外界因素的制约;同时,又通过自己的活动向外界输出某种产品,从而影响外界本来可能已经存在的平衡,引起环境的某些变化。

(3)从系统状态是否发生变化这个角度来分析,可以分成静态系统和动态系统。静态系统是指结构和状态不随时间而变化的系统;反之,如果说系统的结构和状态随时间而改变,则称作动态系统。现实中,绝对静态或动态是不存在的,通常是变化中有稳定,稳定中有变化,变化孕育着变化。一般来说,如果系统是在较长时期内只发生一些持续很短的微小变

化,则可近似地将其视作静态系统;相反,如果系统在较长时期内呈现出短暂的稳定状态,则将其视作动态系统。

显然,本书研究的管理活动的客体——社会经济组织属于人造、开放、动态的系统类型。

(二)系统的特征

这里主要研究人造、开放、动态的社会经济组织系统的特征。这类系统虽然存在多种形式上,但一般来说,具有下述共同特征:

1. 整体性

整体性是系统的基本特征,主要表现在两个方面:

(1)从构成上来看,系统是由若干既相互联系又相互区别的要素(子系统)构成的整体。比如,就企业而言,从不同角度去分析,可以将其视作由不同子系统构成的整体系统。从资源角度去划分,可将企业分解成人力资源子系统、物质资源子系统以及财力资源系统;从活动的性质和涉及范围的角度去划分,可将企业分解成生产经营子系统和管理子系统。其中生产经营子系统又可分成资源筹措子系统、资源转换子系统和产品销售子系统;管理子系统又可分成计划工作子系统、组织工作子系统和控制工作子系统等。构成系统的各个要素,既相互联系,又相互区别,它们同是系统的组成部分,同时又保持着相对独立性。

(2)从功能上来看,系统的整体功能依赖于要素的相互作用。系统的功能是指系统在存在和运动过程中所表现的功效、作用和能力。表现出、并继续表现出某种功能,是系统存在的社会理由。系统的功能需要依靠各构成要素的相互作用来完成。各要素相互作用的形式,即要素功能,必须服从整体功能的要求,但整体的功能并不是各部分功能的简单相加,前者要大于后者。

2. 相关性

相关性是指系统各要素之间相互制约、相互影响、相互依存的关系。构成系统的各个要素虽然是相互区别、相互独立的,但它们并不是孤立地存在于系统之中的,而是在运动过程中相互联系、相互依存的。相关性的特点表明,系统内的任何一个因素发生了变化,其他因素也必须作相应的调整。比如,组织业务活动所需要的某种资源的供应状况发生变化,变得更加短缺,则不仅要求组织在活动内容和方式上做相应调整,甚至要求组织的业务方向随之改变,从而导致组织对人员进行重新培训(或招聘),对结构进行重新设计,对活动手段进行重新配置。

3. 有序性

系统的有序性是由系统结构性特点或系统各要素之间相互作用的形式所决定的。任何系统都有自己的结构,这种结构使系统各要素之间的相互关系在一定时空内相对稳定。任何结构都代表着一定的秩序。杂乱无章的事物堆集一起而没有任何结构,就不可能形成任何系统。

系统的有序性主要表现在以下两个方面:

(1)系统要素相互作用的层次性。系统各要素之间的相互联系形式了一定结构,这种结构表现出的不同层次决定了各要素在系统中的不同地位。系统的层次性使得系统中较高层次的子系统居于支配地位,较低层次的子系统居于从属地位;较高层次的子系统指挥着较低层次子系统的操作,较低层次子系统则根据高层次子系统的指令和要求运行。

（2）系统要素相互作用的方向性。要素之间相互作用的方向性是指在系统结构确定以后，各要素间物质、信息或能量交换是按一定渠道和方向来进行的。这种方向性可以从两个角度来考察：一是纵向的各层次之间的交互作用；二是横向的各个环节之间的交互作用。

纵向的层次作用是自上而下地发生的：高层次要素的活动作用于低层次的要素；同时，低层次也会通过自己的活动反作用于高层次。比如，在企业，厂部制定生产经营计划，下达给各职能科室，各职能科室又将这些计划层层分解为各车间、工段或班组的任务，各车间、工段、班组必须根据计划任务的要求来组织自己的加工制造活动；但同时，各车间、工段、班组又会通过自己的实际执行情况，要求高层次的管理部门采取相应的控制措施，或对原计划进行适当的调整。

从横向的交互作用的角度去考察，各要素在各环节的活动也保持着一定的方向。虽然下游环节的工作结果会反过来影响上游环节活动的展开，但我们必须明确，前者是在后者已经完成的基础上才能进行的。比如，虽然在产品的市场销售情况会对资源筹措过程产生重要影响，但在实际工作中，企业必须先筹集资源，再对其加工转换，最后才能对完成制造的过程上的产品进行销售。这个过程的顺序不能颠倒过来。

4. 与外部环境的相互适应性

适应性是相关性特点在空间范围的展开。任何人造系统既是由若干要素构成，同时又从属于一个更大的系统。大系统的其他部分就是该系统环境。系统内部相关性的特征同样也适用于系统与大系统的其他各部分之间的关系。因此，系统内部的活动不仅受到大系统其他部分的制约，同时也会对这些其他部分的活动产生影响；系统本身不仅要适应外界环境的变化，而且环境中的一些因素也要适应该系统的变化。系统与环境的影响是交互的，适应性应该是双向的。比如，企业要根据市场需求的特点及其变化来选择和调整内部的活动方向和内容；反过来，企业技术水平的变化，具有新功能的产品的开发，广泛的营销宣传等，也会对消费倾向的变化产生某种引导作用。

（三）系统论观点的启示

系统的观点可以对管理活动提供许多启示。具有指导意义的启示主要有以下几点：

1. 管理必须有整体观点

组织是一个系统；组织所从事的业务活动是一个系统；组织活动是在整个经济系统的大环境中进行的；对组织活动的管理也是一个系统。管理活动所要处理的每一个问题都是系统中的问题。因此，管理活动的组织展开，必须用整体的观点加以指导：解决每一个业务问题，不仅要考虑该问题的解决对直接有关的人和事的影响，还要顾及对其他相关因素的影响；不仅要考虑到对目前的影响，还要考虑到对未来可能产生的影响。只有把局部与整体、内部与外部、目前与未来统筹兼顾、综合考虑，才能妥善地处理组织中的每一个问题，避免顾此失彼。

2. 管理必须有层次观点

组织及其管理活动是一个多元、多极的复杂系统。在这个系统中，不同层次的管理者有着不同的职责和任务。其中，高层管理者的任务是根据组织整体的功能和目标，选择业务活动的方向和内容，安排业务活动的计划，监督低层次活动的进行，并控制其活动结果，解决它们在运行中出现的某些不协调现象;而较低管理层次的任务则是执行高层次的指令,实施具体活动,并及时报告执行情况。各管理层次必须职责清楚,任务明确,并在实践中各司其职,各行其权,各负其责,才能正确发挥各自的作用,实现管理的目标。如果管理工作层次不清,职责不明,或者虽然层次分明,但上级越权指挥、下级越权请示,不按组织层次展开工作,则难以组织管理工作的有效进行,可能使管理系统呈现一片混乱。从这个意义上说,我们在管理实践中常见的"现场办公""深入基层""一竿子插到底"的管理方法似乎不宜过多提倡。

3. 管理工作必须有开发观点

系统理论告诉我们,组织与环境的作用是交互的。因此,管理者不仅应根据系统论的观点,注意研究和分析环境的变化,及时调整内部的活动和内容,以适应市场环境特点及其变化的要求,而且应努力通过自己的活动去改造和开发环境,引导环境向有利于组织的方向去发展变化。可以认为,组织与环境的关系,从短期来看,组织必须适应已经形成的既定环境的要求;从长期来看,作为环境(社会大系统)构成部分的组织必然通过自己的活动影响其变化。实际上,社会的任何进步都是各社会组织共同作用和贡献的结果。这种贡献经常是不同组织积极主动提供的,而不是对社会已经存在的要求的响应。比如,现代许多高新技术消费品的生产和开发是先于消费要求的存在而出现的。企业利用高新技术,率先开发出这些产品,然后通过广泛的营销宣传,刺激消费的形成和发展。从这个定义上说,提倡管理的开发观点,实际上强调人们在管理活动中已经表现出的"无意识"行为变成自觉的行为。

复习思考题

1. 何谓组织?组织要素包括哪些内容?
2. 为什么要对人类有组织的集体活动进行管理?
3. 何谓管理?管理的基本特征是什么?
4. 管理工作包括哪些基本内容?为什么?
5. 为什么说满足社会需要与获取利润同是现代企业的基本任务?
6. 何谓"适度原则"?为什么要进行"适度管理"?
7. 人造系统、开发系统、动态系统有哪些基本特征?
8. 管理者可从系统论观点中得到哪些启迪?

第一章课后习题及答案

管理理论的历史演变

第一节 中国古代管理思想

只要存在人类的集体活动,就存在对这种活动的管理。而只要存在对人类活动的管理,就会有人对管理活动的实践进行思考,从而有可能在此基础上形成某种管理思想。人类在整个历史发展过程中,都存在着这种或那种形式的集体活动。更准确地说,人类本身就是在集体活动中产生和发展的。因此,管理学作为一门独立科学的出现虽然只有近百年的时间,但是管理思想却和人类历史一样悠久深远。

中国有着数千年的文明史,在浩如烟海的文史资料中蕴藏着极其丰富的管理思想。下面举例的只是其中几个闪光而已。①

一、顺道

中国历史上的"道"有多种含义,属于主观范畴的"道"是指治国的理论;属于客观范畴的"道"指客观规律。"顺道"是指管理要顺应客观规律。

老子认为,"道法自然",天有天道,人有人道,自然界和人类社会的运行都有其固有的规律。对自然界来说,"天不变其常,地不易其则"(《管理·形势》),其运行规律不以人的意志为转移而客观存在着。社会也这样,生产、市场、人事、农村和城市的治理,都有轨可循,"不通于轨数而欲为国,不可"(《管理·山国轨》)。

人们要取得事业成功,必须顺轨而行,不能逆道而上。因为道是客观存在的,不可能因人而私,"万物之于人也,无私近也,无私远也"(《管理·形势》),只能"因之",不能抗拒。顺乎它,它必"助之",你的事业就会"有其功""虽小必大";逆了它,它对你也必"违之",你必"怀其凶""虽成必败"。

根据这种思想,管理者必须:第一,辩道,辨识客观规律;第二,顺道,

---

① 关于中国古代管理思想的介绍,主要参考了蔡一教授的《中国传统管理学要素》一文,载于《经济与管理科学》,1990 年第 2 期。

根据客观规律的要求来组织管理活动。

二、重人

重人包括两个方面：一是重人心向背，二是重人才归离。治理国家，办成事业，得人是第一位的，所以我国历来讲究得人之道，用人之道。

"民为邦本，本固邦宁"自古从未有以损民殃民为务而可以兴邦立国者，中国3 000年文明史证明了这是一条颠扑不破的真理。民本思想源于先秦，汉以后被进步思想家们奉为治国的基本方针。"闻之于政也，民无不为本也。国以为本，君以为本，吏以为本。"国家的安危存亡兴衰，定之于民；君之威侮、明昏、强弱，系之于民；吏之贤昏、廉贪，辨之于民；战争胜负亦以能否得民之力以为准。

得民是治国、兴国之本。欲得民必先得民心。"政之所兴，在顺民心；政之所废，在逆民心""得众而不得其心，则与独行者同实"（《管子》："牧民""参患"）。为了得民心，必须为民谋利。只有"国民之利而利之"，才能使"天下之民归心"（《论语》："尧曰""季氏"）。

得人才是得人的核心。我国素有"求贤若渴"一说，表示对人才的重视。能否重贤能之助，关系到国家的兴衰和事业的成败。"得贤人，国无不安……失贤人，国无不危"。"欲占国家盛衰之符，必以人才离合为验"（《水心文集》卷一《上宁宗皇帝札子》）。诸葛亮总结汉的历史经验说："亲贤臣，远小人，此先汉所以兴隆也；亲小人，远贤臣，此后汉所以倾颓也。"（诸葛亮《前出师表》《吕氏春秋·求人》）

三、求和

和则兴邦，和则生财。"和"强调的是人际关系融洽、和谐。天时、地利、人和是人们普遍认为的成功的三要素。其中的人和是发挥天时、地利作用的先决条件，"天时不如地利，地利不如人和"，所以孔子提倡"礼之用，和为贵"，管子强调"上下不和，虽安必危"。为求事业成功，务必"和协辑睦""上下和同"。

求和的关键在于当权者。只有当权者严于律己，严禁宗派，不任私人，公正无私，才能团结大多数人。所以古人提倡"无偏无党""循公而灭私""天子无私人"（《李集·上富合人书》）。是谓"无私者容众"，切不可"以爵禄私所爱"，要严禁"独举""结纽"，以致"党而成群者"。（《管子："五辅""法法"》）

求和，不仅要团结顺从自己的人，而且要善于团结敢于提出反对意见的人。在这方面，唐太宗堪称楷模。他不仅重用拥护自己的人，而且重用反对过自己的魏征，且"从谏如流"，常思己短己过，广泛团结人才，形成了一个效能高的人才群体结构，为贞观之治提供了组织保证。

四、法治

法律是由国家制定的体现统治阶级意志，以国家强制力保证实施的行为规则的总和。法治就是根据法律而非君主或官吏的个人好恶，来调整社会、经济、政治关系，组织社会、政治、经济活动。

中国古代的法治思想源于先秦，其后不断发展、完善，包括了三条基本原则：明法；一法；常法。

明法是法的公开性原则。明则信:"法必明,令必行"。"上有明法,下有常事也"。"号令必明若,赏罚必信,此正民之经也"(《管子》:"法法""君臣上")。民明法,可防违法抗吏;吏明法,可防枉法狭民。"法之不明,而求民之行令也,不可得也"。明法使"人不敢犯",才能做到"刑省法寡",这叫作"明赏不费,明刑不暴""明法之犹,至于无刑也",明刑者省刑。(《商君书》:"君臣""刑赏",《管子》:"八观""枢言")。

一法包括统一性原则和平等性原则。一法要求令统一,一切"唯令是行",如果"权度不一,则循义者惑"(《管子·君臣上》),人们将会无所适从。一法还要求法律面前人人平等,"刑过不避大臣,赏善不遗匹夫"(《韩非子·有度》),要反对官吏乃至君主的法外特权,任何人不得游离于法律之外。据此,商鞅曾规定:"有功于前,有败于后,不为损刑;有善于前,有过于后,不为亏法;忠臣孝子有过,必以其数断"(《商君书·刑赏》)。《战国策》赞扬"商君法秦,法令至行,公平无私,罚不畏强大,赏不私亲近",实为古代法治的榜样。

常法亦称固法,即保持法的稳定性。"法莫如一而固,使民知之"。"国有常式,故法不稳"。"执者固,固者信""法判有常,则民不散而上合"。"上无固植,下有疑心;国无常经,民力必竭,数也"(《韩非子·五蠹》,《管子》:"君臣上·下""法法")。只有保持法的稳定性,才能取信于民,从而强化法的权威。

五、守信

信誉是国家和企业的生命,这是我国长期管理实践中产生的信条。中国人从来是重信誉的。孔子说,"君子信而后劳其民"(《论语·尧曰》)。韩非说:"小信成则大信立,故明主立信"(《韩非子·外诸说右上》)。治理国家,言而不信,出尔反尔,政策多变,从来都是大忌。故《管子》告诫主政者要取信于民,行政应遵循一条主要原则:"不行不可复"。"不行不可复"者,"不欺其民也"。欺骗人民只能是一次,第二次,人民就不信你了。"言而不可复乾,君不言也;行而不可再者,君不行也。凡言而不可复,行而不可再者,有国者之大禁也"(《管子·形势》)。

六、预谋

"凡事预则立,不预则废"。"无过在于度数,无困在于预备"(《中庸》第二十章,《尉缭子·十二陵》)。预者,预测、预谋、预备,核心是预谋。为预谋必须先预算,谋划出方案,后落实到人力物力的预备。《孙子》主张未战先算,"以虞待不虞者胜"(《孙子·谋政》)。管子提倡"以备待时",要有预见,才能备患于无形立于不败之地,"唯有道者能备患于形也"(《管子》:"霸言""牧民"),"有道"即能遵守客观规律,由此产生了重视调查和预测的传统。政情预测,军情预测,年景预测,商情预测,气象预测等广泛运用于管理实践,而成为预谋策划的基础。商鞅变法中留意于掌握人、马、粮、草等十三数,"不知国十三数,地虽利,民虽众,国愈弱至削"(《商君书·去强》)。范蠡经商注意于预测年景变化规律,推知粮食供求和价格变化趋势,"论其余不足,则知贵贱""贵上极则反贱,贱下极则反贵",进行"时断"和"智断",进行及时收购和发售,并提出"旱则资舟,水则资车"的"待乏"原则(《史记·货殖列传》)。诸葛亮准确地考察了敌方政治军事态势及其将士的素质,预测气象趋势,经过缜密谋划,才得以草船借箭,取得战术上的胜利。

第二节　西方工厂制度早期的管理实践

管理思想虽然古已有之,但管理理论的系统形成则是伴随着工厂制度的出现而开始的。工厂制度的出现,不仅使管理活动的思考有了众多的对象,而且使管理劳动逐渐成为许多组织成员的专门职业,他们的任务便是思考和改善管理劳动的组织。这种思考的累积必然有助于管理理论的系统形成和发展。本节主要思考西方工厂制度初期的管理思想与管理实践。

西方工厂制度初期,对管理活动进行思考并留下了管理思想的主要是一些经济学家和工厂管理人员。

一、小詹姆斯·瓦特(James Watt, Jr)与马修·鲁滨逊·包尔顿(Mathew Robinson Boulton)

最早在企业管理中使用科学管理方法的,当推瓦特和包尔顿。他们是发明和设计蒸汽机的两位先驱者的儿子。1796年,在他们的父亲在英国建立了索豪工程铸造厂时他们就已开始负责这家工厂的管理,并对管理事务进行了分工。瓦特主持组织工作与行政管理,包尔顿负责销售与商业活动。他们为工厂制定了许多管理制度,并在组织工厂的生产与销售活动中运用了许多管理技术,比如:他们组织市场调查,向欧洲大陆派出许多代表收集各项可能影响蒸汽机需求的资料,并据此确定企业的生产能力和编制生产计划;依据工作流程的需要,有计划地安排机器的空间布置,组织生产过程规范化,产品部件标准化;在会计与成本核算方面,他们建立了详尽的统计记录和控制系统,采用了原料成本、人工费用、成品库存等分别记账的会计制度,从而能够计算工厂制造的每台机器的成本和每个部门所获的利润;在人事管理方面,他们进行了工作效率研究,制定了管理人员与职工的培训计划,实行按成果支付工资的方法,并试图改进职工的福利,为职工建立了一套互助保险制度。瓦特与包尔顿在管理实践中的这些探索甚至会令今天的管理学家感到惊奇。

二、罗伯特·欧文(Robert Owen)

罗伯特·欧文是空想社会主义者,他是19世纪初期最有成就的实业家之一,也是杰出的管理学先驱者,他最早播下了人事管理的种子。欧文认为,人是环境的产物,只有处在适宜的物质和道德环境下,人才能培养出好的品德。为了证明自己的哲学观点是正确的,为了培养人的美德,欧文在他自己的工厂里进行了一系列劳动管理方面的改革。其中包括:停止雇用10岁以下的童工,将原来雇用的童工送入学校学习;其余的人每天工作时间不超过10小时45分钟;禁止对工人体罚;为工人提供厂内膳食;设立向工人按成本销售生活必需品的商店;以及通过建造工人住宅与修筑道路来改善工人生活的社区环境等。

为了吸引其他实业家也来关心工人工作条件和生活条件的改善,欧文明确地指出了人的因素在工业生产中的重要作用。他在自传中写道:"如果对无生命的机器状况给予适当的注意就能产生如此有利的结果,那么如果对你的极为重要的、构造更为奇特的、有生命的机器给予相同关注的话,什么样的结果不可以期望呢?"他嘲笑那些实业家同事们只注意把数以千计的钱币和许多时间用来购买和改进机器,而不愿对人力资源进行投资。他认为,如果把同样数目的钱和时间用来改善劳动的话,那么带来的收益将不是资本的 5%、10% 或 15%,而是 50%,在许多情况下甚至会是 100%。他宣称自己在新拉纳克的工厂获得 50% 的利润,还说不久将会达到 100%,而这主要是关心人的结果。

欧文在关于人的因素方面的思考和实践,使得一些现代学者把他称为现代人事管理的创始人。

三、亚当·斯密(Adam Smith)

亚当·斯密是英国古典政治经济学的主要代表人物之一,他的《国民财富的性质和原因研究》不仅是经济学说史上的不朽巨著,而且是管理学宝贵的思想遗产。在这本书中,他不仅阐述了劳动价值理论,而且详细分析了劳动分工带来的好处。

斯密认为,劳动是国民财富的源泉。一国财富的多寡取决于两个因素:一是该国从事有用劳动的居民在总人口中所占的比重;二是这些人的劳动熟练程度、劳动技巧和判断力的高低。财富的增加可以提高人民的幸福程度,而提高劳动者技巧的熟练程度,从而提高劳动生产率,则是增加一国物质财富的重要途径。劳动分工有助于这个目标的实现。

斯密详细分析了制针业的情况。他指出,即使是制针这样简单的作业,如果每个人都完成全部的制造过程,那么一个雇用 10 个工人的工厂每天只能生产 2 000 根;而如果将制造过程分解成好多个不同的作业程序,每个人只从事有限的操作,那么尽管工厂设备简陋,也可以使产量达到 48 000 根以上。为什么"同样数量的劳动者因为有了劳动分工就能完成更多量的工作呢?"斯密认为原因有三个:

第一,劳动分工可以使工人重复完成简单的操作,从而可以提高劳动熟练程度,提高劳动效率;

第二,分工节省了通常由一种工作转到其他工作所损失的时间;

第三,分工使劳动简化,使工具专门化,从而有利于创造新工具和改进设备,而新机械的发明和利用,又使得劳动进一步简化和减少,从而使一个人能够完成许多人的工作。

斯密关于劳动分工的分析,后来发展成为管理学的一条基本原则。

四、查理·巴贝奇(Charles Babbage)

巴贝奇是英国的一位数学家,曾于 1828~1837 年在剑桥大学任数学教授,并在 1833 年设计了一种能自动执行指令、具有现代计算机的所有基本因素(包括存储设备、穿孔卡输入系统、运算器、机外储存系统)的分析机器。正因如此,有人把巴贝奇称作计算机之父。

作为一名数学家,巴贝奇一生中始终对经济问题和管理问题有浓厚的兴趣。1832 年,他撰写了《论机器与制造业经济学》一书。在这本书中,巴贝奇继续了斯密关于劳动分工的研究,并指出,劳动分工不仅可以提高工作效率,还可以带来减少工资支出的好处。他认为,一项复杂的工作,如果不进行分工,每个工人都要完成制造过程中的每项劳动,企业则必须根据全部工序中技术要求最高和体力要求最强的标准来雇用工人,并支付每个人的工资。相反,在进行了合理的分工后,企业就可以根据不同工序的复杂程序和劳动强度来雇用不同的工人,支付不同标准的工资,从而使工资总额减少。

此外,巴贝奇还强调不能忽视人的因素。他认为,企业与工人之间有一种共同的利益,主张实行一种分红制度,使提高了劳动效率的工人能因此而分享工厂的一定利润,并对那些提出合理建议且收到效果的工人给予奖励,等等。

欧文、斯密以及其他一些人对于早期工厂管理的思考虽然是零散的,但对后来的科学管理和其他管理理论产生了不可忽视的重要影响。

第三节　古典管理理论

管理科学是随着工厂制度和工厂管理实践的发展,在 19 世纪末、20 世纪初开始系统形成的。其主要标志是泰罗的《科学管理原理》和法约尔的《工业管理和一般管理》,它们分别于 1911 年和 1916 年出版。这个时期的管理理论通常被称为"古典管理理论",主要代表人物有美国的泰罗、法国的法约尔以及德国的韦伯。

一、泰罗的科学管理理论

"科学管理"是 20 世纪初在西方工业国家影响最大、推广最普遍的一种管理思想的理论。它包括了一系列关于生产组织合理化和生产作业标准化的科学方法及理论依据,是由美国的一名机械工程师泰罗首先提出并极力推广的,因此通常也被称作泰罗制(Taylorism)。泰罗制的产生和迅速发展有着非常深刻的历史背景。

1. 泰罗制产生的历史背景

泰罗制产生的历史背景可以从西方工业国家共同的历史条件和美国的特殊背景这两个不同角度去考察。

从西方资本主义工业国家的共有条件来看,泰罗制的产生既是资本主义生产力发展的必然结果,也是维护资本主义生产关系、实现资本对劳动的完全控制的需要。

随着社会生产力的发展和企业数量的增加与规模的扩大,企业管理逐渐要求从传统的经验管理走向科学管理。在工厂制度的初期,资本所有者也是企业管理者。由于企业规模有限,资本家只要根据自己的经验和判断便可进行相对有效的管理。工厂制度发展到 19 世纪末、20 世纪初,情况发生了变化。由于机器和机器体系在工业生产中的运用越来越广泛,企业的数量越来越多,生产规模越来越大,复杂程度不断提高,对企业管理的要求也越来越高,凭经验和判断来进行的传统管理方式不再适应,迫切要求人们把过去在企业管理方面积累的经验加以标准化、系统化、科学化,用科学的管理代替传统的经验管理。

另一方面,资本对劳动的控制从不完全到完全也要求改进企业管理的方法。根据政治经济学的传统分析,劳动者自从把自己的劳动力出卖给企业的那一天起,就把自己完全置于资本家的控制之下了。然而直至 19 世纪末,资本家对劳动,或者更准确地说资本家对劳动者劳动的控制仍然是不完全的。资本家在市场上雇用了工人以后,虽然可以规定他每天工作多长时间,强制他去从事任何工作,但是工人如何去干这些工作,制造某件产品、完成某次加工任务作业需要多长时间,在许多情况下,资本家是无法决定的。在生产过程中广泛运用机器和机器体系的条件下,资本家不可能熟知每一台机器的操作技术。因此,生产技术主要掌握在工人手中。工人掌握了生产技术就能决定劳动方式,就能控制操作方法和作业时间,就会在生产中出现一些技术性的"磨洋工",并使资本家无法辨别。所以在当时,不论是对工人的作业方法或是作业时间,资本家都未能实行、也不可能完全控制。

为了适应生产力发展的要求,剥夺工人决定生产方法和生产时间的权力,资本家迫切需要改进管理方法。那么为什么在所有西方工业国家都遇到这两个问题的条件下,科学管理的方法与制度率先在美国而非其他国家出现呢?这与美国特殊的历史背景不无关系。

我们知道,美国是一个多民族国家,它的人民来自世界各地。正是这些具有冒险精神的世界移民及其后裔开发了富饶美丽的北美大陆,推动了美国社会和经济的发展。

19世纪,美国曾出现两次大的移民高潮:第一次是1870～1915年。第二次移民浪潮中,大约有2 300万主要来自西欧的移民漂洋过海来到美国。到了美国后,他们大部分集中在沿海的一些工业城市。来自农村且能经受大西洋上的数月漂泊,这些移民一般都身强力壮,因此是资本家雇佣剥削的极好对象。与此同时,生产力的发展,企业规模的扩大,也要求资本家雇佣更多的工人。然而遗憾的是,这些移民大部分没有技术,只会干力气活,不能适应广泛运用机器来进行作业的工业生产劳动。因此,资本家迫切需要一种新的管理方法,以便迅速地将这些体质强壮的非工业劳动力培训成为适应工业生产要求的熟练工人。于是,泰罗制一经出现便立即受到了资本家的青睐。

2. 泰罗其人

泰罗(Frederick. W. Taylor)于1856年生于美国费城的一个律师家庭。青年时期考取哈佛法学院。1875年以后弃学就工,到一家水力机械厂当徒工。1878年,泰罗来到米德瓦尔钢铁公司当普通工人,先后被提升为工长、机修车间主任、总机械师、总工程师。从1891年开始,泰罗离开米德瓦尔钢铁公司,专职从事管理咨询和宣传活动,直至1915年去世。为了纪念他对管理理论和方法的贡献,人们在他的墓碑上刻下了"科学管理之父"几个字。

泰罗在米德瓦尔钢铁公司工作期间,曾推行了一套科学的管理方法。1911年,他在早年实践以及后来进一步研究的基础上,出版了《科学管理原理》一书,阐述了后来被人们称之为"泰罗制"的主要内容。

3. 泰罗制的主要内容

泰罗认为,工人和企业主存在着某种利益的一致性,如果能够改善企业的经营成果,那么即使份额不变,劳资双方也都可以从绝对量上在企业盈利的分配中得到比以前更大的一块。改善经营成果、增加盈利,可以采用许多方法,其中一条重要的途径是提高劳动生产率。根据他在企业工作中的观察,泰罗认为,这方面是大有潜力可挖的。根据他的分析,当时企业的劳动生产率普遍低下,工人每天的实际产量只为他们劳动能力的1/3,而造成这种状况的原因主要有三个方面:第一,劳动使用不当,包括工作分配不合理和劳动方法不正确;第二,工人不愿干或不愿多干,这里面既有工人本性的因素,也有报酬方法上的原因;第三,是企业生产组织与管理方面的原因。因此,要提高劳动生产率,增加企业盈利,必须从三个方面做文章。泰罗在企业管理实践和理论上的探索正是围绕着这些问题而展开的。

根据劳动生产率不高的原因分析,泰罗认为,要实行科学的管理就必须做好以下三个方面的工作:

首先,改进工作方法,并根据工作的要求挑选和培训工人。这主要包括:

(1)改进操作方法,以提高工效、合理利用工时。泰罗认为,要让每一个工人都用正确的方法作业。为此,应把生产过程中每个环节的每项操作分解成许多动作,并继而把动作细分为动作要素,然后研究每项动作要素的必要性和合理性,据此决定去掉那些不必要的动作要素,并对保留下来的必要部分根据经济合理的原则加以改进和组合,以形成标准的作业方法。这就是著名的作业研究原理。

在动作分解与分析和作业研究的基础上,还要进一步观测和分析工人完成每项动作所需的时间,并考虑到满足一些生理需要的时间和不可避免的耽误时间,为标准作业方法制定标准作业时间,以便确定工人的劳动定额。这就是与作业研究相对应的时间研究原理。

(2)作业环境与作业条件的标准化。泰罗认为,为了使工人能够以标准的方法进行操作,完成较高的劳动定额,还必须根据作业方法的要求,使工人的作业环境和作业条件(工具、设备、材料等)标准化。比如,为了回答"使用铁锹有无科学"的问题,泰罗在伯利恒钢铁厂做了铁锹试验。他让几个铁锹手使用不同的铁锹,以观察他们的工作量,结果发现,每锹量 21.5 磅可以使一天总工作量达到最高。根据这次实验,他为这家工厂的装卸工人设计了 8~10 种不同的铁锹,要求工人根据装卸物品的不同选择使用。

(3)根据工作要求,挑选和培训工人。泰罗认为,人有不同的禀赋才能,只要工作合适,都可以成为第一流的工人。最明显的例证莫过于男女工的区别:身强力壮的男工,干重活是第一流的,而干细活则不一定;相反,女工心灵手巧,虽然难以承受重任,但擅长细活。因此,要提高工人的劳动生产率,首先要根据不同工人的不同特长来分配工作。

正确地选择工人担任适当的工作后,还要根据标准的作业方法来培训工人。泰罗指出,工作技术的获取,过去只靠工人自己来摸索,或者靠师傅带徒弟的方法来传授。这种传统的培训方法虽然可以教会徒工有用的方法,但也可能把不科学的东西传下来,而且一个师傅能够带的徒弟数有限,同时需要的时间也很长。相反,如果利用标准的作业方法来集中成批培训,不仅可保证受训者掌握的是科学的操作方法,而且可以提高培训速度和效率。

其次,改进分配方法,实行差别计件工资制。

泰罗认为,工人不愿提供更多劳动的一个重要的原因是分配制度不合理。当时企业普遍实行的是无差别计件工资制,但是工人的产量一旦增加,工资总额也需要增加时,资本家便降低工资标准。工人则采用压低产量的办法来对付资方,从而造成劳动生产效率的低下。泰罗认为,要刺激工人提供更多的产量,工资标准不仅应当稳定,而且应该随着产量的增加而提高,实行差别计件工资制,即:在计算工资时,采取不同的工资率,未完成定额的按低工资率付给,完成并超过定额的按工资率付给。比如,"用一只有 2 个刀架的 16 寸车床进行加工,当工人每日完成 10 件(标准工作量),每件工资 0.35 元;每日产量低于 10 件时,则按每件工资 0.25 元计算"。由于完成并超过定额能以较高的标准得到报酬,因此工人愿意提供更多数量的劳动。

再次,改进生产组织,加强企业管理。

泰罗在企业工作的实践中,从工程技术人员的角度,意识到了改进和加强企业管理工作对提高劳动生产率的重要作用。

(1)在企业中设置计划部门,把计划职能和执行职能分开。泰罗指出,要提高劳动生产率,就要改进工人的作业方法。工人虽然拥有丰富的操作经验,却没时间去进行系统的研究和分析。这项工作应该由企业主或企业委托的专门人员进行,因为"只有富人才可能向自己提供时间这个奢侈品来进行科学研究"。所以,他主张在企业中设立专职的计划部门,把计划(管理)职能同执行(作业)职能相分离。泰罗认为,专职的计划部门应该完成下述四个方面的任务:① 调查研究,计划部门负责收集和整理工人的操作经验,进行作业研究和时间研究,确定工时定额依据;② 根据调查研究的结果,制定有科学依据的作业方法、时间定额和工资标准;③ 制定计划,向工人发布命令和指示;④ 把实际执行情况与确定的标准进行比较,以便进行控制。

作业(执行)部门包括进行出场监督的工头和直接从事操作的工人,他们的任务是根据计划部门制定的标准、定额进行监督和生产作业。

(2) 实行职能工长制。泰罗把管理工作做了细分,认为每个管理者只能承担其中的一两项工作。他认为,当时通常由车间主任完成的工作应该由 8 个职能工长来承担,其中 4 个在计划部门,4 个在生产现场进行监督,每个职能工长只负责某一方面的工作,在其职能范围内可以向工人发布命令。

泰罗认为,实行职能工长制对管理人员的培养只需花费较短的时间,因为只需他们掌握某一个方面的技能;从事专门的职能管理,可以提高管理劳动的效率;由于计划和作业标准已在计划部门制定,现场工长只需进行指挥监督,因此低工资者也可从事复杂的工作,从而可能降低企业的生产费用。

(3) 进行例外管理。泰罗认为,如果说现场的管理应该实行职能工长制的话,那么在规模较大的企业,高层管理者还需要例外管理的原则。所谓例外管理是指企业的上级主管把一般的日常事务授权给下级管理人员去处理,而自己则保留对例外事项或重要问题的决策与监督。这个原理实际上为后来的分权化管理和事业部制提供了理论依据。

泰罗以自己在工厂的管理实践和理论探索,冲破了产业革命开始以来一直沿袭的传统的经验管理方法,将科学引进了管理领域,并且创立了一套具体的管理方法,为管理理论系统的形成奠定了基础。同时,由于泰罗主张将管理职能从企业生产职能中独立出来,使得有人开始从事专职的管理工作,这就进一步促进了人们对管理实践的思考,从而有利于管理理论的发展。泰罗制在现场生产组织的推广也取得了显著的效果。由于采用了科学的作业程序和管理方法,推动了生产的发展,使得企业的生产效率提高了 2～3 倍。正是由于这些原因,泰罗的科学管理方法在 20 世纪初的美国和西欧受到了普遍欢迎。

但是泰罗的管理理论也有一定的局限性,他的研究范围比较小,内容比较窄。因为泰罗长期在企业从事现场的生产和管理工作,所以他对生产或作业的组织等有关问题比较熟悉,也比较敏感,他的一些主张主要是针对作业方法或现场监督的,而对企业的其他活动,比如供销、人事、财力等,则基本上没有涉足。泰罗的这种局限性被与他同时代的另一位管理科学家——法约尔所补充。

二、法约尔的一般管理理论

伟大的学者并不总是在他们还活着的时候就已被人们承认其伟大的,许多著名的理论只是在其创立者逝去了若干年后才被人们发现其价值。科学发展上不乏这样的例子,法国矿业工程师、高级管理人员亨利·法约尔便经历了这样的遭遇。他在生前发表过许多管理著述,对管理理论的形成和发展有着不可取代的贡献,但这种贡献只是在他去世几十年后才逐渐得到了全面的评估。

(一) 法约尔其人

亨利·法约尔(Henry Fayel)于 1841 年生于法国中部一个中产阶级家庭,1860 年毕业于圣艾蒂安国立矿业学院,以矿业工程师的身份进入一家大型矿业公司,并在此度过了整个职业生涯。在公司里,他起初担任采矿作业的基层技术职务,由于管理才能迅速得到承认,先后被任命为矿井矿长、经理,直至董事长兼总经理。1918 年他从公司退休,专门致力于管理理论的研究和宣传,创立并领导了一个管理研究中心,直至 1925 年去世。其间,他曾应法国政府的邀请,对邮政和烟草专卖机构的管理状况进行了调查,提出了改进政府组织行政管理的若干建议。

在探索和总结管理经验的基础上,法约尔生前发表了一系列关于管理的著述,比较重要的有:《工业管理和一般管理》(1916)《国家在管理上的无能》(1921)《公共精神的觉醒》(1927)《管理的一般原则》(1908)《高等技术学校中的管理教育》(1917)《国家的行政管理理论》(1923)。

(二) 法约尔管理理论的要点

法约尔生前曾打算写一本包括四个部分的管理学著作:第一部分论证管理教育的必要性和可能性;第二部分研究管理的要素和原则;第三部分介绍他自己的观察和经验;第四部分分析第一次世界大战的教训。后两部分的研究成果未曾发表,前两部分的观点则主要体现在他于 1916 年发表的《工业管理和一般管理》这本书中。这本书系统地介绍了法约尔管理思想的主要观点。

1. 经营和管理

法约尔认为,经营和管理是两个不同的概念,管理只是经营的一部分。除了管理外,经营还包括技术、商业、财务、安全以及会计等一系列职能。其中技术职能是企业加工材料、生产产品的制造活动;商业职能是指与原材料和设备的购买及产品的销售有关的市场活动;财务职能是指围绕资金的筹集和运用而展开的活动;安全职能是指与设备和人员保护有关的活动;会计职能是指为监视资金的合理运用而对其运动过程中的变化状况进行的记录、归类和分析活动。作为经营的一个方面,管理职能本身由计划、组织、指挥、协调、控制等一系列工作构成。

法约尔指出,这六个方面的活动,在任何组织的任何层次都会以这种或那种方式不同程度地存在着,因此组织中不同层次的工作人员都应根据任务的特点,拥有不同程度的六种职能活动的知识和能力。比如管理知识与能力,不仅在企业中担任经理、厂长、车间主任或工段长职务的人应该具备,而且从事直接生产劳动的工人也应拥有——虽然在要求程度上不如对前者那么高。但是,根据法约尔的分析,当时人们只注意对技术知识的灌输和技术能力的培训,而普遍忽视了管理教育。其主要原因是零散的管理知识和经验没有系统化。因此,法约尔指出,要适应企业经营的需要,必须加强管理教育,而且加强管理教育,必须"尽快建立一种管理理论",建立"一种得到公认的理论:包括为普遍的经验所验证过的一套原则、规则、方法和程序"。法约尔的《工业管理与一般管理》的写作便是建立一种系统的管理理论的尝试。

2. 管理的原则

由于任何组织的活动都存在共同的管理问题,因此人们在管理实践中必然要遵循一系列一致的原则。法约尔根据自己的经验总结了 14 条管理原则。他指出,原则虽然"可以适应一切需要",但它们是"灵活的"。"在管理方面,没有什么死板和绝对的东西,这里全都是尺度问题"。原则的应用"是一门很难掌握的艺术,它要求智慧、经验、判断和注意尺度。由经验和机智合成的掌握尺度的能力是管理者的主要才能之一"。法约尔提出的 14 条管理原则包括:

(1) 劳动分工。法约尔认为,劳动分工属于"自然规律"的范畴,其目的是"用同样的劳动得到更多更好的成果"。这个原则"不只适用于技术工作,而且毫无例外地适用于所有涉及或多或少的一批人或要求几种类型的能力的工作"。此外,法约尔还隐约感觉到,"劳动分工有一定限度,经验与尺度感告诉我们不应超越这些限度"。

(2) 权力和责任。权力是指挥和要求别人服从的力量。法约尔把权力分成两类:制度权力和个人权力。前者是由职务和地位而产生的,后者则与担任一定职务的人的智慧、学识、经验、道德品质和领导能力有关。出色的管理者要用个人权力来补充制度权力。"责任是权力的孪生物,是权力的必然结果和必要补充。凡权力行使的地方,就有责任"。为了保证权力的正确使用,必须"规定责任的范围,然后制定奖惩的标准"。

(3) 纪律。任何组织活动的有效进行,都必须有统一的纪律来规范人们的行为。法约尔指出:"为使企业顺利发展,纪律是绝对必要的。没有纪律,任何企业都不能兴旺发达"。纪律的实质"是对协定的尊重",为了保证大家都遵守纪律,"协定应当清楚明了,并能尽量使双方都满意"。组织中纪律是否严明,与领导者有很大关系,为了保证纪律的严肃性,"高层领导和下层一样,必须接受纪律的约束"。

(4) 统一指挥。这是一条基本的管理原则,是指"一个下属人员只应接受一个领导人的命令"。如果这条原则被打破,"权力将受到损害,纪律将受到危害,秩序将被扰乱,稳定将受到威胁"。这条原则虽然非常重要,但破坏这个原则的双重领导现象在社会组织中"比比皆是",其原因主要有四种:① 为了争取时间或立即中止某次错误行为,高层管理者不通过中层直接向基层发出指示;② 为避免给两个以上的工作人员分配职权而造成的矛盾;③ 部门界限不清,两个部门的主管都认为有指挥同一工作的权力;④ 部门之间的联系上、职务上固有的错综复杂的关系。为了保证统一指挥,必须注意克服这些现象。

(5) 统一领导。这条原则表示对于达到同一目标的全部活动,只能有一个领导人和一项计划。这是统一行动、协调组织中一切努力和力量的必要条件。法约尔指出,统一领导和统一指挥的区别在于:"人们通过建立完善的组织来实现一个社会的统一领导;而统一指挥则取决于人员如何发挥作用。统一指挥不能没有统一的领导而存在,但并不来源于它"。换句话说,没有统一领导,就不可能存在统一指挥,但是即使有了统一领导,也不足以保证统一指挥。

(6) 个人利益服从整体利益。这条原则虽然是不言而喻的,但是由于"无知、贪婪、自私、懒惰、懦弱以及人类的一切冲动总是使人为了个人利益而忘掉整体利益",因此仍有必要经常提醒人们注意去遵守它。

（7）人员的报酬。法约尔认为，报酬是人们"服务的价格应该合理，并尽量使企业和所属人员满意"，报酬率的高低不仅取决于人员的才能，而且取决于，甚至首先取决于"生活费用的高低、可雇人员的多少、业务的一般状况、企业的经济地位"以及报酬方式等因素。报酬方式可以对企业的生产发展产生重大影响。合理的报酬方式必须符合三个条件：① 能保证报酬公平；② 能奖励有益的努力和激发热情；③ 不应导致超过合理限度的过多报酬。

（8）集中。这条原则讨论了管理权力集中与分散的问题。法约尔认为，分权是"提高部下作用的重要性的做法"，而集权则是"降低这种作用重要性的做法"。作为管理的两种制度，它们本身无所谓好坏，并不同程度的同时存在着，"这是一个简单的尺度问题，问题在于找到适合企业的最适度"。法约尔指出，影响权力集中程度的因素主要有：组织规模、领导者与被领导者的个人能力和工作经验、环境的特点。

（9）等级制度。等级制度是从组织的最高权力机构直至最低层管理人员的领导系列，它是组织内部命令传递和信息反馈的正常渠道。依据这条线路来传送信息对于保证统一指挥是非常重要的，但它并不总是最迅捷的途径。如果企业的规模较大、层次较多，这种方法有时会影响行动的速度。而行动的速度则往往与组织的效率相联系。因此，应该把尊重等级制度与保持行动迅速结合起来。为了解决这个矛盾，法约尔设计了一种"联系板"的方法，以便使组织中不同等级线路中相同层次的人员能在有关上级同意的情况下直接联系。

（10）秩序。包括"物的秩序"和"人的秩序"。物的秩序要求"每件东西都有一个位置，每件东西都放在它的位置上"。为此，不仅要求物归其位，而且要求正确设计、选择和确定物的位置，以方便所有的工作程序。"人的秩序"亦称"社会秩序"，要求"每个人都有一个位置，每个人都在他的位置上"。完善的社会秩序要求让适当的人从事适当的工作，因此要根据工作的要求和人的特点来分配工作。

（11）公平。公平是由善意与公道产生的。公道是实现已订立的协定；为了鼓励下属忠实地执行职责，应该以善意来对待他们。

（12）人员的稳定。人员稳定对于工作的正常进行、活动效率的提高是非常重要的。一个人要适应新的工作，不仅要求具备相应的能力，而且要给他一定的时间来熟悉这项工作，因为经验的积累需要时间。如果这个熟悉过程尚未结束便被指派从事其他工作，那么其工作效率就会受到影响。法约尔特别强调指出，这条管理原则对于企业管理人员来说是尤为重要的。

（13）首创精神。它是指人们在工作中的主动性和创造性。法约尔认为，"想出一个计划并保证其成功是一个聪明人最大的快乐之一，也是人类活动最有力的刺激之一。这种发明与执行的能力就是人们所说的首创精神，建议与执行的自主性也属于这个范畴"。它对企业来说是一股巨大的力量，因此应尽可能地鼓励和发展员工的这种精神。

（14）人员的团结。全体人员的和谐和团结是企业发展的巨大力量。为了实现团结，管理人员应该避免使用可能导致分裂的分而治之的方法。此外，法约尔还隐约认识到，人员间的思想交流、特别是面对面的口头交流有助于增强团结，因此他认为应该鼓励口头交流，禁止滥用书面联系的方式。

这些原则虽然在早期的工厂管理实践中已经在不同程度上得到了自觉或不自觉地运用，但对它们进行系统的概括则是法约尔首创的。

3. 管理要素

管理原则是在具体的管理活动中被执行的。法约尔认为,管理活动包括计划、组织、指挥、协调和控制等五个方面的内容。

(1) 计划。计划是管理的一个基本部分,包括预测未来和对未来的行动予以安排。预测是计划的基础;行动计划的制定则是计划工作的主要内容,它指出了组织所需达到的结果、应该遵循的行动路线、所要经过的阶段以及所要使用的手段,是人们对组织未来前景的预先安排。

制定计划是领导的责任。在从事这项工作时要考虑到组织资源、活动的特点以及环境状况等因素。一个好的计划应该具有统一性、连续性、灵活性和精确性等特征。这样的计划对企业经营具有非常重要的指导意义。第一,它有利于企业明确未来的行动方向,合理利用各种资源;第二,有利于培养和提高管理人员的工作能力;第三,它可以指导企业预测和防范风险。

(2) 组织。从广义上来说,管理的组织工作包括"物的组织"和"人的组织"(或称"社会组织")。法约尔主要讨论了人的组织。他指出,在配备了必要的物质资源以后,管理者的任务就是要把本单位的人员合理地组织起来,以完成企业的六个基本职能。组织工作包括:选择组织形式,规定各部门的相互关系,选聘、评价和培训工人等。

在组织形式上,法约尔着重分析了等级结构和参谋部门的作用。法约尔认为,组织的结构形式(等级数目)取决于人员的数量。随着人员的增加,形成了不同的管理层次。就部门设置而言,企业的活动内容虽然可能不一样,但总的形式是相同的,主要部门是一样的,其任务分工也大致相同。

为了帮助高层管理者对付管理复杂活动,法约尔认为有必要设立参谋机构协助他们的工作,以弥补他们在知识、技能和能力上的不足。参谋部门的任务包括:① 对领导人的日常工作、通信、接待、案卷的准备与研究等给予多种帮助;② 联系与控制;③ 预测未来,制定与协调各种计划;④ 研究改进工作的措施。

为了使组织的全貌、结构、权力路线等一目了然,法约尔认为有必要绘制组织图。组织图的绘制过程实际上是部门关系、个人位置及职责进一步明确化的过程。有了正式的组织图,就可以防止部门的重复和职责的冲突,就可以保证统一领导,就可以指导管理者及时根据活动和环境的变化进行调整,从而使组织合理化。

(3) 指挥。指挥的任务是要让已经建立的企业发挥作用。对每个领导来说,指挥的目的是根据企业的利益,使单位里所有的人做出最好的贡献。

法约尔认为,指挥是一种艺术,领导者指挥艺术的高低取决于自身的素质和对管理原则的理解两个方面。为了进行有效的指挥,领导者应做好以下 8 项工作:① 对职工要有深入的了解;② 淘汰没有工作能力的人;③ 深入了解企业与职工之间的合同;④ 做出好的榜样;⑤ 对组织进行定期检查;⑥ 召集主要助手开会,以便统一指挥和集中精力;⑦ 不要在琐碎事务上花费精力;⑧ 加强职工的团结、积极和效忠精神。

(4) 协调。法约尔认为,协调是一项单独的管理要素,是指"企业的一切工作都要和谐地配合,以便企业经营的顺利进行,并且有利于企业取得成功"。协调就是平衡各种关系:使企业活动和物质资源保持一定的比例;使组织的各个职能部门都意识到自己的工作对其他职能部门可能产生的影响;使收入与支出、生产与销售、材料供应与生产消耗保持正确的比例;等等。组织及其活动是否协调,可以根据各部门工作的步调是否一致、计划是否经常随变化而调整这两个标准来判断。实现组织协调的手段既包括计划的合理制定,亦包括会议或其他形式的信息沟通。

(5)控制。控制是保证计划目标得以实现的重要手段,是要"证实各项工作是否都与已定计划相符合,是否与下达的指标及已定原则相符合。控制的目的在于指出工作中的缺点,以便加以纠正并避免重犯"。

担任控制工作的不一定是组织的高层主管本人,而可能是他(们)的助手。法约尔指出,为了进行正确的控制,必须防止控制人员"对各部门领导人员和工作进行干预",因为"这种越权行为会造成可怕的双重领导:一方是不负责的控制人员,他们有时在很大范围内造成有害影响;另一方是被控制的业务部门,他们没有多少权力采取措施来反对这种恶意的控制"。

法约尔的管理理论起初没有像泰罗的科学管理方法那样走运,在20世纪40年代以前,不仅没有在国际上广泛传播,甚至在他的祖国也未受到重视。但是,"是金子总得闪光",这种理论在内容上的系统性、逻辑上的严密性以及管理工作普遍性的认识使得它在稍后的时间里得到了普遍的承认。孔茨甚至认为法约尔是"现代管理理论的真正创始人",法约尔提出的许多概念、术语和原理在现代管理学中被普遍继承和运用。

三、韦伯的组织理论

(一)韦伯其人

马克斯·韦伯(Max Weber)是泰罗和法约尔的同时代人,于1864年出生于艾乐福特的一个律师家庭。1882年韦伯高中毕业后进入海德堡大学法律系学习,1889年完成博士论文,1891年取得在大学授课的资格。从1892年起,韦伯曾先后在柏林大学任法学讲师,在弗赖堡大学和海德堡大学任经济学教师,以及在慕尼黑大学任社会学教授。1920年,韦伯死于流行性感冒引起的肺炎,享年仅56岁。

与泰罗和法约尔相比,韦伯主要是一个学者。他一生发表了许多著述,比较重要的有:《一般经济史》《社会和经济组织的理论》《社会学论文集》《新教伦理与资本主义精神》等。其研究领域涉及了法律制度、宗教体系、政治制度和权力关系等多个方面,但凡他涉及的领域,他都提出了许多新的观点,促进了这些学科的形成与发展。韦伯在管理思想上的主要贡献是提出了"理想的科层组织体系"的理论,并因此而被人们称为"组织理论之父"。

(二)韦伯科层理论的主要内容

1. 理想的科层组织体系

科层组织或科层制度,通常亦被译为官僚组织、官僚政治,是一种通过"公职"或职位,而不是通过"世袭"或"个人魅力"来进行管理的理想的组织制度。

韦伯指出,科层组织是依照下述规则来建立和组织运行的:① 按行政方式控制的机构的目标所要求的日常活动,是作为正式职责来分配的;② 执行这种职责所需要的权力是按一种稳定的方式来授予的,并且由官员能加以控制的某种强制手段来严格地加以限制;③ 对于正常而继续地履行职责来行使相应的权力的方法有所规定,即只有按一般规定符合条件的人才被雇用。按照这三个原则,便可在国家管理的领域构建一种官僚(科层)组织体系的机关,在私营经济领域构建一种科层组织体系的企业。

2. 权力的类型

权力是统治社会或管理某个组织的基础。社会或组织与其构成部分的关系主要不是通过契约关系或道德一致来维持的,而是通过权力的行使来凝聚的。韦伯把权力定义为一种引起服从的命令结构。为了保证权力的有效运用,统治者极力使权力合法化。韦伯认为,被社会所接受的合法的权力有三种类型:

(1)传统型(traditional)权力。这种权力建立在对于习惯和古老传统的神圣不可侵犯性要求之上。这是一种由族长或部落首领来行使的权力。臣民或族人之所以服从,是基于对神圣习惯的认同和尊重。

(2)个人魅力型(charismatic)权力。这是建立在对某个英雄人物或某个具有神赋天授品质的人的个人崇拜基础之上的权力。个人魅力型权力的维持在于其拥有能够使追随者或信徒们确信(或继续确信)自己的盖世神力。为此,他必须经常做出英雄之举,不断创造奇迹,而这在日常管理中是很难做到的。因此,韦伯认为,个人魅力型权力产生于动乱和危机之中,而崩溃于稳定秩序条件下的日常事务管理以及使这种权力制度化的尝试之中。所以个人魅力型的权力不能作为政治统治的稳固制度的基础。

(3)法理型(legal-rational)权力。这类权力的依据是对标准规则模式的"合法化"的信念,或对那些按照标准规则被提升到指挥地位的人的权力的信念。这是一种对由法律确定的职位或地位的权力的服从。

韦伯认为,只有法理型的权力才能成为科层组织的基础,因为这种权力具有下述特征:① 为管理的连续性提供了基础。因为权力是赋予职务而不是个人的,因此权力的运用不会因领导人的更换而中断。② 合理性。担任职务的人员是按照完成任务所需的能力来挑选的。③ 领导人可以借助法律手段来保证权力的行使。④ 所有权力都有明确的规定,而且是按照组织任务所必需的职能加以详细地划分的。

第四节 行为科学的产生

在古典管理理论的代表人物中,泰罗的影响要远比其他人来得早、来得快、来得普及。但是由于泰罗的研究侧重于生产作业,以机器为中心,把人视作机器的附属物,因此泰罗制的广泛运用导致了企业管理人员严重忽视人的尊严和人的主观能动作用。实行泰罗科学管理方法的初期,由于劳动分工、作业标准化带来的好处,企业生产率迅速提高。但是由于工人长期从事一种简单、标准的操作,不久便觉得工作单调、枯燥、乏味。长期下去,使得工人的思维迟钝,智力衰退,创造力被扼制,对工作漠不关心,完全被动机械地来进行,从而工作效率不仅难以持续提高,甚至有所下降。于是,有人开始研究,人的工作效率究竟受到哪些因素的影响?为什么在同样的组织环境中,不同的人,即使体力和技术能力大致相当,从事相同的工作却会产生差异很大的结果呢?为什么同一个人从事同样的工作,而在不同时期具有不同的工作效率呢?根据分析,他们得出了这样的结论:人的劳动生产率不仅受到工作场所的物质环境或企业的制度环境、人的工作能力以及技术水平的影响,而且与人们在劳动中的工作态度和情绪,与人们的工作积极性和主动性有关,与人们的诸多社会心理需要能否得到满足有关。

这些研究使得人们开始把管理的注意力从生产现场的机器操作转向生产过程的人性面,从对人的经济需要的注意转向对人的社会性需要的关心。这些研究中比较著名的是"霍桑试验"。梅奥等人在霍桑试验的基础上创立了行为科学的前身——工业人际关系学。

一、照明试验

霍桑试验是指 20 世纪 20 年代中期到 20 世纪 30 年代初期,主要由哈佛大学梅奥教授等专家在美国西方电器公司的霍桑工厂进行的一系列试验。这些试验导致了对管理者的许多管理观念的挑战。

20 年代,位于芝加哥郊外的霍桑工厂是一个拥有 2.5 万名工人的生产电话机和电器设备的工厂。当时人们普遍认为,工作环境的物质条件以及工人的技术和体质与生产率之间存在着明确的因果关系。如果具备了理想的工作条件,工作场所保持通风,温度和照明度适当,工作任务经过科学的测定,同时采用某种合理的工资制度,那么职工便能发挥较高的工作效率。然而,当时的西方电器公司的工作条件据说是相当不错的,在霍桑工厂甚至安置了比较完善的娱乐设施,建立了医疗制度和养老金制度,但是工人的劳动热情并不怎么高昂,甚至会经常出现一些怨言,生产成绩当然也不理想。为了探索其中的原因,1924 年 11 月美国科学院组织了一个包括有关方面专家的研究小组,去那里考察工作条件与生产效率之间的关系。

在众多的工作条件中,专家小组首先选择了工作场所的照明条件进行试验。他们假定,照明度能影响工人的视觉和情绪,从而会影响工作的数量和质量。试验开始时,他们设想增加照明度会使产量提高,于是把参加试验的 12 名女工分成 2 个组,每组 6 人,分别在 2 个房间工作,其中一组为试验组,另一组为对照组。2 组工人的工作性质完全相同:都是单调而重复的工作。开始时,2 个小组的照明条件一样,然后将试验小组的照明度逐渐从 24 烛光增加到 46 烛光和 76 烛光。研究人员对两组女工的工作情况进行了详细的观察和精确的记录。结果发现,不仅试验小组的产量随照明度的加强而提高,而且对照组的产量也出乎意料地增加了,其增长率同试验组大致相同。随后,他们又采取了相反的措施,逐渐降低试验组的照明度,从 10 烛光降到 3 烛光。根据设想,试验组的生产率会随之而下降,然而结果却是仍然保持在较高的水平上,甚至仍有提升。对照组的情况亦然。只是当照明度降低到接近月光水平的 0.06 烛光的时候,试验小组才出现了生产率下降的情况。

研究人员对上述结果感到迷惑不解,于是放弃把照明度作为一个重要的可变因素,而对其他方面进行试验。比如,改变工作周和工作日的长度,让工人提前下班;增加休息时间,在上午 10 点和下午 2 点各给予 5 分钟的休息时间;改变工资制度,从集体刺激工资制改变为个人计件工资制;在休息时间提供咖啡和点心;等等。所有这些都使产量有所提高。在试验工人都适应了这些新的工作条件后,突然有一天,这些"特权"全部被废除了,除了保留个人计件工资以外,其他工作条件都恢复到原来的状况:没有休息时间,没有咖啡和热点心,工作日与工作周不再缩短。研究人员预计工人的情绪会受到严重影响,但却惊异地发现"日产量和周产量都达到前所未有的高度"。

美国科学院专家小组的这项研究从 1924 年持续到 1927 年,结果是得不出任何明确的结论。产量随着试验的进行而增加,但没有一个人能够解释原因。所有的假设都被否定了,几乎每一个人都认为这种试验没有用处而准备将其放弃。当时,西方电器公司的检验主任乔治·潘诺克(George Pennock)曾推测产量增加是因为工人对试验感兴趣,但这种解释并没有太强的说服力。

二、梅奥的参与与继电器试验

在 1927 年末到 1928 年初的冬天,有一批人事经理在纽约市的哈佛俱乐部接受梅奥教授主持的工业心理学培训。梅奥(George Elten Mayo)是一位澳大利亚人,于 1880 年出生于阿德雷得;1899 年取得逻辑学、哲学的硕士学位;1911~1912 年在澳大利亚的昆士兰大学任逻辑学、伦理学的哲学讲师,后任教授;第一次世界大战期间,他利用业余时间用心理疗法治疗被炸弹震伤的士兵,是澳大利亚第一个采用这种疗法的人;1922 年,由于洛克菲勒基金会的第一笔资助,梅奥移居美国,并在宾夕法尼亚大学从事教学工作。在宾夕法尼亚大学任教期间,他曾参加了一个研究小组在费城某纺织厂的研究。当时,这家工厂的一个车间的工人流动率相当高,每年的转厂率接近 25%,梅奥外加几个"效率工程师"被请去解决这个问题。研究中,他们遵循当时通行的方法,寻求工作条件与工作结果的关系。由于在工作中实行休息制度,他们成功地把工人的流动率从而 25% 降低到 5%。梅奥认为,工间休息减缓了工人认为工作永无尽头的悲观情绪,从而可以提高工人的士气和生产率。根据这次试验的结果和早期研究的经验,梅奥还发现,与工人有关的管理问题不能只用一种因素来加以解释,而必须放在"整个情况的心理学"中来探索。1926 年,梅奥作为一名工业研究副教授参加哈佛大学的教学工作,1929 年升任教授,无任期限制,直至 1947 年退休。梅奥于 1949 年在英国的萨里去世。

西方电器公司的乔治·潘诺克参加了这个培训班。他向梅奥讲述了发生在霍桑工厂的试验情况,并邀请梅奥作为顾问参加这项研究。梅奥立即对美国科学院专家小组准备放弃的这项试验产生了兴趣,并敏锐地意识到能够从中得到比原先的照明研究重要得多的结论。他指出,解释产量变化的关键因素是参加试验的工人精神状态的巨大的改变,是因为工人们对受到愈来愈多的关注感到高兴,并产生出一种参与试验计划的感觉。于是,梅奥率领了一个哈佛小组来到霍桑工厂继续科学院专家小组的工作。这其中有他的主要助手罗特利斯伯格(Frity Jutes Roethlisberger,1898~1974)。罗特利斯伯格于 1921 年在哥伦比亚大学获得文科学士学位,1922 年在麻省工学院获得了工科学士学位,1925 年在哈佛大学取得文科硕士学位,并留在哈佛大学参加工业研究部的工作,是霍桑研究的重要人物之一,也是在此基础上产生的人际关系理论的主要阐述者之一。

哈佛小组来到霍桑工厂后,立即试图解释先前试验的结果。他们列出了一系列可能导致产量变化的假设,并用先前的试验结果加以验证。这些假设是:

(1)在试验中改进物质条件和工作方法,可导致产量的增加。

(2)安排工间休息和缩短工作日,可以解除或减轻疲劳。

(3)工间休息可以减少工作的单调性。

(4)个人计件工资制能促进产量的增加。

（5）改变监督与控制的方法能改善人际关系，从而能改进工人的工作态度，促进产量的提高。

然后，研究人员逐个检验和分析这些假设的真实性，结果是：

否定了第一个假设，因为曾经有意识地使生产场所的物质条件恶化，而产量却仍然增加。

第二个假设也不能成立，因为虽然增加休息、缩短工作日使产量增加，但取消这些优惠却未见产量下降。

第三种假设更加缺乏说服力，因为单调性是一种心理认识，不能仅根据产量的变化来加以估计。在增加休息的试验中，工人的态度确实改变了，但这可能是因为被挑选参加试验，他们感觉到自己受到了重视和关注。即使如此，也不能因此而得出结论，说它是产量增加的唯一原因。

第四种假设值得认真对待。为此，哈佛小组选择了继电器装配和云母片剥离两个小组进行试验。继电器装配小组是由五个有经验的女工组成的一个新小组。试验以前实行的是集体计件工资制，试验时改为个人计件工资制，工人产量连续上升，最后产量稳定在原来的112.6％的水平上。9个月以后，又恢复了先前的集体计件工资制，试验到第7个星期，小组的产量下降到试验前的96.2％。云母片剥离小组的工资制度没有改变，唯一变化的是工作场所被安排在一间特别的观察室中，在试验期间，小组产量比试验前提高15％。哈佛小组由此得出结论，认为工资制度的变化与产量提高并无直接的关系。

那么究竟是什么原因导致了产量的增加呢？研究人员认为是由于管理方式的改变带来了士气的提高和人际关系的改善。在试验过程中，工人的劳动从生产现场转移到特殊的试验室中去进行，由试验人员（研究人员）担任管理者。他们力图创造一种"更为自由愉快的工作环境"。这些管理者改变了传统的严格命令和控制的方法，就各种项目的试验向工人提出建议，征询意见。工人的意见被同情地予以倾听，工人的身体状况和精神状况成为研究人员极为关心的事。这种可以自由发表意见、得到关心的工作环境使工人感觉到自己受到了重视，士气和工作态度也随之改善，从而促进了产量的变化。这个结论正好支持了前面提出的第五种假设。

三、访谈计划

既然试验表明管理方式与职工的士气，从而与劳动生产率有密切的联系，那么就应该了解职工对现有的管理方式有什么意见，为改进管理方式提供依据。于是梅奥等人制定了一个旨在征询职工意见的访谈计划。在1928年9月到1930年5月不到2年的时间里，哈佛小组的试验人员与工厂的2万名左右的职工进行了访问谈话。

按预定的计划，在访谈过程中，要求工人就管理当局的规划和政策、监工的态度和工作条件等问题做出回答。但在计划的执行中，访谈人员惊异地发现工人想就提纲以外的问题发表意见。显然，工人认为重要的事与企业或研究人员的认识并不总是一致。于是，研究小组对访谈计划进行了调整，每次访谈之前，不规定谈话的内容和方式，工人可以就任何一个问题自由地发表一番言论。访谈者的任务就是让工人说话。有了这样一个自由发表意见发泄心头之气的机会以后，虽然工作条件或劳动报酬实际上未有任何改善，但工人们却普遍认为自己的处境比以前好了。

访谈计划执行的过程中,研究人员对工人在交谈中的怨言进行了分析,发现引起他们不满的事实与他们所埋怨的事实并不完全一致;工人表述出来的不满与隐藏在心里深层并未明确表述的实际不满并不总是一回事。比如,有位工人表现出对计件工资率过低的"不满",但深入考查以后才发现,这位工人是在为支付妻子的医药费而担心。根据这些分析,研究人员认识到,工人会由于关心自己个人的问题而影响工作效率,所以管理人员应该了解工人的这些问题。为此,需要对管理人员、特别是基层管理人员进行训练,使他们成为能够倾听并理解工人的"访谈者",能够重视人的因素,与工人相处时更为热情、更关心他们。这样才能够促进人际关系的改善、职工士气的提高以及产量的增加。

四、绕线试验与非正式组织

研究人员在试验中感觉到工人中似乎存在一种非正式组织。为了证实这种非正式组织的存在及其对工人态度的影响,研究小组又进行了电话线圈装配的试验。他们挑选了 14 名男工,其中 9 个绕线工、3 个焊工以及 2 名检验工。除 2 名检验工外,其他 12 人分成三组,构成正式组织。采用的工资制度是集体计件制,目的在于要求他们加强协作。

实验中,研究人员观察到两个事实:一是工人们对于"合理的日工作量"有明确的概念,且这个工作量低于管理当局估计的水平和他们的实际能力。工人们认为,如果产量超过这个非正式的定额,工资率就可能降低;而如果产量低于这个水平,则可能引起管理当局的不满。所以他们在产量水平上达成了某种默契,并运用团体压力来加以维护,使人们共同遵守。这些压力包括冷遇、讽刺、嘲笑等。每个工人都自觉限制自己的产量,以避免自己的"形象"在同伴眼中受到伤害。如果某个工人在某天的产量高了,他也只会上报符合"合理工作量"的部分,其余产品则会隐藏起来,以供第二天放慢生产速度后的补缺。二是在正式组织中存在着小团体,即"非正式组织"。在工作过程中或工作结束后,工人跨越正式组织的界限而相互交往,形成相对稳定的非正式团体。这种非正式团体有自然形成的领袖和自己的行为规范。比如:不应该提供过多或过少的产量;不应该成为"告密者"或向监工打"小报告";不应该在工作中一本正经,对同伴保持疏远态度或好管闲事等。违反这些规则会受到某种形式的攻击。

五、梅奥的结论与人际关系学说

在总结霍桑试验的基础上,梅奥于 1933 年发表了《工业文明中人的问题》一书,他的主要助手罗特利斯伯格也于 1939 年和 1942 年分别出版了《管理和工人》与《管理和士气》。在这些书中,他们阐述了人际关系学说的主要内容。与泰罗的科学管理思想和当时流行的看法相比,人际关系学说提出了下述新的观点:

1. 职工是社会人

科学管理把人当作"经济人"来看待,认为金钱是刺激人的积极性的唯一动力。霍桑试验则表明人是"社会人",影响人的劳动积极性的,除了物质利益外,还有社会和心理的因素;每个人都有自己的特点,个体的观点和个性会影响个人对上级命令的反应和在工人中的表现。因此,应该把职工当作不同的个体来看待,当作"社会人"来对待,而不应将其视作无差别的机器或机器的一个部分。

2. 企业中存在着非正式组织

非正式组织是与正式组织相对而言的。所谓正式组织是指为了有效地实现企业目标，对企业成员的职位、任务、责任、权力及其相互关系进行明确规定和划分而形成的组织体系。科学管理只注意了发挥这种正式组织的作用。然而，霍桑试验告诉我们，工人在企业内部共同劳动的过程中，必然会发生一些工作以外的联系。这种联系会加深他们的相互了解，从而能形成某种共识，建立起一定程度的感情，逐渐地发展成为一种相对稳定的非正式组织。这种非正式组织对工人起到两种作用：① 它保护工人免受内部成员的疏忽所造成的损失，如生产得过多以致提高生产定额，或生产过少以致引起管理当局的不满，并加重同伴的负担。② 它保护工人免受非正式组织以外的管理人员的干涉所造成的损失，如降低工资率或提高生产定额。

梅奥等人认为，不管承认与否，非正式组织都是必然存在的，它与正式组织相互依存，而且会通过影响工人的工作态度来影响企业的生产效率和目标的达成。因此，管理人员应该正视这种组织的存在，分析非正式组织的特点，利用非正式组织为正式组织的活动和目标服务。

3. 新的领导力在于提高职工满足程度的能力

科学管理认为，生产效率主要取决于作业方法、工作条件和工资制度，因此，只要采用恰当的工资制度、改善工作条件、制定科学的作业方法，就可能提高工人的劳动生产率。梅奥等人根据霍桑试验则得出了不同的结论。他们认为，生产效率的高低主要取决于工人的士气；而工人的士气则取决于他们感受的各种需要得到满足的程度。在这些需要中，金钱与物质方面的需要只占很少的比重，更多的是获取友谊、得到尊重或保证安全等方面的社会需要。因此，要提高生产效率，就要提高职工的士气；而要提高职工的士气，就要努力提高职工的满足程度。所以，新型的管理人员应该认真分析职工需要的特点，不仅要解决工人生产技术或物质生活方面的问题，还要掌握他们的心理状况，了解他们的思想情绪，以采取相应的措施。这样才能适时、合理、充分地激励工人，达到提高劳动生产率的目的。

4. 霍桑以后：从人际关系学说到行为科学

霍桑试验及其结论在当时并未引起人们的注意。20 世纪 30 年代中期，美国国会通过了"全国劳动关系法"，企业中工会相继成立，劳资关系和力量对比发生了变化。在这以后，霍桑试验的影响才逐步扩大。一些企业建立了专门的机构，负责研究和处理"工业关系"，一些大学设立了相应的课程。人际关系学说及其观点逐步渗入企业工作。1948 年，美国成立了全国性的"工业关系研究会"。

1949 年，在美国芝加哥的一次跨学科会议上，有人提议用一个统一的名称来囊括有关企业人性的研究，以促进这类研究的发展。在比较了多种提议后，与会者普遍赞同使用"行为科学"这个名称。会后，福特基金会成立了"行为科学部"，次年又建立"行为科学高级研究中心"，并在 1953 年拨款委托哈佛大学、斯坦福大学、芝加哥大学、密执安大学等从事行为科学的研究。洛克菲勒基金会、卡内基基金会也相继拨款支持这类研究。1956 年，美国出版了第 1 期《行为科学》杂志。

自此以后，许多管理学家、社会学家、心理学家从行为的特点、行为的环境、行为的过程以及行为的原因等多种角度展开了对人的行为的研究,形成了一系列的理论,使行为科学成为现代西方管理理论的一个重要流派。理论研究的发展又反过来促进了企业管理人员重视人的因素,强调人力资源开发,注意改善人际关系,注意组织的需要与其成员的需要协调一致等。

所谓行为科学是利用许多学科的知识来研究人类行为的产生、发展和变化规律,以预测、控制和引导人的行为,达到充分发挥人的作用、调动人的积极性的目的。由于任何人的行为都是在一定的组织和群体内、在一定主管人员的领导和控制下表现的,因此它不仅与个体的行为基础有关,还要受到群体环境的管理人员领导方式的影响。关于人的行为的理论研究也涉及了上述各个方面。

(1) 关于个体行为的研究。这是行为科学的主体内容。行为科学认为,人的行为是由动机导向的,而动机则是由需要引起的。当人们有了某种需要尚未得到满足以前,就会产生干某件事的驱动力,就会寻找能够满足需要的目标,就会去从事某种活动,表现出一定的行为。个体行为理论就是关于行为原因、行为过程以及行为结果的研究。这方面的理论主要有:马斯洛(Maslow)的需要层次论,赫茨伯格(Herzberg)的双因素理论,佛鲁姆(Vroom)的期望理论以及公平理论和挫折理论等。

(2) 关于群体行为的研究。这方面的研究主要是人际关系理论的继续。群体行为的理论除了包括对正式群体(组织)与非正式群体(组织)的特征、相互关系及其作用等方面的继续探讨外,还包括了关于群体的沟通与冲突以及群体的动态发展("群体动力学")等方面的研究。

(3) 关于领导行为的研究。职工是在一定主管人员控制下进行工作的,主管的领导方式必然会对职工的士气和工作表现产生一定的影响。关于领导行为的研究主要包括两个方面的内容:一方面是分析领导者对人性的不同假设,另一方面是关于不同领导方式的分析。前者如麦格雷戈(Mc. Gregor)的"X、Y 理论",阿吉利斯(Ch. Argyris)的"成熟-不成熟理论";后者如坦南鲍姆(R. Tannenbaum)等的"连续统一体理论",斯托格第(R. M. Stogdill)等的"四分图理论"以及布莱克(R. Blake)等的"管理方格理论"等。

行为科学的这些理论,我们将在有关章节中详细介绍。

第五节　现代管理流派

第二次世界大战以后,特别是 20 世纪 60 年代以来,西方企业的经营环境发生了重要变化,主要表现在以下几个方面:

(1) 工业生产迅速增长,企业规模进一步扩大,资本在国际相互渗透,出现了许多巨型的跨国公司,企业的经营范围不断扩展,结构更加复杂,影响和制约经营的因素也随之不断增加。

(2) 技术进步的速度日益加快,新的科技用于工业生产的周期大大缩短。一项新的发明创造,以前需要几十年才可用于生产,现在多则十年、少则几年便可以直接用于生产,因此市场上新产品、新设备、新工艺、新材料不断出现,企业之间的竞争进一步加剧。

（3）生产的社会化程度不断提高，许多复杂产品的生产和大型工程的建设需要组织大规模的广泛协作。

（4）在凯恩斯理论和罗斯福"新政"的影响下，西方政府对经济活动的干预范围不断扩大，手段不断增加。

上述种种变化表明：环境对企业的影响越来越重要，它已成为企业经营与管理不可忽视的一个重要变量。在新的形势下，企业在组织内部的生产经营活动时，不仅要考虑到自身的条件限制，而且要研究环境的特点要求，要提高适应外部环境的能力。然而，先前的管理理论不能有效地指导企业在新形势下的管理：这些理论的研究范围局限于企业内部，或者偏重于工程技术，如泰罗的科学管理思想，或者专注于人事研究，如工业人际关系理论和行为科学，但对外部环境的因素却考虑较少。为了解决管理理论与实践相脱离的矛盾，许多研究人员就企业如何在变化的环境中经营进行了许多方面的探索，在此基础上形成了一系列不同的理论观点和流派。美国管理学家把这种状况称为出现了"管理理论的丛林"。这片"丛林"中，已经形成并具有重要影响的流派主要有：社会系统学派，决策理论学派，系统管理学派，经验主义学派，权变理论学派，管理科学学派等。

一、社会系统学派

社会系统学派从社会的角度来研究管理，把企业组织及其成员的相互关系看成是一种协作的社会系统。其创始人是美国的高级经理和管理学家巴纳德。

巴纳德（Chester. I. Barnard）1886 年出生于美国马萨诸塞洲的马尔登，5 岁丧母，自幼家境贫困。1906~1909 年，巴纳德通过勤工俭学读完了哈佛大学经济学的课程，但为生计所迫，他没有取得实验科学（物理与化学）的成绩便离开了学校，开始进入美国电话电报公司服务，因而未能获得哈佛大学的经济学学位。1922 年，巴纳德担任美国电话电报公司所属的宾夕法尼亚贝尔电话公司助理副总经理，1926 年任该公司总经理。1927 年，巴纳德出任规模庞大的新泽西贝尔电话公司总经理，并且担任这个职务多年。在从事高层管理的实践中，巴纳德进行了广泛的思考，并发表了大量的著述。他的代表作是 1938 年出版的《经理人员的职能》。

在《经理人员的职能》这本书中，巴纳德研究了系统的特征及其构成要素，并分析了经理人员的任务和作用。

1. 组织是一个协作系统

巴纳德认为，"组织是两个或两个以上的人有意识协调活动和效力的系统"。对这个系统要作为整体来看待，因为其中每个组成部分都以一定方式同其他部分相联系。

组织是由个人组成的，组织要能存在下去，就必须有两个或两个以上的个人愿意为达到一个确定的目标而进行协作活动。个人对是否参加组织的活动可以做出选择。这种选择是以个人的目标、愿望等为依据的，即要受到个人"动机"的影响，组织中的管理人员就是通过改变个人动机来影响他们的行为，从而促进组织目标实现的。

为了影响个人的动机和行为，管理人员就必须研究作为组织成员的个人特征。在对组织成员进行管理的过程中，管理人员应该意识到：

（1）职工既是一个完整的个人（其行为的个性、直觉和主观的方面），又是在特定组织中扮演有限角色的组织成员(其行为的理性、客观和非个性化的方面)。

(2) 管理人员的权威取决于指挥下属的命令是否为下属所接受。如果命令不被服从,权威也就不存在了。

(3) 个人具有自由意志,但他的行为又受到遗传、社会和环境中各种部门力量的影响。因此,管理人员一方面必须让下属对他们自己行为负责,同时又必须认识到,在许多情况下人们是无法对自己的行为负责的。所以,不要盲目地对那些个人无法控制的事情进行指责,而是要力图通过改变环境条件、提供恰当的刺激手段来影响和引导组织成员的行为。

2. 协作系统的三个基本要素

巴纳德认为,作为正式组织的协作系统,不论其规模大小或级别高低,都包含了三个基本要素,即:协作的意愿,共同的目标和成员间的信息沟通。

(1) 协作的意愿。组织是由个人组成的,组织成员愿意提供协作条件下劳动和服务是组织存续所必不可少的。协作的意愿意味着个人自我克制,交出对自己行为的控制权,个人行为的非个人化。其结果是个人的努力结合在一起。没有这种意愿,就不可能有对组织有用的持续的个人努力,就不可能有不同组织成员的个人行为有机地结合在一起、协调的组织活动。

但是,不同组织成员的协作意愿的强度是不同的;同一成员在不同时期的协作意愿也是可能改变的。个人协作意愿强度高低取决于自己提供协作导致的"牺牲"与组织因自己的协作而提供的"诱因"这两者之间的比较,由于"诱因"与"牺牲"的尺度通常是由个人主观决定的,而不是客观的,比如有人重视金钱,另一些人则可能重视威望。所以组织为了获得和提高成员的协作意愿,一方面要提供必要的金钱、威望、权力等各种客观的刺激,另一方面要通过说服来影响成员的主观态度,培养他们的协作精神,号召他们忠于组织、相信组织目标等。

(2) 共同的目标。共同的目标是协作意愿的必要前提。协作的意愿没有共同的目标是发展不起来的。没有共同的目标,组织成员就不知道要求他们提供何种努力,同时也不知道自己能从协作劳动的结果中得到何种满足,从而不会导致协作活动。

由于组织成员对共同目标(即组织目标)的接受程度影响他们对组织提供的服务,同时由于个人之所以愿意对组织目标做出贡献,并不是因为组织目标就是个人目标,而是因为他们意识到实现了组织目标有助于实现自己的个人目标。因此,管理人员的一项非常重要的职责就是帮助成员加深这种认识,并努力避免组织目标和个人目标的真实的或理解上的背离。

(3) 成员间的信息沟通。组织的共同目标和不同成员的协作意愿只有通过信息沟通才能相互联系,形成动态的过程:没有信息沟通,不同成员对组织的目标就不可能有共同的认识和普遍的接受;没有信息沟通,组织就无法了解其成员的协作意愿及其强度,也就无法将不同成员的努力形成协作劳动。因此,组织的存在及其活动是以信息沟通为条件的。

为了有效地进行信息沟通,巴纳德列出了几条必须遵循的原则:① 信息沟通的渠道要被组织成员所了解。② 每个组织成员要有一个正式的信息沟通线路。③ 信息沟通的路线必须尽可能直接而短捷。④ 必须依循正式的路线沟通信息,不要在沟通过程中跳过某些层次(环节),以免产生矛盾和误解。⑤ 作为信息沟通中心的管理人员必须称职。⑥ 组织工作期间信息沟通的线路不能中断。⑦ 每一次信息沟通都必须具有权威性。

3. 经理人员的职能

巴纳德认为,经理人员在组织中的作用就是在信息沟通系统中作为相互联系的中心,并通过信息的沟通来协调组织成员的协作活动,以保证组织的正常运转,实现组织的共同目标。具体来说,经理人员的职能主要有三项:

(1) 建立和维持一个信息系统。巴纳德指出,组织活动的复杂性以及协调不同成员劳动的重要性决定了有必要建立一个正式的信息沟通系统,即经理人员(或管理人员)组织,这项工作包括:确定和阐明经理人员的职务,并由合适的人来担任这些职务。

(2) 从不同的组织成员那里获得必要的服务,包括:招募和选聘能够提供合适服务的工作人员,维持组织的"诱因"和职工的士气,以保证协作系统的生命力。

(3) 规定组织的共同目标,并用各个部门的具体目标来加以阐明。

巴纳德认为,经理人员的上述职能是由协作系统的组织的本质和特征决定的。

二、决策理论学派

决策理论是以社会系统论为基础,吸收行为科学和系统论的观点,运用计算机技术和统筹学的方法而发展起来的一种理论。这个学派的主要代表人物是西蒙。

西蒙(Herbert. A. Simon)于1916年出生于美国威斯康星州,是经济学家和社会科学家,在管理学、组织行为学、经济学、政治学、人工智能等方面均有所造诣。他早年就读于芝加哥大学,1943年获博士学位;1943～1949年,西蒙先后在芝加哥大学、伯克利大学和伊利诺伊工艺学院任教;1949年以后一直在卡内基-梅隆大学任教。由于在决策理论的研究中做出了杰出贡献,西蒙获得了1979年度的诺贝尔经济学奖。

决策理论的主要观点如下:

1. 管理就是决策,决策贯穿于整个管理过程

西蒙等人认为,决策是组织及其活动的基础。组织是作为决策者的个人所组成的系统。组织之所以存在,是因为组织成员做出了参加组织决策,这也是任何组织的任何成员的第一个选择(决策)。在这以后,组织成员还要做出其他决策。但由于个人目标已经退居次要地位,从属于组织目标,因而个人决策也往往从属于组织的需要,个人同组织一体化。

组织的全部活动都是集体活动,对这种活动的管理实质上是制定了一系列决策。制定计划的过程是决策,在两个以上的可行方案中选择一个,也是决策;组织设计、机构选择、权力的分配属于组织决策;实际同计划标准的比较、检测和评论标准的选择属于控制决策;等等。总之,决策贯穿于管理各个方面和全部过程,管理就是决策。

2. 决策过程

管理的实质是决策。决策并非是一些不同的、间断的瞬间行动,而是由一系列相互联系的工作构成的一个过程。这个过程包括了四个阶段的工作:

(1) 情报活动。其任务是搜索和分析反映决策条件的信息,为拟定的选择计划提供依据。

(2) 设计活动。其任务是在情报活动的基础上设计、制定和分析可能采取的行动方案。

(3) 抉择活动。其任务是在可行方案中选择一个适宜的行动方案。

(4) 审查活动。其任务是对已做出的抉择进行评估。

3. 决策的准则

决策的核心是要进行选择,而要进行正确的选择,就必须利用合理的标准对各种可行方案进行评价。西蒙认为,人们习惯上运用"最优"或"绝对的理性"作为决策的准则。根据这个准则进行决策需要三个前提:① 决策者对所有可供选择的方案及其执行结果无所不知;② 决策者具有无限的估算能力;③ 决策者的脑中对各种可能的结果有一个"完全而一贯的优先顺序"。由于决策者在认识能力上和时间、经费及情报来源上的限制,不可能具备这些前提,所以事实上不可能做出"完全合理"或"最优"的决策。人们在决策时,不能坚持要求最理想的解答,常常只能满足于"足够好的"或"令人满意的"决策,由于人们没有求得"最优解"的才智和条件,所以只能满足于"令人满意的"这一准则。

4. 程序化决策和非程序化决策

西蒙把组织活动分为两类:一类是例行活动,是一些重复出现的工作,如订货、材料的出入库等。有关这类活动的决策是经常反复的,而且有一定的结构,因此可以建立一定的决策程序。每当出现这类工作或问题时,就利用既定的程序来解决,而不需重新研究。这类决策被称为程序化决策。另一类活动是非例行活动,不重复出现,比如新产品的开发,生产规模的扩大,品种结构的调整,工资制度的改变等。处理这类问题没有一成不变的方法和程序。因为这类问题在过去尚未发生过,或因为其确切的性质和结构捉摸不定或极为复杂,再或因为其十分重要而需用个别方式加以处理。解决这类问题的决策被称为非程序化决策。

在西蒙的决策理论中,对非程序化决策的方法进行了详细的研究。他用心理学的观点和运筹学的手段,提出了一系列指导企业管理人员处理非例行活动、非程序化决策的技术,从而在西方企业界产生了重要影响。

三、经验主义学派

经验主义学派以向西方大企业的经理提供管理企业的成功经验和科学方法为目标。他们认为,管理科学应该从企业管理的实际出发,以大企业的管理经验为主要研究对象,将其概括和理论化,以便于向企业管理的实际工作者和研究人员传授。这个学派包括了许多管理学家、企业高级管理人员和咨询人员,其主要代表有德鲁克(P. F. Drucker)、戴尔(E. Dale)等。其中以德鲁克(又译杜拉克)最为著名。

德鲁克生于 1909 年,早年接受的是法律教育,1929 年成为英国伦敦一家国际性银行的报刊通讯员和经济学家。为了躲避德国纳粹的迫害,他从 1937 年起移居美国,开始在一家由若干银行和保险公司组成的集团工作,后来担任通用、克莱斯勒等大企业的顾问。从1942 年开始,德鲁克先后在本宁顿学院、纽约大学工商学院任教授。20 世纪 60 年代,德鲁克曾因日本政府的邀请,为政府和企业的许多高级管理人员进行过管理培训。德鲁克的主要著作有:《管理的实践》(1954)、《有效的管理者》(1966)、《管理:任务、责任、实践》(1974)以及《动荡年代的管理》(1980)等。

德鲁克认为,管理只同生产商品和提供各种经济服务的企业有关,管理学由管理工商企业的理论和实践的各种原则组成。管理的能力、技巧、经验不能移植到其他机构中去。但另一些人则认为,虽然不同组织的管理在外部表现上有许多不同之处,但其基本原理是共通的。

德鲁克指出,作为企业管理者的经理,有两项别人无法替代的任务:

第一项任务是,经理必须创造一个"生产的统一体"。这个统一体的生产力要大于其组成部分的生产力之和。为此,经理要注意克服企业中所有弱点,并使各种资源,特别是人力资源得到充分的发挥。为了使企业各项活动能够协调进行,他必须考虑到作为整体的企业,又要照顾到各个方面的特殊问题,因为这些特殊问题有时可能是决定性的。

第二项任务是,经理在制定每个决策或采取每个行动时,都必须统筹考虑企业的长期利益和目前利益。

根据德鲁克的分析,每个经理,不论他是否意识到,都在执行一些基本的、共同的职能。这些职能包括:

(1) 树立目标并决定为了达到这些目标做些什么,然后把它传达给予目标实现有关的人员。

(2) 进行组织工作。将组织活动划分成较小的项目,以便进行管理;据此建立组织机构,选拔人员等。

(3) 进行鼓励和沟通工作。经理要利用表扬、奖金、报酬、提拔等手段来鼓励人们做好工作,并通过沟通信息来协调整个企业的活动。

(4) 确定标准,对企业成果进行分析,对所有人员的工作情况进行评价。

(5) 使职工得到成长和发展。经理的工作将影响到职工的才能能否得到发展。

此外,为了组织职工参与企业管理,充分调动职工的积极性,德鲁克还提出了目标管理的观点和方法。我们将在有关章节中予以介绍。

四、权变管理学派

权变管理理论学派是 20 世纪 70 年代在西方形成的一种理论流派。权变理论认为,企业管理要根据内外条件随机应变,没有什么一成不变的、普遍适用的、"最好的"技术和方法。

权变学派同经验学派既有联系,又有区别。经验主义学派试图通过对个别企业管理实例和经验的研究,在比较分析的基础上,概括出若干一般原则;而权变理论学派则希望通过观察和分析大量的事例,找出管理思想、技术和方法与环境的各种因素间的相互关系,把众多的管理情况归纳为几种基本类型,并为每个类型找出一种模式。

因此,根据权变学派的观点,管理技术与方法同环境因素之间存在一种函数关系,企业管理要随环境的变化而变化。这两者之间的关系可用图 2-1 来表示。

环境自变数与管理因变数这两者之间的相互关系可解释成"如果—就要"的关系,"如果"出现某种环境情况,"就要"采用某种管理思想、方式和技术,这样才能更好地达成组织目标。例如,在市场疲软的背景下,企业产品供过于求,就要采用集权的组织机构,而在经济繁荣,产品供不应求的

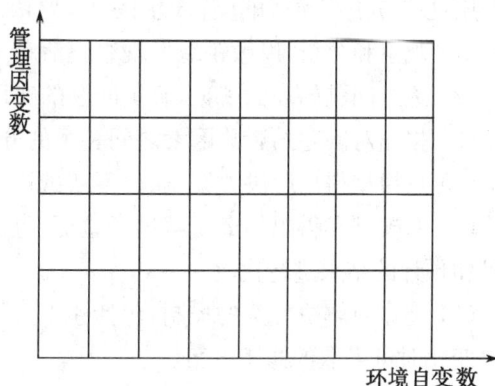

图 2-1 管理与环境的关系

情况下,企业则应采用分权的经营方式。又如,在企业领导方式上,"如果"现行的社会价值趋向于自由主义,职工是具有高度科学知识的专业人员,"就要"采用参与式、开放式的领导方法,不可以采用严格的专权型领导方式。

可以划归权变学派的管理学家及其理论观点很多,其中影响比较大的有:莫尔斯(Jhon Morse)和洛什(Jay W. Losch)的"超 Y 理论",大内(W. G. Ouchi)的"Z 理论"以及卡曼(Karman)的"领导生命周期理论"等。我们将在领导与激励篇中详细介绍这些理论。

五、管理科学学派

这个学派认为,管理就是制定和运用数学模型与程序的系统,即通过对企业的生产、采购、人事、财务、库存等职能间相互关系的分析,然后用数学符号和公式来表示计划、组织、控制等合乎逻辑的程序,求出最优的解答,以达到企业的目标。从名称上来看,凡以管理为研究对象的科学都可称为管理科学,但作为一个学派,它主要与将定量方法运用于管理活动的研究有关,所以通称管理的数量学派或运筹学派。

管理科学在研究组织活动的管理时是以下述假设为前提的:

(1)组织成员是"经济人",或者叫作"组织人""理性人"。他们认为,人是理性的动物,追求经济上的利益,会根据物质手段的刺激程度而提供不同的努力。

(2)组织是一个追求经济效益的系统。管理科学学派认为,组织追求的是以最小的成本求得最大的收益,而且是整个系统的最大收益,不是局部的最大收益,是"整体优化",不是局部优化。有时,局部的最大收益反而会妨碍整个系统的最大收益。

(3)组织是由作为操作者的人同物质技术设备所组成的人—机系统。这个人机系统对投入的各种资源进行加工,转变成为产品的输出。工作过程能明确规定,结果也能用定量的方式准确地衡量和评价。

(4)组织是一个决策网络。决策是一个符合逻辑的理性的程序,并遍布于组织活动的各个方面,构成一个网络。许多管理决策都具有结构性,可以应用计量模型。

由于组织及其成员都是"理性的动物",由于组织活动的决策、过程及其成果可以定量的方法加以描述,因此在对组织的管理过程中发展了许多数量分析方法和决策技术,比如盈亏平衡分析、库存控制模型、决策树、网络计划技术、线性规划、动态制划、排队论、对策论等。在利用这些方法和模型解决管理问题时,要依循以下程序:

(1)观察和分析,以敏锐地发现组织活动中存在的问题。

(2)透过问题的表面现象,确定问题的实质,了解影响问题的诸因素。

(3)根据对问题的影响因素之间关系的分析,建立数学模型。

(4)从模型得出解决方案,通过不断试算,找出最优解。

(5)对模型和得出的最优解进行验证,包括用实际情况来检验模型的预测,并对实行的结果和预计的结果进行比较。

(6)建立对解决方案的控制,包括建立必要的手段监视各项变数的变化,并准备在发生重要变化时可采取的修正方案。

(7)把解决方案付诸实施。即把解决的方案转化为可行的作业程序,并在作业过程中对临时发现的偏差和缺点予以补救纠正。

上述 7 个步骤的工作不是互相孤立地进行的,而是相互联系、相互作用的。

以上我们介绍了现代管理理论中比较重要的六个学派。但是必须指出,目前占主导地位的似乎是这以外的管理过程学派。人们似乎已普遍接受了管理是一个过程的观点。这个学派主要继承和发展了法约尔的理论,认为管理是一个过程,它可以划分为计划、组织、领导和控制等步骤,目前的主要代表人物是孔茨(H. Koontz)和奥唐奈(C. O'Donnell)。我们没有详细介绍这个学派的观点,主要是因为本书以及目前出版的大部分管理学教材的编写正是依据管理过程的思路来展开的。

第六节 管理研究发展的新趋势

20 世纪 80 年代以来,由于科学技术的迅猛发展、劳动性质以及人们对工作定义认识的改变、国际经济逐步走向一体化,企业管理特别是欧美以及日本等经济发达国家的企业管理发生了重大变化。这些变化主要表现在以下八个方面。

一、从管理科学到管理艺术

管理究竟是科学还是艺术？这个问题可以说是自管理活动作为一种独立的研究对象以来就一直被争论不休的。二战以后的 20 多年里,管理是科学的观点占了上风。这个观点在两个方面促进了管理理论与实践的发展。首先,只有把管理活动视为一种具有科学规律的活动,才能促使人们以科学的眼光去看待它、研究它,去寻找管理理论的内涵,去透过管理活动的表象,透过管理活动中各种因素之间错综复杂的关系,揭示出管理活动的一般原则和规律,从而促进了管理理论的百花齐放。可以认为,没有"管理是科学"的主导观点,战后在西方国家就不会出现"管理理论的丛林",就不会有管理理论的渐趋成熟和发展;其次,"管理是科学"的观点,促进了人们把其他学科的科学方法和理论引进管理的理论研究和实践:不论是决策理论、盈亏分析、关键路径等运筹方法的应用,还是系统论、控制论、信息论的引入,或是耗散结构理论、协同理论、突变理论在管理研究中的流行,无不说明了这一点。无疑,这些研究方法在管理领域的应用,不仅促进了理论研究的发展,而且对改善管理工作、提高管理绩效发挥了重要作用。

然而,经过 20 世纪以来,特别是 20 世纪 50 年代以来的发展,管理理论的研究似乎已经穷尽,该说的好像都说了,管理的原则、过程、方法似乎已毫无遮掩地展现在人们的眼前。除了用更新、更时髦的字句去描述已被揭示的问题外,人们似乎再也提不出真正新颖的观点了。从事管理实践的人们越来越多地认识到,管理的原则是简单的,管理的方法是明确的,正是这些基本原则和方法的不同组合和运用构成了不同组织管理成败的原因;成功的管理是一种在适当的时候对适当的对象运用适当的方法和原则的艺术。强调管理就是艺术的管理大师们的自传,如《艾柯卡自传》《松下经观念》等无不成了图书市场的抢手货,更多的人抱着浓厚的兴趣在这些自传中去寻找管理艺术的真谛,而不愿在文字优美、逻辑严密的教科书中去寻找理论的精华。

二、从硬管理到软管理

管理发展的这种趋势无疑是与第一种变化相互影响。

19 世纪末 20 世纪初，随着企业规模的扩大和活动内容的复杂、参与要素的增加，仅靠传统的经验，企业家及其委托人再也无法管理好复杂的企业活动，于是人们开始认识到，必须在总结管理经验的基础上，提炼出上述科学的原则和方法，必须制定严密的生产经营计划，设计合理的组织机构与结构，建立严格的符合工业生产要求的规章和制度。做好这些工作以后，剩下来的工作，只需管理者去监视计划的执行，维护机构的运转，保证规章的遵守。这样，管理的成功便会是必然的结果了。在很长一段时间内，事情确实是这样，或基本上是这样。经营成功的企业通常是那些计划严密、结构合理、规章细致的企业。管理方法特别是数量方法的发展，科学技术的进步，市场的扩张，这些因素促进了企业对计划、组织、规章等后来被人们称为"硬件"的重视。

然而，20 世纪 70 年代以后，由于两次石油危机的冲击，随着国际市场的形成，从而国际竞争的加剧，特别是由于日本经济强大，人们开始研究在国际竞争中迅速崛起的日本企业的成功秘密，《Z 理论》《日本管理的艺术》等书便是这些研究的结果。为什么组织结构大致相同，规章制度相互模仿，计划工具同样先进，计划体系同样严密，而不同企业却会产生不同、甚至截然相反的经营结果呢？通过研究，人们发现，在新的形势、新环境中日本企业成功的奥秘在于"软件"的优越：领导方式的灵活、对人的重视、集体决策等特点帮助那些结构、制度、计划与竞争对手相差无几的企业取得更好的经营效果。于是，软管理方式渐渐得到管理者的崇尚。

三、从"手段人"到"目的人"

西方企业管理中对人的态度经历了三个阶段、两次转变。

20 世纪 20 年代以前，不论是企业主的经验管理，还是泰罗倡导的科学管理，都是把人当作类似于机器的要素来看待的，都认为人的需求主要是物质和经济方面，即人是经济人、理性人，驱使其工作的动机是经济方面的需要，在工作过程中是具有理性的，善于计算。因此，企业管理者的任务是要设计出合理的工作结构和分配制度，只要能使员工通过提高劳动生产率获得更大的收入，他们就能在劳动中表现出较高的积极性。

20 年代梅奥等人在霍桑工厂进行的试验表明：人不仅有物质方面的需求，还有社交、归属、自我实现等社会心理方面的需要；工人的过去生产率不仅受到劳动条件、技术水平、体力状况和企业分配制度的影响，而且与其在劳动过程中的情绪、态度、士气有关。要改善劳动者的工作态度，提高其士气，就要设法满足他们在物质和精神、生理和心理上的各种需求，提高他们的满意程度。

这是企业管理中对人的认识的第一次转变，即从"物质人""经济人"到"心理人""社会人"的转变。但是，不论是泰罗的科学管理原理，还是梅奥在霍桑工厂试验基础上发展起来的工业心理学，或是这以后马斯洛、赫茨伯格等行为科学的研究，他们都有一个共同的特点：把人视作企业经营的手段；研究人的目的是为了提高人的工作效率，从而更加有效地完成企业任务，达成企业目标。

毫无疑问,人是企业经营中需要投放的资源之一,但这种资源是主动地参与企业活动的,因此,他不可能仅仅是一种手段。"手段人"的看法到了 20 世纪 80 年代受到了越来越多的冲击,冲击的原因主要有三个方面:

(1) 人已逐渐成为一种特殊的资源。当今社会是信息社会。信息社会中对企业生产来说最重要的资源是信息、知识和创造力。这些资源的唯一来源是人。人因此成为比资本更重要的资源。比如,在信息社会,创办一家高技术企业,所需的资金可能是有限的,然而技术信息的数量和质量则是至关重要的。闻名于世的惠普公司正是依靠两个大学生的技术信息和几百美金在一个小车库里发展起来的。

(2) 劳动力资源的匮乏。西方国家人口增长率普遍下降,使得劳动市场的供给不断减少,企业为了扩大经营规模而不断增加、补充或更新的劳动力需求越来越难以满足。据奈斯比特《展望 90 年代》中的分析,20 世纪 70 年代,美国劳动人口每年增加 2.5%,80 年代后期年均增加 1.2%,而 90 年代以后将缩减为 0.8%。企业之间关于人力资源的竞争将因此而更加激烈。

(3) 劳动者的受教育程度和收入水平不断提高。文化教育的发展是经济发展的必然结果。二次大战以来,东西方各国劳动者的文化程度普遍提高,据《企业文化》作者肯尼迪等人的介绍,西方国家 1978 年进入劳动市场的人口中,有 50%左右的人受过不同程度的大学教育。经济的发展也直接带来劳动者收入的提高,从而带来生活条件的改善。肯尼迪在《企业文化》中还指出,1950~1980 年的 30 年中,美国家庭的实际购买力翻了一番。受教育程度的提高使劳动者的追求更加广泛,而生活条件的改善使得劳动不再是单纯的谋生手段,越来越多的劳动者把工作看成是自己实现个人社会价值的重要手段,在工作中寻找人生的意义。

这些冲击促使企业不得不更加重视对人的管理,不得不注重"工作生活质量"的改善,不得不把职工当作"目的"来看待。

"手段人"到"目的人"的转变目前主要表现在以下几个方面:

(1) 注重职工的个人发展。西方许多企业广泛地采用在职进修、工作丰富化以及轮换制等手段来促进职工的知识发展和能力提高。

(2) 改善劳动组织。弹性工作制(据估计前联邦德国有 1/4、瑞典有 15%~20%、全美有 15%的工作场所实行了弹性工作制)、岗位分担制(两个以上的工人分担相同的工作岗位)、部分工作制、非连续工作制等新方法的运用,使职工有更灵活、更自由的时间去处理个人事务或进修学习。

(3) 通过推广"目标管理""质量管理小组"等方法,组织职工参与管理,提倡职工的自我控制。

四、从强调个人间的竞争到重视组织成员间的协作

随着"手段人"向"目的人"的转变,管理正逐渐趋向不把职工当作孤立的个人来对待,而是将其视作群体的一分子来激励;不仅通过内部的个人竞争以刺激工作热情,而且希望通过强调群体的协作来提高其工作效率。

整个西方文化是以个人主义为核心的。比如,美国宪法明确规定了保障个人的权利与自由;美国人始终追求的理想和目标是"个人自由"原则的全面贯彻和个性的全面发展。在

这种文化的熏陶下,西方企业特别是美国企业在对人的管理中必须以个人为中心,尊重个人的价值,鼓励个人间的竞争,强调个人的成功,以个人为激励对象:工资和奖金的计算是以个人为单位的;企业树立的"英雄"也往往是那种独自在实验室中研究至深夜,或单枪匹马地推销产品的个人奋斗式人物。这种以个人为激励对象的管理方式虽然可以在一定程度上刺激个人的工作热情,但在根本上与现代工业生产的协作要求是相悖的:现代工业生产分工精细,任何产品的制造都要经过许多环节、经由许多人的努力才能完成。没有劳动协作,任何产品的制造、任何科研的完成都是难以想象的。然而,以个人为刺激对象的管理和激励机制有可能引起群体内部个人之间的过度竞争,有可能使部门间以及个人间的协作精神消失殆尽,因为在这种机制下,其他部门和个人的成功就意味着自己的失败。这样,部门、个人之间相互保密、封锁、不合作的态度就是必然的后果了。

在经济不景气背景的冲击下,在日本成功的震撼中,许多西方企业开始检讨自己在管理上的失误。通过对日美企业管理的比较研究,许多美国学者发现:日本企业职工大多具有强烈的"企业家族主义"的集体精神和协作意识。在日本企业,个人的成功首先归功的不是自己个人的努力,而是同一协作的结果;首先不是将其视作自己的个人成功,而是视作作为公司集体中一员的成功。日本企业的奖励制度往往不是以个人为计核对象,而是以集体为单位,因为他们知道,没有与同事的商讨和相互启发,个人难以产生任何有价值的设想和建议,更谈不上完善实施了。所以,在日本企业,"采用以个人为单位的计奖制度和计资制度是难以想象的"。

认识到协作精神的重要性,许多美国企业试图模仿日本企业,转向以集体(小组)为单位的奖励制度,注重培养合作精神。比如,在美国的惠普公司,成员间协作意识已如此强烈,以至于每个设计人员(传统上是个人奋斗型的职业)在任何时候都将设计图纸摊开在写字台上,不仅不怕同事模仿或剽窃自己的构思,而且希望能对他人有所启迪,或希望通过他人的意见来改善自己的设想。

五、从集中(集权)到分散(分权)

以职能分工为基础,以统一指挥为核心原则、以集权倾向为主要特征的职责分明、结构严谨的等级制度,曾经是现在仍然是许多西方企业的主要组织形式。这种组织的基本运行规则是上层决策、中层传达、基层执行。然而,随着技术进步的加快,随着环境的日趋复杂,随着信息手段的广泛运用,这种集权式的组织形式正逐渐受到挑战,组织内部的分权化已逐渐成为一种趋势,大规模的高度集中统一的大企业,正逐渐演变成由若干自主经营的小单元组成的原子合成型的组织。

促进分权化、分散化趋势的原因很多,主要有以下几点:

第一,环境更加复杂,变化速度加快。任何企业都是在一定环境中经营的,环境的特点对组织结构和决策都有重要影响。二次世界大战以后,特别是 20 世纪 70 年代以来,企业环境变得更加复杂、更加不稳定了。这种不稳定主要是由两个原因造成的:① 技术以惊人的速度变化着。工业文明是建立在现代科学技术的广泛运用的基础上的。科学技术发展速度的加快,对企业的生产设施、生产组织、生产成果有着非常重要的影响。这种影响主要表现在:促进了产品创新,据托夫勒在《适应性应用》中的介绍,美国国际电报电话公司的西部电器公司80年代生产的产品中65%推出不到10年;缩短了产品寿命周期,美国IBM公司50年代第一代电子计算机的设计用了4年,而1979年第四代计算机从研制到投放使用只用了5个月;降低了产品价格,50年代的计算机价值100万美元,而80年代初的苹果电脑只需3 000美元;加快了生产设施的更新速度,直至60年代,企业设备的标准更新时间尚在10年左右,到了80年代,许多国家规定的标准折旧期只为5年,而日本松下公司1984年则宣布,半导体生产设施每年更新一次。② 环境日趋复杂的另一个因素是全球经济国际化,"地球村"正在形成,企业不仅要与本国同行竞争,还要面对外来经济强人的挑战。60年代,美国汽车市场主要由通用、福特、克莱斯勒所控制,而今天,美、日、德、法等10多个国家的近30家汽车公司活跃在美国市场上。经济国际化使得世界上任何一个国家发生的每一个甚至是微小的政治、经济事件都有可能对企业经营产生直接或间接的影响。

环境日趋复杂要求企业经营内容和方针灵活多变,迅速适应。然而,正如《日本经济评论》上一篇文章所指出的:"一艘30万吨的巨轮掉转航向,至少需要30到40分钟。同样,拥有数万、甚至数十万职工的大企业难以迅速适应业务环境的突变……因此,大企业必须从小企业灵活机动的成功经营中受到启示。"

第二,信息手段的广泛应用,促进了中层管理人员的减少。传统的企业组织中,从高层决策到基层执行,要经过若干中间管理层次的媒介。中层管理人员除了监视和督促基层的执行工作外,其主要职能是对信息的中转:将上级决策的信息层层传达给基层,同时将基层执行情况及其所处环境变化及时上告高层管理者,以便其掌握信息,把握全局,进行整体上的协调和控制。然而,由于计算机系统等现代信息手段的广泛应用,中间层次信息传递功能的重要性已大大削弱。中层管理人员的数量也因此而大大缩减。据奈斯比特《展望90年代》介绍,1979~1985年,西方企业的中层管理人员减少了15%以上,有的甚至高达40%。

第三,前面分析的"手段人"到"目的人"的转变也是促进分权的原因之一。对"目的人"的管理,要求为他们提供充分的条件,帮助他们实现自我的价值。管理心理学的研究表明:每个人都有强烈的自我表现欲望,都有相当的自我控制甚至领导他人的能力。个人的这种表现欲和领导欲只有在自主权充分、规模不大的群体中才能得到充分的表现。

集中(权)到分散(权)的转变,除了前面已提到的强调参与决策、自主管理外,还表现在以下几点:

1. 试行公司"内企业"制

日美一些优秀的高级管理人员开始认识到,为了克服大企业的弊端,恢复企业的活力,必须引进小企业的机制,在公司内部建立"内企业"。这些"内企业"具有更多地在人、财、物等方面的经营权力,像真正独立的小企业那样经营,特别是那些被希望发展的部门,公司给予足够的人力,但只拨付较少的开发资金,让有关管理者像真正的创业者那样,在极差的条件下去创建自己的事业。

2. 维持较小的事业部规模

规模较小能保持良好的沟通,具备较强的活力和适应性。日美一些大企业为事业部门限制一个"最大规模",比如人数在1 000人以下,营业额限制在5 000万美元左右,一旦超过这个规模,公司即着手创建从事相同业务的新的事业部门。

3. 发展具有充分自主权的工作小组

一些结构严谨的大公司正逐渐演变成由若干灵活机动的工作小组综合组成的联合体，根据彼得斯等人在《追求卓越》中的介绍，美国许多成功的企业中活跃着成百上千个"臭鼬小组"。这些小组一般由 8～10 人组成，确定一个 3～6 个月能够实现的目标，自己组织工作并衡量进展情况。奈斯比特在《展望 90 年代》中也指出，为了充分发挥基层的积极性，企业的等级结构正逐渐被网络组织或生物组织取代。这种组织由若干相对独立的小组构成，每个小组有不同或相同的产品或科研任务，成员有充分的自由。比如日本的夏普公司在研究与开发部门的 5 000 名成员中，选出 300 名组成了一个独立机构，分成若干小组，每组 10 人，负责一项课题。各组组长任意挑选人员，充分利用公司的人力及其他资源，其要求甚至连公司的董事和业务主管也不得拒绝。这种具有充分独立性的小组，由于规模小，灵活机动，工作效率高，给许多部门、甚至整个企业注入了极大活力。

正如肯尼迪和迪尔在《企业文化》中指出的，种种迹象表明，企业组织正逐渐从等级森严的金字塔式结构转向原子式组织。这种原子型组织的特点是：

（1）企业由若干以具体任务为中心的小型工作单元所组成。

（2）每个单元都在经济和经营上掌握自己的命运。

（3）这些单元通过良好的信息手段相互沟通，借助强有力的文化纽带结成一体。

六、从强调理性到重视直觉

企业经营受到内外许多因素的制约。通过研究企业内外环境在历史上的变化状况，可以找到这些因素之间的相互联系，从而可以确定企业环境的变化规律。根据这些规律，企业就可以预测市场的未来前景，正确地制定未来的发展战略和经营计划。正是鉴于这种认识，二战以来，西方的管理研究者发展了大量的定量预测方法和决策技术，并试图说服人们只要利用这些用符号表示的科学的符合逻辑的数学方程式，就可以保证决策合理，从而行动正确，效益提高。这种观点确实在相当长的时期内诱惑了许多高级管理者，他们找来许多掌握大量数量分析方法的工商管理硕士，请他们利用计算机，以几十页甚至上百页的篇幅来描述企业的未来环境，制定和解释企业长期发展战略。

然而，由于环境日趋复杂，其变化速度日趋加快，由于影响环境的许多因素难以定量地加以描述，比如中东战争、伊朗革命、石油危机、海湾战争，谁也难以预料。人们逐渐认识到数学公式的局限性，至少管理者在实践中体会到，"预测公式唯有当它们事后被用来描述某一事件的变化轨迹时才是正确的""尽管计量学家的模式日益精密，但没有任何一个数字、任何一个人、任何一个模型能事先说出最终结果"，从而抱怨现在的经济预测"可能同过去几十年中的任何一次预测一样不可靠"。意识到数学方法的局限性，这些管理人员不得不重新依靠他们的虽然难以证实、难以描述，但经常是正确的直觉，并根据这种直觉来判断环境的变化，制定行动方案，决定某种技术是否立即开发、某个产品是否立即投向市场。

七、从外延外式管理到内涵式管理

外延式管理是希望是通过联合与兼并来扩大经营规模，提高市场占有率；内涵式管理则力求通过充分利用内部条件、加强企业创新、提高内部生产能力来增强企业竞争力。

20世纪60年代,欧美企业外延式管理盛行,人们经常可以在传播媒介上看到企业兼并或收购的连篇累牍的报道。受"规模效益"的诱惑,许多公司的老板们处心积虑地分析收购对象的市场状况和财务能力。设法能够通过缓慢或迅速、暗地或公开地收购其股票来达到吞并目的,以扩大业务范围,获取规模效益。但规模效益的神话逐渐被打破,因为人们发现企业经营超过某种规模后,带来的不是效益的增加,而是机构的臃肿,决策的迟缓,信息渠道的堵塞,管理的困难,从而效益下降。特别是那些收购自己不熟悉行业企业的公司,更是从中尝够了苦头。于是,70年代中后期开始,一些企业开始将提高竞争实力的途径从盲目的外延式管理转向内涵式管理。这种转变主要表现在以下两个方面:

(1)有选择地扩展业务。彼得斯等人在《追求卓越》中对美国60多家成功公司的详细研究表明,凡成功公司在业务内容的扩展上都是有选择地进行的。那些只经营自己熟悉的业务的组织要比别的企业经营得好。这些组织将业务建立在中心力量或能力的基础上,然后借助这个基础力量逐渐扩展业务范围,而不愿在不熟悉的领域进行投资。

(2)强调内部创新。60年代,由于电子技术在生产领域的应用刚刚开始,许多新产品刚刚问世,因此,以扩大业务规模为主要特征的外延式管理受到了企业的普遍欢迎。然而随着生产同类型产品的企业增多,市场供给的不断增加,而与此同时,消费者逐渐拥有这些产品,市场趋于饱和,标准化产品的大批量生产已不再能给企业带来任何竞争优势。企业必须在注意满足一些尚未满足的特殊消费者的特殊消费需求,从而不能忽视一些小批量、甚至是单件产品生产的同时,重视创新,在产品的品种、规格、结构、外观、功能等方面给消费者提供更新、更好的产品。这种重视创新的趋势,可以从继《Z理论》《企业文化》《日本管理艺术》《追求卓越》等畅销书之后,再度使管理成为热门课题、鼓吹创新的《企业革命》《创新经营》《乱中求胜》《志在成功》等书的流行中窥见一斑。美国学者平肖第三甚至在《创新者与企业革命》中鼓吹应将企业改造成为由若干充满新精神的"内企业家"组成的联合体。

八、回归基础管理

1993原美国麻省理工学院教授迈克.哈默(M. Hammer)与詹姆斯.钱皮(J. Champy)出版了《再造企业》(Reengineering the Corpration)。作者在书中指出,"20年来,没有一个管理思潮能将美国的竞争力倒转过来,如目标管理、多样化、Z理论、零基础预算、价值分析、分权、质量圈、追求卓越、结构重整、文件管理、走动管理、矩阵管理、内部创新及一分钟决策等"。为了能够适应新的世界竞争环境,企业必须摒弃已成惯例的运营模式和工作方法,以工作流程为中心,重新设计企业的经营、管理及运营方式。1995年,钱皮又出版了《再造管理》。这两本书出版后不仅在美国迅速畅销,而且很快被译成多种文字在全球范围内迅速畅销。一时间"企业再造""流程再造"成为世界范围内企业管理理论和实际工作者谈论的热门话题。

根据哈默和钱皮的观点,企业再造就是"为了飞越性地改善成本、质量、服务、速度等重大的现代企业的运营基准,对工作流程(Business Process)进行根本性重新思考并彻底改革"。其具体实施过程包括了以下主要工作:

(1)对原有流程进行全面的功能和效率分析,以发现目前流程中各活动单元及其组合方式上存在问题。

(2) 改进相关单元的活动方式或单元间关系组合方式，设计流程改进的方案。

(3) 制定与流程改进方案相配套的组织结构、人力资源配置和业务规范等改进计划，形成系统的企业再造方案。

(4) 组织流程改进方案的实施并在实施过程中根据经营背景的变化组织企业流程的持续改善。企业活动及其环境是动态变化的，因此企业再造或流程重组将是一个持续不断的过程。

"企业重组"与"流程再造"等概念的提出不仅使管理的实践者们兴奋不已，而且为管理的理论研究注入了"活力"。一时间，"重组"或"再造"的方案在一个个企业的董事会上被不断提起，管理顾问公司的"大师"们也为不同客户的再造咨询疲于奔命；在管理研究界，一篇篇精美的论文或者在理论上论证了价值创造与流程再造的逻辑关系，或者更多地实证分析了流程再造对企业经营绩效改进的促进。然而，通过这种热闹非凡的现象，我们看到的可能是管理实践与管理理论研究对基础管理的回归。

就管理实践而言，正如哈默和钱皮所指出的，20 世纪 70 年代以后，"目标管理""多样化""零基预算""价值分析"等概念层出不穷，但在许多企业的实践中却收效甚微，这不能不引起管理实践者的反思。反思中，人们认识到，目标的达成不仅在于构建，更取决于组织成员的日常执行；绩效的提高不仅要求规划框架的合理或产品设计的结构合理，更要求组织成员在规划执行或产品生产过程中细节的完美，是"执行力"或"细节"决定着成败。因此，管理必须回归基础，从具体活动、从活动单元及其组合的合理性分析开始。

就管理研究而言，"流程分析""流程及其相应的组织与人事改进方案设计""改进方案的组织实施与持续改进"，流程再造理论提出的再造程序，熟悉管理思想发展与演进的读者可能多少有一点似曾相识的感觉。实际上，在泰罗 1911 年出版的《科学管理原理》中我们即可找到相似、甚至相同的词语。我们知道，泰罗科学管理原理的主要内容便是对生产过程组织的合理化和生产作业方法标准化的研究。泰罗制的推广使得企业在作业研究的基础上确定标准的作业方法，然后设计合理的生产过程去组合这些以标准方法完成的作业。流程再造的基本逻辑早已隐含于泰罗的科学管理原理之中，这是哈默和钱皮不能否认的。

经过 100 多年的发展，管理实践与管理研究又重回到管理的基础工作或对基础工作的管理，这是非常令人回味的。

复习思考题

1. 中国古代的顺道思想对现代企业的经营有何启示？
2. 请综合分析斯密与巴贝奇关于劳动分工的研究。
3. 泰罗科学管理原理的主要内容是什么？对现代企业管理有何启示？
4. 在法约尔的理论中，经营和管理有何区别？
5. 为什么孔茨等人认为法约尔是现代管理理论的"真正创始人"？
6. 为什么韦伯认为科层组织是理想的组织体系？

7. 为什么梅奥认为新的领导力在于提高职工满足度的能力?

8. 在巴纳德的社会系统论中,协作系统由哪些基本要素构成?

9. 西蒙的决策理论有何特点?

10. 有人说,管理既是科学,也是艺术,你是如何认识这个问题的?

11. 20世纪80年代的劳动力资源有何特点?这些特点给人力资源管理带来了何种变化?

12. 现代管理实践中出现分权化倾向的原因是什么?这种倾向具体表现在哪些方面?

第二章课后习题及答案

第二篇　计划与决策

计划是管理的基本职能。任何管理工作都可以说是围绕着计划的制定和组织实施而展开的。计划是人们对未来行动的预先安排和筹划。而要组织未来的活动，管理者首先要选择和确定活动的方向、目标和内容，这种选择又是以对外部环境的特点和可供利用的资源状况的了解为前提的。经营条件研究、决策理论及其应用以及具体行动计划的制定便是第二篇所要讨论的内容。

第二篇包括四章内容。其中第三章分析了经营条件研究的意义、内容、程序和方法，试图回答下述问题：

（1）为什么经营条件研究可以提高决策的正确性、及时性和稳定性。

（2）市场供给的研究中为什么要包括潜在竞争对手的分析，反映企业竞争能力的指标和影响竞争能力的因素有哪些。

（3）如何研究市场需求。

（4）经营条件研究包括哪几个阶段的工作。

（5）企业在进行市场调查时如何设计调查表、确定调查对象、选择调查方法。

（6）如何应用专家调查法、时间序列预测法等定性或定量方法进行预测。

第四章介绍了企业经营决策的一般理论，分析了经营决策的内容、特征、影响因素，描述了决策过程的一般规律，并详细介绍了决策的一般方法，回答了下述问题：

（1）经营决策的实质是选择企业的经营目标、经营方针和经营策略。

（2）企业经营决策一般具有整体性、过程性、满意性、可行性等特征。

（3）经营决策要受到组织文化、企业环境、决策者个性特征等因素的影响。

（4）决策是一个过程，包含多阶段的工作。

（5）选择经营方向的"组合分析法"和"政策指导矩阵"的基本原理。

（6）确定型、风险型以及非确定型决策技术的基本原理。

第五章介绍企业如何利用上面介绍的一般理论去指导产品生产、技术改造、市场销售以及财务等具体的决策工作,试图让读者阅读本章后对下述问题有基本认识:

（1）产品决策的任务和内容。

（2）企业如何选择一般产品竞争战略,以及如何根据产品所处寿命周期的不同位置采取不同对策。

（3）技术改造涉及哪些内容。

（4）如何运用贴现原理去评价和选择不同的技术改造方案。

（5）价格决策必须考虑哪些因素,可供选择的价格策略有哪几种。

（6）为什么说广告的功能不仅是传递信息,而且要创造价值,如何利用广告和人员推销去促进销售工作。

（7）如何选择销售渠道,以使企业产品以适当的方式和时间传递给适当的用户。

（8）如何筹集资金和正确地进行投资决策。

在确定了企业在未来时期的活动方向和重点以后,下面就要来分析如何制定具体的经营计划。第六章介绍了中国计划工作的演变,分析了长期计划和短期计划的内容、特点和制定过程,并研究了如何运用目标管理和滚动计划方法来组织计划的实施和调整,以保证其有效性。学习这一章,应能回答以下问题:

（1）计划与决策的关系有何特点?

（2）长期经营计划有什么作用? 如何编制长期计划?

（3）为什么说目标管理是组织民主管理的一种形式?

（4）为什么说滚动计划法能使企业计划工作保持与外部环境的适应性?

第三章 经营条件研究

经营条件研究包括外部环境分析和内部条件的考察。任何企业都是在一定环境中利用一定的内部条件来从事生产经营活动的。外部环境的特点及其变化趋势、内部条件的拥有情况和利用能力必然会制约企业经营方向和内容的选择。经营条件研究就是要通过外部环境和内部条件的分析，揭示经营条件变化的规律，预测经营条件在未来的变化中会对企业经营造成何种影响，从而为决策提供依据。

第一节 经营条件研究的意义

由于经营条件包括了外部环境和内部条件，所以对其研究意义的分析也可从这两个不同角度去展开。

一、经营环境研究的必要性

环境是企业生存的土壤，它既为企业经营提供条件，同时也对企业经营起制约作用。

企业从事生产活动所必需的各种资源要在外部环境的原料市场、能源市场、资金市场、劳动力市场中去获取。离开环境中的这些市场，企业经营便成了无源之水、无本之木。同时，企业转换上述各种资源生产出来的产品或劳务也要在环境中去实现价值。企业生产某种产品的目的不是为了企业或企业职工的直接消费，而是为了通过产品的销售实现产品的价值，补偿生产过程中的各种消耗，并取得盈利，从而使企业的生产经营活动能在更大规模上进行。

环境为企业提供了生存的条件，必然也会限制企业的生存。企业只能根据外部能够提供的资源种类、数量和质量来决定生产经营活动的具体内容和方向；企业的产品既然要通过环境中的市场才能实现，那么在生产之前和生产过程中就必须考虑到这些产品能否被用户所接受，是否受市场欢迎。因此说，环境的特点在提供了经营条件的同时，也限制了企业的经营。

对企业经营有着如此重要作用的环境是在不断变化的。如果环境是静态的,那么,即使它对企业经营有着重大的作用,对其研究也不需反复强调、高度重视。因为在这种条件下,环境研究可以是一劳永逸的:对一成不变的环境进行一次细致的分析,便可把握它的特点,制定相应的对策。然而实际情况并非如此,环境中的一切都在不断变化。比如:技术因素的变化(技术水平不断提高)会使企业生产的产品变得落后,被一些新出现的高技术产品所替代;又如,消费者的收入水平、消费偏好,对企业产品的需求也是在不断变化的。

环境中各类因素的变化,可能给企业带来两种不同的影响:一种是为企业的生存和发展提供了机会,比如新资源的利用可以帮助企业开发新的产品;另一种可能是环境在变化过程中为企业经营造成了某种威胁,譬如由于技术条件或消费倾向的变化,使企业产品不再受欢迎。企业要能继续生存,要能在生存的基础上不断发展,就必须及时地采取措施,积极地利用环境在变化过程中为企业提供的发展机会,同时也要及时地采取对策,努力避开环境变化对企业造成的威胁。

要利用机会、避开威胁,就必须认识环境;要认识环境,就必须研究环境、分析环境。环境研究可以帮助我们了解环境的特点,了解环境从昨天演变到今天的过程,从而揭示环境变化的一般规律,并据此预测环境在未来的发展趋势。

二、内部条件分析的必要性

内部条件是指企业在客观上对经营资源的拥有情况和在主观上对资源的利用能力。

任何企业的生产经营活动都需要利用一定的资源。然而在特定时期,企业能够利用的资源总是有限的。这首先是由资源的稀缺性所决定的。任何资源,不论是从自然界直接获取,还是已经经过人类加工,都不是取之不尽、用之不竭的,其数量总是有限的;与此相反,人类利用这些资源的欲望则是无限的。人类一切经济活动的目的和要求就是要以尽可能少的资源消耗去获得尽可能多的满足。

为了促进和保证对有限资源的充分利用,人类创造并发展了用商品生产和交换的方式来组织经济活动的模式。在商品经济中,任何资源的获取和转让都不是无偿的,都必须借助支付一定数量的货币来实现。然而在任何条件下,企业的支付能力总是有限的。对于企业用有限的财力在稀缺背景下获取的有限资源,必须倍加珍惜,合理利用。

然而,企业不仅在客观上拥有的资源数量是有限的,而且对这些资源在主观上的利用能力也是有限的。同样数量的资源在不同的企业,或在同一企业的不同时期可能会收到截然不同的利用效果;而在同一时期,不同资源的利用情况也是不同的,有些资源得到了比较充分的利用,而有些资源的利用则可能不够完善。

资源的稀缺性和企业财力的有限性决定了企业在任何时候、任何条件下都不可能获取任意数量的资源,都没有浪费任何资源的权力。要充分、有效地利用资源,就必须研究企业在客观上对资源的占有情况和在主观上对资源的利用情况,找出企业在资源利用上的优势和劣势,以指导企业正确选择和组织利用资源的生产经营活动。

三、经营条件研究的作用

综合起来看,经营环境分析和内部条件研究对企业经营决策的制定和调整有着非常重

要的作用,具体表现在下述三个方面:

1. 通过经营条件研究,可以提高企业决策的正确性

外部环境研究可以为企业提供大量的能够客观准确地反映市场状况及其发展趋势的信息;内部条件分析可以使企业明确自己的经营能力现状和可以挖掘的潜力。在此基础上,企业就可以针对自己的优势和劣势,制定出符合市场要求的正确决策。

2. 通过经营条件研究,可以提高企业决策的及时性

环境在变化中提供的发展机会,企业只有及时加以利用,才是真正的机会。同样,对于环境在变化中造成的威胁,企业更应及时避开,否则便难以存续。环境研究可以帮助企业及时发现这些变化,指导企业制定及时的对策。比如,帮助企业分析产品寿命周期,了解产品处在寿命周期的哪个阶段,从而采取相应的产品策略;帮助企业了解消费者对价格变动的反应,从而及时制定价格策略;帮助企业了解用户对产品的认识程度、欢迎程度、购买程度,从而及时制定相应的广告宣传、销售服务等策略。

3. 通过经营条件研究,可以提高企业决策的稳定性

企业经营必须根据环境的要求来进行,而环境的状况和特点又是在不断变化的,甚至每时每刻都在发生着变化,那么这是否意味着企业关于经营活动的方向和内容的决策也必须频繁地发生变化呢?我们说不是的。因为任何决策的制定和执行都是一个过程,都包括了许多阶段的工作,从事这些工作都需要一定的时间,都有一个周期,因此企业的决策需要保持一定的稳定性。

决策的稳定性和经营的适应性之间的矛盾可以通过经营条件研究来解决。经营条件研究可以帮助企业认识环境变化的规律,预测环境发展的前景,从而使企业在决策时,不仅能使今天的决策适应今天的环境特点的要求,而且能使今天的决策适应明天的发生了变化的环境特点的要求。这样就可使企业决策具有相对的稳定性。

第二节　经营条件研究的内容

环境中各种因素要通过市场来影响企业的经营,企业对内部拥有资源的利用状况最终也要通过自己在市场上的竞争能力来体现。因此,经营条件研究除了包括对外部环境的考察和内部条件的分析外,还包括综合的市场研究。

一、经营环境研究

环境是存在于企业外部的影响企业经营的各种因素的综合。一般而言,企业经营环境主要包括政治、社会、经济、技术等四个方面。

1. 政治环境研究

政治环境包括一个国家的社会制度,执政党的性质,政府的方针、政策、法令等。不同的国家有着不同的社会制度,不同的社会制度对企业经营有着不同的限制和要求。即使社会制度不变的同一个国家,在不同的历史时期,其政府的方针、政策对企业经营的态度和影响也是在不断变化的。企业必须通过政治环境研究,了解国家和政府目前在禁止企业干什么,

允许企业干什么,鼓励企业干什么,从而使企业的活动符合国家和社会利益的要求。

2. 社会环境的研究

社会环境包括一个国家或地区的居民教育程度和文化水平、宗教信仰、风俗习惯、审美观点等。文化水平会影响消费者的需求层次,宗教习俗会禁止某些产品的消费,审美观点会影响人们对产品的包装、装潢、商标、颜色等的态度,从而会影响产品的销售,影响企业的经营。

3. 经济环境的研究

企业的经济环境可从微观和宏观两个不同层次分析。宏观经济环境包括一个国家的人口数量及其增长趋势,国民收入总额,国民生产总值,以及通过这些指标能够反映的国民经济发展水平和发展速度。一个繁荣的经济背景显然对企业经营是有利的,而萧条、衰退的经济背景会对企业经营造成不利影响。微观经济环境包括消费者的收入水平、消费偏好、储蓄情况、就业程度。假使其他条件不变,一个地区的劳动力就业越充分,收入水平越高,那么购买能力就越高,对消费品的需求量就越大,从而对企业经营就越有利。

4. 技术环境研究

企业的生产经营过程是一定的劳动者借助一定的劳动条件生产和销售一定产品的过程。不同的产品标志着不同的技术水平,从而对劳动者和劳动条件提出了不同的技术要求。因此,技术发展的速度和水平始终是制约企业经营的一个重要环境因素。技术条件变化了,可能使企业产品被反映新技术的竞争产品取代,可能使生产设施和工艺方法显得落后,可能使生产作业人员的操作技能和知识结构不再符合要求。技术环境研究就是要分析与本企业产品、材料、工艺、装备等有关的技术水平、发展趋势和发展速度等情况,为企业制定开发新产品、改革工艺、进行技术改造等方面的决策提供依据。

二、内部条件分析

内部条件分析是要考察企业在客观上拥有的资源情况以及它在主观上对这些资源的利用情况。

1. 人力资源研究

根据不同标准,可以将企业人力资源划分成不同的类型。一般来说,企业人员可分成生产工人、技术人员和管理人员三类。人力资源研究就是要分析这三类人员的数量、素质和使用状况。生产工人的研究,就是要了解他们的数量,分析其技术、文化水平是否符合企业生产现状和发展的要求,近期内有无增减的可能,能否对他们组织技术培训;企业是否根据生产工人的特点,分配了适当的工作、进行了合理利用等。技术人员的研究,就是要弄清企业有多少技术骨干,他们的技术水平、知识结构如何,是否做到了人尽其才,使他们充分发挥了作用。管理人员研究,就是要分析企业管理干部的配备情况,这支队伍的素质如何,能力结构、知识结构、年龄结构、专业结构是否合理,是否具有足够的管理现代工业生产的经验和能力,能否通过培训提高他们的管理素质,等等。

2. 物力资源研究

物力资源研究,就是要分析企业在生产过程中需要运用的物质条件的拥有数量和利用程度。比如,要分析企业有多少设备和厂房,它们与目前的技术发展水平是否相适应,企业是否应对其进行更新改造,机器设备和厂房的利用状况如何,企业能否采取措施提高其利用率,等等。

3. 财力资源研究

财力资源是一种能够获取和改善企业其他资源的资源,因此可以认为是反映企业经营条件的一项综合因素。财力资源研究就是要分析企业资金的拥有情况(各类资金的数量)、构成情况(自有资金或借贷资金的比例是否恰当)、筹措渠道(金融市场或是商业银行)、利用情况(企业是否把有限的资金使用在最需要的地方),分析企业是否有足够的财力资源去组织新产品的开发,原有生产设施的更新或工艺流程的改造,在资金利用上是否还有潜力可挖,等等。

三、市场研究

市场是企业与环境的结合部,企业是通过利用内部条件在市场上的活动来证实自己的存在或证明自己的存在价值。企业的生存和发展能力在很大程度上取决于它对市场的认识和适应能力。

任何市场都是由供给和需求两个方面构成的,因此市场研究的内容包括市场需求和市场供给两个方面。

1. 市场需求研究

当多个厂家生产同一种产品,消费者具有很大的选择时,用户的态度对企业产品的销售有着很大的影响。企业为了适应用户的要求,吸引用户购买自己的产品,就要了解他们的基本情况,对市场需求进行研究。

市场需求研究一般包括以下内容:

(1) 市场总需求研究。包括分析:市场容量有多大? 在市场总需求中有支付能力的需求有多大? 没有支付能力的潜在需求有多少? 在有支付能力的需求中有多大部分已经满足? 还有多少市场潜力可挖?

(2) 需求结构研究。需要回答的问题是:消费需求的类别和构成情况如何? 购买本企业产品的用户是个人或家庭还是机关团体? 这些消费者分布在哪些地区? 其中城市与农村、本地与外地、国内与国外的用户各占多大比重? 他们各自有何特征?

(3) 消费者的购买力研究。消费者的欲望和需求是无限的,而其购买力则是有限的。购买力研究需要分析:购买力水平如何? 购买力是怎样变化的? 有哪些因素影响购买力的变化? 这些因素本身是如何变化的? 通过影响因素变化的分析,可以预测消费者购买力的变化,从而可以了解市场上对本企业产品需求的发展趋势。

(4) 购买动机的研究。消费者购买和使用一定的产品代表了一定的消费偏好和消费行为。根据行为科学的观点,人们的行为是由一定动机导向的,而动机则是需要激发的。引起和决定消费者购买行为的动机有两类:一类是由主观需要引起的感情动机,另一类是由客观需要引起的理智动机。由理智动机引起的消费行为,目的是为了取得产品的使用价值,因此,对产品的内在质量、结构和性能比较重视;由感情动机引起的购买行为,其目的是为了实现某种心理上的满足,因此对产品商标、外观、包装等比较重视。通过对购买动机的研究,可以帮助企业制定不同的经营政策,以适应不同用户的要求。

2. 市场供给研究

与市场需求相对应的是市场供给。没有市场供给,市场需求便得不到满足。由于大多数产品的生产厂家不止一个,因此,大部分企业所面对的实际上是一个竞争市场。所以市场供给研究实质上是市场竞争的研究。

市场供给或市场竞争的研究包括竞争对手和本企业竞争能力的研究。

企业的竞争对手可以分为两类:显在的竞争对手和潜在的竞争对手。所谓显在竞争对手是指那些生产并提供同类产品、在某个或某些市场上已对企业经营造成一定程度威胁的企业。而所谓潜在的竞争对手又可以再分成两类:一类是现在没有生产与本企业相同的产品,但有此发展意向的企业,因此,今天没有对本企业构成威胁,但明天有可能造成威胁;另一类是那些生产并提供具有相同功能或使用价值的产品的企业。为什么可以把后一类企业看成是企业潜在的竞争对手呢?因为企业生产的产品,从表面上看,它们是具有一定外观形状的物质品,但抽象地分析,它们是能够满足某种需要的使用价值或功能。企业向市场上提供的不是一种具体的物质品,而是一种抽象的使用价值或功能。不同的产品,其外观形状、物理特性可能不同,但完全有可能具备相同的功能。例如自行车、摩托车、汽车、火车、轮船、飞机等是一些外观形状、内部结构以及物理性能都有很大差异的产品,但它们都具有能够帮助人们实现在地球上两点之间移动的功能,因此就可能成为相互竞争和取代的产品。

不论是潜在的竞争对手还是显在的竞争对手,对它们的研究都应包括以下三个方面:

(1) 基本情况的研究。竞争对手的数量有多少?分布在什么地方?它们在哪些市场上活动?各自的规模、资金、技术力量如何?其中哪些企业对自己的威胁特别大?基本情况研究的目的是要找出主要的竞争对手。

(2) 主要竞争对手的研究。找出了主要竞争对手以后,还要研究其所以能对本企业构成威胁的主要原因,是技术力量雄厚,资金多,规模大或是其他原因?主要竞争对手研究的目的是找出主要对手的竞争实力的决定因素,以帮助企业制定相应的竞争策略。

(3) 竞争对手发展动向的研究。竞争对手的发展动向包括市场发展(转移)动向和产品发展动向。要通过市场调查收集的资料,分析竞争对手有可能开发哪些新产品,开辟哪些新市场,从而帮助企业先走一步,争取时间优势,使企业在竞争中取得主动地位。

在研究竞争对手的同时,企业还要分析自己的竞争能力。企业竞争能力分析包括研究反映竞争能力的指标和决定竞争能力的因素。

反映企业竞争能力的指标很多,主要有三类:

(1) 销售增长率。销售增长率一般指企业当年销售额与上年相比增长的幅度。销售增长率为正且大,说明企业的用户在增加,反映了企业竞争能力的提高;反之则表明企业竞争能力的衰退,企业的销售增长率往往只有与行业发展速度和国民经济的发展速度相对比分析才有意义。如果企业销售额当年比上年有所增长,但增长的幅度小于行业或国民经济的发展速度,则表明经济背景是有利的,市场总容量在不断扩大,但扩大的部分被企业占领的比重则相对减少,大部分新市场被其他企业占领了,因此本企业的竞争能力相对地下降了。

(2) 市场占有率。所谓市场占有率是指市场总容量中企业所占的份额,或在已被满足的市场需求中有多大比例是由本企业占领的。市场占有率的高低可以反映本企业竞争能力的强弱。企业占领的市场份额越大,说明购买本企业产品的消费者数量越多;消费者之所以购买本企业而不是其他企业的产品,说明本企业产品的竞争能力比较强。同样,市场占有率的变化可以反映企业竞争能力的变动。如果企业的市场占有率本身虽然很低,但与上年相比有了很大提高,则说明企业竞争能力是在逐步增强。

(3) 产品的获利能力。这是反映企业竞争能力可以持续的支持性指标,通常用销售利润率表示。市场占有率只是反映了企业在一定时期的竞争能力,这种竞争能力能否保持下去,市场占有率指标本身并未告诉我们。市场占有率只表明企业在市场上销售的产品数量相对较多还是较少,不能反映销售这些数量的产品能否给企业带来足够的利润。如果市场占有率高,销售利润也高,那么表明通过销售大量产品可以给企业带来较多的利润,从而可以使企业有足够财力去维持和改善生产条件,因此较高的竞争能力是有条件坚持下去的;相反,如果市场占有率很高,而销售利润率很低,那么则表明,企业卖出去的产品数量很多,得到的收入却很少,在补偿了生产过程中的各种消耗后很少剩余,甚至没有剩余,较高的市场占有率是以较少的利润为代价换取的,长此以往,企业的市场竞争能力是无法维持的。因此,应该把市场占有率和产品获利能力这两类指标结合起来研究。

上述指标分析告诉了我们企业竞争能力的强弱。为了采取措施提高企业的竞争实力,还需分析竞争能力的影响因素。

企业的竞争能力反映的是市场用户对企业、特别是对企业产品的欢迎程度。消费者对企业产品表示欢迎,愿意购买,企业竞争能力就强;反之,产品不能吸引消费者,企业的竞争能力就弱。因此,研究竞争能力的决定因素,就是要分析影响消费者或用户对企业产品态度的因素。这些因素主要有:

(1) 产品的质量。消费者购买产品的目的是为了满足一定的需要。产品质量的高低决定着产品使用价值的实现程度,从而决定消费者需要的满足程度,进而影响他们的购买态度。

(2) 产品的价格。取得一定使用价值的代价是支付一定的费用。为了取得同样的使用价值,得到同等程度的满足,消费者当然希望产品的价格越低越好。

(3) 消费者对产品的认识程度。产品的质量再好、价格再低,但消费者不了解该产品的存在,或未认识到其性能优于其他产品的地方,对这种产品的购买也是不可能的。

(4) 购买便利程度。消费者了解产品的各种优势,并希望取得这种产品,但如果不能在希望的时间、希望的地点以希望的方式购买它,最终也会影响企业产品的销售。

(5) 售后服务。消费者为了取得产品的使用价值,还要求企业提供与使用价值实现的相关的各种服务。比如有些产品在购买后要求厂家帮助安装、培训使用人员以及维修服务。企业如果不能帮助解决产品在使用中的这些问题,也会影响用户的购买态度。

影响企业竞争能力的上述五种因素是相互联系的,企业应对它们进行综合分析。

第三节 经营条件研究的程序和方法

经营条件研究包括许多工作,其中最主要的内容是市场调查和市场预测。企业在从事这些工作的过程中要利用大量的定性或定量的分析方法。

一、经营条件研究的程序

经营条件研究一般要经过确定课题、提出假设、收集资料、资料处理、市场预测以及提出报告等六个阶段的工作。

1. 确定课题

确定课题是经营条件研究的前提,只有明确了课题,经营条件研究的各项工作才有明确的方向和中心。

经营条件研究的课题要围绕着企业经营中存在的问题来确定。研究课题的范围可以涉及整个企业的经营,也可能只涉及企业经营的某一个方面。课题的确定是一项既简单又复杂的工作,它看起来简单,做起来可能很复杂。由于经营条件研究主要是为企业决策服务的,因而研究课题也往往由企业决策者下达。而决策者在下达研究任务时,其课题又往往不是非常明确的。比如,研究广告的效率,对这一任务可以有多种不同的理解,既可理解成广告的沟通效果,亦可理解成广告的说服力,还可理解为广告的经济效益。理解不同,研究的方向、内容、重点、结果等均可不同。第一种理解要求研究信息的传播和接受情况;第二种要求研究广告的劝导效果;最后一种则要求比较广告费用与由此产生的销售利润。因此,在组织研究经营条件课题时,首先要明确需要研究的究竟是什么,主题内容是什么。

2. 提出假设

在确定课题的基础上,经营条件研究人员还要利用企业现有的资料,根据自己的经验、知识和主观判断,进行初步分析,提出关于经营问题的初步假设。即根据你的判断,认为企业经营问题是由或者可能是由哪些因素造成的,在众多的可能原因中哪些是最主要的。

3. 收集资料

提出了关于问题原因的假设后,还要对这些假设进行验证。如果假设是能成立的,那么企业就要采取相应的措施去消除原因,解决经营问题。验证假设需要占有能够反映企业内外经营环境或条件的资料。这些资料主要有两个来源:一是企业内部和外部现存的各种资料,比如企业内部的各种记录、生产销售日报、历年统计和会计资料;企业外部资料包括政府公布的统计资料,公开出版的报刊、文献等,都可被企业方便地利用。但是由于这类资料不是为了特定的研究而存在的,因此在适用性和时间性上可能有一定的局限。为了进行正确的验证,充分进行经营条件研究,企业还应注意通过市场调查收集大量的第一手资料。关于市场调查的工作内容与方法,在以后详加论述。

4. 资料整理

市场调查收集的原始资料经过加工整理才有意义,才可能比较正确地反映客观环境的情况。资料整理包括两项工作:

(1)审核资料的准确性、真实性,以求去伪存真,去粗取精,消除资料的错误或含混不清。在审查资料时,如果发现资料不清楚、不完整、不协调,就应采取措施予以澄清、补充和纠正。

(2)利用经过整理的资料,分析影响企业经营的各种因素之间的关系,验证前面提出的有关问题原因的假设是否正确。如果正确,就可利用资料来进行针对原因采取措施后可能收到效果的预测。

5. 市场预测

所谓市场预测是指利用一定的科学方法和市场调查取得的资料,对市场环境的发展趋势和企业未来的经营状况进行预估。因此,预测的内容主要包括两个方面:首先是利用对有关资料的分析,找出市场条件变化的趋势,根据这个趋势预测市场在未来可能呈现的状况;其次是根据对假设原因的验证,对企业经营各种影响因素之间关系的分析,研究采取了相应的措施后,经营问题是否可以解决,预测企业未来的经营状况能否得到改善。

6. 提出研究报告

完成了上述工作后,还要提出研究报告,对经营条件研究的工作加以总结。研究报告至少要包括四个方面的内容:

(1) 简单叙述研究步骤,介绍研究工作是如何展开的。

(2) 具体介绍研究方法,特别是在市场调查和市场预测中采用的方法。

(3) 根据市场预测的结果,指出市场环境和企业经营变化的方向。

(4) 根据研究和预测,指出存在的经营问题应如何解决,向决策者提供对策建议。

二、市场调查

市场调查是预测和决策的基础。所谓市场调查是利用科学的方法,有目的、系统地收集能够反映与企业经营有关的市场在时间上的变化状况和空间上的分布状况的信息,为研究市场规律、预测市场未来变化趋势、进行经营决策提供依据。

为了完整、准确地收集到反映市场状况及其影响因素的信息,企业在进行市场调查时应做好下述工作:拟定合理的调查表;选择恰当的调查对象;采取适当的调查方法。

(一) 拟定合理的调查表

许多人可能有过参加调查或被调查的经历。当我们拿到一张调查表的时候,往往觉得调查表很简单,不论是对问题的理解还是对其回答都比较容易。表 3-1 是一张有关数码摄像机社会需求的调查表。

拿到这样一张调查表,大概只要有小学以上文化程度的人便可回答。但是,对这些看起来很简单的调查表进行设计却不是很容易的。要使设计的调查表既简明易懂,易于回答,同时又能通过这些回答收集到调查组织者所希望得到的资料,往往是一件伤脑筋的事。为了得到一张合理的调查表,在设计过程中要注意解决下述几个问题:

1. 选择恰当的提出问题的方式

提出问题的方式主要有两大类:一类是自由回答式;另一类是多项选择式。

自由回答式提问,如"您对××产品的质量改进有何建议?"或"您对加强××产品的售后服务工作有何建议?"这类提问方式的特点是只提出问题,不给出可供选择的标准答案,调查对象可以完全自由地根据自己的情况来发表意见。这种提问方式的优点在于收集资料的范围比较广,种类比较多。被调查者的回答完全有可能超出调查组织者的预先估计。但由于这类问题的回答可以是多种多样的,因此,资料的整理分析比较困难。

多项选择式问题刚好相反,利用这种提问方式调查,在调查中不仅提出问题,而且给出可供被调查者进行选择的两种或两种以上的标准答案。下例关于数码摄像机社会需求情况的调查表中提出的问题基本属于这种类型。这种提问方式的优点是调查结果的整理比较容易,缺点是收到的资料局限性比较大,被调查者不能根据自己的特殊情况作答,给出的答案不一定能反映自己的真实情况。

表 3-1 数码摄像机社会需求情况调查表

1. 您的职业是(请在符合您的情况的方框中打√):
   □工人 □中小学教师
   □农民 □大学教师
   □个体户 □企业科技工作者
   □机关干部 □科研机构研究人员
   □企业经理

2. 您家有_____人。

3. 您家月均收入(包括工资收入和其他收入):
   □2 000 元以下
   □2 000～4 000 元 □6 000～8 000 元
   □4 000～6 000 元 □8 000 元以上

4. 您家是否拥有一架数码相机:
   □是 □否

5. 您家是否已经拥有数码摄像机:
   □是 □否

6. 您家里是否计划购买数码摄像机:
   □今年购买 □5 年以内购买
   □明年购买 □尚未考虑

7. 如果您尚未计划购买数码摄像机,是由于:
   □缺乏购买力
   □认为数码摄像机的使用价值不大

8. 如果您尚未计划购买数码摄像机,假设数码摄像机价格下降 20%,
   您是否购买:
   □是 □否
   如果下降 40%,您是否会购买:
   □是 □否
   如果商店采用分期付款的方式销售,您是否会购买:
   □是 □否

自由回答式问题和多项选择式问题各有利弊,在设计调查表时,应根据调查的性质、需收集资料的类型和特点,合理地选择、交叉地使用这两种不同的提问方式。

2. 注意问题的可行性

问题的可行性,或者更准确地说回答问题的可行性,是指提出的问题要使被调查者易于理解,有能力回答,同时也不需占用过多的时间,以尽可能地争取被调查者的配合。如果提出的问题过难,或回答问题需要占用的时间太长,则可能遭到被调查者的拒绝。

3. 注意问题的准确性

提出的问题不能使被调查者产生误解,以免提供一些不真实的资料。为此,就必须注意:

（1）提出的问题应该明确，不能一般化。

（2）用词必须准确，不能使用"经常""往往""一般"等各人都有自己的解释的词语。

（3）概念必须明确，如"家庭收入"应包括哪些内容，应加以简单的解释。

4. 注意问题的客观性

调查表中不应提出那些带有诱导性语句的问题。诱导性问题是指在提出问题时暗示了希望得到的回答，或暗示了调查组织者的观点。比如，"你喜欢××牌手表吗？"这样提出问题，被调查者回答"喜欢"的可能性就比较大。相反，如果问"您用的手表是什么牌子的？"或"请在下列各种手表中指出您最喜欢的。"得到的答案就可能比较客观。

5. 注意问题排列的顺序性

注意问题排列的顺序性，特别是问题的难易程度的排列的顺序性。一般来说，在调查表的开端要提出一些容易回答的问题。如果一开始就提出一些难以回答的问题，那么被调查者就很有可能不愿与你合作，不愿意回答你的问题。

（二）选择恰当的调查对象

设计了合理的调查表，以正确的方式提出了问题以后，还要确定向谁调查，即解决调查对象的问题。

确定调查对象的方法通常有两种：一种是全面调查；另一种是抽样调查。全面调查就是对需要调查的对象进行逐个调查。这种调查能够收集全面、广泛、可靠的资料，但调查费用较多、时间延续较长，企业一般很少采用。抽样调查是在被调查对象的总体中，抽取若干个个体作为样本进行调查，然后根据对样本的调查结果来推论总体的一般特征。这种调查方法把调查对象集中于少数样本，因此，所需成本和时间较少，比较经济。但是，采用这种方法，要使调查结论以及据此推论的总体特征与总体的实际特征尽可能相吻合，必须解决两个问题：一是要确定合理的样本容量；二是要使选择的样本具有代表性。

一般来说，样本的容量越大，调查结果的正确性、可靠性也越大，但费用和时间不经济；相反，样本数量越小，调查所需费用和时间越少，但仅根据对少数样本进行调查推断得来的总体特征与总体的实际特征之间可能存在很大差异。因此，在确定样本容量时要综合考虑调查的经济性和调查结论的可靠性这两方面的要求。

样本数目的多少通常与总体的特征有关。当总体的特征差异不大时，样本的数目可少些；反之，如果总体的特征差异很大，样本的数目就应多些。比如，消费者的收入水平决定了他们的购买力，从而影响某些产品的市场需求量。为了预测这些产品的未来需求状况，就必须调查和预测消费者的收入及其变动情况。如果消费者的收入水平差异很大，则应对较多的消费者进行调查；相反，如果他们的收入水平基本接近，则只需对较少数量的消费者进行调查，便可了解他们的一般收入水平及其变化趋势。

要使选择的样本具有很好的代表性，必须使用恰当的抽样方法。抽取样本的方法大体上可分为两类：一类是随机抽样；另一类是非随机抽样。

1. 随机抽样

随机抽样是按随机原则抽取样本。由于这种方法完全排除了人们的主观选择，被调查对象的总体中每个个体被抽取的机会是均等的，因此样本可以具有很好的代表性。这种方法在实际运用中又有许多具体形式，主要有分层抽样与分群抽样两种。

　　分层随机抽样是先将总体按一定特征划分为若干层次,然后在每一层中抽取若干个体作为样本进行调查;分群随机抽样是先将被调查对象的总体分为若干群,然后从各群中抽取一个或几个群作为样本进行调查。这两种方法虽然只有一字之差,却有着非常重要的区别。第一个区别是"层"与"群"不仅是文字上的不同,而且其特征也不一样:分层随机抽样时,总体是按一定特征来分层的,因此层与层的特征不同,而包含在同一层内的不同个体其特征则是相同的;分群随机抽样时,"群体"的划分并非以被调查的特征为标准,因此各个"群体"就是一个缩小了的总体,群体内部包含了具有不同特征的个体。由于第一个区别,在分层随机抽样时,人们必须根据随机的原则在每个层次中抽取若干个体为样本,即样本的单位是个体;而在分群随机抽样时,人们可以在各个群体中随机地抽出一个或几个群体作为样本进行调查,样本的单位是群体,这是分层随机抽样与分群随机抽样的第二个区别。

　　2. 非随机抽样

　　非随机抽样是按照调查的目的和要求,根据一定的标准来选取样本。非随机抽样时,总体中每一个体被抽取的机会是不均等的。这种方法在实际应用中也有许多具体形式,主要有判断抽样与配额抽样两种。

　　判断抽样是根据调查人员的判断来选择样本进行调查。这种方法能适应特殊调查的需要,但要求抽样人员对总体中每个个体的特征比较熟悉,否则选取的样本可能不具有代表性。

　　配额抽样是先将总体按调查特征分层,并将样本总额比例分配给各层,然后由调查人员按照每一层的配额,用判断抽样的原则决定具体样本,进行调查。所以利用这种方法选择样本,实质上包含了分层、配额和判断抽样三个步骤的工作。

　　(三) 采取适当的调查方法

　　设计了调查表、确定了调查对象以后,还要由经营条件研究人员利用一定的方法,针对调查表的内容去向调查对象提出问题、寻求答案,即进行现场调查。

　　现场调查的方法一般有询问法、观察法和实验法三种。

　　1. 询问法

　　询问法是调查者直接向调查对象提出问题以获得所需信息的一种调查方法。根据调查者与被调查者接触方式的不同,询问法又可分为个人访问、邮寄调查(信访)以及电话调查三种。

　　(1) 个人访问法。这种方法是调查人员拿着调查表直接到被调查者的家里、工作地点或其他场所,面对面地向其提出问题,收集资料。

　　个人访问法由于调查者与被调查者直接接触,因此其优点是:

　　① 被调查者碍于情面,难以直接拒绝,所以一般回答率较高;

　　② 回答问题的是被调查者本人,因此能使调查者收集到他所希望了解的被调查者的态度或反映;

　　③ 可以相互启发,帮助被调查者弄清问题或帮助调查者理解答案;

　　④ 能使调查者直接观察到被调查者的反应,可以辨别答案的客观性与真实性。

　　但这种方法也有一定的局限性,如需要的工作人员较多,占用的时间较长,费用较高。由于这个原因,被调查者的数目可能不多,在职业、特别是地区等方面的代表性上受到限制。

此外,被调查的回答有时受到调查者的态度或语气的影响。

(2) 邮寄调查法。邮寄调查法也叫信访法,是将预先拟定的调查表寄给调查对象,要求后者回答问题后寄回的收集信息资料的方法。

这种方法的特点与个人访问法正好相反,所以其优点是:

① 调查费用较低,只需两张邮票便可能收回一张调查表;

② 被调查的人数可以很多,不受地理范围的限制;

③ 被调查者有充分的时间思考问题及做出回答;

④ 被调查者对问题的看法不会受调查人员的影响。

其局限性表现在:

① 被调查者可能不愿配合,所以回收率可能较低,或者不能在规定的时间内收到调查表;

② 调查表的填写可能是他人代劳,从而有可能影响样本的代表性;

③ 对问题或答案的理解,调查双方不能相互启发。

(3) 电话调查法。它是通过电话来向被调查者提出问题,征询答案的一种方法。与邮寄调查法相比,这种方法显然速度快,且成本低,同时又可能具备个人访问法的一些优点。不过这种方法只能用于面向装有电话的个人调查,因此调查面受到影响。

2. 观察法

观察法是调查人员在现场直接观察被调查者在购买或使用商品时的行为、态度、反映和意见的一种方法。这种方法的特点在于被调查者被观察时并没有觉察,所以表现自然,因此调查收集到的资料比较客观、准确。其局限性主要表现在难于观察到决定这些外部反映的内在因素。

3. 实验法

它是从影响调查问题的若干因素中,选择一两个关键因素,在小范围内将其改变,进行试验,观察能否得到积极的结果,然后决定是否值得大规模推广的一种方法。比如,在影响企业竞争能力的众多因素中,选择价格和销售网点两个因素进行试验,在其他条件不变的情况下,观察价格、销售网点的变动对产品销售量以及企业竞争能力的影响。

三、市场预测

市场调查是市场预测的前提,市场预测是市场调查的逻辑延续。市场预测是指利用科学的方法,根据市场调查收集的资料,分析市场变化的规律,并据此预测市场的未来变化趋势,为经营决策提供依据,以调节经济活动的方向。

市场预测作为经营决策的依据,对企业经营乃至整个社会经济活动的组织有着非常重要的作用,因此要求提供的结果是科学的、尽可能客观的。客观的、科学的预测要求运用科学的方法。

市场预测的方法很多,通常分为两大类型:定性预测方法和定量预测方法。

定性预测方法是根据个人的知识、经验和主观判断,对市场的未来发展趋势做出估计。这种方法的特点是时间快、费用省、简便易行、能综合多种因素。其局限性是预测的结果在很大程度上取决于人们的经验,不易提供准确的定量数据。但由于在影响市场变化的因素中,有许多是定性的、难以量化处理的,比如政府政策、用户心理、消费偏好等,所以定性预测方法在市场预测中仍占有非常重要的地位。这类方法有综合判断法、专家调查法、使用者期望法等。

定量预测方法是利用市场调查收集的资料,分析影响市场变化的多种因素之间的关系,并用数学模型加以表述,然后据此预测市场发展的趋势。这类方法一般在利用已知的历史和现状的资料预测未来时使用。它的优点是比较客观,得出的结论比较精确;缺点是难以考虑非定量因素的影响,同时对资料的完整性、可靠性和精确性的要求也比较高。定量预测方法又可分为时间序列预测和因果关系分析两种。时间序列预测方法包括简单平均、移动平均、指数平滑等;因果关系分析的常用方法有回归分析、基数叠加法等。

上述两大类预测方法各有优缺点,企业可根据情况结合使用。

下面介绍几种常用的预测方法。

(一) 定性预测方法

1. 综合判断法

这种方法是组织若干个了解市场情况的人员(企业各部门的负责人或有关销售人员、代销商、工程师、甚至用户),要求他们根据对客观情况的分析和自己的经验,对市场的未来状况做出各自的估计,然后将不同人员的预测值进行综合,得出了预测结果。这种方法的优点是能够综合各种人员的知识,充分吸收他们的意见,得出的预测结果比较完整,其缺点是可能受到预测者了解情况的限制。

2. 使用者期望法

有些生产大型设备或只将产品交由少数中间商代销的企业,他们只有少数大主顾,企业的市场需求主要是由这些大主顾的需求构成的。这时,只要根据这些主顾的预期需要就可做出有效的市场预测。这种方法可以用较低的费用取得有效的资料,并可增加企业与用户的联络,使用户感觉到企业的服务热忱,利于提高企业的声誉。当然,如果企业的用户队伍太大,或主要顾客在未来选择其他企业的产品,这种方法的使用便会受到限制。

3. 专家调查法

专家调查法,亦称德尔菲(Delphi)法,是美国有名的兰德咨询公司率先提出并推广使用的一种方法。这种方法是采用通讯方式将所需预测的问题征询专家意见,经过多次的信息交换,逐步取得比较一致的预测结果。

应用这种方法进行预测的具体步骤如下:

(1)拟定调查表。预测的组织者确定需要预测的课题,据此设计调查表,并准备可供预测人员参考使用的背景资料。比如预测我国彩电市场大概在何时饱和,需要提供的背景资料包括国外彩电市场的饱和点、我国目前人口及家庭数、每年人口增长率、目前每百户居民拥有彩电情况、彩电的年生产能力及其增长情况等。

(2)选择专家。选择与预测课题有关的年龄、地区、专业知识、工作经验、预见分析能力以及学术观点上有代表性的专家参与预测。参加预测的专家数量可适当多些,至于究竟要到何种规模,则需根据预测课题的特点而定。

(3)通讯调查。将调查表和背景资料寄给选定的专家,要求他们在规定的时间内填好并寄回给调查的组织者。第一轮的调查表全部收回后,调查的组织者要进行综合整理,分析出几种不同的预测意见,然后将第一轮的预测结果反馈给每位专家,要求他们再次预测,修改或完善自己的意见。这样经过反复几个来回后,便可逐步取得基本一致的预测结果。

（4）预测结果的定量处理。在预测过程中,对每一轮调查收集到的专家预测意见都要利用科学的方法进行整理、辨误、归纳、分类等工作,以求对下轮的预测提供有用的参考资料或取得准确的最终预测结果。

专家调查法具有下述优势:

（1）由于采取通讯调查的方式,因此参加预测的专家可以多一些,具有较强的代表性。

（2）由于要经过反复几个来回,而且从第二轮预测开始,每次预测时专家都从背景资料上了解到别人的观点,这时是继续坚持自己的观点还是修正自己的预测意见,需要每个专家进行认真的思考。在思考过程中,专家们必然要大量地调动头脑中库存的知识来说服自己或"批驳"别人的观点。在此基础上得出的预测结果,其科学成分、正确程度必然较高。

（3）由于这种方法具有匿名性质,参加预测的专家完全根据自己的知识或经验提出意见,因此预测结果受权威的影响较小。

（4）由于最终的预测结果综合了全体专家的意见,集中了全体预测者的智慧,因此具有较大的可靠性和权威性。

（二）时间序列预测法

时间序列预测法是分析反映事物在历史上各个时期状况的资料,研究事物是如何从昨天演变到今天的,找出事物随时间而变化的规律,然后据此预测事物的未来发展趋势。这种方法有一个基本的假设,即事物在过去是如何随时间而变化的,在今后亦会依照同样的方式而变化。其具体预测方法有如下几种。

1. 简单平均法

这种方法假设事物在历史上各个时期的状况对未来的影响程度是相同的,因此在预测时,将反映事物在历史上各个时期状况的数据看得同等重要,用它们的简单算术平均值来作为下一时期的预测值。

这种方法比较简单,但准确程度较低,特别是当时间序列呈某种上升、下降或周期性变化趋势时,预测结果就很不可靠,所以一般只能用于短期预测。

2. 移动平均法

这种方法假设事物在历史上比较远的时期的状况,对未来基本上没有影响,有影响的只是近期的状况,所以在利用历史数据时,采用分段平均、逐步推移的方式来分析时间序列的趋势,取靠预测期最近的一段时期的平均值作为预测值。其基本公式为:

$$M_t = \frac{y_t + y_{t-1} + \cdots + y_{t-n+1}}{n} = \frac{\sum\limits_{t=t-n+1}^{t} y_i}{n} \tag{3.1}$$

式中：M_t 为第 t 期的移动平均值；

y_i 为第 i 期的实际值；

n 为移动平均的期数。

例1：表3-2给出了某企业1989年12个月的销售量变动情况。要求根据这些资料,利用移动平均法的基本公式,分别计算出 n 为5和7时企业在1990年1月的销售量预测值

（即第 12 期的移动平均值）。

表 3－2

月　　份	销售量（万台）	$n＝5$	$n＝7$
1	65		
2	67		
3	71		
4	68		
5	69	68	
6	74	69.8	
7	77	71.8	70.1
8	80	73.6	72.3
9	85	77	74.9
10	92	81.6	77.9
11	98	86.4	82.1
12	105	92	87.3

当 $n＝5$ 时，第 12 期的移动平均值为：

$$M_{12}＝\frac{80＋85＋92＋98＋105}{5}＝92（万台）$$

当 $n＝7$ 时，

$$M_{12}＝\frac{74＋77＋80＋85＋92＋98＋105}{7}＝87.3（万台）$$

上例表明，利用移动平均法进行预测时，起作用的只是离预测期最近的一段时期的数据。

上面介绍的这种利用第 t 期一次移动平均值作为第 $t＋1$ 期预测值的方法叫一次移动平均法，也叫单纯移动平均法。

与简单平均法相比，单纯移动平均法虽然反映了时间序列中最新数据的影响，但由于将第 t 期的一次移动平均值直接作为第 $t＋1$ 期的预测值，因而当时间序列呈明显的线性趋势时，预测值就会产生滞后偏差。为了消除这种滞后偏差，可运用趋势修正移动平均法进行预测。其预测公式如下：

$$y_{t＋T}＝a_t＋b_t \cdot T \tag{3.2}$$
$$a_t＝2M_t^{(1)}－M_t^{(2)} \tag{3.3}$$
$$b_t＝\frac{2}{n－1}(M_t^{(1)}－M_t^{(2)}) \tag{3.4}$$

式中：t 为目前的时期数；T 为第 t 期至预测期的时期数；$y_{t＋T}$ 为第 $t＋T$ 期的预测值；n 为分段平均的期数；$M_t^{(1)}$ 为第 t 期的第一次移动平均值；$M_t^{(2)}$ 为第 t 期的第二次移动平均值；a_t 为反映时间序列直线的截距；b_t 为直线的斜率，即时间序列的趋势。

式（3.2）～式（3.4）表明，要求出第 $t＋T$ 期的预测值，需先算出 a_t 和 b_t；而要求出 a_t 和 b_t，则需先得到 $M_t^{(1)}$ 和 $M_t^{(2)}$。因此，趋势修正移动平均法是从计算各期的一次和二次移动平均值开始的。下面举例说明。

例2：用例1的数据，求利用趋势修正移动平均法，预测 n 为5时，1990年6月份的销售量。

$$a_{12}=2M_{12}^{(1)}-M_{12}^{(2)}=2\times 92-82.1=101.9$$

$$b_{12}=\frac{2}{n-1}(M_{12}^{(1)}-M_{12}^{(2)})=\frac{2}{5-1}(92-82.1)=4.95$$

$$y_{12+6}=101.9+4.95\times 6=131.6(万台)$$

表 3-3

月　份	销售量	$M_t^{(1)}$	$M_t^{(2)}$
1	65		
2	67		
3	71		
4	68		
5	69	68	
6	74	69.8	
7	77	71.8	
8	80	73.6	
9	85	77	72
10	92	81.6	74.8
11	98	86.4	78.1
12	105	92	82.1

即1990年6月份的销售量预计为131.6万台。

3. 指数平滑法

同简单平均法一样，指数平滑法也假设事物在历史上各个时期的状况均会影响未来，只是影响程度不同，远期的影响要小些，近期的影响要大些。所以，在预测时给近期的数据以较大的权数，给远期的数据以较小的权数，算出第1至第 t 期的加权平均数，作为 $t+1$ 期的预测值。

第 t 期的加权平均值 S_t 的计算公式如下：

$$S_t-ay_t+(1-a)S_{t-1} \tag{3.5}$$

式中：S_t 为第 t 期的加权平均值；S_{t-1} 为第 $t-1$ 期的加权平均值；y_t 为第 t 期的实际值；a 为权数，亦称平滑系数。

应用指数平滑法要解决好两个问题：一是平滑系数 a 的取值；一是初始预测值 S_0 的确定。a 取值越大，近期数据对预测值的影响越大；反之则越小。一般来说，当时间序列比较平稳时，a 取值较小，如 0.05～0.20；相反，时间序列呈明显的上升或下降趋势时，a 取值应大些，如 0.3～0.5。此外，由于指数平滑法是利用第 t 期的实际值与第 $t-1$ 期的预测值来计算第 $t+1$ 期的预测值的，所以为了能够计算第1期的预测值，还需确定初始预测值 S_0。S_0 值通常采用时间序列前 n 项的算术平均值，也可取时间序列数据中的第一项。

下面举例介绍指数平滑法的应用。

例3：仍用例1的数据，预测第13期的销售量（$a=0.3$，$S_0=65$）。

$S_0 = 65$

$S_1 = 0.3 \times 65 + (1 - 0.3) \times 65 = 65$

$S_2 = 0.3 \times 67 + 0.7 \times 65 = 65.6$

$S_3 = 0.3 \times 71 + 0.7 \times 65.6 = 67.2$

......

依照同样方式,直至计算出 S_{12}。具体结果见表 3 - 4:

表 3 - 4

月　份	销售量	S_t
0		65
1	65	65
2	67	65.6
3	71	67.2
4	68	67.4
5	69	67.9
6	74	69.7
7	77	71.9
8	80	74.3
9	85	77.5
10	92	81.9
11	98	86.7
12	105	92.2

即,利用指数平滑法预测第 13 期(1990 年 1 月)的销售量为 92.2 万台。

应用指数平滑法具有与单纯移动平均法相同的局限性,即当时间序列具有明显的线性变化趋势时,预测值会产生滞后于趋势的偏差。为消除偏差,也需进行修正。修正公式与移动平均法基本相同:

$$Y_{t+T} = a_t + b_t \cdot T \tag{3.6}$$

只是 a_t 与 b_t 的计算略有不同:

$$a_t = 2S_t^{(1)} - S_t^{(2)} \tag{3.7}$$

$$b_t = \frac{a}{1-a}(S_t^{(1)} - S_t^{(2)}) \tag{3.8}$$

式中:$S_t^{(1)}$ 为第 t 期的一次指数的平滑值;$S_t^{(2)}$ 为第 t 期的二次指数平滑值,它是在对 $S_t^{(1)}$ 再进行一次指数平滑处理后得到的结果,计算时可运用类似于(3.5)的公式:

$$S_t^{(2)} = aS_t^{(1)} + (1-a)S_{t-1}^{(2)} \tag{3.9}$$

另外,计算时假设 $S_0^{(1)} = S_0^{(2)}$。

例 4:用例 1 资料,预测 1990 年 6 月销售量。

各期一次指数平滑值已经求出,需要计算的是二次指数平滑值:

$$S_t^{(2)} = 0.3 \times 65 + 0.7 \times 65 = 65$$

$$S_2^{(2)} = 0.3 \times 65.6 + 0.7 \times 65 = 65.2$$

$$S_3^{(2)} = 0.3 \times 67.2 + 0.7 \times 65.2 = 65.7$$

$$S_4^{(2)} = 0.3 \times 67.4 + 0.7 \times 65.7 = 66.2$$

......

依照同样方式,直至计算出 $S_{12}^{(2)}$。具体结果见表 3-5 的第四栏。

表 3-5

月 份	y_t	$s_t^{(1)}$	$s_t^{(2)}$
0		65	65
1	65	65	65
2	67	65.6	65.2
3	71	67.2	65.8
4	68	67.4	66.3
5	69	67.9	66.8
6	74	69.7	67.7
7	77	71.9	68.9
8	80	74.3	70.5
9	85	77.5	72.6
10	92	81.9	75.4
11	98	86.7	78.8
12	105	92.2	82.8

根据表 3-5 数据,可求出:

$a_{12} = 2S_{12}^{(1)} - S_{12}^{(2)} = 2 \times 92.2 - 82.8 = 101.6$

$b_{12} = \dfrac{a}{1-a}(S_{12}^{(1)} - S_{12}^{(2)}) = \dfrac{0.3}{0.7}(92.2 - 82.8) = 4$

所以,1990 年 6 月份销售量预测值为:

$y_{12+6} = a_{12} + b_{12} \times 6 = 101.6 + 4 \times 6 = 125.6$(万台)

(三) 因果关系分析法

市场上各种经济现象之间是相互联系,相互影响的,其中某些因素发生变化以后,另一些因素也会随之而改变。比如,消费者的收入水平下降,会减少市场上对某些产品的需求;婚龄青年的增加或新建住房的增加,会促使家具销售量上升等。这种关系称为因果关系。因果关系分析就是研究某一因素发生变化时,对其他经济现象可能产生的影响。

1. 一元线性回归法

这种方法假设企业经营(如销售利润或销售收入)主要受到一种因素(如人口或居民的收入水平)的影响,因此只需了解影响因素在未来的状况,便可预测企业经营的发展趋势。

一元线性回归的基本公式为:

$$y = a + bx \tag{3.10}$$

式中:y 为因变量,x 为自变量;a 为截距,b 为斜率。

a 与 b 可通过下式求得:

$$a = \bar{y} - b \cdot \bar{x} \tag{3.11}$$

$$b = \frac{\sum_{i=1}^{n} x_i y_i - n \cdot \bar{x} \cdot \bar{y}}{\sum_{i=1}^{n} x_i^2 - n \cdot \overline{x^2}} \tag{3.12}$$

上式中 $\bar{x}$ 与 $\bar{y}$ 分别为自变量 x 和因变量 y 在各期观测值 x_i 与 y_i 的平均值,即:

$$\bar{x} = \frac{\sum\limits_{i=1}^{n} x_i}{n} \tag{3.13}$$

$$\bar{y} = \frac{\sum\limits_{i=1}^{n} y_i}{n} \tag{3.14}$$

下面举例说明这种方法的具体运用。

例5：某地区彩电随人均收入水平而变化的销售量资料如表3-6所示，请用一元回归法预测人均收入达到300元时的彩电销售量。

表3-6

人均收入(元)	50	70	100	150	180	230
彩电销售量(百台)	0	2	13	25	32	45

解：根据上述资料，先计算 $\sum\limits_{i=1}^{n} x_i$、$\sum\limits_{i=1}^{n} y_i$、$\sum\limits_{i=1}^{n} x_i \cdot y_i$ 以及 $\sum\limits_{i=1}^{n} x_i^2$，如表3-7所示。

表3-7

序	人均收入 x_i	销售量 y_i	$x_i y_i$	x_i^2
1	50	0	0	2 500
2	70	2	140	4 900
3	100	13	1 300	10 000
4	150	25	3 750	22 500
5	180	32	5 760	32 400
6	230	45	10 350	52 900
Σ	780	117	21 300	125 200

将表中数据代入公式，分别求得：

$$\bar{x} = \frac{\sum\limits_{i=1}^{n} x_i}{n} = \frac{780}{6} = 130$$

$$\bar{y} = \frac{\sum\limits_{i=1}^{n} y_i}{n} = \frac{117}{6} = 19.5$$

$$b = \frac{\sum\limits_{i=1}^{n} x_i \cdot y_i - n \cdot \bar{x} \cdot \bar{y}}{\sum\limits_{i=1}^{n} x_i^2 - n \cdot \bar{x}^2} = \frac{21\,300 - 6 \times 130 \times 19.5}{125\,200 - 6 \times 130^2}$$

$$= \frac{21\,300 - 15\,210}{125\,200 - 101\,400} = \frac{6\,090}{23\,800} = 0.255\,9$$

$$a = \bar{y} - b \cdot \bar{x} = 19.5 - 0.255\,9 \times 130 = 19.5 - 33.26 = -13.76$$

当人均收入达到300元时，估计彩电销售量可达：

$$y = a + bx = -13.76 + 0.255\,9 \times 300$$

$$=-13.76+76.76=63（百台）$$

即预计彩电销售量在该地区人均收入水平为 300 元时可达到 63 百台。

2. 基数叠加法

市场上的经济现象,往往不是受到一种而是多种因素的影响。比如企业的产品销售量要受到质量(Z)、包装(B)、价格(J)、广告宣传(G)、分销网点(F)、市场竞争程度(S)等众多因素的影响。基数叠加法就是把上述各种因素的变化对产品销售量的影响综合考虑进行预测的一种简单方法,其预测公式为:

$$y_t=y_{t-1}(1+Z\%+B\%+J\%+G\%+F\%+S\%)$$

式中:y_t 为第 t 期的预测值;y_{t-1} 为上期实际值;$Z\%\cdots\cdots S\%$ 为 $Z\cdots\cdots S$ 等因素变动对销售量 y 的影响系数。

例 6:某厂 1989 年实际销售产品 565 万台。据估计,1990 年改进产品质量可使销路增加 15%;加强营销宣传可使产品销路增加 6%;价格降低可使销售量提高 8%;包装和分销网点无变化,对销售量无影响;市场竞争加剧会使企业失去 5% 的市场。根据上述条件预测 1990 年的产品销售量。

解:
$$y_{90}=y_{89}(1+Z\%+B\%+J\%+G\%+F\%+S\%)$$
$$=565(1+15\%+0+8\%+6\%-5\%)$$
$$=565\times1.24=700.6（万台）$$

即 1990 年该产品销售量预测为 700.6 万台。

复习思考题

1. 环境研究与企业决策有何联系?

2. 外部环境是由众多无法控制的因素构成的,其变化规律企业无法预知,对这些变化企业也只能消极、被动地适应。你对这种观点有何评价?

3. 行业竞争结构受到哪些力量的影响? 这些力量有何特点?

4. 为什么不仅要分析同类产品厂家的竞争实力,还要分析替代品生产者的经营能力?

5. 如何判断企业的竞争实力?

6. 企业资源研究包括哪些内容?

7. 何谓环境调查? 如何设计合理的调查问卷?

8. 全面调查与抽样调查、随机抽样与非随机抽样、分层随机抽样与分群随机抽样有何区别?

9. 定性预测方法难以给出详细、精确的预测结果,但为什么许多企业在竞争市场预测中仍十分重视这类方法的运用?

10. 简单平均法、移动平均法以及指数平滑法有何异同?

第三章课后习题及答案

第四章 经营决策理论

经营条件研究使企业认识了自己的能力优势和可以挖掘的潜力,了解了环境在变化过程中可能对企业造成的威胁或提供的有利机会。在此基础上,企业必须分析如何调整内部的经营方向、内容、目标以及生产能力,以适应外部环境的要求,取得较好的经营效果。这正是企业经营决策的任务。

经营决策是企业管理的核心。可以认为,整个企业管理就是围绕着如何制定和组织实施经营决策而展开的。为了有效地指导企业进行尽可能正确的决策,有必要研究经营决策的本质内容和特点,分析决策的过程及其制约因素,评价和介绍决策的方法与技术,以揭示经营决策的一般规律。

第一节 经营决策及其影响因素

经营决策需要说明企业在未来的某段时期内,为了更好地满足社会需要,获取更多的利润,准备从事何种生产经营活动,以及从事这种活动希望达到何种状况和水平。因此,它包括确定企业的总体目标和经营方针,拟定、评价和比较可实现目标的多种活动方案,并在其中进行选择等一系列工作。

一、经营决策的本质和内容

经营决策是在经营思想指导下,在经营条件研究的基础上,制定并选择以经营目标、经营方针和经营策略为主体的经营方案的过程。经营决策的实质是要确定企业的经营目标、经营方针和经营策略。

1. 经营目标

经营目标是企业在未来时期内从事某种经营活动所欲达到的水平,是对企业未来经营状况的预先描述。它指明了一定时期内企业生产经营活动的奋斗目标,使企业各部门、各环节以至每个职工的工作有所遵循,并为评价企业工作提供了标准。

经营目标的内容涉及许多方面,它不仅要体现生产经营的直接成果,同时还要反映通过经营活动能够使企业内部和外部得到的满足。一般来说，企业经营目标主要有：

（1）成长目标。即企业希望未来的生产经营活动规模有所扩大，生产能力有所增长，利用这种能力提供的产品数量有所提高。由于规模的扩大可以使企业在市场竞争中处于更有利的地位，同时它也是经营成功的一个重要标志，因此，常被企业当作一项非常重要的目标来追求。

（2）利润目标。利润水平反映了企业生产经营活动经济效益的高低。它不仅关系到企业各类成员的经济利益，而且影响到企业是否有足够的资金去扩大生产规模。因此企业需要不断地改进各种资源的利用效果，提高经营活动的经济效益，增加盈利。

（3）市场目标。市场是企业与用户的结合部，企业在市场上的竞争能力反映了企业的经营实力、用户对企业产品的欢迎程度以及企业满足社会需要的程度。扩大市场对于增加利润、实现企业成长有着非常密切的相关作用。市场目标通常包含两层意思：一是要通过加强促销工作，提高企业在原来市场上的占有率；二是要通过开发新产品，争取新用户，占领新市场。

（4）社会责任目标。任何一个社会组织都必须履行它对社会的责任，企业亦不例外。只有履行了必要的社会责任，为社会提供了所需要的服务，并使提供服务的活动在符合社会要求下进行，社会才可能允许企业存在。社会主义企业的社会责任目标，不仅包括提供符合一定质量要求的一定数量的产品、向国家缴纳利润和税金，还包括注意环境保护、提供尽可能多的就业机会、参加公益事业等内容。

（5）提高职工满足度的目标。企业不仅是职工的从业场所，还是职工表现其社会存在的主要舞台；职工不仅希望通过在企业的生产劳动获得足够的经济收入，而且希望在工作中充分施展自己的才华，实现自己的抱负、证明自己的社会价值。因此，企业不仅要在发展生产的基础上努力改善职工的工作条件和生活条件，而且要努力改进工作设计和组织，使职工的生产劳动更富有意义，以提高职工在物质上和心理上的满足程度。

上述目标是相互影响、相互制约的，企业在制定经营决策时要综合考虑这些要求。

2. 经营方针

经营方针是根据企业的经营思想，为了达到经营目标所确定的经营活动的基本原则，是关于企业经营活动的方向、重点范围等的原则规定。

经营方向主要指企业市场服务的方向，在众多的市场用户中，企业生产何种类型的产品，为哪一类用户服务。比如，是为出口服务还是为国内市场服务；是为城市居民服务还是为农村居民服务；是为基建投资服务还是为企业改造服务；是生产高档优质产品为高收入阶层服务还是生产低档一般产品去满足低收入用户的需要，等等。服务方向不同，对产品的要求不同，从而企业应该具备的生产条件也不同。在确定经营方向时，企业要考虑到市场发展的趋势、竞争的激烈程度以及自身的经营条件等因素，尽可能选择范围较广的服务对象，以保证企业经营的稳定性。

经营重点是指企业在经营活动中突出某一个方向，或要优先考虑和解决的问题。比如，为了取得市场竞争中的有利地位，有的企业注重不断开发新产品，满足新的消费者或原先的消费者追求"新""奇"的需要，"以新取胜"；有的则强调质量的改善，"以优取胜"；另一些则努力挖掘潜力,降低生产成本,从而降低销售价格,"以廉取胜";还有一些则可能力求迅速生产并交货,"以快取胜",等等。正确确定经营重点,有利于企业在市场竞争中取得优势。

3. 经营策略

为了有效地实现经营目标,就必须制定具体的经营策略,拟定出从事某种经营活动的具体措施、对策方法和基本步骤。不同的企业为了实现不同的目标,或者同一个企业在不同的时期可以进行不同的活动内容,从而具体的行动方案是不同的,但是一般来说,企业可以选择的基本经营策略包括三类:专业化策略、一体化策略和多角化策略。

(1) 专业化策略。专业化策略是指企业专门生产和提供某一种产品或服务,企业的经营领域和服务范围相对比较狭小。比如产品专业化、零部件专业化、工艺专业化等。

采用专业化策略可以使企业进行大批量生产,采用高效设备和先进工艺,从而有利于技术进步和提高劳动生产率;可以使企业有明确的发展方向和稳定的产品、市场及服务对象,从而有利于提高管理水平和技术水平;可以使企业用有限的资源形成自己的优势和特色,从而有利于提高企业的竞争能力。但是,由于在专业化经营条件下企业的服务范围比较小,因此容易受市场变化的冲击,企业经营的风险比较大,安全系数小,一旦企业服务的市场需求下降,就可能导致企业经营的全面崩溃。

(2) 一体化策略。当企业所属的产业部门有很广阔的发展前途,或者企业直接组织原材料的开发与产品的深度加工或销售可以提高企业的获利水平时,企业还可以采用一体化的经营策略。

一体化策略是指企业按产品的生产销售过程把经营业务向原材料、配件的生产供应方面扩展,或者向最终产品的生产销售方面扩展。前者称为后向一体化,比如钢铁公司直接组织矿石的采掘;后者称为前向一体化,比如钢铁企业直接组织机械制造与销售。

除了上面提到的利润好处外,后向一体化还可以保证原材料的供应,从而提高企业经营的安全性;前向一体还可以帮助企业了解用户对企业产品的要求和反映,从而促使企业采取有效措施,提高经营的适应性。但是,采用一体化的策略需要企业在"上游"和"下游"的生产中投入大量资金,要求原先的生产达到足够大的规模,要求企业拥有一支适应前向经营和后向经营的管理队伍。

(3) 多角化策略。多角化策略是摆脱单一产品经营的思路,使企业经营范围扩展到多种产品和市场领域。具体又有两种形式:一是横向多角化;一是混合多角化。

横向多角化,又称同轴多样化,是指企业在原有市场、技术或产品的基础上横向扩展其经营领域。比如在同一市场上销售完全不同的产品,或在同一技术的基础上发展不同产品或系列产品,以销售到同一市场或不同市场上去。混合多角化,也称全方位经营,是指将企业经营领域扩展到与原先完全无联系的产品生产和销售上去。比如汽车公司经营超级市场,钢铁公司经营房屋建筑等。

采用多角化策略可使企业尽可能地分散经营风险,并有利于帮助企业发现发展机会,能使企业现有的技术能力、管理能力,甚至原材料在不同经营领域得到最充分的利用。但是要求企业资金实力雄厚,在发展多角化经营过程中投入大量资金,要注意克服陷入盲目发展的危险。

二、经营决策的特征

作为确定企业经营目标、经营方针和经营策略，对企业经营成败有重大影响的经营决策，具有下述主要特征：

1. 整体性

经营决策的整体特征可以从时空两个不同层次来考察。从空间上看，经营决策不仅涉及组织内部与市场环境的关系，而且要求企业各个部分的协调统一；从时间上看，经营决策不仅影响企业目前的生存，而且决定企业未来的发展。因此，在整个决策过程中，决策者必须把企业与环境、目前与未来、部分与全局等各个方面的因素统筹兼顾、全面考虑。

2. 目标性

任何经营决策都必须首先确定企业的经营目标。目标是企业在特定时限内完成任务程度的标志。没有目标，人们就难以拟定未来的活动方案，评价和比较这些方案就没有了标准，对未来经营活动效果的检查也就失去了依据。

3. 可行性

经营决策的目的是为了指导企业的未来行动。任何行动都需要利用一定的资源。缺乏必要的人力、物力和技术条件，理论上非常完美的方案也只能是空中楼阁。因此，决策方案的拟定和选择，不仅要考虑采取某种行动的必要性，而且要注意实施条件的限制。

4. 选择性

决策的实质是选择。没有选择，就没有决策。而要能有所选择，就必须提供可以相互替代的多种方案。事实上，为了实现相同的目标，企业总是可以从事多种不同的活动。这些活动在资源要求、可能结果以及风险程度等方面均有所不同。因此，不仅有选择的可能，而且决定了选择的必要。

5. 满意性

选择经营方案的依据是满意原则，而非最优原则。最优决策往往只是理论家的幻想，因为最优决策要求：

（1）决策者了解与企业活动有关的所有信息。

（2）决策者能充分利用这些信息，编制出所有的可行方案。

（3）决策者确知每个可行方案在未来的执行结果。

然而这些条件是难以完全具备的。第一，从广义上来说，外部存在的一切都对企业的目前和未来产生或多或少，或者直接或者间接的影响，然而企业很难收集反映外部全部情况的所有信息；第二，根据有限的信息，企业只能制定有限数量的方案；第三，任何方案都需在未来实施，而人们对未来的认识能力和影响能力是有限的，目前预测的未来状况与未来的实际状况可能有着非常重要的差别。因此根据目前的认识确定未来的行动总是有一定风险的，也就是说，各行动方案在未来的实施结果通常是不确定的。在方案的数量有限、执行结果不确定的条件下，人们难以做出最优选择，只能根据已知的全部条件，加上人们的主观判断，做出相对满意的选择。

6. 过程性

经营决策是一个过程，而非瞬间行动。过程性的特点可以从两个方面去考察。首先，经营决策不是一项决策,而是一系列决策的综合。通过经营决策,不仅要选择企业的经营目标和方针,还要决定如何组织产品开发、技术改造、人员培训、机构调整、资金筹措以及市场营销等。只有当这一系列的具体决策相互协调并与总体目标和方针相一致时,才能认为企业的经营决策已经形成。其次,这一系列具体决策本身就是一个过程,从经营目标的确定到经营方案的编制、评价、比较和选择,包括了许多人参加的一系列工作。从理论上看,我们虽然可以把这些工作划分为不同的阶段,然而在实践中,它们往往相互联系,交错重叠,难以截然分开。

7. 动态性

经营决策的动态性与过程性相联系。决策的过程是动态的,没有真正的起点,也没真正的终点。实际上,经营决策的目的是使企业活动的方向和目标与外部环境的特点尽可能相适应,以更好地完成企业任务。然而外部环境是在不断发生变化的,企业的决策者必须不断地关注并研究这些变化,从中找到可以利用的机会,据此调整内部活动的内容和方向,实现企业与环境新的平衡。

三、经营决策的制约因素

调整企业活动方向和内容的经营决策要受到众多因素的影响,其中主要有:企业的经营思想、以前制定的决策、管理者对待风险的态度、企业与环境的关系、企业文化的特点、制定经营决策的时间紧迫性等。

1. 经营思想的影响

经营思想是制约经营决策的首要因素,经营决策是在经营思想的指导下来制定的。

所谓经营思想是指企业在从事生产经营活动的过程中,处理各种经营关系、解决各种经营问题的指导思想,是人们思考问题的基本出发点。

企业在生产经营活动中需要处理各种关系,其中以企业与市场用户的关系最为重要。企业处理它与市场关系的方式,往往会影响它在解决其他经营问题时的观点和角度。根据这个标准,可以将经营思想划分为三个不同时期的三种不同类型。

(1)以生产为导向的经营思想。这是企业最早的经营思想。在这种经营思想指导下,企业组织生产经营活动时,首先考虑的是自己的生产条件和生产能力,力求以现有的生产能力生产出更多数量的产品来。19世纪末至20世纪20年代西方企业便是在这个思想指导下从事经营的。当时社会经济尚不发达,物质产品尚不丰富,市场处于供不应求的状况,消费者的许多需要未能得到满足,所以企业只要生产出产品,便基本不愁没有销路。在这种情况下,企业所关心的只是如何挖掘内部潜力,增加产量。我国企业在1978年以前也基本上是受这种经营思想的影响。旧的高度集权的管理体制决定了企业不需要关心市场,只要按质、按量、按时完成国家下达的计划生产任务便可。

(2)以销售为导向的经营思想。20世纪20年代以后,随着生产的发展,市场供应日益丰富,许多产品消费需求趋于饱和,生产同类产品的企业增多,市场竞争加剧,出现了消费者有很大选择自由的"买方市场",企业生产出来的产品不一定能全部卖出去。在这种情况下,西方企业开始意识到推销工作的重要性,从而在组织经营活动的过程中,开始注意加强销售部门的建设和推销人员队伍的配备。我国的企业在经济体制改革初期也遇到了这种情况。

由于国家不再对企业产品统购包销,因此企业必须自找门路,推销产品。

(3)以市场为导向的经营思想。二次大战以后,面对空前尖锐的买方市场,企业之间的竞争更加激烈。消费者在许多基本需要得到满足、提供同种类型产品的厂家更多的情况下,对产品的功能、外观、包装、价格等更加挑剔。在这种条件下,企业经营思想产生了质的转变。在前两个时期,企业经营的出发点是"我"的生产条件和生产能力,"我生产什么就向市场提供什么""我能生产什么就推销什么"。二次大战以后,企业考虑问题的出发点开始转向市场,变成"市场或用户需要什么,我就生产什么",并相继提出了"消费者主权""用户就是上帝""顾客永远是对的"等口号,经营思想开始转向以市场为导向。我国企业在经济体制改革开始后不久就意识到了这个问题,发现企业把产品生产出来以后再去搞推销,可能出现两种结果:可能卖掉产品;也可能在花费了大量的推销费用后,产品销量仍然不见起色。因此,为了保证生产出来的产品能够顺利地销售出去,企业不仅要搞"产后销售",更要注重"产前销售",即在生产开始以前就要研究市场的需要,根据市场需要来组织企业生产。这种认识上的提高引起了企业经营思想的转变,导致了 20 世纪 80 年代初我国国有企业的"管理转型"。①

2. 过去决策的影响

今天是昨天的继续,明天是今天的延伸。历史总是要以这种或那种方式影响着未来。在大多数情况下,经营决策不是在一张白纸上进行初始决策,而是对初始决策的完善、调整或改革。企业过去的决策是目前决策过程的起点:过去选择的方案的实施,不仅伴随着人力、物力、财力等资源的消耗,而且伴随着内部状况的改变,带来了对外部环境的影响。"非零起点"的目前决策不能不受到过去决策的影响。

过去的决策对目前的制约程度要受到它们与在任决策者关系的影响。如果过去的决策是由现在的决策者制定的,而决策者通常要对以前的选择及其后果负管理上的责任,因此会不愿对企业活动进行重大调整,而倾向于仍把大部分资源投入到过去方案的执行中,以证明自己的一贯正确。相反,如果现在的主要决策者与企业过去的决策没有很深的渊源关系,则易于接受重大改变。

3. 决策者对风险的态度

风险是指失败的可能性,由于决策是人们确定未来活动的方向、内容和目标的行动,而人们对未来的认识能力有限,目前预测的未来状况与未来的实际状况不可能完全相符。因此,在经营决策指导下展开的活动,既有成功的可能,也有失败的危险。任何决策都必须冒一定程度的风险。

企业及其决策者对待风险的不同态度会影响决策方案的选择。愿意承担风险的组织,通常会在被迫对环境做出反应以前就已采取进攻性的行动;而不愿承担风险的企业,通常只对环境做出被动的反应。愿冒风险的企业,其经营领域的选择往往非常广泛;而不愿承担风险的企业,其活动则要受到过去决策的较多限制。

4. 环境的影响

任何企业都是在一定环境中从事经营活动的。环境对经营决策的影响是双重的。

---

① 即国有企业从"生产型管理"转向"经营型管理"。

首先,环境的特点影响着企业的经营选择。市场稳定的企业,今天的决策主要是昨天决策的延续;而市场急剧变化的企业,则需对经营方向和内容经常进行调整。位于垄断市场上的企业,通常将经营重点致力于内部生产条件的改善、生产规模的扩大以及生产成本的降低;而处在竞争市场的企业,则需密切注视竞争对手的动向,不断推出新产品,努力改善营销宣传,建立健全销售网络。

其次,对环境的习惯反应模式也影响着企业的经营选择。即使在相同的市场背景下,不同的企业也可能做出不同的反应。而这种调整企业与市场环境之间关系的模式一旦形成,就会趋向固定,限制着人们对行动方案的选择。

5. 企业文化的影响

企业文化是指一个企业及其成员的行为准则、价值观念的总和。它制约着企业及其成员的行为方式。就经营决策而言,企业文化通过影响人们对改变的态度而发生作用。

任何经营决策都是在某种程度上对过去的否定;任何决策的实施,都会给企业带来某种程度上的变化。企业成员可能对这种变化产生抵御或欢迎两种截然不同的态度。在偏向保守、怀旧、维持的企业中,人们总是根据过去的标准来判断现在的决策,总是担心在变化中会失去什么,从而对将要发生的变化产生怀疑、害怕和抗御的心理与行动;相反,在具有开拓、创新气氛的企业中,人们总是以发展的眼光来分析经营决策的合理性,总是希望在可能产生的变化中得到什么,因此渴望变化、欢迎变化、支持变化。显然,欢迎变化的企业文化有利于新决策的实施,而抵御变化的企业文化则可能给任何新决策的实施带来灾难性的影响。在后一种情况下,为了有效实施新的决策,人们必须首先通过大量的工作改变企业成员的态度,建立一种有利于改革的企业文化。因此,决策方案的选择不能不考虑到为改变现有企业文化而必须付出的时间和费用的代价。

6. 时间的影响

美国学者威廉·R·金和大卫·I·克里兰把决策类型划分为时间敏感决策和知识敏感决策。时间敏感决策是指那些必须迅速而尽量准确的抉择。战争中军事指挥官的决策多属于此类。这种决策对速度的要求远甚于质量。例如,当一个人站在马路当中,一辆急驶的汽车向他冲来时,关键是要迅速跑开,至于跑向马路的左边或右边相对于及时行动来说显得比较次要。在这种情况下,决策的速度比决策的质量更为重要。相反,知识敏感决策,对时间的要求不严格。这类决策的执行效果主要取决于其质量,而非速度。制定这类决策时,要求人们充分利用知识,做出尽可能正确的选择。

经营决策特别是战略性经营决策基本属于知识敏感决策。因为这类决策着重于运用机会,而不是避开威胁,着重于未来而不是现在,所以选择方案时,在时间上相对宽裕,并不一定要求必须在某一日期以前完成。但是,也可能出现这样的情况,外部环境突然发生了难以预料和控制的重大变化,对企业造成了重大威胁,这时,企业如不迅速做出反应,进行重要改变,则可能引起生存危机。这种时间压力可能限制人们能够考虑的方案数量,也可能使人们得不到足够的评价方案所需的信息,同时,还会诱使人们偏重消极因素,忽视积极因素,仓促决策。

第二节 经营决策过程

经营决策的核心是在分析、评价和比较的基础上,对经营方案进行选择。而要拟定新的经营方案,首先要判断调整企业活动、改变原先决策的必要性,制定调整后应达到的目标。所以经营决策过程包括:研究现状,找出问题,提出目标,制定、比较和选择方案等几个阶段的工作。

一、研究现状,判断改变的必要

决策是为了解决一定问题而制定的。经营决策的目的是为了实现内部活动及其目标与外部环境的动态平衡。因此,制定经营决策首先要分析不平衡是否已经存在,是何种性质的不平衡,它对企业的不利影响是否已导致了改变企业活动的必要。

不平衡往往首先由外部环境的变化引起。外部发生的许多突然变化,如新的竞争者的出现、国际市场的剧烈变动、威胁企业产品的新技术的问世、能源或材料的革命,都可能突然打破企业内部活动与外部环境的平衡、导致企业活动内容和方向的改变。一个企业如果不及时地采取适应措施,而是等到外界环境的变化已经对企业生存造成危机再去研究如何适应它,那么要想进行平衡而有效的内部变革已极为困难。避免这个状况的关键是在危机开始之前就已认识到改变企业经营的必要性。

研究企业经营中的不平衡,要解决以下问题:

(1)企业在何时何地已经或将要发生何种不平衡,可能产生何种影响?

(2)不平衡的原因是什么,其主要根源是什么?

(3)确定不平衡的性质,指出是否有必要调整或改变企业活动的方向与内容。

分析企业经营中的问题,确定不平衡的性质,把不平衡作为经营决策的起点,是企业高层管理人员的职责。这不仅因为他们负有经营管理的责任,而且还由于他们在企业中的地位使他们能统观全局,易于找出不平衡的关键所在。

必须指出,及时发现不平衡不容易,而确定不平衡的性质是更加严肃和慎重的事,需要决策者从实际出发,进行周密的、实事求是的分析。

二、明确企业目标

在分析了改变经营活动的必要性以后,还要研究针对不平衡将要采取的措施应符合哪些要求,必须达到哪些效果,也就是说,要明确经营决策的目标。

在经营决策的过程中明确企业目标,不仅为方案的制定和选择提供了依据,而且为决策的实施和控制,为企业资源的分配和各种力量的协调提供了标准,具体来说,明确经营目标具有下述作用:

(1)保证企业内部各种目标的一致性。

(2)为动员企业各种资源提供依据。

(3)为分配资源提供依据。

（4）形成一种普遍的思想状态或组织气氛，如促成一种井井有条的工作秩序。

（5）为那些能够和该企业的目标方向保持一致的人形成一个工作核心，同时为阻止那些不能与之保持一致的人进一步参与该企业的活动提供一种解释。

（6）促成把企业总目标和不同阶段目标转化为一种分工结构，包括在企业内部把任务分派到各个责任点上。

（7）用一种能够对该企业各项活动的成本、时间和成效等参数加以确定和控制的方式，提供一份关于企业的目标和把这种目标转化为分阶段目标的详细说明。

明确企业目标，要完成以下几项工作：

（1）提出目标。包括明确企业改变经营活动的内容和方向至少应该达到的状况和水平（必须实现的最低要求）以及希望实现的理想目标。

（2）明确多元目标之间的相互关系。任何企业在任何时候都不可能只有一种目标，而需要实现多重目标。但是，在不同时期，随着经营重点的转移，这些目标的相对重要性也是不一样的。在特定时期，经营决策只能选择其中一项为主要目标。然而，多元目标之间的关系是既相互联系，又相互排斥的。所以在选择了主要目标以后，还要明确它与非主要目标的关系，以避免在经营决策的实施中将企业的主要资源和精力投放到非主要目标上去。

（3）分解目标。目标分解是指将确定的企业总体目标分解落实到各个职能部门、各个活动环节，将长期目标分解为各个时间阶段的目标。目标分解的目的是为了明确企业各个部分在各个时期的方向和任务，以保证目标的实现。

（4）限定目标。目标的执行既可能给企业带来有利的贡献，也可能带来不利的影响。限定目标就是把目标执行的结果和不利结果加以权衡，规定不利结果在何种水平是允许的，而一旦超过这个水平，企业就应当考虑停止原目标的执行，中止目标活动。

不论是企业必须达到的最低目标，还是希望达到的理想目标，不论是企业的总体目标，还是各职能部门的分目标，都必须符合三个特征：① 可以计量；② 可以规定其期限；③ 可以确定其责任者。

三、拟定经营方案

经营决策的本质是选择。而要进行正确的选择，就必须提供多种备选方案。因此，在决策过程中，拟定可替代的方案要比从既定方案中选择重要得多。

经营方案描述了企业为实现经营目标拟采取的各种对策的具体措施和主要步骤。任何目标的实现都可以通过多种不同的活动，因此，人们可以拟定出不同的行动方案。为了使在方案拟定基础上进行的选择有意义，这些不同的方案必须相互替代、相互排斥，而不能相互包容。如果某个方案的活动包容在另一个方案中，那么它就失去了参加比较和选择的资格。

方案的产生过程是在经营条件研究、发现不平衡的基础上，根据企业任务和消除不平衡的经营目标，提出改变设想开始的。在此基础上，对提出的各种改进设想进行集中、整理和归类，形成多种不同的初步方案。在对这些初步方案进行初步筛选、补充和修改以后，对余下的方案进一步完善，并预计其执行结果，便形成了一系列不同的可行方案。可供替代的经营方案的产生过程可用图 4-1 简单表述。

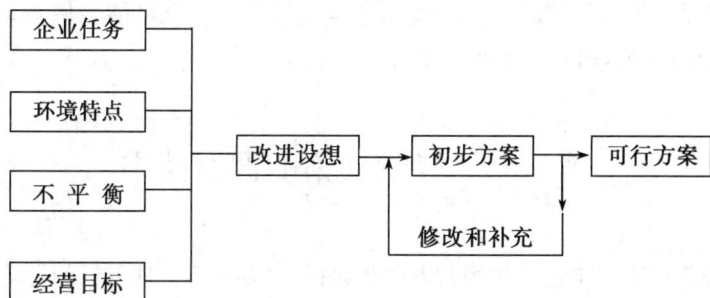

图4-1 经营方案的产生过程

可供选择的方案数量越多,被选方案的相对满意程度就越高,决策就越有可能完善。因此,在方案制定阶段,要广泛发动企业职工,充分利用企业内外的专家,通过他们献计献策,产生尽可能多的改变设想,制定尽可能多的可行方案。

四、比较和选择经营方案

在实际工作中,经营方案的拟定、比较和选择往往是交织在一起的,因为经营方案的拟定不是一次性完成的,需要不断地完善。这种完善往往需要在与其他方案的比较中,受到其他方案的启发。但是,为了理论研究方便,我们需要把这两种工作区别开来叙述。

要进行选择,首先要了解各种方案的优势和劣势,为此,需要对不同方案加以评价和比较。评价和比较的内容主要有以下几点:

(1)方案实施所需的条件能否具备,筹集和利用这些条件需要付出何种成本。

(2)方案实施能够给企业带来的短期和长期利益是多少。

(3)方案实施过程中可能遇到的风险,导致方案失败的可能性如何?

根据上述比较,就能找出各方案的差异,分出各方案的优劣。在此基础上进行的选择,不仅要确定能够带来综合优势的实施方案,而且要准备好企业环境发生预料的变化时可以启用的备用方案。确定备用方案的目的是对可预测到的未来变化准备充分的必要措施,以避免临时应变可能造成的混乱。

在经营方案的比较和选择过程中,企业的主要决策者要注意处理好下述几个问题:

(1)要统筹兼顾。不仅要注意经营方案的各项活动之间的协调,而且要尽可能保持企业与外部结合方式的连续性,要充分利用企业现有的技术结构,现有的生产和市场条件,为实现新的经营目标服务。

(2)要注意反对意见。一种观点认为,一种方案要想取得完全一致的意见,几乎是不可能的。再好的方案也可能出现反对者。决策过程中只有一种声音往往是非常可怕的。经营决策的组织者要充分注意方案评价和选择过程中的反对意见,因为反对意见不仅可以帮助我们从多种角度去考虑问题,促进方案的进一步完善,而且可提醒我们防范一些也许会出现的弊病。有些企业在制定重大决策时甚至专门成立持反对方案的班子。

(3)要有决断的魄力。任何方案都有自己的支持者。赞同不同方案的人都可以列出一大堆相应方案的优势。在众说纷纭的情况下,企业的主要领导者要在充分听取各种不同意见的基础上,根据自己对企业任务的理解和对形势的判断,权衡各种方案的利弊,做出决断。

等到大家的思想完全统一再做出大家都能接受的选择,这不仅可能会使行动的最好时机随着无休止的争论而丧失,而且是不现实的。

第三节　经营决策的评价技术

由于经营决策既要确定企业的经营方向和目标,又要决定实现目标的行动方案。因此,经营决策的评价技术包括:① 确定经营方向的分析方法;② 评价具体方案经济效果的计算技术。

一、确定经营方向的分析方法

这类方法可以帮助企业根据自己和市场的特点,选择企业或某个部门的活动方向,主要有经营单位组合分析法、政策指导矩阵等。

1. 经营单位组合分析法

这种方法是由美国波士顿咨询公司提出的。它认为,大部分公司都有两个以上的经营单位,每个经营单位都有相互区别的产品——市场片。公司应该为每个经营单位分别确定经营方向。

这种分析方法主张,在确定各个经营单位的活动方向时,应考虑到企业(或该经营单位)在市场上的相对竞争地位和业务增长情况。相对竞争地位往往反映为企业的市场占有率,它决定了企业获取现金的能力和速度,因为较高的市场占有率可以带来较高的销售量和销售利润,从而能使企业得到较多的现金流量。业务增长率对经营方向选择的影响是双重的:首先它有利于市场占有率的扩大,因为在稳定的行业中,企业产品销售量的增加往往来自竞争对手市场份额的缩小;其次,它决定着投资机会的大小,因为业务增长迅速可以使企业迅速收回投资,并为取得投资报酬提供了有利机会。

根据这两种标准,可以把企业的经营单位分成四种不同类型(见图4-2)。企业应根据各种类型的不同特征,选择相应的经营方向和活动方案。

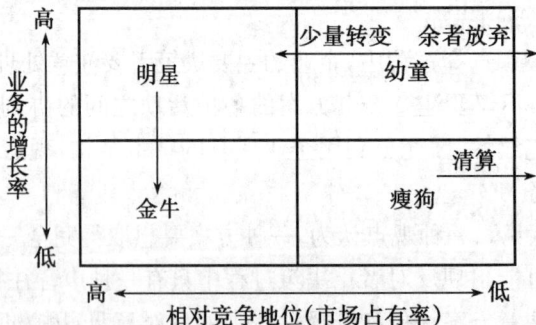

图 4-2　波士顿矩阵

(1)"金牛"经营单位的特点是市场占有率较高,而业务增长率较低。较高的市场占有率能带来高额利润和高额现金。而较低的业务增长率只需少量投资。这样,"金牛"单位就可以提供现金去满足整个公司的经营基础。

（2）"明星"经营单位的市场占有率和业务增长率都较高,因而所需要和所产生的现金数量都很大。这种经营单位代表着最高利润增长率和最佳投资机会,因此应该增加必要的投资,扩大生产规模,维持其有利的市场地位。

（3）"幼童"经营单位的业务增长率较高,而目前的市场占有率很低,这可能是企业刚刚开发的很有前途的经营领域。由于高增长速度需要大量投资,而较低的市场占有率只能提供少量的现金。因此,企业应进行的选择是投入必要的资金,以提高市场的份额,扩大销售额,从而转成"明星"。如果管理者认为某些刚开发的领域不可能转变成明星,就应及时采取放弃战略。

（4）"瘦狗"经营单位的特点是市场份额和业务增长率都比较低。由于市场份额和销售量都很小,甚至出现负增长,因此这种经营单位只能带来较少的现金收入和利润,而维持生产能力和竞争地位所需的资金甚至可能超过它们提供的现金收入,从而可能成为资金的陷阱。这种不景气的经营单位应缩小规模或放弃。

在利用经营单位组合分析法确定经营方向时,应采取以下步骤的工作：

（1）把公司分成不同的经营单位。

（2）计算每一单位的市场占有率和业务增长率。

（3）根据在企业中占有资产的多少来衡量各经营单位的相对规模。

（4）绘制公司的整体经营组合图。

（5）根据每一单位在图中的位置,确定应选择的经营方向。

2. 政策指导矩阵

亦称经营分析矩阵。由美国麦肯锡咨询公司的 Mike Allen 1971 年根据美国通用电气公司的要求开发,用于评价企业不同战略经营单位业务状况的一种分析方法。这种评价方法是用矩阵的形式,根据市场前景和相对竞争地位来确定企业不同经营单位的现状和特征。市场前景由盈利能力、市场增长率、市场质量和法规限制等因素决定,分为吸引力强、中等和无吸引力三种;相对竞争能力受到企业在市场上的地位、生产能力、产品研究和开发等因素的影响,分为强、中、弱三类。这两种标准、三个等级的组合,可把企业的经营单位分成九种不同的类型(见图 4-3)。根据经营单位所处的不同位置,应选择不同的活动方向。

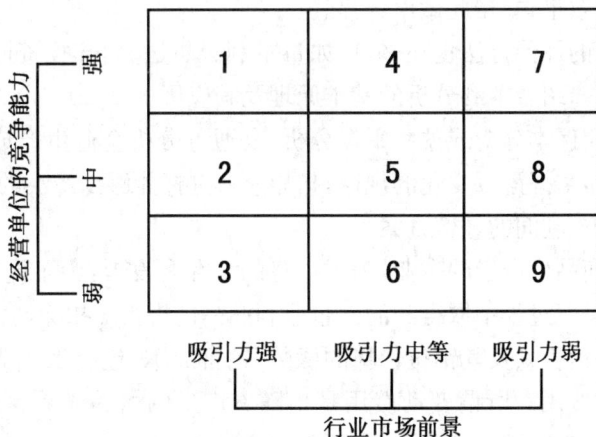

图 4-3 政策指导矩阵

处于区域1和4的经营单位竞争能力较强，也有足够理想的市场前景，都应优先发展，保证这些经营单位所需的一切资源，以维持它们有利的市场地位。

区域2的经营单位，虽然市场前景很好，但企业未能充分利用；竞争实力已有一定基础，但还不够充分。因此，应不断强化，努力通过分配更多的资源以加强其竞争能力。

处于区域3的经营单位可采取两种不同的决策。如果企业资金充裕，可投入一定资金使之发展；如果企业资金不足，也可选择放弃。由于企业在一定时期内的资金能力有限，只能选择少数最有前途的产品加速发展，而对其余产品则逐步放弃。

位于区域5的经营单位一般在市场上有2~4个强有力的竞争对手，因此没有一个公司处于领先地位。可行决策是分配足够的资源，使之能随着市场的发展而发展。

区域6和8的经营单位，由于市场吸引力不大，且竞争能力较弱，或虽有一定的竞争实力（标志着已为此投资形成了一定的生产能力），但市场吸引力很小。因此应缓慢地从这些经营领域退出，以收回尽可能多的资金，投入到盈利更大的经营部门。

区域7的经营单位可利用自己较强的竞争实力，去充分开发有限的市场，为其他快速发展的部门提供资金来源，但该部门本身不能继续发展。

区域9的经营单位因市场前景暗淡，企业本身实力又很小，所以应尽快放弃，抽出资金转移到更有利的经营部门。

二、决策方案经济效果的评价方法

确定了经营方向和目标以后，还应对可以朝着同一方向迈进的不同活动方案进行选择。选择是以比较为前提的。比较这些方案的一个重要标准是它们能够带来的经济效果。由于任何方案都需要在未来实施，而人们对未来的认识程度不尽相同，因此方案在未来实施的经济效果的确定程度、人们评价这些经济效果的方法也不相同。根据这个标准，可以把评价方法分为确定型、风险型和非确定型三类。

1. 确定型评价方法

运用这种方法评价不同方案的经济效果时，人们对未来的认识比较充分，了解未来市场可能呈现某种状况，能够比较准确地估计未来的市场需求情况，从而可以比较有把握地计算各方案在未来的经济效果，并据此做出选择。

未来确定条件下的评价方法也很多，比如量本利分析法、内部投资回收率法、价值分析法等。我们在这主要介绍量本利分析的基本原理及其应用。

量本利分析，也叫保本分析或盈亏平衡分析，是通过分析企业生产成本、销售利润和产品数量这三者的关系，掌握盈亏变化的规律，指导企业选择能够以最小的成本生产出最多产品并可使企业获取最大利润的经营方案。

我们知道，作为商品生产者的企业，为了自身的生存和发展，为了能继续更好地满足社会需要，必须在生产经营过程中取得利润。企业利润是销售收入扣除销售成本以后的剩余。其中销售收入是产品销售量及其销售价格的函数，销售成本（包括工厂成本和销售费用）可分为固定费用和变动费用。所谓变动费用是指随着产量的增加或减少而提高或降低的费用，而固定费用则在一定时期、一定范围内不随产量的变化而变化。当然，"固定"与"变动"只是相对的概念：从长期来说，由于企业的经营能力和规模是在不断变化的，因此一切费用都是变动的;从单位产品来说,"变动费用"是固定的,而"固定费用"则随产品数量的增加而减小。

利润、销售收入(价格与销售量)以及销售成本(固定费用和变动费用)之间的关系可用图 4 - 4 来表示。

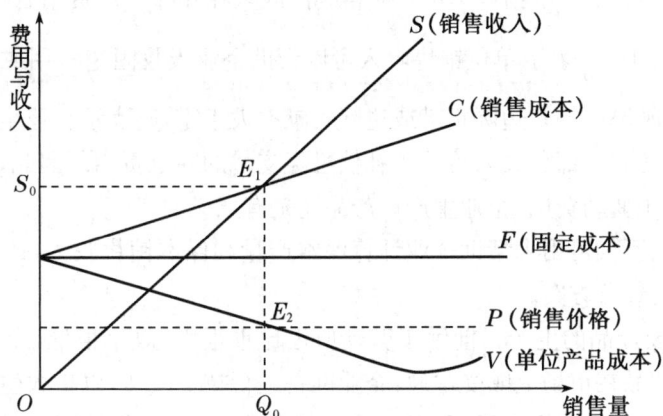

图 4 - 4　量本利关系图

企业获得利润的前提是生产过程中的各种消耗支出均能得到补偿,即销售收入至少等于销售成本。为此,必须确定企业的保本产量和保本收入:当价格、固定费用和变动费用已定的条件下,企业至少应生产多少数量的产品才能使总收入与总成本平衡;或当价格、费用已定的情况下,企业至少应取得多少销售收入才足以补偿生产过程中的费用。

确定保本收入与保本产量可以利用图上作业或公式计算两种方法。

图上作业法是根据已知的成本、价格资料,做出如图 4 - 4 的量本利关系图,图中总收入曲线 S 与总成本曲线 C 的相交点 E_1,或单位成本曲线 C 与单位价格曲线 P 的交点 E_2 即表示企业经营的盈亏平衡点,与 E_1、E_2 相对应的产量 Q_0 即为保本产量,与 E_1 相对应的销售收入 S_0 即为保本收入。

公式计算法是利用公式来计算保本产量和保本销售收入。

根据上面分析的量本利之间的相互关系,我们知道:

$$销售收入＝产量×单价$$
$$销售成本＝固定费用＋变动费用$$
$$＝固定费用＋产量×单位变动费用$$

用相应的符号来表示,盈亏平衡时有下式:

$$Q_0 \times p = F + Q_0 \times c_v \tag{4.1}$$

对式(4.1)进行整理,可得到:

$$Q_0 = \frac{F}{p - c_v} \tag{4.2}$$

此式即为计算保本产量的基本公式。由于保本收入等于保本产量与销售价格的乘积,因此,式(4.2)的两边同乘以 p,即可得到计算保本收入的基本公式:

$$Q_0 \times p = \frac{F}{p - c_v} \times p \tag{4.3}$$

整理式(4.3),可得:

$$S_0 = \frac{F}{1 - \dfrac{c_v}{p}} \tag{4.4}$$

式(4.2)中的 $p - c_v$ 表示销售单位产品得到的收入在扣除变动费用后的剩余,叫作边际贡献;式(4.4)中的 $1 - \dfrac{c_v}{p}$ 表示单位销售收入可以帮助企业吸收固定费用或实现企业利润的系数,叫作边际贡献率。如果边际贡献或边际贡献率大于零,则表示企业生产这种产品除可收回变动费用外,还有一部分收入可用于补偿已经支付的固定费用。因此,产品单价即使低于成本,但只要大于变动费用,企业生产该产品还是有意义的。

量本利分析法不仅可用来帮助企业计算保本产量和保本销售收入,还可用来指导企业比较和选择不同的经营方案。

例1:某厂主要产品的生产目前手工劳动所占比重很大,效率很低,产量不能适应市场要求。由于这种产品在市场上颇受欢迎,企业准备进行技术改造,以扩大生产规模。原来手工生产为主时,全年固定费用5万元,单件变动费用为150元,每件产品的销售价格为175元。进行技术改造时,企业可采用两种方案:一是增购若干台半自动设备,需投资380万元,每年固定费用增加到40万元,单件变动费用则可降至75元;另一个是采取自动化程度较高的流水生产线,需投资750万元,每年固定费用增加到80万元,单件变动费用可降至30元。该企业应做出何种选择?

利用量本利分析的原理,我们可计算出采用三种不同方案的量本利关系表和关系图(见表4-1和图4-5)。

表4-1

项别 \ 方案	手工为主(Ⅰ)	半自动(Ⅱ)	自动线(Ⅲ)
单件价格(元)	175	175	175
单件变动费用(元)	150	75	30
全年固定费用(元)	50 000	400 000	800 000
边际贡献(元)	25	100	145
保本产量	2 000	4 000	5 517

表4-1的计算结果告诉我们,市场对产品的需求量在2 000台时,采用方案Ⅰ方可保本;产量在4 000台以上时,可考虑采用方案Ⅱ;采用方案Ⅲ,销售量至少要达到5 517台才能保证不亏损。但这是否意味着市场需求量只要达到4 000台或5 517台,企业便应该采用方案Ⅱ或方案Ⅲ呢?实际上不是这样的。图4-5告诉我们,不同方案成本线的交点(A 与 B)就是相应方案使用范围的临界点:当市场对企业产品的需求量小于与 A 点相应的 Q_A 时,以手工生产方式最为经济,因为这时的成本曲线 C_1 最低;市场需求量为 Q_A 至 Q_B 时,半自动生产效益最好,因为最低成本线段 AB 属于 C_2;同样道理,需求量高于 Q_B 以后,则应选用流水生产的方案。

Q_A 与 Q_B 的计算方式如下:

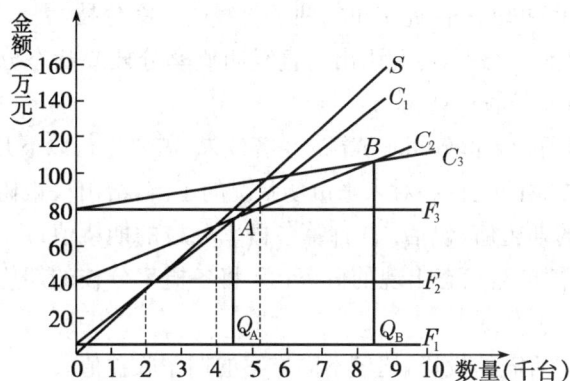

图 4-5

图 4-5 上，A 点是方案 Ⅰ 的成本线 C_1 与方案 Ⅱ 的成本线 C_2 的相交点，表明不论是采用方案 Ⅰ 或是采用方案 Ⅱ，生产 Q_A 量的产品需要的总成本是相同的。根据给定的条件，我们可列出下式：

$$50\,000 + 150 \times Q_A = 400\,000 + 75 \times Q_A$$

$$Q_A = 4\,667（台）$$

同样原因，生产与 B 点相应 Q_B 量产品时，采用方案 Ⅱ 或方案 Ⅲ 所需的总成本是相同的，即

$$400\,000 + 75 \times Q_B = 800\,000 + 30 \times Q_B$$

$$Q_B = 8\,889（台）$$

此外，量本利分析的思想还可以用来指导企业确定合理的价格水平。我们将在决策实务的有关章节中对此加以分析。

2. 风险型评价方法

风险型评价方法主要用于人们对未来有一定程度认识，但又不能肯定的情况。这时，实施方案的未来可能会遇到好几种不同的情况（自然状态）。每种自然状态均有出现的可能，人们目前无法确知，但是可以根据以前的资料来推断各种自然状态出现的概率。在这些条件下，人们计算的各方案在未来的经济效果只能考虑到各自然状态出现概率的期望收益，与未来的实际收益不会完全相等。因此，据此制定的经营决策具有一定的风险。

风险型评价方法也很多，我们在这主要介绍决策树法。决策树法是用一种树形图来描述各方案在未来收益值的计算、比较以及选择过程的方法。决策树的基本形状如图 4-6：

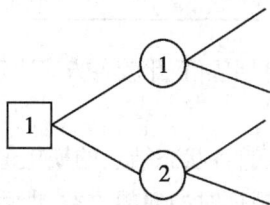

图 4-6　决策树基本图形

图 4-6 中,□表示决策点,由此引出的两条直线叫方案分枝,表示决策时可以采取的不同方案;①和②表示自然状态点,由此引出的直线叫概率分枝或状态分枝,表示方案在未来执行时可能遇到的几种不同自然状态。

用决策树的方法评价和比较不同方案的经济效果,需要进行以下几个步骤的工作:

(1) 根据可替换方案的数目和对未来市场状况的了解,给出决策树形图。

(2) 计算各方案的期望值,包括:① 计算各概率分枝的期望值;用方案在各自然状态下的收益值去分别乘以各自然状态出现的概率;② 将各概率分枝的期望收益值相加,并将数字记在相应的自然状态点上。

(3) 考虑到各方案所需的投资,比较不同方案的期望收益值。

(4) 剪去期望收益值较小的方案分枝,将保留下来的方案作为被选实施的方案。

如果是多阶段或多级决策,则需要重复(2)(3)(4)各项工作。

下面举例说明决策树方法的应用。

例 2:某厂设备技术上已落后,需要马上更新。厂内有人认为,目前销路增长,应在更新设备的同时扩大生产规模。也有人认为,市场形势尚难判断,不如先更新设备,三年后再根据市场行情决定是否扩大生产规模。所以该厂决策面临两个方案。决策分析以下列资料为依据:

(1) 现在更新设备的同时扩大生产规模,总共需投资 60 万元。若销售情况好,前三年每年可获利 12 万元,后七年每年可获利 15 万元;若销售情况不好,每年只能获利 3 万元。

(2) 如果只更新设备,则需投资 35 万元,今后销售情况好,每年可获利 6 万元,销售情况不好,每年仍能获利 4.5 万元;如果三年后企业决定在更新设备的基础上继续扩大生产规模,则需追加投资 40 万元,这时如销路好,今后七年每年可获利 15 万元,如销路不好,每年仅能获利 3 万元。

(3) 市场行情在前三年和后七年各种自然状态的预测概率如表 4-2。

表 4-2

前三年		后七年	
销售情况	概　率	销售情况	概　率
好	0.7	好	0.85
		不好	0.15
不好	0.3	好	0.10
		不好	0.90

根据上述资料绘制决策树、计算期望值、比较各方案决策剪枝的结果如图 4-7:

详细计算步骤如下:

第一步:计算⑤、⑥、⑦、⑧、⑨、⑩各状态结点的期望值。如结点⑤表示前三年更新设备后市场销路好,企业决定扩大生产规模时的期望收益,即后七年企业扩产后市场行情好与不好时收益的加权平均值。由于前三年销路好后七年销路仍好的概率为 0.85;由于扩产后七年销路好时每年企业可获利 15 万元,所以后七年销路好时扩产后的期望收益为 0.85×7×15=89.25(万元);由于前三年销路好后七年销路不好的概率为 0.15,这时企业扩产后的年

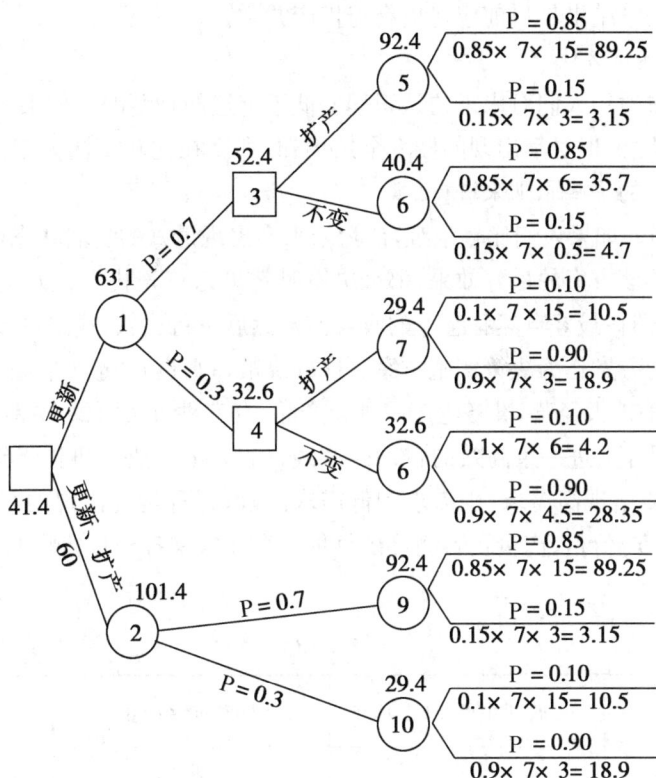

图 4-7

利润仅为 3 万元,所以后七年扩产后销路不好的期望收益为 0.15×7×3=3.15(万元)。将这两种情况下的期望收益相加,得结点⑤的期望值为 89.25+3.15=92.4(万元)。其余类推。

第二步:计算决策点③、④的期望值。为此,需比较与⑤、⑥、⑦、⑧相应的二组不同方案,并进行第一次剪枝。如决策点③上方的数值表示前三年更新后遇市场行情好后七年做何决策时得到的收益。为此,需计算和比较后七年可采取的两种方案的收益值:后七年如扩产,可累计期望获利 92.4 万元,但需减去 40 万元的追加投资,因此,可期望获纯利 52.4 万元。这个数值显然大于后七年不扩产(从而也不需追加投资)的期望收益 40.4 万元。所以剪去与此相应的"不变"方案枝,在③的上方记下 52.4。决策点④的计算与比较原理类似。

第三步:计算结点①、②的期望值,比较两种不同方案的期望收益,第二次剪枝,进行最终决策:

结点①的期望值表示前三年更新后企业在十年中总的期望收益,所以不仅要考虑更新后前三年市场行情好与不好时企业的加权平均收益,还需考虑到后七年的期望收益。

因此:

结点①的期望值=0.7[(3×6)+52.4]+0.3[(3×4.5)+32.6]=63.1(万元),同理:

结点②的期望值=0.7[(3×12)+92.4]+0.3[(3×3)+29.4]=101.4(万元)。

扣除投资,现在只更新不扩产方案的期望净收益为 63.1-35=28.1(万元);现在同时进行更新和扩产方案的期望净收益为 101.4-60=41.4(万元)。所以剪去与结点①相应的

"更新"方案枝。决策结果是目前应将更新与扩产并举。

3. 非确定型评价方法

这类评价方法适用人们对未来的认识程度低于上述两种情况。如果人们只知道未来可能出现多种自然状态,但对其出现的概率全然不知,那么在比较不同方案的经济效果时,就只能根据主观选择的一些原则来进行。

(1)乐观原则。如果人们比较乐观,认为未来会出现最好的自然状态,所以不论采用何种方案均可能取得该方案的最好效果,那么决策时就可以首先找出各方案在各种自然状态下的最大收益值(即在最好自然状态下的收益值),然后进行比较,找出在最好自然状态下能够带来最大收益的方案作为决策实施方案。这种决策原则也叫"最大收益值规则"。

例3:某厂为了扩大经营,准备生产一种新产品,有三种方案可供选择:(Ⅰ)改建原来的生产线;(Ⅱ)从国外引进一条高效的自动生产线;(Ⅲ)按专业化协作组织"一条龙"生产。未来市场状况可能出现高需求、中需求和低需求三种,每种情况出现的可能性无法事先估计,但可以根据成本、价格、产量资料测算出每种方案在未来各种自然状态下的损益表,结果见表4-3:

表4-3　　　　　　　　　　　　　　　　　　　　　　　　　　　万元

方案 自然状态	改建生产线(Ⅰ)	引进生产线(Ⅱ)	协作生产(Ⅲ)
需求量较高	700	980	400
需求量一般	250	−500	90
需求量很低	−200	−800	−30

根据乐观原则,企业未来会遇到市场需求量较高的情况,每种方案与此相应的最大收益值分别为700万元、980万元、400万元。其中,最大者为980万元,因此决策时选择与此相对应的方案Ⅱ。

(2)悲观原则。与乐观原则相反,决策者对未来比较悲观,认为未来企业出现最差的自然状态,因此不论采用何种方案,均只能取得该方案的最小收益值。所以在决策时首先计算和找出各方案在各自然状态下的最小收益值(即与最差自然状态相应的收益值),然后进行比较,选择在最差自然状态下仍能带来最大收益(或最小损失)的方案作为实施方案。这种方法也叫"小中取大规则"或"最小最大收益值规则"。

在例3中,三种方案在各自然状态下的最小收益值分别为−200万元、−800万元和−30万元,其中以−30万元为最大。根据悲观原则,应选择与之相应的"协作生产"为实施方案。因为采用该方案,即使出现最差的自然状态,企业也顶多亏损30万元。

(3)折衷原则。这种方法认为应在两种极端中求得平衡。决策时,既不能把未来想得如何光明,也不能描绘得多么黑暗。最好和最差的自然状态均有出现的可能。因此,可以根据决策者的判断,给最好自然状态以一乐观系数,给最差自然状态以一悲观系数(两者之和为1),然后用各方案在最好自然状态下的收益值与乐观系数相乘所得的积,加上各方案在最差自然状态下的收益值与悲观系数的乘积,得出各方案的期望收益值,然后据此比较各方案的经济效果,做出选择。

在例 3 中,假定乐观系数为 0.4,悲观系数 0.6,则:

方案Ⅰ的期收益值＝0.4×700＋0.6×(－200)＝160(万元)

方案Ⅱ的期望收益值＝0.4×980＋0.6×(－800)＝－88(万元)

方案Ⅲ的期望收益值＝0.4×400＋0.6×(－30)＝142(万元)

方案Ⅰ的期望收益值最高,因此根据折衷原则,企业应通过改进生产线来开发新产品。

(4) 最大最小后悔值原则。决策者在选定方案并组织实施后,如果遇到的自然状态表明采用另外的方案会取得更好的收益,企业在无形中遭受了机会损失,那么决策者将为此而感到后悔。最大最小后悔值规则就是一种力求使后悔值更小的决策原则。根据这个原则决策先算出各方案在各自然状态下的后悔值(用方案在某自然状态下的收益值去与该自然状态下的最大收益值相比较的差),然后找出每一种方案的最大后悔值,并据此对不同方案进行比较,选择最大后悔值最小的方案作为实施方案。

根据表 4-3 的资料,可以计算出各种自然状态下各方案的后悔值(见表4-4)。

表 4-4　　　　　　　　　万元

方案＼状态	改建生产线(Ⅰ)	引进生产线(Ⅱ)	协作生产(Ⅲ)
需求量较高	280	0	580
需求量一般	0	750	160
需求量很低	170	770	0

从表 4-4 中可以看到各方案的最大后悔值分别是 280 万元、770 万元、580 万元。其中最小者为 280 万元,因而决策时可选用第Ⅰ方案。这是一种比较保险的决策。因为无论未来自然状态如何,它们受到的损失(包括机会损失)都是最小的。在需求量较高时,它与收益值最大的第Ⅱ方案相比较,只少收入 280 万元,而与第Ⅲ方案比较则少受益 580 万元;在需求量一般时,它的收益值最高,可得 250 万元收益;在需求量很低时,各种方案都亏损,它虽比亏损最少的方案Ⅲ多损失 170 万元,但方案Ⅱ损失更多,比方案Ⅲ多损失 770 万元。因此,综合起来看,损失最大最小后悔值原则决策可以保证在任何情况下收益相对较大,损失相对较小。

第四节　决策的理性限制及其应对

决策规定了组织在未来一定时期内的活动方向和方式,提供了组织中各种资源配置的依据,因而在组织活动尚未开始之前就已经在一定程度上决定了组织的活动效率。所以说,决策的正确、合理性对组织的生存和发展是至关重要的。但是,决策者的理性由于种种原因是有限的,这就给合理决策造成了许多障碍。为了克服这些障碍,保证和促进决策的合理性,组织在决策过程中必须有意识地采取一定措施。

一、决策的合理性要求

合理性是一个与一定条件联系的概念。判断的主体不同,标准不同,角度不同,条件不同,得出的结论也必然不一样。

美国决策理论大师西蒙曾经强调指出:应把"合理性同适当的副词连起来"。如果一项决策由于指定状态下给出的价值确实最大,就可以说该政策"在客观上"是合理的。如果在本人实际具有的知识范围内,其决策可以收到最大成果,则该决策"在主观上"是合理的。使手段适应目标的过程是一个认识过程,如果认识是自觉的,则该决策"在认识上"是合理的。如果手段适合于目标是个人或组织经过预先仔细考虑的结果,那就是"经过熟虑的"合理决策。如果某决策是为了组织的目标,则该决策"对于组织来说"是合理的。如果是为了个人目标,则"对个人来说"就是合理的。

就组织而言,判断一项决策是否合理,实际上是要评价该项决策所选方案的实施相对于组织目标实现的效果。合理的决策应使得所选方案对于组织目标是有效的。为此,决策者必须具有完全的理性。当代行政学学者布隆认为,理性决策者应同时具备下述条件:

(1)认清决策所要解决的问题。

(2)明确解决问题所需达成的一系列目标,并能根据这些目标的重要性排列先后处理的次序。

(3)能够列出实现每一个目标的一切可能手段或方案。

(4)估计每一可行方案实施后所需的成本以及可以得到的利益。

(5)根据上述条件,选择一个(批)将会带来最大相关利益和最少相关损失的目标及其活动方案。

西蒙则认为,理性决策者必须能够:

(1)在决策之前,全面寻找备选方案。

(2)考察每一个可能抉择所导致的全部复杂后果。

(3)具备一套价值体系,作为从全部备选行为中选定其一的选择准则。

也就是说,合理的决策不仅要求决策者事先了解所有可行的行动方案及其实施后果,而且具备一套客观的、能为组织成员广泛接受的评价标准,这样才能够对各种方案进行客观、公正的评价,从而择出其中"最为合理"者。

二、决策者的理性限制

然而遗憾的是,决策者不可能同时具备合理决策所需的完全理性。决策者的理性,或一般地说,人的理性是有限的。

决策者的理性限制主要表现在以下几个方面:

1. 知识有限

找出所有的可供选择的行动方案,了解每一个备选方案的未来的实施后果,是以决策者拥有完全的知识为前提的。然而,决策者的知识是有限的,"事实上,一个人对自己的行动条件的了解,从来都只能是零碎的"。组织活动是在一定环境中进行的,环境中存在的一切对组织活动均有不同程度的直接或间接的影响。然而,由于时间和精力的限制、认识能力的限制、信息收集所需的成本限制,决策者对环境中的不同因素对组织活动的影响方面、影响方式、影响程度不可能有完全的了解。这种知识的不完整性,必然限制着决策者关于行动方案的制定、实施后果的预见以及不同方案的评价能力。

2. 预见能力有限

任何决策方案都需通过活动去实施。外界环境不仅错综复杂,而且是多变的。因此未来组织活动的外界环境将表现出与目前不同的特点。要能准确地预计各种行为方案在未来的实施效果,首先必须能够正确地描述未来的环境状况。为此,决策者不仅应掌握关于环境在历史上各个时期的信息资料,而且应能够根据这些资料正确地得出环境变化的规律。然而,决策者不仅知识有限,而且对于掌握的有限知识,其认识、利用能力(比如计算能力)也是有限的。这种利用能力的限制决定了他们对未来的预测不可能是完全准确的,他们所预测的未来环境与未来发生变化后的环境状况不可能完全相符。对未来预见能力的限制必然会影响不同方案未来实施效果的评价,从而影响决策的合理性。

3. 设计能力有限

人的想象力、设计能力的有限性也影响着决策的合理性。在一定时间内,决策者能够考虑到的行动范围,从而能够设计出的备选方案的数量,也是有限的。正如西蒙所指出的:“一个仅仅受到物理、生理限制的人,即使是在一分钟这样短的时间里,其所能完成的动作之多也是无法想象的……在所有这些可能动作中,一个人能想到当作备选行为的,永远都只能是非常少的几种动作。由于每一被选行为均有各自的独特后果,因此,有很多可能后果根本没有进入评价阶段,它根本就没有被人想到是可以选用的备选行为的可能后果”。个人行动如此,组织就更是这样了。组织的规模越大,面对的环境越宽泛,可能存在的行动场就越广阔,能够设计的行动方案相当于可能存在的行动机会也就越有限,决策的合理性受到干扰的可能性也就越大。

三、克服理性限制的思路

人的知识有限、认识和设计能力有限是客观存在的事实,对组织决策的影响也是必然的。人们无法完全克服这种影响。决策者所能做的,只是努力减弱人类理性有限的消极影响,设法使组织的决策尽可能地逼近“合理”的标准。决策者的这种努力可以朝两个方面递进:第一,决策权力下放,把决策交给与决策需要解决的问题直接相关的人去制定;第二,组织民主决策,用群体的智慧来弥补个人的理性不足。

1. 决策权力下放

决策权力下放,或者更准确地说,决策权力合理的分配,就是把适当的决策任务交给合适的人去完成。组织内部的不同成员在不同的岗位和层次上,从事着不同的活动。这些不同活动中的决策要求掌握与之有关的大量信息,只有让直接从事这些活动的人去制定与他们直接有关的决策,才可能促进这些决策尽可能地合理。

我们知道,为了有效地组合和协调不同成员的劳动,任何组织都必须根据一定的标准进行劳动分工,把不同的组织成员安排在不同的部门、层次和岗位上,从事不同的工作。要使不同的组织成员在不同的岗位上能够为组织提供有用的贡献,组织不仅要保证在不同的环节和岗位进行的工作相互协调,而且要在“下放”任务的同时,授予不同程度的必要的决策权力,使不同的组织成员在自己的岗位上有条件调动和利用一定的资源,组织自己的工作。关于分权的必要性,我们在第六章还将详细讨论,这里仅指出:如果把基层活动的决策权集中在较高层次行使,其结果只能是放大高层决策权力,相反则可以使得在具体岗位从事具体工作的组织成员由于其关注的工作范围有限而掌握比较充分的行动及行动后果知识，从而可以在一定程度上促进相关决策的合理性。

2. 组织民主决策

组织民主决策，让较多的人来参与决策过程，可以在一定程度上克服少数决策的理性局限。

民主决策的途径和方式很多，这里主要强调两种：组织专家参与，组织下属参与。

组织专家参与，建立决策"智囊团"或"思想库"，这是目前国内外许多企业以及政府机构普遍采用的方法。"智囊团"中集中一大批掌握与组织活动有关的各方面知识的专家，利用他们的知识帮助组织分析问题，拟定和评价方案，为决策提供依据；可以克服决策者知识不完备的局限，使组织在决策时对环境特点、行动可能性以及各行动方案在未来实施的效果考虑得尽可能全面，从而有利于提高决策的科学性和正确性。

让尽可能多的组织成员参与决策，不仅可以利用他们对组织内部不同部门和环节活动条件和能力的充分了解来弥补决策者的信息的不足，使组织未来行动的设想更加丰富、备选方案数量更多（实际上，较低层次的组织成员在参与决策过程中提出的各种建议并非全部切实可行，有些建议甚至会显得荒诞、幼稚，但这些建议可能启发决策者的思路，开拓决策者的视野。开发部下建议的价值是决策者应该具备的一项重要能力），而且有利于组织成员对组织决策的认同，从而在决策实施过程中，自觉地为自己参与制定的决策及其目标的实现贡献自己的力量。我们知道，组织成员对决策的态度直接影响到决策的实施效果。如果他们对决策方案及其要求完全陌生，那么在执行过程中将只是被动地行动，甚至会产生抵触情绪；如果他们了解决策制定过程，熟悉决策的内容和目标，那么就有可能接受这个决策，并产生某种共识，从而以比较积极的态度去执行；如果他们熟悉决策制定的过程，而且直接参与了其中的许多工作，充分发表了自己的意见和建议，并意识到自己受到了重视，那么他们就会对决策方案感到亲切，就会形成某种认同感，从而在执行中努力适应自己参与决策的要求，积极创造条件，充分实现决策目标。

此外，组织更多的人参与决策过程，还将在客观上加强组织成员之间的思想交流和信息沟通，有利于促进和谐的人际关系氛围的形成与发展，促进决策的实施活动有条不紊地协调进行。

复习思考题

1. 何谓决策？何谓追踪决策？追踪决策有哪些特点？
2. 战略决策与战术决策有何区别？
3. 组织决策为什么要根据满意原则来评价和选择方案？
4. 决策过程包括哪几个阶段的工作？
5. 组织决策要受到哪些因素的影响？
6. 何谓经营单位组合分析法？如何利用组合分析帮助企业进行经营决策？
7. 何谓政策指导矩阵？这种决策分析方法有何特点？

8. 确定型决策、风险型决策、非确定型决策有何区别？

9. 盈亏平衡分析的基本原理是什么？

10. 何谓乐观原则？何谓悲观原则？何谓折衷原则？

11. 根据美国学者林布隆或西蒙的观点，理性决策者应具备哪些条件？

12. 决策者的理性限制表现在哪些方面？

13. 如何克服决策者的理性限制？

第四章课后习题及答案

第五章 经营决策实务

经营决策不仅是企业目标和活动方向的选择,而且是一系列具体决策的综合。我们在第四章中不仅分析了经营决策的一般特点,还介绍了评价决策方案的技术和方法。这些技术和方法不仅可以帮助企业选择正确的服务方向和总体目标,而且可以指导我们选择合理的活动内容和方案。为实现总体目标服务的具体经营决策涉及许多内容:既包括产品开发方向和形式的选择,也包括与之相应的生产技术条件的调整;既包括财务资源的筹措,也包括人力资源的管理;既包括生产过程的组织,也包括制造成果的销售处理。我们在本章主要分析如何运用经营决策的一般理论和方法来指导企业的产品决策、技术改造决策、销售决策和财务决策。

第一节 产品决策

产品是企业的标志,任何企业都是通过向社会提供某种不可替代的产品来标志并实现其社会存在的。因此,产品决策始终是企业经营决策的核心内容。

一、产品决策的任务

产品决策要解决三个基本问题:一是企业生产何种产品;二是企业提供何等质量的该种产品;三是在前两个问题解决后,确定企业是改造老产品还是开发新产品。

1. 产品性质的确定

生产何种性质的产品,这是人们在筹建企业时就要提出、并在企业存在过程中不断提出的问题。由于企业生产产品的目的是为取得其价值,而产品价值的实现又以消费者的购买为前提,消费者是否购买某种产品取决于他们对该产品的消费能否满足其需要的判断,因此,企业生产何种产品最终取决于它们对市场需要、自己满足这种需要的能力以及是否可以从中获取足够利益的认识。由于市场需要是在不断变化的,因此企业必须不断地注视和研究这种变化,及时调整产品的生产方向。

2. 产品质量的确定

消费者需要的是具有一定质量的产品。企业提供的产品如果不符合消费者的质量要求,虽然产品的生产耗费了一定的活劳动和物化劳动,但由于不具有完全的使用价值,也不会受到消费者的青睐。在企业所面对的竞争市场上,质量往往是影响产品受欢迎程度的主要因素。因此,生产高质量的产品通常是企业提高声誉、争取用户、扩大市场的重要途径。

但是,对企业来说,产品的质量并不是越高越好的。产品质量的提高需要以成本的增加为代价,而且边际质量成本通常是递增的,即随着质量水平的逐步提高,质量成本增长的速度将越来越快于质量完善的速度。从企业来说,为了完全补偿生产消耗,希望将改善产品质量的费用计入生产成本,从而提高价格,而对消费者来说,他们既希望取得更高质量的产品,又不愿意为此而支付更多的费用。因此,在确定生产何种质量水平的产品时,企业要有"合理质量"的概念,要注意质量水平与生产成本的最佳组合。

由于质量主要指产品能够提供的功能及其完善程度,所以企业在决定质量目标时要考虑下述因素:

(1) 消费者希望得到哪些功能? 除了基本功能外,还要求得到何种附属功能?

(2) 消费者对功能差异的辨识能力如何?(如果消费者在产品使用过程中不能感觉到功能差异,那么就不会愿意为功能更完善的产品支付更高的价格。)

(3) 进一步完善产品功能的成本是多少? 是否与消费者愿意增加支付的费用大致相同? 也就是说完善产品质量的经济效益如何?

3. 开发新产品与改造老产品

新产品是指在结构、性能、材质、技术特征等某一方面或几方面有显著改进、提高或独创的产品。它既可以是利用新原理、新技术、新材料、新结构开发出的全新型产品,也可以是在原有产品的基础上,部分采用新技术而制造出来的适合新用途、满足新需要的换代型新产品,或者是对原有产品的性能、规格、品种、款式进行完善,但在原理、技术水平和结构上无突破性改变的改进型新产品。

新产品开发要解决以下几个问题:

(1) 如何开发? 是企业独自组织内部力量,完成新产品开发的全部工作,还是与高校、科研单位或其他企业协作开发,或是通过购买专利引进新产品的生产技术?

(2) 新产品开发在研制阶段的工作结束后,是否立即组织批量生产、投放市场? 没有资源条件或不能迅速形成市场的新产品投放市场后可能会造成企业经营的被动,而具有很大市场需求的新产品如未能及时投放市场则会使企业失去本应获得的许多利润。

在决定研制成功的新产品是否投放市场时,要考虑到下述因素:

① 市场前景。新产品有无销路,特别是未来的市场需求状况如何?

② 收益性。新产品获利能力如何,能否迅速收回批量生产所需的投资?

③ 竞争性。生产技术是否复杂,是否会迅速出现竞争对手?

④ 资源条件是否允许?

⑤ 与本企业目前生产和销售的产品是相互替代,还是互为补充?

⑥ 销售可能性。能否利用企业现有的销售力量迅速打开销路?

(3) 如何投放市场? 新产品在批量投入市场以前是否要进行试销? 试销可以使企业及

时了解用户的反应和意见,从而可以指导企业采取改进措施,使新产品更加完善。但试销也可能向竞争对手泄露自己发展动向的信息,或为他们提供样品,从而对本企业新产品的市场发展构成威胁。

(4) 何时投放? 投放时机选择不当也可能给企业造成危害:投放时机过早,会使新产品打倒本企业的老产品,使企业不能收回老产品生产的全部投资;投放时机过迟,则可能使企业出现"经营真空",不能得到足够的现金收入以维持日常经营活动,同时还可能会失去占领市场的良机。

老产品的整顿与新产品的开发有着密切的关系:维持老产品的生产会使企业缺乏足够的资源去开发新产品;某种原有产品的淘汰往往是为了向新产品腾出生产能力和市场;对老产品加以某种改进则可以使之以新的面貌走向用户。根据不同类型的老产品的特点,企业可以采取不同的整顿方针。通常有:

(1) 积极发展。如果老产品的市场需要量仍能增长,或能开辟新的市场和服务领域,则应积极发展。

(2) 维持现状。如老产品已生产多年,市场需求保持相对稳定,则应采取这种方针。

(3) 改进或改造。如老产品的市场需求量不断下降,但估计其用途增加、性能提高后可使销量回升,则应对之加以改进。

(4) 撤退或淘汰。如产品销售量持续下降,且即使加以改进也难以改变下降趋势,则应采取缩小生产规模、逐步淘汰的方针。

二、产品竞争战略

企业之间的竞争首先表现为不同企业利用各具特色的产品对相同用户的争夺,企业竞争的实质是产品的竞争。在这种持续不断的竞争中,企业可采用三种不同的产品开发战略。

1. 领先战略

亦称"先发制人"的战略。这种战略是企业力图在本行业发展中始终居于领先地位。企业如果有雄厚的资金实力、强大的研究与开发部门,能独立进行研究和试制,则容易做到率先研制和采用新的技术去生产新的产品,从而使产品的技术水平优于其他企业,取得市场竞争的优势。

2. 追随战略

亦称"后发制人"的战略。这种战略是指企业紧紧追随在领先企业的后面采用新技术,并对别人已采用的新技术加以改进和提高,特别是在降低产品成本和完善产品质量上下功夫。采用这种战略,要求企业能了解先导企业的产品和市场发展动向,迅速对别人的研究成果加以利用和改进,以避免自己的市场地位受到威胁。这种战略不仅可帮助企业减少研究费用,又可使企业保护自己,防止竞争对手的技术进步构成对自己的威胁,甚至能帮助企业后来居上,开发技术性能更先进的产品。因为一种新产品刚上市时,往往不是完美无缺的,后来者完全可以根据用户的反应和意见及时地加以改进,开发出质量更优的产品来。

3. 模仿战略

持这种战略的企业自己不搞新产品的研制开发,而是靠购买专利、进行仿制、利用别人的研究成果来改进自己的产品。实施这种战略节省费用,并可迅速地获得新技术。但购进的新技术别人已采用过,市场发展前景已相对受到影响。那些技术力量比较薄弱的企业通常采用这种战略。

三、产品决策的分析方法

在确定具体产品的开发策略时,要注意分析产品在市场上的地位和它能够带来的利润水平。这时可借用产品组合分析法和寿命周期理论。关于组合分析法,我们已在第四章第三节做了详细介绍,这里主要研究寿命周期理论对产品特点的描述以及这个理论对企业产品决策的指导意义。

产品寿命周期理论是美国经济学家李维特(Levitt)1965 年在《哈佛管理评论》的一篇文章中首次提出的。李维特认为,产品也同人一样,要经历从诞生到成长、最后死亡的生命过程。对产品来说,其寿命周期是指投入市场开始到完全退出市场为止所延续的时间。这个周期的长短主要受到技术进步的影响。技术进步使新技术、新材料、新工艺不断出现,从而产生了比原有产品性能更好、成本更低、使用更方便的新产品。当这种物美价廉的新产品进入市场后,必然要把老产品排挤出去,因此,技术进步的速度愈快,产品的寿命周期就愈短。市场竞争的激烈程度或其他因素会加速或延缓新产品进入市场的时间,从而可以缩短或延长老产品的寿命周期,但不可能从根本上改变新老产品市场更替的趋势。

产品在寿命周期中通常要经历投入、成长、成熟和衰退等四个阶段。在不同的寿命周期阶段,产品具有不同的特征,企业应据此采取不同的产品开发对策。

1. 投入期

亦称投放期或引入期,是产品试制成功后刚投放市场,销售量较低的一段时期。在这个阶段,产品结构设计仍可变动,生产工艺尚未定型,企业也未形成批量生产能力,同时市场对新产品还不太了解,销路尚未打开,所以企业只能小批量生产和销售,成本较高,利润很少甚至还没有利润。

对于投入期的产品,企业应及时了解市场用户的意见和要求,并据此及时对产品结构和生产工艺进行改进和完善;同时,企业要广泛展开促销活动,以激发消费者对新产品的注意、兴趣和欲望,并促成他们去购买,以迅速打开销路。

投入期持续时间的长短取决于产品的新颖程度、复杂程度、与潜在市场需要的吻合程度,以及市场上是否存在竞争产品。

2. 成长期

产品经过试销和改进,结构和工艺已经定型,产品质量基本稳定,生产能力也逐步形成。同时由于前一段促销活动的作用,产品已为广大用户所熟悉,销售量有了急剧上升,一般年销售增长率可达到 10% 以上。生产批量和市场销售量的提高给企业带来了规模效益,从而使企业利润迅速增长。此外,由于产品销路好、利润大、市场前景乐观,因此许多竞争者纷纷仿制,从而市场竞争逐步形成,并日趋激烈。

成长期是产品开发的决定性阶段,企业应努力稳定产品质量,精心维护产品声誉,加速扩大生产能力,组织好销售工作,保证产品充分供应,绝不使其在市场上脱销,谨防竞争产品乘虚而入。

3. 成熟期

产品经过成长期逐渐趋向成熟,这时市场已经饱和,销售量增长缓慢,甚至停滞不前。这个阶段的延续时间,如无替代的新产品介入,一般要比前两阶段长。企业从该产品获得的利润也将在此阶段达到最高,市场竞争在此阶段也最为激烈。

成熟期的长短直接影响产品开发经济效益的大小,因此要尽可能延长产品成熟期的时间。为此,要努力降低产品成本,争取价格优势,以维持市场占有份额;同时还要加强广告宣传和用户服务工作,在不丢掉老用户的同时,努力扩展新用户,最根本的措施是对老产品进行改造,以提供具有活力的更新型产品,形成市场和用户扩展的新势头。

4. 衰退期

随着用户对产品拥有量的增加,市场将不可避免地趋向饱和;随着新技术的出现,质量更优、价格更合理的新产品将不可避免地取代原先的产品。也就是说,任何产品在给企业提供了丰厚的利润贡献后,就必然会进入衰退期。在这个时期,产品销售数量和利润急剧下降,出现负增长的趋势。当销售增长率降到一定程度后,有时可能会出现某种回升,这是由于某些用户出于习惯或其他原因所进行的更新式购买。

对于处在衰退期的产品,企业应积极转移市场,努力在新的地区开拓对该产品的需求;或在不改变产品基本结构和性能的前提下,寻找新的用途,开发新的用户,力求在新的领域代替其他产品,以使产品起死回生。如果发现衰退产品既无新市场也无新用途,则应当机立断,有步骤地迅速予以淘汰。

产品寿命周期只是描述了产品进入市场后发展变化的一般趋势,各个阶段的划分也是相对的。由于技术进步和竞争等因素的影响,不仅不同产品各个阶段的时间长短不一,而且有些产品不一定要经历所有阶段。有的可能一进入市场就立即畅销;另一些可能徘徊不前,没有进入急剧增长阶段的迹象;还有些可能经过成长期后,销售量经久不衰。虽然如此,寿命周期理论对企业产品决策仍有非常重要的指导意义。企业决策者应经常对产品寿命周期进行分析,准确判断产品所处的发展阶段和发展趋势,针对产品在各阶段的特点采取相应的措施。

第二节 技术改造决策

制造不同的产品,需要利用不同的生产手段和工艺方法。产品方向的改变必然要求企业生产技术条件的相应调整。技术改造决策就是根据产品决策的要求,用先进的科学技术改造企业原来落后的生产技术条件。它对于改变企业技术状况,提高企业生产能力,增强企业素质,提高企业市场竞争能力有着十分重要的意义。

一、技术改造的内容

企业技术水平体现在生产过程的各个阶段和各种参与要素上,因此技术改造的内容十分广泛,在特定时期企业选择何项内容作为这项工作的重点,取决于企业发展的实际需要和具体条件。但是一般来说,工业企业的技术改造包括以下几个方面:

1. 生产手段的改造

产品的制造通常要借助于机器设备等生产手段才能完成。生产手段的技术状况是企业生产力水平的具有决定性意义的标志。生产手段的技术改造主要有两种方式：一是将先进的科学技术成果用于改造和革新原有的设备，以延长其技术寿命或提高其效能。比如用单板机把普通机床改装成自动控制的机床，用计算机把原有的老式织布机改装成计算机控制的织布机等。二是用更先进、更经济的生产手段取代陈旧、落后、过时的机器设备，以使企业生产建立在更加先进的物质技术基础上。比如用气流纺纱机取代旧式纺纱机，用电视卫星传播系统取代原有的电视地面传播系统等。

2. 生产工艺和操作方法的改造

生产工艺是企业制造产品的总体流程和方法，包括工艺过程、工艺参数和工艺配方等；操作方法是劳动者利用生产设备在具体生产环节对原材料、零部件或半成品的加工方法。生产工艺和操作方法的改造既要求在设备更新的基础上，改变产品制造的工艺过程和具体方法，又要求在不改变现有设备的条件下，不断研究和改进具体的操作技术，调整工艺顺序或工艺配方，使生产过程更加合理，现有设备得到充分的利用，现有材料得到更有效的加工。

3. 劳动环境的改造

劳动者总是在一定时空中从事其生产活动。物质劳动环境不仅会影响劳动者的工作情绪，从而影响劳动生产率，而且会影响设备和生产空间的充分利用，影响产品的质量。劳动环境改造主要是对工厂、车间工作场所进行改造，以提高工作效率和产品质量，防止环境污染，保证劳动者的身心健康和生命安全。例如建立无尘车间、无菌车间、恒温车间、绿化厂区等。

二、技术改造项目的评价技术

在技术改造的上述内容中，生产手段的改造最核心，它不仅影响着产品开发的成败，而且会引起生产方法和环境的改造，从而会影响和决定企业生产能力与竞争能力的高低。马克思曾经说过："各种经济时代的区别，不在于生产什么，而在于怎样生产，用什么劳动资料生产。"[1]劳动资料或生产手段的状况不仅是区别不同社会生产时代的一个重要特征，而且是不同企业生产力水平的主要标志。要提高企业生产力水平，就必须不断组织生产手段及其相关条件的技术改造。

为了有效地进行技术改造工作，必须对不同的改造项目以及同一项目的不同方案进行比较和选择。比较不同方案经济效果的主要指标有：投资回收期（全部投资收回所需要的时间），投资回收率（投资项目在使用期限内每年获得的盈利与投资总额之比），投资利润总额（使用期内可以为企业带来的总利润数）以及投资利润指数（利润总额与投资总额之比）等。

由于同等数额的货币在不同时间的实际购买力不一样，因此在比较各方案的目前投资与未来收益时，必须把它们化为相同时间的价值。

1. 贴现法的基本原理

贴现法就是为了解决不同时期同额资金实际购买力不等的矛盾，把投资项目在目前以

---

[1] 《资本论》（第 1 卷），人民出版社 1975 年版，第 204 页。

及未来各期的支出和收回折算成现在的价值,然后再分析比较不同方案的经济效果。

未来的资金折算成现值时,可用下述公式计算。

$$P_v = \frac{C_t}{(1+i)^t} \qquad (5.1)$$

式(5.1)中:P_v 表示未来的资金额 C_t 在目前的价值;

$\qquad\qquad$ C_t 表示第 t 年的资金数额;

$\qquad\qquad$ i 表示贴现率;

$\qquad\qquad$ t 表示年份。

式(5.1)中的 $\frac{1}{(1+i)^t}$ 通常称为贴现系数。因此,未来一笔数额的资金在目前的价值等于该资金额与贴现系数的乘积。如果投资项目所需的支出和获得的收益不只在一个年份发生,则需求出未来各期收益或支出折现值的和(TPV),这时计算公式为:

$$TPV = \sum_{t=1}^{n} \frac{C_t}{(1+i)^t} \qquad (5.2)$$

例1:某企业在进行一项技术改造时,可在三种方案中进行选择。各方案在目前和未来各期的投资支出与收益资料如表 5 - 1 所示。

表 5 - 1　　　　　　　　　　　　　　　　　　　　　　　　　　　　　万元

方　案	投　资	收　益				
		第 1 年	第 2 年	第 3 年	第 4 年	第 5 年
A	1 200	600	300	200	200	320
B	1 200	300	500	500	150	30
C	1 014	350	350	350	350	0

假定贴现率为 10%,则各方案在未来 5 年收益的现值如下:

$$TPV_A = \frac{600}{1+0.1} + \frac{300}{(1+0.1)^2} + \frac{200}{(1+0.1)^3} + \frac{200}{(1+0.1)^4} + \frac{320}{(1+0.1)^5} = 1\ 297(万元)$$

$$TPV_B = \frac{300}{1.1} + \frac{500}{1.1^2} + \frac{500}{1.1^3} + \frac{150}{1.1^4} + \frac{30}{1.1^5} = 1\ 183(万元)$$

$$TPV_C = \frac{350}{1.1} + \frac{350}{1.1^2} + \frac{350}{1.1^3} + \frac{350}{1.1^4} = 1\ 109(万元)$$

2. 净现值法——贴现法应用之一

运用贴现法分析不同技术改造方案的经济效果时,有各种不同的具体方法,最常用的有三种:净现值法、内部投资回收率法以及利润指数法。

净现值法是用投资的预期收益减去投资费用后的净现值作为衡量不同方案经济效果的标准。各方案的净现值可用下式计算:

$$NPV = TPV - C$$

$$= \sum_{t=1}^{n} \frac{C_t}{(1+i)^t} - C \qquad (5.3)$$

式(5.3)中 C 表示方案的目前投资额,NPV 表示各方案的净现值,显然,$NPV=0$,意味着方案的收益刚够还本付息,不致亏损,也没有盈余。所以,当 $NPV>0$ 时,应该接受该投资方案;当 $NPV<0$ 时,则应拒绝该投资方案;不同方案相比,选其中 NPV 最大者。

利用式(5.3),可计算出例1中各方案的净现值如下:

$$NPV_A=1\ 279-1\ 200=79(万元)$$

$$NPV_B=1\ 183-1\ 200=-17(万元)$$

$$NPV_C=1\ 109-1\ 014=95(万元)$$

净现值比较的结果表明,企业应选择方案 C 为技术改造的实施方案。

净现值法不仅反映了资金的时间价值,同时能反映出各方案在整个投资收益期内的盈亏情况;它不仅考虑了投资风险对资金成本的影响,而且能鼓励企业从长远和整体利益出发做出决策。但这种方法只说明了各种方案经济效果量的一面,而没有说明经济效果质的方面,即没有说明单位投资能够带来的盈利。这样就会使企业只重视盈利多但投资要求也高的方案,而忽视那些盈利总额虽少但投资更少,从而经济效果更好的方案。

3. 利润指数法——贴现法应用之二

利润指数法是用单位投资的收益来衡量不同方案经济效果的一种方法。各方案利润指数可用下式计算:

$$PI=\sum_{t=1}^{n}\frac{C_t}{(1+i)^t}\div C \tag{5.4}$$

式(5.4)中 PI 表示利润指数。计算 PI 所需数据与净现值法完全相同,但计算方法不同。它用一个收益与投资的比值来表明方案的盈亏程度。若 $PI>1$,说明方案将有盈余,至少不亏损,可以采用,且 PI 越大,表明经济效果越好;若 $PI<1$,则说明相应投资方案将发生亏损,必须予以拒绝。

利用式(5.4)可计算出例1中各方案利润指数分别为:

$$PI_A=\frac{1\ 279}{1\ 200}=1.07$$

$$PI_B=\frac{1\ 183}{1\ 200}=0.99$$

$$PI_C=\frac{1\ 109}{1\ 014}=1.09$$

其中以方案 C 的利润指数最高,表明该方案不仅带来净现值的最大,而且单位投资的经济效果也最高,是比较满意的方案。

4. 内部投资回收率法——贴现法应用之三

企业通常规定最低限度的投资回收率作为各项投资必须达到的最低要求,并以此为标准与各方案的投资回收率进行比较,据此判断各方案的经济效果。这种方法被称为“内部投资回收率法”。

利用这种方法评价不同方案经济效果的好坏,首先需要确定一个作为最低要求的标准回收率。

从理论上讲,可以选择的最低限度的内部投资回收率应是企业资本的平均成本,即主权资本(股份、利润留存)和借贷资本(债券、长期贷款等)的成本平均值。但在实践中,企业扩展的愿望、对未来市场状况和投资风险的估计等因素都影响着这个最小回收率的确定。由于许多决策者对投资的未来收益充满信心,因此实际选择的标准回收率通常比平均资本成本高。

其次,要计算不同项目或方案的预期投资回收率。各方案的预期投资回收率是指该方案净现值为零时的贴现率。它反映了投资的实际预期盈利率,是按计算净现值的基本公式经过试算求得的。其计算公式如下:

$$i_0 = i_a + \frac{NPV_a(i_b - i_a)}{NPV_a - NPV_b} \tag{5.5}$$

式(5.5)中: i_0 表示某方案的投资回收率;

i_a 表示净现值为正数时的贴现率;

i_b 表示净现值为负数时的贴现率;

NPV_a 表现贴现率为 i_a 时的净现值;

NPV_b 表示与贴现率 i_b 相应的净现值。

在例 1 中,假若规定标准投资回收率为 12%,则应利用式(5.5)对各方案的预期回收率进行计算,以便比较。计算结果如下:

(1) 通过试算,可知当贴现率为 13% 时,方案 A 的净现值为 2 万元,贴现率为 14% 时,其净现值为 -24 万元。因此,方案 A 的预期投资回收率为:

$$i_0 = 0.13 + \frac{2(0.14 - 0.13)}{2 + 24} = 0.13 + 0.000\,769 \approx 0.13$$

(2) 前面的计算已经表明,当贴现率为 10% 时,方案 B 的净现值为 -17 万元;我们可计算出贴现率为 9% 时,该方案的净现值为 8 万元。因此,方案 B 的预期投资回收率为:

$$i_0 = 0.09 + \frac{8(0.10 - 0.09)}{8 + 17} = 0.09 + 0.003\,2 = 0.093\,2$$

(3) 继续试算,可求得当贴现率为 14% 时,方案 C 的净现值为 6 万元;贴现率为 15% 时,其净现值为 -15 万元。因此,方案 C 的预期回收率为:

$$i_0 = 0.14 + \frac{6(0.15 - 0.14)}{6 + 15} = 0.14 + 0.002\,9 = 0.142\,9$$

上面的计算表明,方案 B 的预期投资回收率仅为 9.32%,低于 12% 的最低要求,应予拒绝;方案 A 与 C 的预期回收率均超过最低标准,其中以方案 C 为最高,达 14.29%。企业应综合考虑其他因素,在这两个方案中选择技术改造的实施方案。

第三节 销售决策

企业通过销售产品获得收入,补偿生产消耗,实现经营利润;同时根据销售工作中所了解的市场情况,进行生产经营活动的调整。因此,销售是企业经营的重要环节,它既是企业经营过程的终点,又是这个过程的起点。广义的销售决策包括选择企业服务的市场面,确定企业向市场销售的具体产品性质和质量,制定合理的价格,展开有效的促销宣传以及分布合理的销售渠道。前两个问题已在有关章节中论述,这里主要讨论价格决策、促销决策和分销决策。

一、价格决策

不论是制造产品的企业,还是购买产品的用户,都对价格予以高度重视:企业以一定价格转让产品,取得销售收入;用户支付一定的价格购买产品,得到使用价值。因此价格水平合理与否对于企业实现经营目标、提高竞争能力,有着非常重要的影响。企业应在充分考虑市场供求关系、价格需求弹性、消费者心理、企业生产成本等因素的前提下,选择合适的价格策略,制定合理的价格。

(一) 合理价格的标准

合理的价格应该既能帮助企业收回生产成本,取得必要的利润,同时也能被消费者的购买能力所允许并具有足够的吸引力,此外还应能正确反映产品的内在质量。价格决策必须考虑到下述三个方面的要求:

1. 保证企业的生存和发展

企业的生产过程既是物质产品的形成过程,也是各种资源的消耗过程。生产中的消耗只有得到及时补偿,简单再生产才能得以维持。补偿生产消耗的资金是通过销售收入得到的。因此,合理的价格首先必须保证企业得到的销售收入足以补偿生产过程中的各种消耗。但这种价格只是企业能够接受的最低价格,这种价格水平只能维持企业的简单再生产,而不能保证企业扩大生产规模的需要。因此,合理的价格对企业来说还应能在补偿生产耗费后有所剩余,以满足发展生产的追加投资需要。

2. 对市场有足够的吸引力

对企业来说,产品的销售价格当然越高越好。但是,企业要求的高价格必然要受到消费者接受程度的限制。某种价格水平能否被消费者接受,这取决于消费者的以下三个判断:

(1) 价格是否为自己的购买能力所允许? 消费者在特定时期的收入是有限的。如果产品的价格水平过高,超过了他们的购买能力,纵使他们对这种产品有消费需求,也难以付诸实施。

(2) 以该种价格购买产品消费者能否得到足够的满足? 与有限的收入水平相对应,消费者的需求是多样的,甚至是无限的。消费者既可用有限的收入满足这种需要,也可用同样的收入满足另一种需要;就同一类需要来说,消费者也可通过购买和使用不同类型的产品来实现。合理的价格应能使消费者认识到为取得此类商品支付这样的费用是值得的。

(3) 与竞争产品相比是否合算? 为满足同一种需要,消费者可在不同厂家生产的不同产品中进行选择。在产品质量大致相当的情况下,影响消费者选择的一个重要因素便是价格。因此,企业的价格决策要考虑到提高竞争能力的要求。

3. 正确反映产品的质量水平

对不同类型的产品,消费者有不同程度的质量要求。消费者经常忽视那些价值较低的日常生活用品的质量,因此其生产厂家往往可以采用以廉取胜的策略。相反,对那些高档耐用的消费品,用户则非常关心其质量。而在具体使用产品以前,消费者又往往是通过价格的高低来判断其质量水平的,认为价格与质量存在着某种正相关的关系。为了得到称心如意的这类产品,他们往往把眼睛盯向价格最高者。对这类产品,如果企业制定的价格偏低,反而会引起用户对产品质量的怀疑。因此,企业要根据产品档次来制定价格决策,使价格水平能正确体现产品的质量。

(二) 价格决策的影响因素

企业产品的特点不同,价格决策的影响因素也不同。为了使制定的价格同时使生产者和消费者都比较满意,企业在进行价格决策时要考虑到下述因素:

1. 产品生产成本

价格是价值的货币表现,所以产品价格水平主要取决于产品价值的高低。产品的价值大,则价格就高;反之,价格就低。由于价值是以社会必要劳动时间来衡量的,而社会必要劳动时间量又难以直接计算,所以在实际工作中,产品的价格是按成本、税金和利润三部分来制定的。这里生产成本是核心,它不是指个别企业的产品成本,而是指社会或行业同类企业的平均生产成本。

2. 市场供求关系

产品在市场上的供求关系对产品价格水平及其波动有非常重要的影响。

一般来说,某种产品的供给与其市场价格成正比:生产这种产品的厂家以及它们向市场上提供产品的数量随着产品市场价格的提高(降低)而增加(减少);而需求则与价格成反比:消费者对产品的需要(购买量)随价格的提高(降低)而减少(增加)。由于供求双方对同一价格水平的反应不同,所以市场供求均衡的状况是非常少见的。在大多数情况下,供给少于需求,或者需求小于供给。

供不应求时,由于企业生产并提供的产品数量不能完全满足消费者的需要,消费者的竞相购买为企业适度提价提供了机会。相反,供过于求时,市场上供给和销售产品的数量超过了消费者的需要,企业之间的竞争加剧。为了能顺利实现产品价值,企业则应相应降低价格水平。

3. 价格需求弹性

市场需求对企业定价有直接影响,反过来,产品的价格变化对需求也会产生一定作用。在一般情况下,产品价格上升,需求减少;价格下降,需求增加。需求量由于价格变化而引起的波动称为价格需求弹性。显然,企业在确定价格水平、特别是调整价格时,必须考虑价格需求弹性。

对于不同的产品或同一产品在不同时期,一定的价格变化而引起的需求量波动的幅度是不一样的,这种差异可以用价格需求弹性系数来测量。价格需求弹性系数用 E_p 表示,其计算公式如下:

$$E_p = \frac{\Delta Q}{Q} \bigg/ \frac{\Delta P}{P}$$

式中:P 表示原价格;

ΔP 表示价格的变动量;

Q 表示原需求量;

ΔQ 表示由于价格变动而引起的需求量的变动。

由于价格变动与需求量变动的方向相反,所以 E_p 值一般为负。价格需求弹性的大小通常以 E_p 的绝对值来表示;$|E_p| > 1$ 表示价格需求弹性强,$|E_p| < 1$ 表示需求弹性弱,$|E_p| = 1$ 则表示等弹性需求。强弹性需求表明价格变动幅度小于需求量幅度,价格只要有微小的

波动,需求量就会有很大的变化;弱弹性需求表明价格变动幅度大于需求变动幅度;等弹性需求表明价格变动幅度与由此而引起的需求量反方向的变动幅度相等。

价格需求弹性原理对企业制定和调整价格有着非常重要的指导意义。企业通过市场调查和试验,如果发现某种产品的需求弹性强,就可以在适当情况下,用降价措施来扩大销售量。这时,虽然单价降低使单位产品获利减少,但由于销售量大幅度增加而使总利润增加。相反,对于价格需求弹性弱的产品,降低价格往往会使企业收益降低,而提高价格则可增加企业收益。

(三) 价格策略

在充分考虑上述影响因素的基础上,企业应根据产品的特点,选择恰当的定价策略。企业可以选择的价格策略有多种,概括起来,主要有以下三类。

1. 成本定价策略

以企业生产制造产品的变动费用或总费用为依据制定价格,是企业最常使用的策略。主要原因在于成本资料最易了解,也掌握得最为细致。根据定价时考虑的成本内容不同,这种策略又可分成以下四种:

(1) 总成本加成定价法。总成本加成定价法是将产品的生产总成本加上一定的成本利税率而得到产品价格,定价公式如下:

$$P = C \times (1 + r\%)$$

式中:P 表示产品单价;

　　　C 表示单位产品成本;

　　　$r\%$ 表示成本利税率。

(2) 盈亏平衡定价法。用此法制定的价格可使企业保证收回全部生产费用,是保本价格。定价公式根据量本利分析的基本公式演变而来:

$$P_0 = \frac{F}{Q} + C_v$$

式中:P_0 表示产品单价或保本价格;

　　　F 为固定费用;

　　　C_v 为单位变动费用;

　　　Q 为总产量。

在正常情况下,企业实际采用的价格应高于盈亏平衡价格。

(3) 变动费用定价法。这是目前西方企业流行的一种定价方法。其思路与盈亏平衡定价相仿,认为生产产品的总费用包括随产量变化的可变费用和不随产量变化的固定费用。但由于企业通常不止生产一种产品,因此,每种产品的变动费用易于计算,而总的固定费用则难以找到一个完全客观的标准按不同产品分摊,所以变动费用定价法以每种产品的变动费用为基础,加上适当的单位变动费用的边际贡献率为标准计算价格,其公式如下:

$$P = C_v \times (1 + k\%)$$

式中 $k\%$ 表示变动费用的边际贡献率。

(4) 边际贡献定价法。这是变动费用定价法的一种特殊情况,即 $k\% = 0$ 时的情况。变动费用定价法通常以边际贡献率大于零为前提来确定产品价格。但在某些时候,市场竞争异常剧烈,当产品供给远远大于需求时,若仍坚持这个标准,则产品可能卖不出去,工厂就无法继续生产。而企业又不甘心停厂倒闭,还想维持一段时间,以盼出现转机。在这些条件下,企业会降低要求,销售产品只要能收回变动费用即可。因此,定价时可以接受边际贡献为零,仅依据变动费用来确定价格水平。

这种定价方法可使企业销售工作具有一定的灵活性。但应注意,据此制定的价格是企业能够接受的最低价格,有人甚至称之为企业倒闭临界价格。在低于此价格的水平生产和销售,企业不仅不能收回丝毫的固定费用,甚至不能完全补偿生产过程中的变动费用。企业生产和销售越多,亏损就越大,直至倒闭。

2. 风险定价策略

在市场机制充分发挥作用的条件下,企业为了长远利益往往采用放弃眼前利益的价格策略。这些策略本身常常包含一定程度的风险,也就是说,价格策略的运用既有可能成功,也可能达不到预期的效果。我们把这类策略叫作风险价格策略。

(1) 低价渗透策略。这种定价策略主张在产品投放市场的初期以较低价格销售。采用这种策略,利于企业市场的迅速形成,因为低价可以吸引许多用户,为企业批量生产创造条件,同时低价销售产品等于向同行发出无利可图的信息,从而可以缓和市场竞争,有利于企业市场的维持,有利于企业的长期发展。

低价销售的风险在于价廉利微,可能给企业造成短期的资金困难,且如果产品没有很强的生命力,则投资的回收也许可能受到威胁;另外,一旦低价被消费者视为习惯则很难改变,一段时期以后再提价可能使企业已形成的市场被竞争企业吸引过去。

因此,这种定价策略的使用范围和条件应当是:产品的生产技术比较简单,企业可在短期内形成生产能力;同时产品也是低值易耗品,消费者需要长期重复使用。只有当这类产品被消费者长期使用对其产生感情后,企业才有可能提价,并维持住市场。

(2) 高价"撇油"策略。与低价渗透策略相对应,高价"撇油"策略是指企业新产品上市时高价出售。由于产品刚刚推出,生产厂家少,尚未形成市场竞争,所以企业能高价销售。这种策略可使企业在短期内获取较高的利润,从而使企业投资迅速收回。而且,产品在投放市场初期定价偏高,以后随着企业生产能力的提高,市场竞争加剧,企业可以不断降低价格,以维持市场和吸引新的用户。

但采用这种策略有很大风险,因为高价销售既可使本企业迅速获利,也可能加速竞争者的出现,威胁企业的市场地位和经营成功;同时,较高的价格也可能吓走一部分潜在的用户,使一些对本产品有需求但购买力有限的消费者望洋兴叹,从而不利于企业市场的迅速形成和生产规模的扩大。因此,这种策略的使用范围应是那些生产技术比较复杂的产品,竞争者在短期内难以出现;同时,产品使用对象也应具有足够的支付能力。

3. 其他定价策略

(1) 习惯定价策略。这种策略是利用客户非常熟悉的,已养成固定习惯的价格。如果对市场长期形成、消费者已经熟悉的价格作变动,会引起消费者的巨大反应,从而会对企业经营带来不利的影响。对这类产品,如原材料提价致使生产成本提高,企业内部无法消化,或由于其他原因,企业不得不提价,也应首先考虑使产品改型,利用新的包装、新的牌号,甚至单价不变,但单位产品的量与体积适当减少,以使用户在心理上易于接受。

（2）尾数定价策略。亦称零数定价策略或非整数定价策略，指不用整数，而是取一个略小于整数的零数作为价格，如定价9角8分而不是1元整。这种策略易于取得较好的心理效果。如从1元到9角8分，虽只有2分之差，但价格单位从元到角，降了一个档次，可使消费者在心理上产生便宜感；同时，9角8分是个准确的数字，而1元是个大概数，也许是企业四舍五入以后得到的。因此，可使消费者认为零数价格是有科学依据的，是经过详细计算的，所以与产品成本是相应的，以此购买产品不会吃亏，从而使用户对企业产生信任。

总之，可供企业选择的定价策略是多种多样的。这些不同策略不是互相排斥，而是互相补充的。企业可以对同一产品的不同顾客，或者同一产品在不同时期采取不同的定价策略，以吸引更多的用户，维护和扩大企业的市场，实现更多的利润。

二、促销决策

用户是根据对产品的认识来决定购买行为的。销售促进，或简称促销，便是为了帮助潜在用户认识企业产品而进行的一系列工作。

促销决策的任务是根据产品和用户的特点进行宣传、劝导，以刺激和影响消费者的需要，激发和强化他们的消费动机，并把这种动机导向购买本企业产品的行为，以实现扩大企业产品销路的目的。具体来说，促销工作的任务表现在以下五个方面：

（1）通过促销活动引起消费者对本企业产品的注意，使之了解本企业产品的存在。

（2）诱发消费者的兴趣，使他们了解企业产品在质量和价格上的优势。

（3）激起购买欲望，促成占有动机，要使消费者产生对企业产品的占有欲，感觉到不拥有并使用这种产品便失去了什么，便有某种需要未获得满足。

（4）强化购买动机，诱发购买行为，使消费者进一步感受到，无论是从质量或价格上来看，本企业提供的产品是能满足其需要的最佳产品，使其占有欲更强，从而产生购买行为。

（5）建立并维持消费者对企业的好感和忠诚，使其购买行为能反复发生，并对其他消费者产生积极的影响。

在完成上述任务的过程中，企业可借助的促销手段有两种：广告和人员推销。

1. 广告

现代社会，人们生活在广告的海洋里。不论是行走、乘车，或是看电视与报纸，广告都与我们同在。众多的广告媒介的存在，既为企业的选择提供了方便，同时也带来了极大的烦恼。企业销售部门要正确地辨别何种形式的广告能够奏效，其费用能得到足够的补偿，并且不被其他公司的广告所吞没。

可供企业选择的广告媒体主要有：

- 电视　　　　　　・报纸　　　　　　・电台
- 商业报刊　　　　・杂志　　　　　　・广告牌

企业通常要同时采用两种以上的广告媒介。要在众多的媒体中进行经济而有效的正确选择有时是非常困难的。企业在选择过程中要考虑的一个重要因素是它们能否符合广告功能的要求。

广告的功能主要有两个：

（1）信息传递功能。这是广告的基本功能。由于最终影响消费者是否购买某种产品的不是该产品的内在质量和价格水平,而是消费者心目中对内在质量和价格合理性的认识或感受程度。因此广告必须具备的第一个功能便是正确地向消费者传递产品的价格和质量信息。

(2)价值创造功能。成功的广告不仅应能帮助消费者认识产品,而且能通过形象的、寓意深刻的宣传,揭示或赋予产品以一定的心理使用价值,来影响人们对消费这种产品的社会评价,从而达到诱发和强化消费者购买行为的目的。

2.人员推销

虽然广告宣传适用于销售量多面广的产品,人员推销适用于价值贵重的高档耐用品,但在更多的情况下,这两种促销手段不是互相排斥,而是相互补充的。与广告宣传相比较,人员推销具有以下特点:

(1)可以直接寻找和发现顾客,扩大市场销售额。推销人员在直接访问或接触顾客的过程中最主要的工作就是创造需求,不仅要说服原来的老用户重复购买,而且更重要的是发现新客户。

(2)人员推销有很强的适应性和灵活性。每个推销人员可以根据顾客的愿望、需要、动机和行为,灵活机动地采用有效的手段和方法,以促成顾客愿意立即购买。

(3)推销人员易于携带实物,现场示范。俗话说"百闻不如一见"。现场示范不仅可以使客户耳闻目睹、更加直观地了解产品的功能、特征以及使用方法,而且可以消除"说得好听,究竟质量如何"的疑虑,从而产生信任,促成购买。

(4)易于收集情报资料。每个推销人员同时也是市场情报调查员,可以将顾客的反应和意见及时地反馈给企业有关部门,以供企业领导决策参考。

三、分销决策

分销决策是指选择适当的销售渠道,把企业产品及时地传递给消费者。分销决策的重要性在于:如果企业的销售网络分布不合理,不能使用户在适当的时间以适当的方式得到他们所希望的企业产品,那么,他们被企业销售宣传所诱发的购买欲望和行为就不能实现,企业在这之前作的一系列营销工作就只能是"为他人作嫁衣裳",是在为其他企业创造顾客。

可供企业选择的销售渠道主要有以下三种:

(1)通过批发商。利用批发商是产品销售的间接渠道,属传统销售方式。批发商把各种产品集中储备,然后出售给零售商。

利用这种间接的销售渠道,可以使企业避免资金和人力在流通领域的分散,从而专心致力于产品的开发和制造;同时,利用专业化的批发商销售,在经济上也比企业自己建立专门的销售网络合算。但间接销售渠道也有一些局限性。比如,由于增加了中间环节,可能使产品的零售价格比企业的出厂价增加20%以上;由于企业不能与零售商和用户直接接触,因此不能及时了解市场对产品的意见以及市场需求的改变,这样可能会影响企业产品结构和生产方向的及时调整。

(2)直接对零售商。企业利用零售商作为直接销售渠道,有很多有利因素。通过销售代表与零售商打交道,企业可确保直接的销售力。一个批发商要代理多种产品,因而无暇顾及某一特殊商品。相反,零售商直接与用户接触,掌握第一手信息,同他们做生意,可使企业了解消费者的需求特点及其变化。此外,与零售商打交道,企业有充分的权力去控制产品的最终销售,而同批发商打交道时则不然。在这种情况下,企业对产品的零售价格、展销、进而竞争能力可以发挥较大的作用。但是,利用零售商不当,会造成额外成本开支。如果企业完全不用批发商,可能惹上难以解脱的成本麻烦,因为零售商一般只购少量产品,而且进货时会讨价还价。

（3）直接对消费者。这种不通过任何中间商的销售方式比较特殊,对企业在流通领域的能力要求较高。企业的推销员需要有较高的技术水平和专业知识,同时,还要求企业在产品出售以后能及时提供必要的使用和维修服务。比如,制造办公室设备(如复印机、计算机等)的公司,多采用这种渠道销售。这些企业的推销员除了必须能够娴熟地使用产品外,还必须向用户提供主要的维护和修理服务。

销售渠道的选择是一项重要而复杂的工作。不同的渠道适用于不同的产品、市场以及企业的特点。因此,企业在进行分销决策时,要综合考虑产品的性能与价格,市场需求量的大小、企业现有销售渠道的分布和完善程度以及企业的信誉、资金、销售力量等多种因素。

第四节　财务决策

一、财务决策的地位和内容

财务决策是企业重要财务活动的决策。它规定着企业资金的使用方向和生产经营的经济效果,正确地进行财务决策对企业经营管理水平与经济效益的提高有着直接的影响。

财务决策在企业管理中居于重要的地位。财务决策是财务管理的重要组成部分。财务管理是对企业资金的管理。它以企业资金运动规律为依据,以提高经济效益为目标,正确处理各种财务关系,并科学地组织企业的财务活动。财务管理就资金运动来看,包括资金的筹措、运用和分配等内容;而就管理的工作过程来看,包括财务决策、财务计划、财务监督、财务核算、财务分析和财务控制等内容。财务决策是关于企业重要财务活动的决策,因此,财务管理的各项工作都要以它为依据来进行。

财务决策不仅影响财务管理的各项工作,而且对其他经营决策也起着指导和促进作用。这是因为财务决策所解决的问题是关于资金和盈利问题,它具有综合性,其他经营决策都必然汇总于财务决策。财务决策对其他经营决策的指导和促进作用主要表现为:

（1）评价和选择作用。各个经营决策方案是否先进,可从不同的方面来衡量,但其中最重要的一个方面是看经济效益的高低。而财务决策就是从经济效益方面来衡量各个经营方案的优劣的,因此,它对各个经营方案可以起到评价和选择的作用。

（2）综合平衡作用。各种经营决策有时是互不相关的,它们所涉及的因素相互之间往往是矛盾的。只有通过财务决策,将其综合起来,从资金占用和经济效益的角度进行调整、平衡后,才能使它们成为相互衔接的经营决策。

（3）资源分配作用。资源是经营活动的保证。而企业的资源是有限的,只有以最优的方案分配资源,才能取得良好的经营效果。资源分配是否合理,不仅应从物质形态上考察,而且要从价值形态上考察。后者是在财务决策制定过程中完成的。资源分配实际上是在财务决策对资金分配的基础上实现的。

总之,财务决策在企业生产经营过程中处于非常重要的地位。

如前所述,财务决策,是企业重要财务活动的决策,而企业财务活动所涉及的是资金问题。根据企业资金运动的内容可以看出,财务决策应包括以下三个方面:

(1) 筹资决策。这是关于如何为企业筹措所需资金的决策,如筹资方向的确定,筹资方式的选择等。

(2) 投资决策。这是关于将企业能够使用的资金投向何种生产经营活动的决策。如将资金用于新增固定资产还是用于技术改造? 对老设备是采取大修方式恢复其功能,还是对老设备进行改造或更新? 如果是更新,是用原有水平的新设备还是用更先进的设备? 为了提高企业的技术水平,提高的重点是发展新品种还是提高原有产品的质量? 提高的方式是改进设备还是采用新工艺? 等等。

(3) 对已投入生产经营过程的资金如何使用和管理的决策。如零部件是自制还是外购,原材料订购量的确定,搞不搞补偿贸易和来料、来件加工,等等。

由于第三方面的内容已分别在有关章节介绍过,故本节以下主要研究筹资决策和投资决策。

二、筹资决策

企业的生产经营活动是借助于资金的运动来实现的。企业的建设固然需要资金,企业建成后,随着生产经营的变化和发展,往往又会提出资金的需求,因此,如何筹集资金是企业财务决策的重要内容之一。

1. 筹资的原则

为了保证生产经营顺利进行并不断发展,企业必须认真进行筹资工作。一个企业在筹资时应该考虑筹集多少资金合适,选择何种渠道筹资,采取什么筹资方式以及向何者筹资成本最低、风险较小和筹资方便等一系列原则问题。企业筹资应遵循以下原则:

(1) 确保合理资金需要量原则。这是从财力上保证企业生产经营活动顺利进行的基本条件。无论通过什么渠道、采取什么方式筹资,都应确保企业资金需要量的合理界限。资金不足固然影响企业生产经营的发展,但资金过剩也会影响资金的使用效果。资金是有时间价值的,企业筹资过分或不足都会实际上影响企业经济效益的提高。

(2) 确保资金按时供应原则。企业资金的筹措不仅要在数量上保证生产经营的正常合理需要,同时,还必须充分估计资金供应时间上的协调一致。因为资金筹措的目的是为了用好资金,而企业在全年的生产经营活动中所需资金在时间上是不均衡的,因而,必须考虑筹资的时效性。

(3) 筹资费用适当原则。经济体制改革以来,企业无论从何种渠道用何种方式筹资都要付出一定的费用。因而,企业在筹资时,既要充分考虑筹资费用,力争利息(费用)适当,使企业筹资活动有利可得,又要充分估计企业经营上的安全、财务风险较小等原则。

(4) 根据资金用途决定筹资渠道和方式原则。企业生产经营资金可分为固定资金和流动资金两部分。前者可用折旧、利润留成和长期贷款等来筹措,后者主要可用短期贷款来供应。因而,对固定资金和流动资金应分别其资金不同用途,选择相应的资金渠道和筹资方式筹资,以有效地保证企业生产经营活动中各种资金的不同需要。

(5)企业盈利能力和安全性原则。企业筹资的目的主要是提高企业的经济效益,因此,企业在筹资时,应考虑通过财务活动而实现盈利能力的问题。与此同时,还要注意筹资活动中的财务风险性,把风险度降低到最小限度,以保证企业财务的安全性和稳定性。

2. 筹资的渠道

我国国有企业在经济体制改革前,筹资渠道单一,主要限于财政和银行两个渠道。改革开放以来,企业筹资渠道逐步拓宽了。除财政、银行之外,还有社会集资和利用外资渠道。

(1)财政渠道。经济体制改革前,财政通过拨款方式为国有企业提供固定资金和定额流动资金,因而,财政是国有企业资金来源的主渠道,财政拨款就是国有企业筹资的主方式。财政拨款的严重缺点是企业使用资金的经济责任不强,不讲究资金的利用效果。为了改变这一现象,进行了资金管理体制的改革,财政一般不直接向企业拨款,而把资金拨款给银行,再由银行以贷款形式发放给企业。目前,国有企业通过直接拨款方式取得的资金虽不多,但财政拨款方式仍具有一定的作用。它对发展基础工业、微利企业和政策性亏损企业等都是必要的。

(2)银行渠道。经济体制改革前,银行只负责供应企业短期流动资金。从企业筹资角度看,银行的地位远不如财政。经济体制改革后,随着定额流动资金和基建资金的"拨改贷",银行逐渐成为企业筹资最重要的途径,贷款成为企业筹资的主要方式。银行贷款这种筹资方式有许多优点,如银行通过利率高低、贷款额多少,对某些需要发展或经济效益好的企业和产品给予资金上的支持,而对某些经济效益差或社会效益差的企业和产品进行资金上的限制,从而起到宏观调控、引导企业资金合理流向的作用。再如由于银行贷款到期必须归还本息,所以能够促进企业合理、节约使用资金,提高资金的利用效果等。因此,企业筹措借入资金时,应多利用这一方式。

(3)社会集资。社会集资是企业通过发行股票、债券等方式把个人、企事业单位闲置的货币资金集中起来,用于生产经营。发行股票是筹集自有资金的方式,而发行债券是筹集借入资金的方式。社会集资可以使资金融通多渠道,信用工具多样化,它适应我国商品经济的发展,同时,社会集资也有利于满足企业不断增长的资金需要。因此,它是今后企业筹资的发展方向。

(4)利用外资。利用外资也是企业筹资的一条重要渠道,在当前发展对外经济开放和扩大对外经济往来中,具有重要意义。利用外资作为一种筹资措施,通常是指发展中外合资经营企业、中外合作经营企业等吸收国外资本直接投资方式,和开展补偿贸易、出口信贷、国际资本借款等资本借贷形式。

(5)内部积累。企业内部积累也是企业筹资的重要来源之一。企业内部积累主要是税后利润中所提取的生产发展基金,它既可用于新增生产能力的固定资产投资,也可用于补充企业流动资金,或用于补充更新固定资产过程中的资金缺口。企业积累除上述税后留利外,通常还可以把企业的固定资产基本折旧基金、大修理基金中当年未使用部分也视为积累。按现行财务制度规定,企业固定资产基本折旧基金在满足当年固定资产更新改造需要后,尚有结余,可与其他贷款一起用于新建固定资产投资。企业流动资金周转发生困难时,固定资产基本折旧基金和大修理基金也可参与流动资金周转。从理论上说,这两项基金属于临时性借用资金。

3. 筹资的方式及其比较

筹资的方式是与筹资的渠道相对应的。随着经济体制改革的深入,我国企业筹资的渠道逐渐拓宽,因此,筹资的方式也呈现多样化。目前除拨款、贷款、企业留利外,还出现了发行债券、股票、利用商业信用、租赁固定资产等筹资方式。以上筹资方式孰优孰劣,企业在筹资时应对它们进行比较,在此基础上予以选择。评价一种筹资方式的优劣,主要考虑以下几个方面:资金成本的高低,还本付息风险的大小,机动性的大小,筹资的方便程度,筹资期限的长短以及投资者对资金使用方向的限制等。

三、投资决策

1. 投资的目的和种类

投资是一种对资金运用的经济活动,其目的在于用新投入的资金来建立各种生产经营条件和开展某种生产经营活动,以提高企业的经济效益。

企业的投资,可以从不同的角度进行分类:

① 根据投资在再生产过程中的作用,可以分为初创时的建设性投资,维持简单再生产的更新性投资,从事扩大再生产的追加性投资,调整生产经营方向的转移性投资。

② 根据投资构成的性质,可以分为固定资产投资和流动资金投资。

③ 根据投资回收时间的长短,可以分为长期投资、中期投资和短期投资。

此外,根据投资发生作用的范围,还可分为企业内部投资和企业外部投资等。

2. 投资决策及其原则

如前所述,企业投资的主要目的在于提高经济效益,因此,投资时必须正确地确定资金的投向,合理地选择投资的项目,科学地安排投资少、见效快、收益大的投资方案。在投资过程中进行的上述选择工作,就是投资决策。

企业在进行投资决策时,必须遵循以下原则:

① 正确处理局部经济效益和全局经济效益的关系。在一般情况下,局部经济效益和全局经济效益是一致的,但有时两者也有矛盾。当一项投资对企业有利而对全局不利时,企业应放弃此项投资。当一项投资对全局有利而对企业不利时,企业应服从全局利益,并在执行中力争变不利为有利。

② 正确处理外延扩大再生产和内涵扩大再生产的关系。外延扩大再生产是用增加人力、设备等方式来扩大企业规模;而内涵扩大再生产则是利用先进的科学技术来提高生产资料的技术水平和效率,扩大生产规模。后者投资少,见效快,经济效益高,是老企业投资的主要方向。

③ 正确处理近期收益和远期收益的关系。企业投资中,有的项目近期即可取得利益,但往往收益期短,有的项目近期不能取得收益,而要经过一定时期后才能取得收益,但收益期往往很长。只顾近期收益,忽视远期收益,必然使企业发展受到限制,但如果一味强调远期收益而不顾近期收益,也会造成企业经营的困难。正确的做法应该是把两者结合起来,进行合理的安排。

④ 正确处理生产性投资与非生产性投资的关系。生产性投资是指直接保证、提高现有生产和发展企业生产能力的投资,非生产性投资是指关系职工物质文化生活的投资。前者直接与企业的生产经营活动有关,而后者关系到调动职工的积极性,从而间接地影响企业生产的发展,故企业必须正确分配这两方面的投资资金。

⑤ 正确处理需要与可能的关系。企业在进行投资决策时,不仅要根据投资项目的需要,而且还要考虑基本可能的条件。如基本条件不具备,就不应决定投资。所以,企业在投资决策过程中,一定要进行项目可行性研究。

3. 投资决策的经济评价方法

企业投资的主要目的在于取得良好的经济效益,因此,在投资决策过程中对决策方案进行经济评价就成为不可或缺的重要内容。投资决策的经济评价方法大多采用方案比较法。首先,核定对比方案,对投资经济效果按确定的对比方案的技术经济指标进行计算;然后进行分析比较,做出评价优选。

对投资经济效果的计算,一般分为静态法和动态法两大类。

静态法又称非贴现的方法,其特点是不考虑资金的时间价值。常用的方法有:投资回收期法、投资效果系数法、追加投资回收期法等。

投资回收期的计算公式如下:

$$T = \frac{K}{P}$$

式中:T 表示投资回收期(年);

　　　K 表示投资项目的全部投资;

　　　P 表示年平均盈利额。

按上式计算的投资回收期需与标准投资回收期(T_0)比较,若 $T \leqslant T_0$ 则方案可取,反之,应舍弃。T_0 是由国家或主管部门制定的。回收期越短,说明投资回收越快,在未来时期内承担的风险越小。

投资效果系数的计算公式如下:

$$E = \frac{P}{K}$$

式中:E 表示投资效果系数。

由上式可知,投资效果系数是投资回收期的逆指标。同样,计算出来的投资效果系数(E)需要与标准投资效果系数(E_0)比较,若 $E \geqslant E_0$,方案可取。E 值越大,方案的经济效果越好。

追加投资回收期,是指不同方案的投资差额与成本差额之比,其计算公式如下:

$$T = \frac{K_2 - K_1}{C_1 - C_2}$$

式中:K_1、K_2 表示方案 1、2 的投资额($K_2 > K_1$);

　　　C_1、C_2 表示方案 1、2 的年产品总成本($C_1 > C_2$)。

若 $T \leqslant T_0$,方案可取。

动态法又称贴现的方法,其特点是考虑资金的时间价值。在此基础上,要求投资取得最大的效益。主要方法有:净现值法、利润指数法、内部投资回收率法等。这些方案的具体内容在本章第二节中已有介绍，此处不再赘述。

复习思考题

1. 企业产品决策的任务是什么？
2. 产品开发的基本战略有哪几种形式？
3. 简述产品寿命周期理论的内容与启示。
4. 试描述贴现法的基本原理。
5. 合理的价格决策应符合哪些要素？
6. 哪些因素会影响企业产品价格水平的确定？
7. 企业价格策略的主要类型有哪几种？
8. 企业财务决策包括哪些主要工作？

第五章课后习题及答案

第六章 经营计划

第一节 计划的类型与作用

计划过程是决策的组织落实过程。计划通常将组织在一定时期内的活动任务分解给组织的每个部门、环节和个人,从而不仅为这些部门、环节和个人在该时期的工作提供了具体的依据,而且为决策目标的实现提供了组织保证。

一、计划与决策

计划与决策是何关系? 两者中谁的内容更为宽泛,或者说哪个概念被另一个包容? 管理理论研究中对这个问题有着不同的认识。

有人认为,计划是一个较为宽泛的概念:作为管理的首要工作,计划是一个包括环境分析、目标确定、方案选择的过程,决策只是这一过程中某一阶段的工作内容。比如,法约尔认为,计划是管理的一个基本部分,包括预测未来并在此基础上对未来的行动予以安排。西斯认为,"计划工作在管理职能中处于首位",是"评价有关信息资料、预估未来的发展、拟定行动方案的建议说明"的过程,决策是这个过程中的一项活动,是在"两个或两个以上的可择方案中做了一个选择"。

而以西蒙为代表了决策理论学派则强调,管理就是决策,决策是管理的核心,贯穿于整个管理过程。因此,决策不仅包容了计划,而且包容了整个管理,甚至就是管理本身:确定目标、制定计划、选择方案是目标及计划决策;机构设置、人事安排、权限分配是组织决策;计划执行活动的检查以及检查的时点、检查手段的选择是控制决策。因此,计划仅是决策过程中一个阶段的工作内容,决策不仅包容了计划,而且包容了整个管理过程,决策就是管理本身。

我们认为,决策与计划是两个既相互区别、又相互联系的概念。说它们是相互区别的,因为这两项工作需要解决的问题不同。决策是关于组织活动方向、内容以及方式的选择。我们是从"管理的首要工作"这个意义上把握决策的内涵的。任何组织在任何时期,为了表现其社会存在,必须从事某种为社会所需要的活动。在从事这项活动之前,组织当然必须首先对该活动的方向、内容和方式进行选择。计划则是对组织内部不同部门和成员在该时期内从事活动的具体内容和要求。但计划与决策又是相互联系的,这是因为:第一,决策是计划的前提,计划则为决策的逻辑延伸。决策为计划的任务安排提供了依据,计划则为决策所选择的目标活动实施提供了组织保证。第二,在实际工作中,决策与计划是相互渗透,有时甚至是不可分割地交织在一起的。决策制定过程中,不论是对内部能力优势或劣势的分析,还是在方案选择时关于各个方案执行效果或要求的评价,实际上都已经开始孕育着决策的实施计划。反过来,计划的编制过程既是决策的组织落实过程,也是决策得更为详细的检查和修订的过程。无法落实的决策,或者说决策选择的活动中某些任务的无法安排,必然导致该决策一定程度的调整。

二、计划的类型

计划是将决策实施所需完成的活动任务进行时间和空间上的分解,以便将其具体地落实到组织中的不同部门和个人。计划的分类可以依据时间和空间两个不同的标准。

(1)从时间上看,可以将计划分为长期计划和短期计划。长期计划与战略决策相对应,因此,亦可称之为战略计划,它描述了组织在较长时期(通常为五年以上)的发展方向和方针,规定了组织的各个部门在较长时期内从事活动应达到的目标和要求,绘制了组织长期发展的蓝图。战略决策和战略计划规定的长期目标需要组织各个部门在未来不同阶段的具体活动去实现。短期计划便是因此而产生的,它具体地规定了组织的各个部门在目前到未来的各个较短的时期阶段,特别是最近的时段中,应该从事何种活动,从事该种活动应达到何种要求,因而为各组织成员在近期内的行动提供依据。与战略决策和战术决策的区别相对应,长期计划的目的在于组织活动能力的再生扩大,因而其执行结果主要影响组织的能力;短期计划的目的在于已经形成的组织活动能力的充分利用,因而其执行结果主要影响组织活动的效率以及由此决定的生存能力。

(2)从空间上看,亦根据职能标准分类可以将计划分成业务计划、财务计划以及人事计划。组织是通过从事一定业务活动立身于社会的,业务计划是组织的主要计划。长期业务计划主要涉及业务方面的调整或业务规模的发展,短期业务计划则主要涉及业务活动的具体安排。比如,作为经济组织,企业业务计划包括产品开发、生产作业以及销售促进等内容。长期产品计划主要涉及产品新品种的开发,短期产品计划则主要与现在品种的结构改进、功能完善有关;长期产生计划安排了企业生产规模的扩张及实施步骤,短期生产计划则主要涉及不同车间、班组的季、月、旬乃至周的作业进度安排;长期营销计划关系到推销方式或销售渠道的选择与建立,而短期营销计划则为现有营销手段和网络的充分利用。

财务计划与人事计划是为业务计划服务的,也是围绕着业务计划而展开的。财务计划研究如何从资金(本)的提供和利用上促进业务活动的有效进行的,人事计划则分析如何为业务规模的维持或扩展提供人力资源的保证。比如,长期财务计划要决定,为了满足业务规模发展、资金(本)增大的需要,如何建立新的融资渠道或选择不同的融资方式;而短期财务计划则研究如何保证资金的供应、如何监督这些资金的利用效果。长期人事计划要研究如何为保证组织的发展提高成员的素质,准备必要的干部力量;短期人事计划则要研究如何将具备不同素质和特点的组织成员安排在不同的岗位上,使他们的能力和积极性得到充分的发挥。

显然,不论是时间上分解的长期计划与短期计划,还是从空间上分解的业务计划、人事计划与财务计划,都不应是分别孤立地制定的,而应相互衔接和平衡。

三、计划的作用

从上面关于计划与决策的关系以及计划的类型的讨论中,可以推断出,作为决策的组织落实过程的计划主要表现出以下三个方面的作用:

(1) 为组织活动的分工提供依据。为了达成决策选择目标,组织需要从事一定的业务活动。组织的业务活动是由数量众多的成员在不同时空里进行的。为了保证不同成员在不同时空的活动中提供所需的贡献,他们所从事的活动必须相互协调地进行。为此,必须进行科学的分工。计划的编制将组织的目标活动在时间和空间上详细地分解,从而为科学分工提出了依据。

(2) 为组织活动的资源筹措提供依据。任何活动的进行都是对一定资源的加工和转换。为了使组织的目标活动以尽可能低的成本顺利地进行,必须在规定的时间提供组织活动所需的规定数量的各种资源。资源的提供不及时,或者数量不足,可能导致组织活动的中断;而数量过多,则会导致资源的积压,从而不仅增加资金的占用,甚至会造成资源的浪费。计划就是将组织活动在时空上分解,通过规定组织不同部门在不同时间应从事何种活动,告诉人们何时需要何等数量的何种资源,从而为组织的资源筹集和供应提供依据。

(3) 为组织活动的检查与控制提供依据。不同组织成员由于素质和能力的不同,对组织任务和要求的理解也可能有别;不同环节的活动能力并不总是相互平衡的;此外,组织整体以及组织的各个部分在活动中所面对的环境特点与事先的预计可能不完全吻合。因此,组织的各个部分在决策实施中的活动情况与目标要求不一定完全相符,可能会出现偏差。这种偏差如不及时发现并针对原因及时采取措施,则不仅会导致组织活动的失败,而且可能危及组织的生存。要及时发现可能存在的偏差,就必须对组织活动的实际情况进行检查。计划的编制为检查不同的部门、不同成员在不同时期的活动情况提供了客观的标准和依据。

第二节 计划的编制

计划编制本身也是一个过程。为了保证编制的计划的合理,确保能实现决策的组织落实,计划编制过程中必须采用科学的方法。

一、计划编制的程序

计划编制过程包括五个阶段的工作:收集资料的准备阶段;任务与目标的分解阶段;目标结构的分析阶段;综合平衡阶段;编制并下达行动计划阶段。

1. 收集资料,为计划的编制提供依据

计划是为决策的组织落实而制定的,了解决策者的选择,理解有关决策的特点和要求,分析决策的环境特点和决策执行的条件要求,是编制行动计划的前提。由于计划安排的任务需要组织内部不同环节的组织成员利用一定的资源去完成,因此计划的编制者还需收集反映部门和环节能力以及外部有关资源供应情况的资料,为计划编制提供依据。

2. 目标或任务分解

目标或任务分解是将决策确定的组织总体目标分解落实到各个部门、各个活动环节,将长期目标分解为各个阶段的分目标。通过分解,确定了组织的各个部分在未来各个时期的具体任务以及完成这些任务应达到的具体要求。分解的结果是形成组织的目标结构,包括目标的时间结构和空间结构。目标结构描述了组织中较高层次的目标(总体目标与长期目标)与较低层次目标(部门、环节、个人目标与各阶段目标)相互间的指导(如总体目标对部门目标、长期目标对阶段目标)与保证(部门目标对整体目标或阶段目标对长期目标)关系。

3. 目标结构分析

目标结构分析是研究较低层次的目标对较高层次目标的保证能否落实。即分析组织在各个时期的具体目标能否实现,从而能否保证长期目标的达成;组织的各个部分的具体目标能否实现,从而能否保证整体目标的达成。如果较低层次的某个具体目标不能充分实现,则应考虑能否采取有关补救措施,否则就应调整较高层次的目标要求,有时甚至可能导致整个决策的重新修订。

4. 综合平衡

综合平衡首先是分析由目标结构决定的,或目标结构对应的组织各部分在各时期的任务是否相互衔接和协调,因此包括任务的时间平衡和空间平衡。时间平衡是要分析组织在各时段的任务是否相互衔接,从而能否保证组织活动顺利地进行;空间平衡则要研究组织的各个部分的任务是否保持相应的比例比系,从而能否保证组织的整体活动协调地进行。

其次,综合平衡还要研究组织活动的进行与资源供应的关系,分析组织能否在适当的时间筹集到适当品种和数量的资源,从而保证组织活动的连续性。

最后,综合平衡还要分析不同环节在不同时间的任务与能力之间是否平衡,即研究组织的各个部分是否能够保证在任何时间都有足够的能力去完成规定的任务。由于组织的内外环境和活动条件经常发生变化,从而可能导致任务的调整,因此在任务与能力平衡的同时还需留有一定的余地,以保证这种将会产生的调整在必要时有可能进行。

5. 编制并下达执行计划

在综合平衡的基础上,组织即可为各个部门(如业务、人事、财务、供应)编制各个时段(长期、年度、季、月等)的行动计划,并下达执行。

二、计划编制的方法

计划编制的方法很多,本书性质决定了我们不可能就此展开详细讨论,这里只介绍两种方法的基本原理:一种与计划的时间(进度)安排有关,另一种则主要应用于计划安排中的部门间的关系分析。

1. 网络计划技术

网络计划技术于 20 世纪 50 年代后期在美国产生和发展,目前在组织活动的进度管理、特别是企业管理中得到广泛应用。这种方法是以网络图的形式来制定计划,通过网络图的绘制和相应的网络时间的计算,了解整个工作任务的全貌,对工作过程进行科学的统筹安排,并据以组织和控制工作的进行,以达到预期的目标。

网络图是计划技术的基础。任何一项任务都可分解成许多步骤的工作,根据这些工作在时间上的衔接关系,用箭线表示它们的先后顺序,画出一个各项工作相互联系、并注明所需时间的箭线图,这个箭线图就称作网络图。图6-1便是一简单的网络图形。

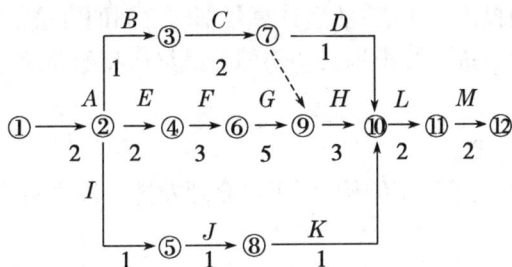

图6-1 网络图例

分析图6-1,可以发现,网络图由以下部分构成:

(1)"——→"代表工序,是一项工作过程,有人力、物力参加,经过一段时间才能完成。图中箭线下的数字便是完成该项工作所需的时间。此外,还有一些工序既不占用时间,也不消耗资源,是虚设的,叫虚工序,在图中用"------→"表示。网络图中应用虚工序的目的是为了避免工序之间关系的含混不清,以正确表明工序之间先后衔接的逻辑关系。

(2)"○"代表事项,是两个工序的连接点。事项既不消耗资源,也不占用时间,只表示前道工序结束、后道工序开始的瞬间。一个网络图中只有一个始点事项、一个终点事项。

(3)路线,网络图中由始点事项出发,沿箭线方向前进,连续不断地到达终点事项为止的一条通道。一个网络图中往往存在多条路线,例如图6-1中从始点①连续不断地走到终点⑫的路线有4条:

①:①——→②——→③——→⑦——→⑩——→⑪——→⑫
②:①——→②——→③——→⑦——→⑨——→⑩——→⑪——→⑫
③:①——→②——→④——→⑥——→⑨——→⑩——→⑪——→⑫
④:①——→②——→⑤——→⑧——→⑩——→⑪——→⑫

比较各路线的路长,可以找出一条或几条最长的路线,这种路线被称为关键路线。关键路线上的工序被称为关键工序。关键路线的路长决定了整个计划任务所需的时间。关键路线上各工序的完工时间提前或推迟都直接影响整个活动能否按时完工。确定关键路线,据此合理地安排各种资源,对各工序活动进行进度控制,是利用网络计划技术的主要目的。

利用网络计划技术制定计划,主要包括三个阶段的工作:

(1)分解任务,即把整个计划活动分成若干个数目的具体工序,并确定各工序时间,然后在此基础上分析明确各工序时间的相互关系。

(2)绘制网络图,根据各工序之间的相互关系,根据一定规则,如两个事项之间只能由一条箭线相连,绘制出包括所有工序的网络图。

(3)根据各工序所需作业时间,计算网络图中各路线的路长,找出关键线路。

2. 投入产出分析

投入产出分析是 20 世纪 40 年代由美国经济学家列昂惕夫首先提出的。它的主要根据是各部门经济活动的投入与产出之间的数量关系。所谓投入就是将人力、物力投入生产过程,在其中被消耗,这是生产性消费;所谓产出就是生产出一定数量和种类的产品。

投入产出分析作为一种综合计划方法,首先要根据某一年份的实际统计资料求出各部门之间的一定比例,编制投入产出表;然后计算各部门之间的直接消耗系数和间接消耗系数(合计便是完全消耗系数);进一步根据某些部门对最终产品的要求,算出各部门应达到的状况,据此编制综合计划。

这种方法的主要特点是:

(1) 反映了各部门的技术经济结构,可用以合理安排各种比例关系,特别是进行综合平衡的一种有效工具。

(2) 在编表过程中不仅能充分利用现在的统计资料,而且能建立各种统计指标之间的内在关系,使统计资料系统化。编成的投入产出表则是一个比较全面反映经济过程的数据库,可以用来做多种经济分析和经济预测。

(3) 由于通过表格形式反映经济现象,涉及数学知识不深,因而易于理解,并易于为计划工作者所接受。

(4) 适用范围较广,不仅可用于国家、部门或地区等宏观层次的计划制定,而且可用于企业的计划安排。

第三节 计划的执行与调整

计划工作目的是通过计划的制定和组织实施来实现决策目标。因此,编制计划只是计划工作的开始,更重要、更大量的工作还在于计划的执行。

组织计划执行的基本要求是:保证全面地、均衡地完成计划。所谓全面地完成计划是指组织整体、组织内的各个部门要按一切主要指标完成计划,而不能有所偏废。所谓均衡地完成计划则是指要根据时段的具体要求,做好各项工作,按年、季、月,甚至旬、周、日完成计划,以建立正常的活动秩序,保证组织稳步地发展。

如果说决策与计划的制定主要是专业工作者的事的话,计划的执行则需要依靠组织全体成员的努力,因此,能否全面、均衡地完成计划在很大程度上取决于在计划执行中,能否充分调动全体组织成员的工作积极性。

为了调动组织成员在计划执行中的积极性,我国一些企业于 20 世纪 80 年代初开始引进了目标管理的方法,并取得了一定的成效。

目标管理是美国管理学家德鲁克 1954 年提出的。德鲁克认为,为了充分发挥不同组织成员在计划执行中的作用,协调这些组织成员的努力,必须把组织任务转化为总目标,并根据目标活动及组织结构的特点分解为各个部门和层次的分目标,组织和各级管理人员根据分目标的要求对下层的工作进行指导和控制。

实行目标管理一般要展开以下步骤的工作:

1. 制定目标

包括确定组织的总体目标和各部门的分目标。总目标是组织在未来从事活动要达到的状况和水平,其实现依赖于全体成员的共同努力。为了协调这些成员在不同时空的努力,各个部门的各个成员都要建立与组织目标相结合的分目标。这样,就形成了一个以组织目标为中心的一贯到底的目标体系。在制定每个部门和每个成员的目标时,上级要向下级提出自己的方针和目标,下级根据上级的方针和目标制定自己的目标方案,在此基础上进行协商,最后由上级综合考虑做出决定。

2. 执行目标

组织中各层次、各部门的成员为达成分目标,必须从事一定的活动;活动中必须利用一定资源。为了保证他们有条件组织目标活动的展开,必须授予相应的权力,使之有能力调动和利用必要的资源。有了目标,组织成员便会明确努力的方向;有了权力,他们便会产生强烈的与权力使用相应的责任心,从而能充分发挥他们的判断能力和创造能力,使目标执行活动有效地进行。

3. 评价成果

成果评价既是实行奖惩的依据,也是上下左右沟通的机会,同时还是自我控制和自我激励的手段。

成果评价既包括上级对下级的评价,也包括下级对上级、同级关系部门相互之间的评价以及各层次的自我评价。上、下级之间的相互评价有利于信息、意见的沟通,从而有利于组织活动的控制;横向的关系部门相互之间的评价有利于保证不同环节的活动协调进行;而各层次组织成员的自我评价则利于促进他们的自我激励、自我控制以及自我完善。

4. 实行奖惩

组织对不同成员的奖惩,是以上述各种评价的结果为依据的。奖惩可以是物质的,也可以是精神的。公平合理的奖惩有利于维持和调动组织成员饱满的工作热情和积极性,奖惩有失公正则会影响这些成员行为的改善。

5. 制定新目标并开始新的目标管理循环

成果评价与成员行为奖惩,既是对某一阶段组织活动效果以及组织成员贡献的总结,也为下一阶段的工作提供参考和借鉴。在此基础上,为组织及其各个层次、部门的活动制定新的目标并组织实施,便展开目标管理的新一轮循环。

计划在执行过程中,有时需要根据情况进行调整。这不仅因为计划活动所处的客观环境可能发生了变化,而且可能因为人们对客观环境的主观认识有了改变。为了使组织活动更加符合环境特点的要求,必须对计划进行适时的调整。

滚动计划是保证计划在执行过程中能够根据情况变化适时修正和调整的一种现代计划方法。

滚动方式计划的基本做法是,制定好组织在一个时期的行动计划后,在执行过程中根据组织内外条件的变化定期加以修改,使计划期不断延伸,滚动向前。

滚动计划方法主要应用于长期计划的制定和调整。长期计划面对的环境较为复杂,有许多因素组织本身难以控制。采用滚动计划,便可适时根据环境变化和组织活动的实际进展情况进行调整,使组织始终有一个为各部门、各阶段活动导向的长期计划。当然,这种计划方式也可应用于短期计划工作,比如年度或季度计划的编制和修订。采用滚动方式编制年度计划时,可将计划期向前推进一个季度,到第一季度末根据第一季度计划执行结果和客观情况的变化,对原来的年度计划作相应的调整,使计划期向前推延一个季度。

滚动方式计划有以下主要特点:

(1) 计划分为若干个执行期,其中近期行动计划编制得详细具体,而远期计划则相对粗略。

(2) 计划执行一定时期,就根据执行情况和环境变化对以后各期计划的内容进行修改、调整。

(3) 上述两个特点决定了组织的计划工作始终是一个动态过程,因此滚动方式计划避免了计划的凝固化,提高了计划的适应性和对实际工作的指导性。

复习思考题

1. 试分析计划与决策的相互关系。
2. 计划对组织活动的进行有哪些作用?
3. 计划编制包括哪几个阶段的工作?
4. 网络计划技术基本原理是什么?
5. 何谓目标管理? 如何利用目标管理组织计划的实施?
6. 滚动方式计划有哪些基本特点?

第六章课后习题及答案

第三篇　组织与人事

决策目标的实现依赖于全体成员的共同努力,管理的组织职能是要整合每个成员的努力。它的具体任务在于:根据目标活动、组织环境以及技术条件等因素的特点,设计合理的组织结构;分析工作的要求与人员的特点,将适当的人员安排在适当的岗位上;从制度上整合组织的各种力量,协调各部门、各环节的关系;为各部门的工作提供必要的物质条件和信息条件,以开动并维持组织的运转;研究内外环境的变化,计划并实施组织的创新。

本篇研究指导组织职能主要工作的基本理论。

第七章研究组织设计的工作性质和主要内容。组织职能的必要性首先产生于组织活动内容的复杂性和参与人员数量的众多性。任何组织的任何主管既不可能独自完成组织内的所有活动,也不可能独自完成对所有参与活动人员的管理。有效管理幅度的限制决定了他必须委托一定数量的管理人员与他一起担负对组织活动的管理任务。组织设计就是要分析需要委托的工作、与此相应的管理职务以职务之间的相互关系,确定职务的分类以及职务的结构。上述设计工作是在管理劳动的分工基础上进行的,这种分工既包括横向的部门分工,也包括纵向的权力在各层次的分配。

这一章要讨论的问题主要有:

(1) 管理幅度问题是如何提出的? 如何确定有效的管理幅度和合理的管理层次?

(2) 组织设计的任务是什么? 设计中要考虑哪些因素? 依据哪些原则?

(3) 为什么说部门化是横向分工的结果? 部门设置的标准是什么?

(4) 有效的管理要求适度的集权和分权,怎样才能使集权与分权合理地组合?

第八章讨论如何进行人员的配备。

组织设计虽然也要在一定程度上考虑现有管理队伍的素质特点,但主要是根据工作的要求进行的。要为每个管理岗位配备适当的人员,还要进一步分析工作的性质和评估个人的素质,此外,为了保证组织结构和管理队伍的相对稳定性,还需要研究如何才能维持每个成员对组织的忠诚服务。因此,在这一章我们试图回答以下三个问题:

(1) 工作分析的作用和内容是什么?如何在此基础上评估组织对管理人员的需要量?

(2) 怎样评估现有人员的能力和素质?如何从组织外部招聘合适的管理人员?

(3) 如何使人员的稳定与流动合理地组合,从而帮助每个管理人员找到最恰当的工作岗位,使人才得到最充分、最合理地使用的同时,保持组织的稳定性?

组织成员的个人目标与组织的共同目标并不完全一致。成员之所以参加组织,是希望通过组织目标的实现来以最有效的方式实现自己个人的目标。一旦这一点受到怀疑,组织成员就可能自动离职而去。每个成员追求个人利益的事实,决定了组织中存在着固有的离散趋势。因此,为了确保每个组织成员的工作均能服务于组织目标,还须整合组织中的各种力量。这正是第九章的研究课题。第九章与第十章的区别在于:后者研究的是组织投入运转后,如何协调每个部门的工作,调动每个人的积极性,而第九章关心的是如何在制度上协调各个方面的关系。这些关系主要包括:

(1) 正式组织与非正式组织的关系。

(2) 直线与参谋的关系。

(3) 各种利益集团的关系。

第七章 组织结构设计

成功的演出不仅需要每个演员的天才表演艺术,而且首先要求有优秀的剧本;同样,组织的高效率运行首先要求设计的组织结构合理。虽然,高明的管理人员能使任何一个组织发挥作用,但合理的组织结构必然提高管理人员成功的机会。

第一节 管理幅度与管理层次

一、个人活动与集体活动

管理是任何人类的集体活动所必需的,组织工作亦然。如果说一般意义上的管理是对人们从事的业务活动的计划、组织和控制,那么,管理中的组织职能则是(或主要是)首先对管理人员的管理劳动的管理。组织结构的设计就是要在管理劳动分工的基础上,设计出组织所需的管理职务和各个管理职务之间的关系。

个体劳动者和手工作坊不存在组织结构问题。个体劳动者需要安排的只是自己的活动、自己的时间和资源的分配;手工作坊或规模很小的其他社会组织,其主管可以直接管理每一个成员的活动,而不需假手他人。但是,在一个拥有数百、上千,乃至几万人的大型现代社会组织中,由于时间和精力的限制,主管人员不可能直接地、面对面地安排和指导每个成员的工作,而需要委托或多或少的人与他一起分担管理工作。委托多少人?委托什么样的人? 每个受委托的人从事何种性质的工作? 他们在工作中的关系以及与委托者的关系如何? 解决这些问题,就需要设计组织的机构和结构,确定管理职务的类型和组合方法,规定他们的工作任务和相互关系。

可以说,组织结构的必要性和重要性是随着组织活动内容的复杂和参与活动人员数量的增加而不断提高的。

二、管理幅度、管理层次与组织结构的基本形态

组织的最高主管因受到时间和精力的限制,需委托一定数量的人分

担其管理工作。委托的结果是减少了他必须直接从事的业务工作量,但与此同时,也增加了他协调受托人之间关系的工作量。因此,任何主管能够直接有效地指挥和监督的下属数量总是有限的。这个有限的直接领导的下属数量被称作管理幅度。

由于同样的理由,最高主管的委托人也需将受托担任的部分管理工作再委托给另一些人来协助进行,并依此类推下去,直至受托人能直接安排和协调组织成员的具体业务活动。由此形成组织中最高主管到具体工作人员之间的不同管理层次。

显然,管理层次受到组织规模和管理幅度的影响。它与组织规模成正比:组织规模越大,包括的成员越多,则层次越多。在组织规模已定的条件下,它与管理幅度成反比:主管直接控制的下属越多,管理层次越少;相反,管理幅度减小,则管理层次增加。

管理层次与管理幅度的反比关系决定了两种基本的管理组织结构形态:扁平式结构形态和锥型结构形态。

扁平结构是指组织规模已定、管理幅度较大、管理层次较少的一种组织结构形态。这种形态的优点是:由于层次少,信息的传递速度快,从而可以使高层尽快地发现信息所反映的问题,并及时采取相应的纠偏措施;同时,由于信息传递所需的层次少,传递过程中失真的可能性也较小;此外,较大的管理幅度,使主管人员对下属不可能控制得过多过死,从而有利于下属主动性和首创精神的发挥。但由于过大的管理幅度也会带来一些局限性,比如主管不能对每位下属进行充分、有效的指导和监督;每个主管从较多的下属那儿取得信息,其中最重要、最有价值者可能被淹没在众多的信息中,从而可能影响信息的及时利用等。

锥型结构是管理幅度较小、管理层次较多的高、尖、细的金字塔形态。其优点与局限性正好与扁平结构相反:较小的管理幅度可以使每位主管仔细地研究从每个下属那儿得到的有限信息,并对每个下属进行详尽的指导;但过多的管理层次,不仅影响了信息从基层传递到高层的速度,而且由于经过的层次太多,每次传递都被各层主管加进了许多自己的理解和认识,从而可能导致信息在传递过程中失真;同时,过多的管理层次可能使各层主管感到自己在组织中的地位相对渺小,从而影响积极性的发挥;最后,过多的管理层次也往往容易使计划的控制工作复杂化。

组织设计要尽可能地综合以上这两种基本组织结构形态的优势,克服它们的局限性。

三、影响管理幅度的因素

综合和发扬两种基本组织形态的优点,要求确定合理的管理层次和管理幅度。由于管理层次的多少取决于管理幅度的大小,因此后者便成了矛盾的主要方面。

任何组织都需要解决主管人员直接指挥与监督的下属数量问题,但在同样获得成功的组织中,每位主管直接管辖的下属数量却往往是不同的。根据孔茨和奥唐奈的介绍:美国五星上将艾森豪威尔在二战中任盟军欧洲部队最高司令官时,有三名直属下级,而这三名下属没有一人有多于四名下属的。1975年,通用汽车公司的总经理有两名执行副总经理和一个由十三名副总经理组成的小组向他直接报告工作;同年一家管理较好的运输公司的最高主管直接领导七名主要下属。这些事实表明,努力去确定一种适用于任何组织的管理幅度是没有意义的,也是不可能有结果的。有效的管理幅度受到诸多因素的影响,这些因素主要有:管理者与被管理者的工作能力、工作内容、工作条件与工作环境。

1. 工作能力

主管的综合能力、理解能力、表达能力强，则可以迅速地把握问题的关键，就下属的请示提出恰当的指导建议，并使下属明确地理解，从而可以缩短与每一位下属在接触中占用的时间。同样，如果下属具备符合要求的能力，受过良好的系统培训，则可以在很多问题上根据自己符合组织要求的主见去解决，从而可以减少向上司请示、占用上司时间的频率。这样，管理的幅度便可适当宽些。

2. 工作内容和性质

（1）主管所处的管理层次。主管的工作在于决策和用人。处在管理系统中的不同层次，决策与用人的比重各不相同。决策的工作量越大，主管用于指导、协调下属的时间就越少。而越接近组织的高层，主管人员的决策职能越重要。所以，主管人员的管理幅度要较中层和基层管理人员小。

（2）下属工作的相似性。下属从事的工作内容和性质相近，则对每人工作的指导和建议也大体相同。这种情况下，同一主管对较多下属的指挥和监督则不会存在困难。

（3）计划的完善程度。下属如果单纯地执行计划，且计划本身制定得详尽周到，下属明确计划的目的和要求，那么，主管对下属指导所需的时间就不多。相反，如果下属不仅要执行计划，而且要将计划进一步了解，或计划本身不完善，那么，对下属指导、解释的工作量就会增加，从而减小有效管理幅度。

（4）非管理事务的多少。主管作为组织不同层次的代表，往往必须占用相当时间去进行一些非管理性事务。这种现象对管理幅度也会产生消极的影响。

3. 工作条件

（1）助手的配备情况。如果有关下属的所有问题，都要主管亲自处理，那么，必然要花费他大量的时间，其能直接领导的下属数量也会受到进一步的限制。如果给主管配备了必要的助手，由助手去和下属进行一般的联络，并直接处理一些明显的次要问题，则可以大大减少主管的工作量，增加其管理幅度。

（2）信息手段的配备情况。掌握信息是进行管理的前提。利用先进的技术去收集、处理和了解下属的工作情况，不仅可以及时地提出忠告和建议，而且可使下属了解更多的与自己工作有关的信息，从而更能自如、自主地处理分内的事务。这显然有利于扩大主管的管理幅度。

（3）工作地点的相近性。不同下属的工作岗位在地理上的分散，会增加下属与主管之间以及下属之间的沟通困难，从而会影响主管直属部下的数量。

4. 工作环境

组织环境稳定与否影响组织活动内容和政策的调整频度与幅度。环境变化越快，变化程度越大，组织中遇到的新问题越多，下属向上级的请示就越有必要、越经常；同时上级能用于指导下属工作的时间和精力就越少，因为他必须花更多的时间去关注环境的变化，考虑应变的措施。因此，环境越不稳定，各层主管人员的管理幅度越受到限制。

上面列举的远不是影响管理幅度的全部因素。但对这些有限因素的考察已足以表明，必须根据组织自身的特点来确定适当的管理幅度，从而决定管理层次。

第二节　组织设计的任务、依据与原则

要合理地组织主管的各级"受托人"的工作,把每个受托人安排在适当的位置上,就要首先绘制一个优秀的组织结构蓝图。

一、组织设计的任务

设计组织的结构是执行组织职能的基础工作。组织设计的任务是提供组织结构系统图和编制职务说明书。组织结构系统图的基本形状如图 7-1 所示。

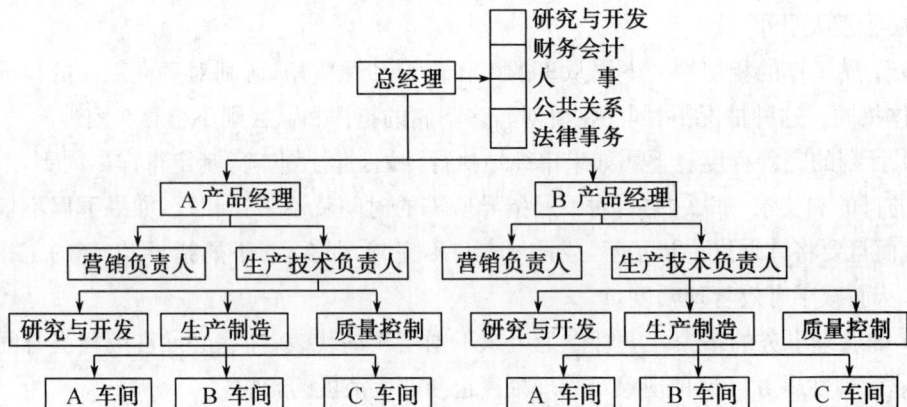

图 7-1　组织结构系统图

图 7-1 中的方框表示各种管理职务或相应的部门;箭线表示权力的指向;箭线将各方框的连接,标明了各种管理职务或部门在组织结构中的地位以及它们之间的相互关系。比如,A 产品经理必须服从总经理的指示,并向总经理报告工作;同时,他又直接领导着 A 产品营销负责人和生产技术负责人的工作。

《职务说明书》要求能简单而明确地指出:该管理职务的工作内容、职责与权力,与组织中其他部门和职务的关系,要求担任该项职务者所必须拥有的基本素质、技术知识、工作经验、处理问题的能力等条件。

为了提供上述两种组织设计的最终成果,组织设计者要完成以下三个步骤的工作:

(1)职务设计与分析。组织系统图是自上而下绘制的,我们在研究现有组织的改进时,也往往从自上而下地重新划分各个部门的职责来着手进行。但是,设计一个全部的组织结构都需要从最基层开始,也就是说,组织设计是自下而上的。

职务设计与分析是组织设计的最基础工作。职务设计是在目标活动逐步分解的基础上,设计和确定组织内从事具体管理工作所需的职务类别和数量,分析担任每个职务的人员应负的责任,应具备的素质要求。

(2)部门划分。根据各个职务所从事的工作内容的性质以及职务间的相互关系,依照一定的原则,可以将各个职务组合成被称为"部门"的管理单位。组织活动的特点、环境和条

件不同,划分部门所依据的标准也是不一样的。对同一组织来说,在不同时期的背景中,划分部门的标准也可能会不断调整。

(3)结构的形成。职务设计和部门划分是根据工作要求来进行的。在此基础上,还要根据组织内外能够获取的现有人力资源,对初步设计的部门和职务进行调整,并平衡各部门、各职务的工作量,以使组织机构合理。如果再次分析的结果证明初步设计是合理的,那么剩下的任务便是根据各自工作的性质和内容,规定各管理机构之间的职责、权限以及义务关系,使各管理部门和职务形成一个严密的网络。

二、组织设计的依据

管理职务及其结构的设计是为了合理组织管理人员的劳动。而需要管理的组织活动总是在一定的环境中利用一定的技术条件,并在组织总体战略的指导下进行的。组织设计不能不考虑到这些因素的影响。此外,组织的规模及其所处阶段不同,也会要求与之相应的结构形式。

1. 战略

组织结构必须服从组织所选择的战略的需要。适应战略要求的组织结构,为战略的实施,为组织目标的实现,提供了必要的前提。

战略是实现组织目标各种行动方案、方针和方向选择的总称。为实现同一目标,组织可在多种战略中进行挑选。比如,作为经济组织的企业,为实现利润、求得成长的目标,既可以生产低成本、低档次的产品,以廉价去争取众多的低收入用户,求得数量优势,亦可利用最精巧的技术和材料生产高档次产品,争取高收入消费者,以求得质量优势;在同一类商品的生产中,既可制造适应各类消费者需要的不同规格、不同型号的产品,也可专门制造某一类用户特殊需求的产品;在产品的销售市场上,遇到无力与其抗争的竞争对手时,企业既可通过开发新产品来避开,也要通过市场转移来寻求生机。

战略选择的不同,在两个层次上影响组织结构:不同的战略要求不同的业务活动,从而影响管理职务的设计;战略重点的改变,会引起组织的工作重点、各部门与职务在组织中重要程度的改变,因此要求各管理职务以及部门之间的关系作相应的调整。

2. 环境

任何组织作为社会的一个单位,都存在于一定的环境中。组织外部的环境必然会对内部的结构形式产生一定程度的影响。这种影响主要表现在两个不同的层次上。

(1)对职务和部门设计的影响。组织是社会经济大系统中的一个子系统。组织与外部存在的其他社会子系统之间也存在分工问题。社会分工方式的不同决定了组织内部工作内容、从而所需完成的任务、所需设立的职务和部门不一样。在我国计划经济体制时,企业的任务仅是利用国家供给的各种生产要素制造产品。要素的配置按国家规定的系统拨给,产品的去向按国家组织的渠道流出。企业内部的机构设置主要偏重于围绕着生产过程的组织。随着经济体制的改革,国家逐步把企业推向市场,使企业内部增加了要素供应和市场营销的工作内容,要求企业必须相应地增设或强化资源筹措和产品销售的部门。

(2)对各部门关系的影响。环境不同,使组织中各项工作完成的难易程度以及对组织目标实现的影响程度亦不相同。同样在市场经济的体制中,对产品的需求大于供给时,企业关心的是如何增加产量、扩大生产规模、增加新的生产设备或车间等企业的生产职能,从而生产部门会显得非常重要,而相对要冷落销售部门和销售人员;而一旦市场供过于求,从卖方市场转变为买方市场,则营销职能会得到强化,营销部门会成为组织的中心。

外部环境是否稳定,对组织结构的要求也是不一样的。稳定环境中的经营要求设计出被称为"机械式管理系统"的稳固结构,管理部门与人员的职责界限分明,工作内容和程序经过仔细的规定,各部门的权责关系固定,等级结构严密;而多变的环境则要求组织结构灵活(称为"有机的管理系统"),各部门的权责关系和工作内容需要经常做适应性的调整,等级关系不甚严密,组织设计中强调的是部门间的横向沟通而不是纵向的等级控制。

3. 技术

组织的活动需要利用一定的技术和反映一定技术水平的物质手段来进行。技术以及技术设备的水平不仅影响组织活动的效果和效率,而且会作用于组织活动的内容划分、职务的设置和工作人员的素质要求。信息处理的计算机化必将改变组织中的会计、文书、档案等部门的工作形式和性质。

技术对组织结构的影响,最明显的可能是作为经济组织的企业。现代企业的一个最基本特点是在生产过程中广泛使用了先进的技术和机器设备。由人制造的设备和设备体系有其自身的运转规律,这个规律决定了对运用设备进行作业的工人的生产组织。在某些条件下,人们必须把某一类产品的制造在一个封闭的生产车间内完成;而在另一些条件下,人们又可以让不同车间的生产专门化,只完成各类产品生产的某道或某几道工序。

4. 规模与组织所处的发展阶段

规模是影响组织结构的一个不容忽视的因素:适用于仅在某个区域市场上生产和销售产品的企业组织结构形态不可能也适用于在国际经济舞台上从事经营活动的巨型跨国公司。

组织的规模往往与组织的发展阶段相联系。伴随着组织的发展,组织活动的内容会日趋复杂,人数会逐渐增多,活动的规模会越来越大,组织的结构也需随之而经常调整。

美国学者 J. Thomas Cannon 提出了组织发展五阶段的理论,认为组织的发展过程要经历"创业""职能发展""分权""参谋激增"和"再集权阶段"五阶段,指出发展的阶段不同,要求有与之适应的不同的组织结构形态。

(1) 创业阶段。在这个阶段,决策主要由高层管理者个人做出,组织结构相当不正规,对协调只有最低限度的要求,组织内部的信息沟通主要建立在非正式的基础上。

(2) 职能发展阶段。这时决策越来越多地由其他管理者做出,而由最高管理者亲自决策的数量越来越少,组织结构建立在职能专业化的基础上,各职能间的协调需要增加,信息沟通变得更重要,也更困难。

(3) 分权阶段。组织采用分权的方法来对付职能结构引起的种种问题。组织结构以产品或地区事业部为基础来建立,目的是在企业内建立"小企业",使后者按创业阶段的特点来管理。但随之出现了新的问题,各"小企业"成了内部的不同利益集团,组织资源能够用于开发新产品的灵活性减少,总公司与"小企业"的许多重复性管理劳动使费用增加,高层管理者感到对各"小企业"失去了控制。

(4) 参谋激增阶段。为了加强对"小企业"的控制,公司一级的行政主管增加了许多参谋助手。而参谋的增加又会导致他们与直线主管的矛盾,影响组织中的命令统一。

(5) 再集权阶段。分权与参谋激增阶段所产生的问题可能诱使公司高层主管再度高度集中决策权力。同时,信息处理的计算机化也使再集权成为可能。

三、组织设计的原则

组织所处的环境、采用的技术、制定的战略、发展的规模不同,所需的职务和部门及其相互关系也不同,但任何组织在进行机构和结构的设计时,都需遵守一些共同的原则。

1. 因事设职和因人设职相结合的原则

因事设职是使目标活动的每项内容都落实到具体的岗位和部门,使"事事有人做",而非"人人有事做"。因此,在组织设计中,逻辑性地要求首先考虑工作的特点和需要,要求因事设职,因职用人,而非相反。但这并不意味着组织设计中可以忽视人的因素,忽视人的特点和人的能力。

组织设计过程中,必须重视人的因素,这是多方面的要求。

首先,组织设计往往并不是为全新的、迄今为止还不存在的组织设计职务和机构。在通常情况下,我们遇到的实际上是组织的再设计问题:随着环境、任务等某个或某些影响因素的变化,重新设计或调整组织的机构与结构。这时就不能不考虑到现有组织中成员的特点,组织设计的目的不仅是要保证"事事有人做",而且要保证"有能力的人有机会去做他们真正胜任的工作"。

其次,组织中各部门、各岗位的工作最终是要人去完成的。即使是一个全新的组织,也并不总是能在社会上招聘到每个职务所需的理想人员。如同产品的设计,不仅要考虑到产品本身的结构合理,还要考虑到所能运用的材料的质地、性能的限制一样;组织机构和结构的设计,也不能不考虑到组织内外现有人力资源的特点。

最后,任何组织首先是人的集合,而不是事和物的集合。人之所以参加组织,不仅要满足某种客观的需要,而且是希望通过工作来提高能力、展现才华、实现自我的价值。现代社会中的任何组织,通过其活动向社会提供的不仅是某种特定的产品或服务,而且是具有一定素质的人。可以说,为社会培养各种合格的人才是所有社会组织不可推卸的责任。为此,组织设计也必须有利于人的能力的提高,有利于人的发展,必须考虑到人的因素。

2. 权责对等的原则

组织中每个部门和职务都必须完成规定的工作。而为了从事一定的活动,都需要利用一定的人力、物力或财力等资源。因此,为了保证"事事有人做""事事都能正确地做",则不仅要明确各个部门的任务和责任,而且在组织设计中,要规定相应地取得和使用必需的人力、物力、财力以及信息等工作条件的权力。没有明确的权力,或权力的应用范围小于工作的要求,则可能使责任无法履行,任务无法完成。当然,对等的权责也意味着赋予某个部门或岗位的权力不能超过其应负的职责。权力大于工作的要求,虽能保证任务的完成,但会导致不负责任地滥用权力,甚至会危及整个组织系统的运行。

3. 命令统一的原则

除了位于组织金字塔顶部的最高行政指挥外,组织中的所有其他成员在工作中都会收到来自上级行政部门或负责人的命令,根据上级的指令开始或结束、进行或调整、修正或废止自己的工作。但是,一个下属如果同时接受两个上司的领导,而两位上司的指示并不总是保持一致的话,那么,他的工作就会混乱,并无所适从。这时,下属无论依照谁的指令行事,都有可能受到另一位上司的指责。当然,如果下属足够聪明,且有足够的胆略,他甚至可以用一位上司的命令去否定另一位上司的指示,不采取任何执行行动。这显然也会给整个组织带来危害。这种现象便是组织设计中应注意避免,组织工作中不允许存在的"多头领导"现象。与之相对应的"命令统一"或"统一指挥"原则,指的是组织中的任何成员只能接受一个上司的领导。

统一命令是组织工作的一条重要原则,甚至是一项基本原则。组织内部的分工越细、越深入,统一命令原则对于保证组织目标实现的作用越重要。只有实行这条原则,才能防止政出多门、遇事互相扯皮推诿,才能保证有效地统一和协调各方面的力量、各单位的活动。

但是,这条重要的原则在组织实践中常遇到来自多方面的破坏,最常见的有以下两种情况。图7-2表明了组织中各个职务之间的等级关系。

(1)在正常情况下,D和E只接受B的领导,F和G只服从C的命令,B和C都不应闯入对方的"领地"。但是,如果B也向F下达指令,要求他在某时某刻去完成某项工作,而F也因B具有与自己的直系上司C相同层次的职务而服从这个命令,则出现了双头领导的现象。这种在理论上不应出现的现象,在实践中却常会遇到。

(2)在正常情况下,A只能对B和C直接下达命令,但如果出于"效率"和速度的考虑,为了纠正某个错误,或及时停止某项

图7-2 等级关系图

作业,A不通过B和C,而直接向D、E或F、G下达命令,而这些下属的下属对自己上司的上司命令,在通常情况下是会积极执行的。这种行为经常反复,也会出现双头或多头领导。这种越级指挥的现象给组织带来的危害是极大的,它不仅破坏了命令统一的原则,而且会引发越级请示的行为。长此下去,会造成中层管理人员在工作中的犹豫不决,并增强他们的依赖性,诱使他们逃避工作,逃避责任。最后会导致中间管理层,乃至整个行政管理系统的瘫痪。

为了防止上述现象的出现,在组织设计中要根据一个下级只能服从一个上级领导的原则,将管理的各个职务形成一条连续的等级链,明确规定链中每个职务之间的责任、权力关系,禁止越级指挥或越权指挥。在组织实践中,在管理的体制上,要实行各级行政首长负责制,减少甚至不设多级行政主管的副职,以防止副职"篡权""越权",从而干扰正职的工作,以保证统一命令原则的贯彻。

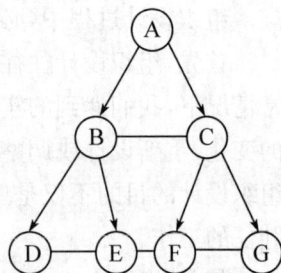

第三节 部 门 化

组织机构和结构的确定首先是为了管理的方便。组织设计的实质是通过对管理劳动的分工,将不同的管理人员安排在不同的管理岗位和部门中,通过他们在特定环境、特定相互关系中的管理作业来使整个管理系统有机地运转起来。

管理劳动的分工,包括横向和纵向两个方面。横向的分工是根据不同的标准,将管理劳动分解成不同岗位和部门的任务,横向分工的结果是部门的设置或"组织的部门化";纵向分工是根据管理幅度的限制,确定管理系统的层次,并根据管理层次在管理系统中的位置,规定各层次管理人员的职责和权限,纵向分工的结果是责任分配基础上的管理决策权限的相对集中或分散。

本节主要讨论部门化的问题。部门化是将整个管理系统分解,并再分解成若干个相互依存的基本管理单位,它是在管理劳动横向分工的基础上进行的。分工的标准不同,所形成的管理部门以及各部门之间的相互关系亦不同。组织设计中经常运用的部门划分的标准是:职能、产品以及区域。

一、职能部门化

职能部门化是根据业务活动的相似性来设立管理部门。判断某些活动是否相似的标准是,这些活动的业务性质是否相近,从事活动所需的业务技能是否相同,这些活动的进行对同一目标(或分目标)的实现是否具有紧密相关的作用。

我们知道,在商品经济中,企业为了实现生存和发展的目标,必须盈利。而盈利的前提是有效地向社会提供人们需要的商品。因此,不同的企业,虽然所属行业、产品类型、制造工艺不同,但它们的活动都是围绕着生产条件的筹集与组合、为物质产品或劳务的寻找以及为这两者提供资金保证来展开的。生产、营销以及财务被认为是企业的基本职能,缺少了其中的任何一项,企业便无法生存。除了这些非常重要的基本职能外,企业还需要一些保证生产经营能顺利展开的辅助性的或次要的职能,如人事、公共关系、法律事务等职能。

图 7-3 是一个典型的职能部门化的组织结构系统图。

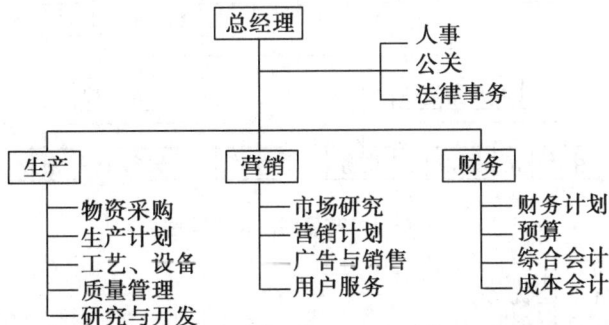

图 7-3 职能部门化结构图

职能部门化是一种传统的、普遍的组织形式。这首先是因为职能是划分活动类型、设立部门的最自然、最方便、最符合逻辑的标准,据此进行分工和设计的组织结构可以带来专业化分工的种种好处,可以使各部门的管理人员或专心致志地研究产品的开发和制造,或积极努力地探索和开发市场,或认真仔细地记录、分析和评价资金的运动;同时,按职能划分部门,由于各部门在最高主管的领导下从事相互依存的整体活动的一部分,因此有利于维护最高行政指挥的权威,有利于维护组织的统一性;此外,由于各部门只负责一种类型的业务活动,因此有利于工作人员的培训、相互交流,从而带动技术水平的提高。

职能部门化的局限性主要表现在以下几个方面:由于各种产品的原料采购、生产制造、产品销售都集中在相同的部门进行,各种产品给企业带来的贡献不易区别,因此不利于指导企业产品结构的调整;由于各部门的负责人长期只从事某种专门业务的管理,缺乏总体的眼光,因此不利于高级管理人才的培养;由于活动和业务的性质不同,各职能部门可能只注重依据自己的准则来行动,因此可能使本来相互依存的部门之间的活动不协调,影响组织整体目标的实现。为了克服这些局限性,有些组织利用产品或地区的标准来划分部门。

二、产品部门化

按职能设立部门往往是企业发展初期、品种单纯、规模较小时的一种组织形式。但是随着企业的成长和品种多样化,把制造工艺不同和用户特点不同的产品集中在同一生产或销售部门管理,会给部门主管带来日益增多的困难。因此,与扩大了的企业规模相对应,如果主要产品的数量足够大,这些不同产品的用户或潜在用户足够多,那么组织的最高管理层除了保留公关、财务、人事、甚至采购这些必要的职能外,就应该考虑根据产品来设立管理部门、划分管理单位:将同一产品的生产和或销售工作集中在相同的部门组织进行。

从职能部门化到产品部门化可能要经历一个发展过程。当企业规模还不足够大、各种产品的产量和社会需求量还不足够多的时候,组织中可能采取的变通方法是:职能部门内部不同的工作人员按产品的类别来划分工作任务,然后随着产品需求量和生产量的发展再采取产品部门化的形式。

图7-4是一个典型的产品部门化的组织图。

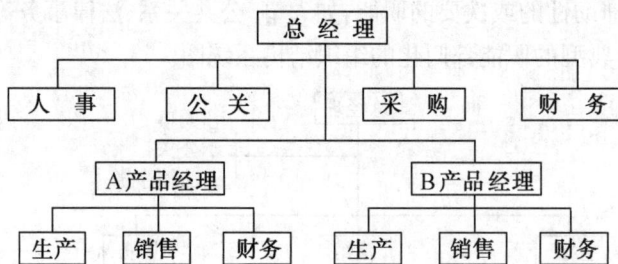

图7-4 产品部门化结构图

产品部门化具有下述优势:

(1)能使企业将多角化经营和专业化经营结合起来。整个企业向社会提供多种产品,而每一个部门只专门生产一种产品。因此,既可使企业因多角化经营而减少市场风险,提高经营的稳定性,又可使企业的各部门因专业经营而提高生产率,降低劳动成本。

(2)有利于企业及时调整生产方向。按产品设立管理部门,要比职能部门化更易区分和摊派各种产品的收益与成本,从而更易考察和比较不同产品对企业的贡献,因此有利于企业及时限制、甚至淘汰(或扩大和发展)某种产品的生产,使整个企业的产品结构更加合理。

(3)有利于促进企业的内部竞争。由于各个产品部门对企业的贡献容易辨认,因此可能导致部门间的竞争。这种内部竞争如处理不当,可能影响总体利益的协调;但若加以正确引导,可以促进不同的产品部门竞相改善本单位的工作,从而有利于促进企业的成长。

（4）有利于高层管理人才的培养。每个部门的经理都需独当一面，完成同一产品制造的各种职能活动，这类似于对一个完整企业的管理。因此，企业可以利用产品部门作为培养有前途的高层管理人才的基地。

产品部门化的局限性是需较多的具有像总经理那样能力的人去管理各个产品部门；同时各个部门的主管也可能过分强调本单位利益，从而影响企业的统一指挥；此外，产品部门某些职能管理机构与企业总部的重叠会导致管理费用的增加，从而提高了待摊成本，影响企业竞争。

三、区域部门化

区域部门化是根据地理因素来设立管理部门，把不同地区的经营业务和职责划分给不同部门的经理。

组织活动在地理上的分散带来的交通和信息沟通困难曾经是区域部门化的主要理由。我们很难设想在一个交通和电讯联络不方便的区域或国家，公司总部的经理人员能正确合理地遥控指挥一个在千里之外的生产单位的产品制造活动。但是，随着通信条件的改善，这个理由已不再那么重要。

取而代之的是社会文化环境方面的理由。随着管理理论研究的深入，人们越来越清楚地认识到社会文化环境对组织的活动有着非常重要的影响：不同的文化环境决定了人们不同的价值观，从而使人们的劳动态度、对物质利益或工作成就的重视程度以及消费偏好不一样，因此，要求企业采用不同的人事管理或营销方法。文化背景是历史形成的。由于历史上各个地区之间的相互封闭，使得今天的一定的文化环境总是同一定的地理区域相联系。因此，根据地理位置的不同设立管理部门，甚至使不同区域的生产、经营单位成为相对自主的管理实体，可以更好地针对各地区劳动者和消费者的行为特点来组织生产和经营活动。在国际范围内从事经营业务的跨国公司尤其如此：它们不仅使分散在世界各地的附属公司成为独立的实体，而且对公司总部协调国际经营的高级管理人员的业务划分也是根据区域标准来进行的。

典型的区域部门化的组织结构图如图7-5。

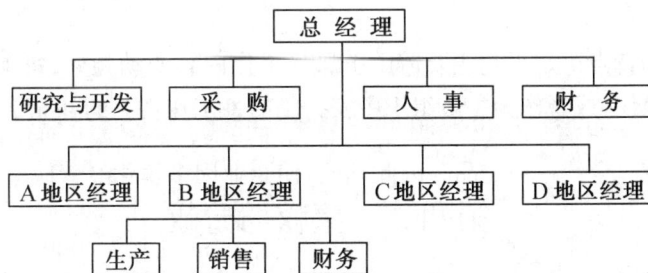

图7-5　区域部门化结构图

按区域划分管理部门的优点和弊端类似于产品部门化。

四、综合标准与矩阵组织

从上面给出的各种组织结构图中,我们不难发现,任何组织都不可能根据唯一的标准来设计,而必须同时利用两个或两个以上的部门化方式,在职能部门化的情况下,各职能部门内部可能按地区或产品来组织各个小组(分部门)的业务工作。在利用产品或区域标准的情况下,不仅公司总部保留了必要的人事、财务、采购等职能部门,而且相对独立的地区或产品部也设立了一些必要的职能机构。

矩阵组织是综合利用各种标准的一个范例。这是一种由纵横两套系统交叉形成的复合结构组织:纵向的是职能系统;横向的是为完成某项专门任务(如新产品开发)而组成的项目系统。项目系统没有固定的工作人员,而是随着任务的进度,根据工作的需要从各职能部门抽人参加,这些人员完成了与自己有关的工作后,仍回到原来的职能部门。

图7-6是一种常见的矩阵式组织结构图。

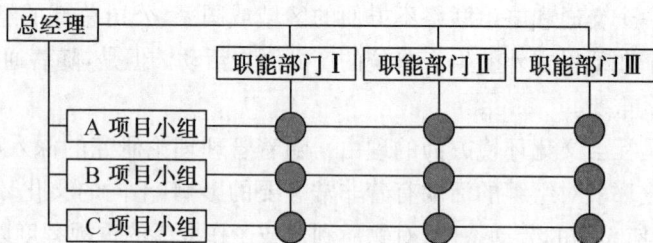

图7-6 矩阵组织结构图

矩阵组织具有很大的弹性和适应性,可以根据工作的需要,集中各种专门知识和技能的人才,短期内迅速完成重要的任务;由于在项目小组中集中了各种人才,便于知识和意见的交流,能促进新的观点和设想的产生;此外,由于成员来自各个不同的职能部门,项目小组的活动还可促进各个部门间的协调和沟通。但由于项目组织的成员是根据工作的进展情况临时从各职能部门抽调的,其隶属关系不变,所以不仅可能使他们产生临时观念,影响工作责任心,而且由于他们要接受并不总是保持一致的双重领导,在工作中可能有时会感到无所适从。

矩阵式组织的特点决定了它主要适用于那些工作内容变动频繁、每项工作的完成需要众多技术知识的组织,或者作为一般组织中安排临时性工作任务的补充结构形式。

第四节 集权与分权

组织的不同部门拥有的权力范围不同,会导致部门之间、部门与最高指挥者之间以及部门与下属单位之间的关系不同,从而组织的结构不同。比如,同是按产品划分设立的管理单位,既可以是单纯的生产车间或与其他职能部门的性质相同的部门,也可是一个拥有相同自主权的分权化经营单位(事业部甚至分公司)。这涉及组织的集权与分权问题:前一种情况多半发生在权力相对集中的组织中,而后者则是分权化组织的主要特征。

一、权力的性质与特征

设计一个集权或分权的组织,分析某个组织主要是集权还是分权,需要解决的第一个问题是界定权力的含义。

"权力"通常被描述为组织中人与人之间的一种关系,是指处在某个管理岗位上的人对整个组织或所辖单位与人员的一种影响力,或简称管理者影响别人的能力。定义为影响力的权力主要包括三种类型:专长权、个人影响权与制度权(或称法定权)。专长权是指管理者因具备某种专门知识或技能而产生的影响能力;个人影响权是指因个人的品质、社会背景等因素而赢得别人的尊重与服从的能力;制度权是与管理职务有关、由管理者在组织中的地位所决定的影响力。与个人品质、社会背景、知识、技能有关的影响力显然不会成为集中或分散的对象,因此,我们这里关心的主要是制度权力。

作为赋予管理系统中某一职位的权力,制度权的实质是决策的权力,即决定干什么的权力、决定如何干的权力以及决定何时干的权力。制度权的这三个方面从本质上来说是不可分割的:只有决定干什么的权力,而不需决定行动的内容和方式,会影响决策者对目标实现的可行性研究,从而可能导致决策的盲目性;相反,如果只有决定如何干、何时去完成的权力,而无权确定行动的方向,则会影响决策的积极性,降低决策者的动力。

制度权力与组织中的管理职位有关,而与占据这个职位的人无关。生产经理一旦调任营销或财务主管,对原部门的管理人员不再具有命令或控制的权力。赋予某个职位的权力,也并不意味着在某个时期占据该职位的管理人员对本系统任何较低层次的员工都能直接指挥和命令。例如,生产经理负责整个企业的产品制造活动的统一组织指挥,但这并不意味着他可以不通过车间主任或工长而直接向某个工人分配任务。制度权力只赋予某个职位的管理人员向直接下属发布命令的权力。

二、集权与分权的相对性

集权是指决策权在组织系统中较高管理层次的一定程度的集中;与此相对应,分权是指决策权在组织系统中较低管理层次的一定程度的分散。

集权和分权是一个相对的概念。绝对的集权意味着组织中的全部权力集中在一个主管手中,组织活动的所有决策均由主管做出,主管直接面对所有的实施执行者,没有任何中间管理人员,没有任何中层管理机构。这在现代社会经济组织中显然是不可能的。而绝对的分权则意味着全部权力分散在各个管理部门,甚至分散在各个执行者、操作者手中,没有任何集中的权力,因此主管的职位显然是多余的,一个统一的组织也不复存在。

所以,在现实社会中的组织,可能是集权的成分多一点,也可能是分权的成分多一点。我们需要研究的,不是应该集权还是分权,而是哪些权力宜于集中,哪些权力宜于分散,在什么样的情况下集权的成分应多一点,何时又需要较多的分权。

三、组织中的集权倾向

集权与分权虽然同样必不可少,但组织中几乎普遍存在一种集权的倾向。

1. 集权倾向的产生原因

集权倾向主要与组织的历史和领导的个性有关，但有时也可能是为了追求行政上的效率。

（1）组织的历史。如果组织是在自身较小规模的基础上逐渐发展起来、发展过程中无其他组织加入的话，那么集权倾向可能更为明显。因为组织规模较小时，大部分决策都是由最高主管（层）直接制定和组织实施的。决策权的使用可能成为习惯，一旦失去这些权力，主管可能产生失去了对"自己的组织"的控制的感觉。因此，即使事业不断发展、规模不断扩大，最高主管或最高管理层仍然愿意保留着不应集中的大部分权力。

（2）领导的个性。权力是赋予一定职位的管理人员的，它是地位的象征。权力的运用可以证实、保证并提高其使用者在组织中的地位。组织中个性较强和自信的领导者往往喜欢所辖部门完全按照自己的意志来运行，而集权则是保证个人意志绝对被服从的先决条件。当然，集中地使用权力，统一地使用和协调本部门的各种力量、创造比较明显的工作成绩，也是提高自己在组织中的地位、增加升迁机会的重要途径。

（3）政策的统一与行政的效率。从积极方面来看，集权化倾向的普遍存在有时也是为了获得它的贡献。集权至少可以带来两个方面的好处：一是可以保证组织总体政策的统一性；二是可以保证决策执行的速度。集中的权力制定出组织各单位必须执行的政策，可以使整个组织统一认识，统一行动，统一处理对内对外的各种问题，防止各自为政，政出多门，互相矛盾；同时，在集权体制下，决策的制定可能是一个缓慢的过程，但任何问题一经决策，便可借助高度集中的行政指挥体系使得各个层次"闻风而动"，迅速组织实施。

2. 过分集权的弊端

当一个组织的规模还比较小的时候，高度集权可能是必需的，而且可以充分显示出其优越性。但随着组织的发展，如仍将许多决策权过度地集中在较高的管理层次，则可能表现出种种弊端，其中最主要的有：

（1）降低决策的质量。大规模组织的主管远离基层，基层发生的问题经过层层请示汇报后再作决策，不仅影响决策的正确性，而且影响决策的及时性。高层主管了解的信息在传递过程中可能被扭曲，而根据被扭曲的信息制定的决策是很难保证其质量的；即使制定的决策正确，但由于信息多环节的传递需要耽误一定的时间从而可能导致决策迟缓，等到正确的方案制定出来时，问题可能已对组织造成了重大的危害，或者形势已经发生了变化，问题的性质已经转换，需要新的解决方法。

（2）降低组织的适应能力。作为社会细胞的组织，其整体和各个部分与社会环境有着多方面的联系。随着组织的发展，这种联系变得更频繁、更复杂。而与组织有联系的外界环境是在不断发展和变化的。处在动态环境中的组织必须根据环境中各种因素的变化不断进行调整。这种调整既可能是全局性的，也可能是，且往往是局部性的。过度集权的组织可能使各个部门失去自适应和自调整的能力，从而削弱组织整体的应变能力。

（3）降低组织成员的工作热情。权力的高度集中，使得组织中的大部分决策均由最高主管或高层管理人员制定，基层管理人员和操作人员的主要任务、甚至唯一任务在于被动地、机械地执行命令。长此以往，他们的积极性、主动性、创造性会被逐渐磨灭，工作热情消失，劳动效率下降，从而使组织的发展失去基础。

上述主要弊端的任何一项都会对组织造成致命性的危害;同时,由于集权是一种方便的行为、普遍化的现象,因此,我们应着重研究其对应面:非集权化和权力的分散。

四、分权及其实现途径

1. 分权的标志

要研究和指导组织的分权,首先要确定判别组织是否实行了分权以及分权程度的标志。评价分权程度的标志主要有四个:

(1)决策的频度。组织中较低管理层次制定决策的频度或数目越大,则分权程度越高。

(2)决策的幅度。组织中较低层次决策的范围越广,涉及的职能越多,则分权程度越高。比如按地区划分的管理单位,如果只是有权对生产问题做出决策,则组织的分权程度较低;相反,如果对市场营销、甚至财务问题也有一定的决策权,则企业是一个分权化组织的可能性就比较大。

(3)决策的重要性。决策的重要性可以从两个方面来衡量:一是决策的影响程度;二是决策涉及的费用。如果组织中较低层次的决策只影响该部门的日常管理,而不影响部门的今后发展,那么决策对整个组织的影响程度较小,组织的分权程度较低,反之则高。类似地,组织的低层次管理部门能够制定需较多费用的决策,其分权程度就要比另一个相应层次的管理部门只能做出需要较少费用的决策的组织要高。

(4)对决策的控制程度。如果高层对较低层的决策没有任何控制,则分权程度极高;如果低层在决策后要向高一级管理部门报告备案,则分权程度次之;如果低层在决策前要征询上级部门的意见,向其"咨询",则分权程度更低。

2. 分权的影响因素

分权虽然是必要的,组织中也存在许多因素有利于分权,但同时也存在不少妨碍分权的因素。

(1)组织中促进分权的因素。组织活动及其管理在诸多方面要求分权,其中最主要的因素有:① 组织的规模。组织的规模越大,管理的层次越多。多层次管理人员为了协调和指挥下属的活动,必然要求相应的权力。因此,权力往往随着组织规模的扩大和管理层次的增加而与职责一起逐层分解。同时,组织规模达到一定程度以后,决策权仍高度集中,则可能导致"规模负经济"。因此,分权往往是发展中的组织避免或至少是推迟达到"最佳规模"的手段。② 活动的分散性。组织的某个工作单位如果远离总部,则往往需要分权。这是因为对总部来说,不在现场的指挥难以正确、有效地指挥现场的操作;同时,分散在各地区的单位主管往往表现出强烈的自治欲望,这种欲望如果不能得到一定程度的满足,则可能破坏组织的效率。③ 培训管理人员的需要。"在游泳中学会游泳",在权力的使用中学会使用权力。低层管理人员如果很少有实践权力的机会,或只有实践很少权力的机会,则难以培养成为能够统御全局的人才,从而不能使组织在内部造就高层管理的后备力量。相反,独当一面的分权化单位主管可以非常迅速地适应总经理的工作。

(2)组织中限制分权的因素。① 政策的统一性。组织作为一个统一社会单位,要求内部的各方面政策是统一的。如果一个企业在同一产品销给不同用户的价格上、在职工的报酬标准上等方面采取不同的政策,则可能导致统一组织的解体。分权则可能对组织的统一性起到某种破坏作用。② 缺乏受过良好训练的管理人员。分权与管理人员的培训是互为因果的。现有组织的重新设计不能不考虑组织现有管理人员的素质。分权化导致基层决策权力增加，要求这些权力被正确、有效地运用，唯有如此，才符合分权的初衷，才能促进组织效率的提高。然而，正确地运用权力，要求管理人员具有相应的素质。现有组织如果缺乏足够的符合要求的低层管理人员，则往往对进一步分权造成限制。缺乏受过良好训练的管理人员，也往往成为组织的主管不愿分权的借口。

3. 分权的途径

权力的分散可以通过两个途径来实现：组织设计中的权力分配（制度分权）与主管人员在工作中的授权。

制度分权与授权的结果虽然相同，都是使较低层管理人员行使较多的决策权，即权力的分散化，但实际上这两者是有重要区别的。

制度分权是在组织设计时，考虑到组织规模和组织活动的特征，在工作分析、职务和部门设计的基础上，根据各管理岗位工作任务的要求，规定必要的职责和权限。而授权则是担任一定管理职务的领导者，在实际工作中，为充分利用专门人才的知识和技能，或出现新增业务的情况下，将部分解决问题、处理新增业务的权力委任给某个或某些下属。

制度分权与授权的含义不同，决定了它们具有下述区别：

（1）制度分权是在详细分析、认真论证的基础上进行的，因此具有一定的必然性；而工作中的授权则往往与管理者个人的能力和精力、拥有的下属的特点、业务发展情况相联系，因此具有很大的随机性。

（2）制度分权是将权力分配给某个职位，因此，权力的性质、应用范围和程度的确定，需根据整个组织结构的要求；而授权是将权力委任给某个下层，因此，委任何种权力、委任后应作何种控制，不仅要考虑工作的要求，而且要依据下属的工作能力。

（3）分配给某个管理职位的权力，如果调整的话，不仅影响该职位或部门，而且会影响其与组织其他部分的关系。因此，制度分权是相对稳定的。除非整个组织结构重新调整，否则制度分权不会收回。相反，由于授权是某个主管将自己担任的职务所拥有的权限因某项具体工作的需要而委任给某个下属，这种委任可以是长期的，也可以是临时的。长期的授权虽然可能制度化，在组织结构调整时成为制度分权，但由于授权不意味着放弃权力，在组织再设计之前，不管是长期或是临时授予的权力，授权者都可以收回，使之重新集中在自己手中。

（4）制度分权主要是一条组织工作的原则，以及在此原则指导下的组织设计中的纵向分工；而授权则主要是组织者在管理工作中的一种领导艺术，一种调动下属积极性、充分发挥下属作用的方法。

另外，必须指出，作为分权的两种途径，制度分权与授权是互相补充的。组织设计中难以详细规定每项职权的运用，难以预料每个管理岗位上工作人员的能力，同时也难以预测每个管理部门可能出现的新问题，因此，需要各层次领导者在工作中的授权来补充。

复习思考题

1. 何谓管理幅度？如何确定合理的管理幅度？
2. 组织基本的结构形态有哪两种类型？这两种结构形态有何特点？
3. 组织设计的任务是什么？
4. 组织设计要考虑到哪些因素的影响？要遵循哪些基本原则？
5. 职能部门、产品部门化、区域部门化有哪些优势和局限性？
6. 何谓矩阵组织？矩阵组织有何特点？
7. 何谓权力？管理权力有哪些类型？
8. 组织中为什么会存在集权的倾向？
9. 过分集权可能带来哪些弊端？
10. 管理权力的分散要考虑到哪些影响因素？企业如何实现权力的分散？

第八章 人员配备

组织设计仅为系统的运行提供了可供依托的框架。框架要能发挥作用,还需由人来操作。因此,在设计了合理的组织机构和结构的基础上,还需为这些机构的不同岗位选配合适的人员。人员配备是组织设计的逻辑延续,这项工作的主要内容和任务是:通过分析人与事的特点,谋求人与事的最佳组合,实现人与事的不断发展。

第一节 人员配备的任务、程序和原则

一、人员配备的任务

人员配备是为每个岗位配备适当的人,也就是说,首先要满足组织的需要;同时,人员配备也是为每个人安排适当的工作,因此,要考虑组织成员个人的特点、爱好和需要。人员配备的任务可以从组织和个人这两个不同的角度去考察。

1. 从组织需要的角度去考察

(1) 通过人员配备使组织系统得以开动运转。设计合理的组织系统要能有效地运转,必须使机构中每个工作岗位都有适当的人去占据,使实现组织目标所必须进行的每项活动都有合格的人去完成。这是人员配备的基本任务。

(2) 为组织发展准备干部力量。组织是一个动态系统,组织处在一个不断变化发展的社会经济环境中。组织的目标、活动的内容需要经常根据环境的变化做适当的调整,由目标和活动决定的组织机构也会随之发生相应的变化。组织的适当调整过程往往也是发展壮大过程。组织的机构和岗位不仅会发生质的改变,而且会在量上不断增加。所以,我们在为组织目前的机构配备人员,还要考虑机构可能发生的变化,为明天的组织准备和提供工作人员,特别是管理干部。由于管理干部的成长往往需要较长的时间,因此组织要在使用的同时来培训未来的管理干部,要注意管理干部培训计划的制定和实施。

(3) 维持成员对组织的忠诚。人才流动对个人来说可能是重要的,

它可以使人才自己通过不断的尝试,找到最合适自己的才能、给自己带来最大利益的工作。但是对整个组织来说,人才流动虽有可能给企业带来"输入新鲜血液"的好处,但其破坏性可能更甚:人员不稳定,职工离职率高,特别是优秀人才的外流,往往使组织积年的培训费用付之流水,而且可能破坏组织的人事发展计划,甚至影响企业在发展过程中的干部需要。因此,要通过人员配备,来稳住人心、留住人才,维持成员对组织的忠诚。

2. 从组织成员需要的角度去考察

留住人才,不仅要留住其身,而且要留住其心。只有这样,才能达到维持他们对组织忠诚的效果。然而,组织成员是否真心实意地、自觉积极地为组织努力工作,受到许多因素的影响。就人员配备来说,要达到这个目的,必须注意:

(1)通过人员配备,使每个人的知识和能力得到公正的评价、承认和运用。工作的需求与自身的能力是否相符,是否感到"大材小用",从而"怀才不遇",工作的目标是否富有挑战性,这些因素与人们在工作中的积极、主动、热情程度有着极大的关系。

(2)通过人员配备,使每个人的知识和能力不断发展,素质不断提高。知识与技能的提高,不仅可以满足人们较高层次的心理需要,而且往往是通向职业生涯中职务晋升的阶梯。需通过人员配备,使每个组织成员都能看到这种机会和希望。

二、人员配备的工作内容和程序

为了完成上述任务,人员配备过程要进行以下工作:

1. 确定人员需要量

人员配备是在组织设计的基础上进行的。人员需要量的确定主要以设计出的职务数量和类型为依据。职务类型提出了需要什么样的人,职务数量则告诉我们每种类型的职务需要多少人。

构成组织结构基础的职务可以分成许多类型。比如:全体职务可分成管理人员与生产作业人员;管理人员中可分成高层、中层、基层管理人员;每一层次的管理人员又可分成直线主管与参谋或管理研究人员;生产操作人员可分成技术工人与专业工人,基本生产工人与辅助生产工人等。

如果我们是为一个新建的组织选配人员,那么只需利用上述职务设计的分类数量表去直接在社会上公开招聘、选用。然而,我们遇到的往往是现有组织的机构与人员配备重新调整的问题,所以通常情况下,在进行了组织的重新设计后,还需检查和对照企业内部现有的人力资源情况,两项对比,找出差额,确定需要从外部选聘的人员类别与数量。

2. 选配人员

职务设计和分析指出了组织中需要具备哪些素质的人。为了保证担任职务的人员具备职务要求的知识和技能,必须对组织内外的候选人进行筛选,做出最恰当的选择。这些待聘人员可能来自企业内部,也可能来自外部社会。从外部新聘员工或从内部进行调整,各有其优势和局限性。我们将在第二节中加以深入分析。现在需要指出的是候选人能力考察的困难:对于外部候选人的实际工作能力我们往往所知甚少,而对于内部候选人我们了解的也只是他们以前从事较低层次工作时的能力,至于他们能否胜任需要担负更大责任的工作,往往难以得出比较可靠、肯定的结论。候选人实际工作能力的辨识困难告诉我们必须谨慎、认真、细致地进行人员配备。把不合适的人安排在不合适的岗位上，不论对个人还是对组织，都会带来不利的影响。必须研究和使用一系列科学的测试、评估和选聘方法。

3. 制定和实施人员培训计划

人的发展有一个过程。组织成员在明天的工作中表现出的技术和能力需要在今天培训；组织发展所需的干部要求现在就开始准备，维持成员对组织忠诚的一个重要方面是使他们看到自己在组织中的发展前途。人员特别是管理人员的培训无疑是人员配备中的一项重要工作。进行培训既是为了适应组织技术变革、规模扩大的需要，也是为了实现成员个人的充分发展。因此，要根据组织的成员、技术、活动、环境等的特点，利用科学的方法，有计划、有组织、有重点地进行全员培训，特别是有发展潜力的未来管理人员的培训。

三、人员配备的原则

为求得人与事的优化组合，人员配备过程中必须依循一定的原则，主要有：

1. 因事择人的原则

选人的目的在于使其担当一定的职务，要求其从事该职务相应的工作。要使工作卓有成效地完成，首先要求工作者具备相应的知识和能力。因此，因事择人是人员配备的首要原则。

2. 因材器使的原则

不同的工作要求不同的人去进行，而不同的人具有不同的能力和素质，能够从事不同的工作。从人的角度来考虑，只有根据人的特点来安排工作，才能使人的潜能得到最充分的发挥，使人的工作热情得到最大限度的激发。

3. 人事动态平衡的原则

处在动态环境中的组织是在不断发展的，工作中人的能力和知识是在不断提高和丰富的，同时，组织对其成员的素质认识也是不断全面、完善的。因此，人与事的配合需要进行不断地调整，使能力有发展并得到充分证实的人担任更高层次的、担负更多责任的工作，使能力平平、不符合职务需要的人有机会进行力所能及的活动，以求使每一个人都能得到最合理的使用，实现人与工作的动态平衡。

第二节　管理人员的选聘

人是组织活动的关键资源。组织中的其他物力或财力资源需要通过人的积极组合和利用才能发挥效用。人在组织中的地位决定了人员配备在管理工作中的重要性。由于每一个具体的组织成员都是在一定的管理人员的领导和指挥下展开工作的，因此管理人员的选拔、培养和考评当为企业人事管理的核心。

一、管理人员需要量的确定

制定管理人员选配和培训计划，首先需要确定组织目前和未来的管理人员需要量。一般来说，计算管理干部的需要量要考虑下述几个因素。

1. 组织现有的规模、机构和岗位

管理人员的配备首先是为了指导和协调组织活动的展开,因此首先需要参照组织结构系统图,根据管理职位的数量和种类,来确定企业每年平均需要的管理人员数量。

2. 管理人员的流动率

不管组织做出何种努力,在一个存在劳动力市场且市场机制发挥作用的国度,总会出现组织内部管理人员外流的现象。此外,由于自然力的作用,组织中现有的管理队伍会因病老残退而减少。确定未来的管理人员需要量,要有计划对这些自然或非自然的管理干部减员进行补充。

3. 组织发展的需要

随着组织规模的不断发展,活动内容的日益复杂,管理工作量将会不断扩大,从而对管理人员的需要也会不断增加。因此,计划组织未来的管理干部队伍,还需预测和评估组织发展与业务扩充的要求。

综合考虑上述几种因素,便可大致确定未来若干年内组织需要的管理干部数量,从而为管理人员的选聘和培养提供依据。

二、管理人员的来源

组织可从外部招聘或从内部提升所需的管理人员。

1. 外部招聘

外部招聘是根据一定的标准和程序,从组织外部的众多候选人中选拔符合空缺职位工作要求的管理人员。

外部招聘干部具有以下优点:

(1) 被聘干部具有"外来优势"。所谓"外来优势"主要是指被聘者没有"历史包袱",组织内部成员(部下)只知其目前的工作能力和实绩,而对其历史、特别是职业生涯中的失败记录知之甚少。因此,如果他确有工作能力,那么便可迅速地打开局面。相反,如果从内部提升,部下可能对新上司在成长过程中的失败教训有着非常深刻的印象,从而可能影响后者大胆地放手工作。

(2) 有利于平息和缓和内部竞争者之间的紧张关系。组织中空缺的管理职位可能有好几个内部竞争者希望得到,每个人都希望有晋升的机会。如果员工发现自己的同事,特别是原来与自己处于同一层次具有同等能力的同事获得提升而自己未果时,就可能产生不满情绪,懈怠工作,不听管理,甚至拆台。从外部选聘可能使这些竞争者得到某种心理上的平衡,从而利于缓和他们之间的紧张关系。

(3) 能够为组织带来新鲜空气。来自外部的候选人可以为组织带来新的管理方法与经验。他们没有太多的框框束缚,工作起来可以放开手脚,从而给组织带来较多的创新机会。此外,由于他们新近加入组织,与上级或下属没有历史上的个人恩怨关系,从而在工作中可能很少顾忌复杂的人情网络。

外部招聘也有许多局限性,主要表现在:

(1) 招聘干部不熟悉组织的内部情况,同时也缺乏一定的人事基础,因此,需要一段时间的适应才能进行有效的工作。

（2）组织对应聘者的情况不能深入了解。虽然选聘时可借鉴一定的测试、评估方法，但一个人的能力是很难通过几次短暂的会晤、几次书面测试而得到正确反映的。被聘者的实际工作能力与选聘时的评估能力可能存在很大差距，因此组织可能聘用一些不符要求的管理干部。这种错误的选聘可能给组织造成极大的危害。

（3）外聘干部的最大局限性莫过于对内部员工士气的打击。大多数员工都希望在组织中有不断发展的机会，都希望能够担任越来越重要的工作。如果组织经常从外部招聘管理人员，且形成制度和习惯，则会堵死内部员工的升迁之路，从而会挫伤他们的工作积极性，影响他们的士气。同时，有才华、有发展潜力的外部人才在了解到这种情况后也不敢应聘，因为一旦应聘，虽然在组织中工作的起点很高，但今后提升的希望却很小。

由于这些局限性，许多成功的企业强调不应轻易地外聘管理人员，而主张采用内部培养和提升的方法。

2. 内部提升

内部提升是指组织成员的能力增强并得到充分地证实后，被委以需要承担更大责任的更高职务。

作为填补组织中由于发展或伤老病退而空缺的管理职务的主要方式，内部提升制度具有以下优点：

（1）有利于鼓舞士气、提高工作热情，调动组织成员的积极性。内部提升制度给每个人带来希望。每个组织成员都知道：只要在工作中不断提高能力、丰富知识，就有可能被分配担任更重要的工作，这种职业生涯中的个人发展对每个人都是非常重要的；职务提升的前提是要有空缺的管理岗位，而空缺的管理岗位的产生主要取决于组织的发展，只有组织发展了，个人才可能有更多的提升机会。因此，内部提升制度能更好地维持成员对组织的忠诚，使那些有发展潜力的员工能自觉地更积极地工作，以促进组织的发展，从而为自己创造更多的职务提升的机会。

（2）有利于吸引外部人才。内部提升制度表面上是排斥外部人才、不利于吸收外部优秀的管理人员的。其实不然，真正有发展潜力的管理者知道，加入这种组织中，担任管理职务的起点虽然比较低，有时甚至需要一切从头做起，但是凭借自己的知识和能力，可以花较少的时间便可熟悉基层的业务，从而能迅速地提升到较高的管理层次。由于内部提升制度也为新来者提供了美好的发展前景，因此外部的人才会乐意应聘到这样的组织中工作。

（3）有利于保证选聘工作的正确性。已经在组织中工作若干时间的候选人，组织对其了解程度必然要高于外聘者。候选人在组织中工作的经历越长，组织越有可能对其做全面深入的考察和评估，从而选聘工作的正确程度可能越高。

（4）有利于使被聘者迅速展开工作。管理人员能力的发挥要受到他们对组织文化、组织结构及其运行特点的了解。在内部成长提升上来的管理干部，由于熟悉组织中错综复杂的机构和人事关系，了解组织运行的特点，所以可以迅速地适应新的管理工作，工作起来要比外聘者显得得心应手，从而能迅速打开局面。

同外部招聘一样，内部提升制度也可能带来某些弊端。主要有：

（1）引起同事的不满。在若干个内部候选人中提升一个管理人员，可能会使落选者产生不满情绪，从而不利于被提拔者展开工作。避免这种现象的一个有效方法是不断改进干部考核制度和方法,正确地评价、分析、比较每一个内部候选人的条件,努力使组织得到最优秀的干部,并使每一个候选人都能体会到组织的选择是正确、公正的。

（2）可能造成"近亲繁殖"的现象。从内部提升的管理人员往往喜欢模仿上级的管理方法。这虽然可使老一辈管理人员的优秀经验得到继承,但也有可能使不良作风得以发展,从而不利于组织的管理创新,不利于管理水平的提高。要克服这种现象,必须加强对管理队伍的教育和培训工作,特别是要不断组织他们学习管理的新知识。此外,在评估候选人的管理能力时,必须注意对他们创新能力的考察。

三、管理人员选聘的标准

"士兵有权得到能干的指挥员",这是古罗马恺撒大帝时就已成为名言的一句格言;同样,组织中的每个成员都有权得到最称职的管理干部。战争中,士兵们不得不把自己的生命托付给指挥作战的长官;类似地,在现代社会生活中,组织成员不得不把自己许多需要得到满足的希望寄托于优秀的管理干部。管理人员的配备对组织活动的效率有着非常重要的影响。因此,必须选择合适的管理人员来担任合适的管理工作。怎样才算是合适的管理人员?这就需要讨论管理干部所必须具备的素质,即我们应根据哪些标准去选聘管理人员。

在具体讨论管理干部的标准以前,有必要作两点说明:第一,组织中不同层次、不同职能机构的管理职务,需要完成不同的工作,要求职务担任者具备不同的知识和技能。因此,要列出一个适合所有管理岗位工作人员的条件清单是非常困难的,甚至是不可能的。第二,选聘管理干部的主要依据是贡献还是能力? 由于这两者并不总是一致的,个人对组织的贡献并不仅仅取决于自己的能力,还要受到自身以外的许多其他因素的影响,因此,我们选择了后者。那么不依据成员对组织的贡献程度来提升干部是否意味着对贡献者的不公平呢? 我们认为不是的。对组织成员贡献的补偿主要是分配中的报酬,特别是给予物质方面的报酬。当然,贡献的大小有时也是能力高低的一种标志,如果某个成员不仅为组织提供了特殊贡献,而且在提供贡献的过程中,充实了工作技能和知识,能够胜任更高层次的工作,那么这种特殊贡献应该成为予以提升的补充依据。

不同管理层次的具体管理业务工作是不同的,但其本质特征则是一样的,即组织和协调他人的劳动。因此,从对不同管理人员的具体要求中可以辨别出一些相同的方面。

1. 管理的欲望

强烈的管理欲望是有效地进行管理工作的基本前提。担任管理工作,对某些人来说,它意味着在组织中取得较高的地位、名声以及与之相应的报酬。但对更多的、成功的管理人员来说,它意味着可以利用制度赋予的权力来组织他人的劳动,意味着通过他人的劳动来实现自己制定的、符合组织需要的目标,并从中获得心理上的满足。毋庸讳言,管理意味着对权力的运用。对权力不感兴趣的人,当然不会负责任地有效地使用权力,从而难以借此获得积极的效果。

2. 正直的品质

正直是每个组织成员都应该具备的基本品质,管理人员尤其如此。由于担任管理职务具有相当大的职权,而组织对权力的运用往往难以进行严密、细致、及时、有效的监督,所以权力能否正确运用在很大程度上只能取决于管理人员的良知。管理人员必须是道德高尚的,值得信赖的,必须具有正直的品质。正直,意味着对上不曲意逢迎,敢于提出自己的观点,指出上级的错误;意味着诚实地总结和汇报工作,不虚报成绩,不隐瞒缺点;意味着对部属一视同仁,不拉帮结派,不分亲疏,不搞"顺我者昌、逆我者亡",在评价下属工作时,有一套客观的公正的标准,而不是根据个人的好恶;意味着脚踏实地地工作,而不是为了哗众取宠,搭花架子,做表面文章。总之,正直意味着很多内容,应该成为管理人员的基本品质。管理人员缺乏了这种品质就可能涣散人心。当然,只有正直的品质而无工作的能力不能成为合格的管理者,然而,有能力而不正直的管理人员则可能给组织造成巨大的破坏,且其能力越大破坏越大。

3. 冒险的精神

管理的任务不仅在于执行上级的命令,维持系统的运转,而且要在组织系统或部门的工作中不断创新。只有不断创新,组织才能充满生机,才能不断发展。而创新意味着打破原有机制的束缚,做以前没有做过的事,因此,既有成功的可能,也有失败的风险,且往往是希望取得的成功越大,需要承担的风险也越多。因此,要创新,就要敢于冒险。富于冒险但不盲目的精神,应该作为对组织中所有管理人员的共同要求。

4. 决策的能力

管理人员不仅要计划和安排自己的工作,而且更重要的是要组织和协调部属的工作。管理人员在组织下属工作的过程中要进行一系列的决策:本部门在未来一段时期内要从事何种活动?从事这种活动需达到何种状况和水平?谁去从事这些活动?利用何种条件、在何时完成这些活动?等等。管理过程充满了决策。因此,掌握一定的决策能力对管理人员来说是非常重要的。当然拥有决策的能力,并不一定要求每位管理人员都能娴熟地运用决策的定性或定量方法(管理人员在这方面的缺陷可以通过设立参谋人员或进行咨询而得到补偿),但管理者至少必须具备分析问题的能力和果断抉择的魄力。他们必须能够敏锐地观察事物的变化,善于捕捉信息,发现问题,能够透过现象抓住本质,判断问题的性质,预估事物的发展趋势;必须能够在基本把握事物变化的脉络以后,在管理研究人员制定并比较了多种解决问题的可行方案的基础上,迅速果断地做出选择。成功的管理人员通常在别人还犹豫不决的情况下便做出决策、采取行动。

5. 沟通的技能

管理人员要理解别人,也需要别人理解自己。组织成员之间的相互理解是组织成功的基本保证。理解要借助信息的沟通来完成。信息沟通是在"说"和"听"的过程中实现的。管理人员要通过充分地"听"与艺术地"说"来正确地理解上级的意图,认清组织的任务与目标,制定正确的措施,或巧妙地提出自己的不同意见,争取上司的赞同;同时,也要通过娴熟地运用听与说的技巧,准确地表述自己的思想,布置下属的工作,并充分地聆听下属的怨诉,体察他们的苦衷,了解下属工作的进度,协调他们的活动。

四、管理人员的选聘程序与方法

不论是外聘还是内部提升,为了保证新任管理人员符合工作的要求,往往需要把竞争机制引入人员配备工作。通过竞争,可以使组织筛选出最合适的管理人员。竞争的结果可能是外部人员被选,内部候选人被淘汰。即使这样也不会影响整个组织内部员工的士气,因为他们知道:竞争面前,人人平等,组织是公正的,给予了自己同等的机会,所以也没有理由怨天尤人。

通过竞争来选聘管理人员的程序和方法如下:

1. 公开招聘

当组织中出现需要填补的管理职位时,根据职位所在的管理层次,建立相应的选聘工作委员会或小组。工作小组既可是组织中现有的人事部门,也可是由各方面代表组成的专门或临时性机构。

选聘工作机构要以相应的方式,通过适当的媒介,发布待聘职务的数量、性质以及对候选人的要求等信息,向企业内外公开"招标",鼓励那些自认为符合条件的候选人应聘。

2. 初选

应聘者的数量可能很多。选聘小组不可能对每一个人进行详细的研究和认识,否则所花费用过高。这时,需要进行初步筛选。内部候选人的初选可以比较容易地根据组织以往的人事考评来进行。对外部应聘者则需通过简短的初步会面、谈话,尽可能多地了解每个申请人的情况,观察他们的兴趣、观点、见解、独创性等,淘汰那些不能达到这些方面的基本要求的人。

3. 对初选合格者进行知识与能力的考核

在初选的基础上,要对余下的数量相对有限的应聘者进行细致的考核和评价。

(1) 智力与知识测验。测验要通过考试的方法测评候选人的基本素质,包括智力测验和知识测验两种基本形式。智力测验是目前流行的一种评估个人潜能的基本方法,要求通过候选人对某些问题的回答,来测试他的思维能力、记忆能力、思想的灵敏度和观察复杂的事物的能力等。显然,管理人员必须具备中等水平以上的智力。知识测验是要了解候选人是否掌握了与待聘职务有关的基本技术知识和管理知识,缺乏这些知识,候选人将无法进行管理工作。

(2) 竞聘演讲与答辩。这是知识与智力测验的补充。测验可能不足以完全反映一个人的基本素质,更不能表明一个人运用知识和智力的能力。发表竞聘演讲,介绍自己任职后的计划和打算,并就选聘工作人员或与会人员的提问进行答辩,可以为候选人提供充分展示才华、自我表现的机会。

(3) 案例分析与候选人实际能力考核。竞聘演说使每个应聘者介绍了自己"准备怎么干",使每个人表明了自己"知道如何干"。但是"知道干什么或怎么干"与"实际干什么或会怎么干"不是一回事。因此,在竞聘演说与答辩以后,还需对每个候选人的实际操作能力进行分析。测试和评估候选人分析问题和解决问题的能力,可借助"情景模拟"或称"案例分析"的方法。这种方法是将候选人置于一个模拟的工作情景中,运用多种评价技术来观测考察他的工作能力和应变能力,以判断他是否符合某项工作的要求。

情景模拟的具体方法很多,这里主要介绍"处理公文测验"与"无领导小组讨论"两种方法。

处理公文是管理人员、特别是较高层次的管理人员的一项重要工作内容。处理公文的能力反映了一个人接受有用信息和利用信息进行决策的能力。运用这种方法的主要步骤是:① 向候选人提供"一揽子"公文,包括电话记录、下级请示报告、上级批件、公司内部报告、外部函件等。其中有重要事项，也有琐碎的小事。② 要求候选人在规定时间内把这些公文处理完毕。③ 观察候选人在一大堆公文压力下的心理与行为，是分别轻重缓急、有条不紊或授权下属呢？还是杂乱无章，"眉毛胡子一把抓"？④ 询问候选人处理某些公文的依据是什么？有什么设想？为什么这样做而不那样做？⑤ 根据观测结果，选聘工作小组对候选人的管理能力做出集体评价。

"无领导小组讨论"的方法主要用于评价候选人的领导能力、合作能力、应变能力。其运用步骤是：① 将候选对象编成若干小组。② 规定身份，明确任务。向候选人提供相同的"公司"或"市场"材料，要求就公司在未来时期内增加盈利或提高市场份额制定对策。讨论时各自的指定身份是相同的，不存在领导与被领导的关系。③ 每个候选人根据提供的材料，开动脑筋，提出自己的看法和设想，进行讨论。④ 考核应变力。讨论中每隔一定时间通报一次市场行情和企业生产情况的变化。有时，某个问题刚刚讨论完毕，解决问题的方案刚刚制定，便立即告诉候选人情况发生了变化。这时，要注意每个候选人的表现，在突然变化面前是焦躁不安、不知所措，还是沉着冷静、应付自如。⑤ 最后对参加讨论的每个人的领导能力、合作能力和应变能力进行评价，建议符合每个人特点的工作性质。

4. 民意测验

管理人员是通过别人的劳动来实现自己的目标的。管理工作的效果是否理想不仅取决于管理人员自己的努力程度，而且受到被管理人员接受程度的影响。因此，在选配管理人员时，特别是在选配组织的较高管理层次管理人员时，还应注意征询所在部门、甚至是组织所有成员的意见，进行民意测验，以判断组织成员对其接受程度。

5. 选定管理人员

在上述各项工作的基础上，利用加权的方法，算出每个候选人知识、智力和能力的综合得分，并考虑到民意测验反映的受群众拥护的程度。根据待聘职务的性质，选择聘用既有工作能力又被同事和部属广泛接受的管理人员。

第三节　管理人员的考评

员工的素质，特别是管理干部的素质，是企业活动效率的决定因素。美国钢铁大王卡内基曾经宣称："你可以剥夺我的一切：资本、厂房、设备，但只要留下我的组织和人员，四年以后我将又是一个钢铁大王。"人员对于企业成功之重要，由此可见一斑。因此，企业对人力资本也应像对其他物力或财力资源一样，有规律地定期"盘点"，列出"清单"，以配合组织的发展，做好人事工作。

一、管理人员考评的目的和作用

人事考评首先是为了列出企业人力资源的清单，了解企业管理队伍的基本状况。但是，提供清单本身并不是目的，它是为一系列具体工作服务的。

1. 为确定管理人员的工作报酬提供依据

这是许多企业进行人事评估的主要目的。工作报酬必须与工作者的能力和贡献结合起来,这是企业分配的一条基本原则。如果报酬仅取决于工作的性质(如流水线上的作业)或劳动的数量(比如在实行计件工资制的条件下)一个因素,那么人事考评也许是不太重要的。这时,企业更加关心的是工作分析:分析流水生产中每道工序的作业对工人的体力和智力要求,不论谁担任此项工作,都必须付给相同的报酬;分析作业方法,制定标准的作业时间,确定合理的计件单位,使任何作业者的报酬与其工作量成某种比例关系。然而,管理人员的工作与流水线上的操作或按件计酬的工人有着本质的区别。这种区别主要表现在:① 管理人员的工作往往具有较大的特性;② 管理人员的工作效果通常难以精确地量化处理;③ 这种结果往往受到存在于管理人员之外的许多难以界定因素的影响。由于这些特点,在确定管理人员的工作报酬时,不仅要根据担任这项职务所必需的素质来确定能力工资或职务工资,而且还应根据管理人员在工作中的态度、努力程度、实际表现等因素来确定绩效工资(可用图8-1表示)。如果说前者取决于工作或职务分析的话,后者则需要通过人事考评来提供依据。

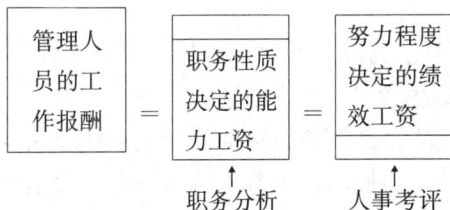

图 8-1　工作报酬的影响因素

2. 为人事调整提供依据

起初配备的管理人员并不一定与工作要求完全相符。有些管理人员在选聘时所表现出的令人印象深刻的工作能力在管理实践中并未能得到充分证实。相反,另一些管理人员在工作过程中素质和能力不断得到提高,表现出强烈的担负更重要工作的欲望,并试图努力证明自己是有能力负起更大责任的。由于诸如此类的原因,必须根据管理人员在工作中的实际表现,对组织的人事安排经常进行调整。对前者安排到力所能及的岗位上,对后者提供晋升的机会,对另一些人则可保持现在的职位。人事考评可以为我们制定包括降职、提升或维持现状等内容的人事调整计划提供依据。

3. 为管理人员的培训提供依据

管理人员的社会阶层、文化背景、过去经历以及受教育程度等因素决定了他们在具备一定优秀素质的同时,也存在着某些方面的素质缺陷。这些素质缺陷影响了他们管理技能的提高,对他们现在的工作效率或未来的提升机会构成了不同程度的障碍。这些缺陷往往是由于缺少学习和训练的机会而形成的,因此可以通过企业的人员培训来消除或改善。人事考评可以帮助企业了解每个管理人员的优势和局限,因而能够指导企业针对管理队伍的状况和特点来制定相应的培训和发展规划。

4. 有利于促进组织内部的沟通

促进沟通也许只是一种副产品,是人事考评中一种派生的有利作用。制度化的人事考评,可以使下级更加明确上级或组织对自己的工作和能力要求,从而了解努力的方向;可以使上级更加关心下属的工作和问题,从而更关注他们的成长;可以使上下级经常对某些问题加以讨论,从而促进理解的一致性等。这些由于考评而带来的沟通的增加,必然会促进人们对组织目标与任务的理解,融洽组织成员特别是管理人员之间的关系,从而有利于组织活动的协调进行。

二、管理人员考评的内容

一般来说,为确定工作报酬提供依据的考评着重管理人员的现时表现,而为人事调整或组织培训进行的考评则偏向技能和潜力的分析。然而,组织中具体进行的人事考评,往往不是与一种目的有关,而是为一系列目的服务的。因此,考评的内容不能只侧重于某一方面,而应尽可能地全面。

1. 关于贡献考评

贡献考评是指考核和评估管理人员在一定时期内担任某个职务的过程中,对实现企业目标的贡献程度,即评价和对比组织要求某个管理职务及其所辖部门提供的贡献与该部门的实际贡献。

贡献往往是努力程度和能力强度的函数。因此,贡献考评可以成为决定管理人员报酬的主要依据。贡献评估需要注意以下两个问题:

(1) 应尽可能把管理人员的个人努力和部门的成就区别开来,即力求在所辖部门的贡献或问题中辨识出有多大比重应归因于主管人员的努力。这项工作可能在实践中是非常困难的,但也是非常重要的。因为在个人提供的努力程度不变的情况下,外部完全有可能发生不可抗拒的、内部无能为力的变化,且这些变化对内部的部门目标的实现起着重要的促进或阻滞作用。许多组织中往往存在着这样一些陷阱部门:从某个时刻开始,担任该部门主管的人员"纷纷落马",即使在其他部门表现突出的管理人员来到这些陷阱部门后,也往往一筹莫展。这种部门的产生往往与环境的变化有关:环境发生了重大的变化后,该部门的业务性质可能发生了重大改变,业务量急剧膨胀,而组织对该部门的性质及其与其他部门的关系却未做相应的调整。在这种情况下,需要考虑和分析的不是管理人员的表现和能力,而是组织机构的合理性。

(2) 贡献考评既是对下属的考评,也是对上级的考评。贡献考评是考核和评价具体管理人员及其部门对组织目标实现的贡献程度。而具体人员和部门对组织的贡献往往是根据组织的要求来提供的。因此,只有在被考评时期开始以前,组织(上级)对每个部门和管理岗位的工作规定具体的目标和要求,考评才可以进行。否则,不仅使下级不能了解努力的方向,从而不能做出有效的贡献,而且使考评失去了客观的标准。在这种情况下,下级不能提供积极贡献的原因不在他们自身,而在于上级。所以说,对下级贡献的考评也是对上级进行考评,考评上级组织下属工作的能力。

2. 关于能力考评

贡献虽可在一定程度上反映管理人员的工作能力,但不仅仅取决于后者。能力大小与贡献的多少并不存在着严格的一一对应关系,所以为了有效地指导企业的人事调整或培训与发展计划,还需要对管理干部的能力进行考评。

能力考评是指通过考察管理人员在一定时间内的管理工作,评估他们的现实能力和发展潜力,即分析他们是否符合现任职务所具备的要求,任职后素质和能力是否有所提高,从而能否担任更重要的工作。

由于管理人员的能力要通过日常的具体工作来体现，而处理这些工作的技术与方法很难与那些抽象地描述管理者素质特征或能力水准的概念对上号。因此，能力考评中要注意切忌只给抽象概念打分。

"决策能力""用人能力""沟通能力""创新精神""正派的作风"等无疑是优秀的管理人员必须具备的基本素质，这是任何一个组织都会认识到的。但这只是一些抽象的概念，用这些笼统甚至是模糊的概念去组织考评，只能增加考评的难度。考评者仅根据自己的主观判断给被考评对象任意打分，且这种打分往往是比较宽松的。

那么，怎样才能得到真实、可靠、客观的能力考评结论呢？美国管理学家孔茨等人认为，应该根据组织对不同管理人员的基本要求，借助管理学的知识，将管理工作进行发展，然后用一系列具体的问题说明每项工作，来考评管理人员在从事这些工作中所表现出的能力。

比如，为了考评管理人员的计划能力，可提出如下问题。

（1）他是否为本部门制定与公司目标有明确关系的可考核的长期和短期目标？

（2）他是否理解公司政策在其他决策中的指导作用，并确保下属也这样做？

（3）他是否定期检查计划的执行情况，以确保部门的实际工作与计划要求相一致？

又如，为了考评组织能力，可提出如下问题：

（1）他对下属的工作职责和任务是否有明确的要求，并确保下属能理解自己的任务？

（2）他是否对下属在进行工作，承担责任的过程中授予相应的职权？

（3）他在授权后是否能控制自己不再利用这些职权进行决策，干预下属工作？

（4）他是否建立了必要的信息反馈制度，并明确职权系统与信息反馈系统在管理中的地位区别？

为了尽可能地得到客观的评价意见，上述问题应力求设计成是非判断题的形式。在难以设计成是非题的情况下，应努力将可供选择的多种答案（如"优秀""良好""一般""不符要求"等）予以明确的界定。

根据对管理者的工作要求来进行能力考评，不仅具有方便可行、能够保证得到客观结论的好处，而且可以促使被考评者注重自己的日常工作，根据组织的期望去改进和完善自己的管理方法和艺术，从而能起到促进管理能力发展的作用。

最后需要指出的是，考评中的"明确"与"具体"的要求不应与"复杂""烦琐"相混同。只有经过专门训练的专家才能看懂及填写的考评表，在实际操作中会形成与简单抽象概念相类似的困难。因此在设计考评表时，要注意在具体、明确的基础上，用简洁的语言准确地提出能够反映管理人员能力特点或素质状况的问题。

三、管理人员考评的工作程序与方法

贡献与能力考评，不仅对组织的人事工作十分重要，而且对管理者本身也是非常重要的。考评工作可以从两个方面影响管理人员的积极性：① 考评结论直接反映了组织、上级、部属、同僚对自己的评价，反映了组织对自己努力的承认程度；② 组织根据考评结论而进行的分配或晋升方面的决策，会影响自己在组织中的地位和发展前景。由于这两个原因，每个

管理人员都会重视组织的考评,都会把组织对自己的考评与别人进行比较,以判断组织对自己是否公正。因此,为了促进或维持每一个管理人员仍然或更加积极地为组织工作,必须努力提高考评的公正性。

公平的考评要求依据一定的程序,确定合理的考评内容,选择适当的考评者,测试考评的误差,向被考评对象传达考评的结论,被考评者对不利于自己的评价有申辩的机会,以真正起到促进改善的作用。

1. 确定考评内容

管理职务不同,工作要求不同,管理人员应具备的能力和提供的贡献也不同,所以考评管理人员首先要根据不同岗位的工作性质设计合理的考评表,以合理的方式提出问题,通过考评者对这些问题的填写得到考评的原始资料。

2. 选择考评者

考评工作往往被视为人事管理部门的任务。实际上,人事部门的主要职责是组织考评工作,而非具体地填写每张考评表。考评表应该由与被考评对象在业务上发生联系的有关部门的工作人员去填写。

与被考评对象发生业务联系的人员主要有三类:上级、关系部门、下属。由上级人员来填写考评表,主要是考核和评价下属的理解能力和组织执行能力;关系部门的考评主要是评估当事人的协作精神;下属的评价则着重于管理者的领导能力和影响能力。

传统的考评方法往往是由直接上司来考评各管理人员。直接上司虽然对部属比较了解,而且这种方法也能促进上司去注意下属的情况和要求。但每个上司都不希望下属在能力和贡献评价中得到不利的结论(培养部下的能力往往是影响上司晋升的一个重要因素),所以在考评时往往打分过宽。这种考评方法还有可能促成管理人员只知"唯上"的坏作风,只愿求得上司的赏识,只做上司能够看得到的表面文章,而忽视部下和关系部门的要求,不扎扎实实地工作。让关系部门的同僚或部属来填写考评表中的有关部分,可以克服这些弊病,可以促进管理人员加强民主意识和协作意识。

3. 分析考评结果,辨识误差

为了得到正确的考评结果,首先要分析考评表的可靠性,剔除那些明显不符要求的、随意乱填的表格。比如对表中的各个问题均答"是"(给最高分),或均答"否"(给最低分),显然不是实事求是的态度。对这类表格不加剔除,则会影响考评结论的质量。

在此基础上,要综合各考评表的打分,得出考评结论,并对考评结论的主要内容进行对照分析。比如某管理人员的贡献考评得分颇高,而能力考评得分则偏低,这就需要检查和分析考评中有无不符事实的、不负责任的评价,检验考评结论的可信程度。

4. 传达考评结果

考评结果应及时反馈给有关当事人。反馈的形式可以是上级主管与被考评对象直接单独面谈,也可以用书面形式通知。有效的方法应把这两种结合起来使用:主管与被考评对象会晤之前,已让后者了解考评的结论,知道组织对自己能力的评价和贡献的承认程度以及组织所认为的自己的缺陷,从而要求改进的方向,使被考评者有时间认真考虑这些结论。如果认为考评有欠公正或不全面,则可在认真准备后,在会面时有充分申辩或补充的机会。

5.根据考评结论,建立企业的人才档案

有规律地定期考评管理干部,可以使企业了解管理干部的成长过程和特点,可以使企业建立起人力资源档案,可以帮助企业根据不同的标准将管理人员分类管理。比如根据每个人的发展潜力分成:① 目前即可提升的;② 经过适当培训后便可提升的;③ 基本胜任工作,但有缺陷需要改善的;④ 基本不符合要求,需要更换的等几种类型,为企业制定人事政策,组织管理人员的培训和发展提供依据。

第四节　管理人员的培训

由于组织的发展或由于某种自然与非自然的原因,组织的管理队伍需要不断地更新和补充。人的成长总需要一个相对漫长的渐进过程,明天担任管理职务的干部要求今天就开始培训。因此,组织要在通过人事考评了解人力资源状况和特点的基础上,重视开展人员培训,特别是管理人员的培训工作。

一、培训与管理队伍的稳定

管理人员的培训不仅可以为组织的发展准备干部,而且对管理人员自己来说也是非常重要的。通过培训,不仅可直接丰富个人的知识,增强个人的素质,提高个人的技能,而且可以辨识个人的发展潜力,使那些在培训中表现突出的管理人员在培训后有更多的机会被提拔从而担任更重要的工作。由于培训为个人发展和职务晋升提供了美好的前景,使个人的未来在一定程度上有了保障,增强了管理人员在职业方面的安全感,因此,它有利于维持管理人员对组织的忠诚,能够促进管理队伍的稳定性。

管理队伍的稳定与组织的人员培训工作是相互促进的:一方面,培训提供了个人发展的机会,能够减少管理人员的离职;另一方面,管理干部的稳定性又能促进企业放心地进行人力投资,使企业舍得花钱培训,而不需担心为他人作嫁衣裳。

二、管理人员培训的目标

旨在提高管理队伍素质、促进个人发展的培训工作,必须实现以下四个方面的具体目标:

1. 传递信息

这是培训管理干部的基本要求。通过培训,要使管理人员了解企业在一定时期内的生产特点、产品性质、工艺流程、营销政策、市场状况等方面的情况,熟悉公司的生产经营业务。

2. 改变态度

每个组织都有自己的文化、价值观念,行动的基本准则。管理人员只有了解并接受了这种文化,才能在其中有效地工作。因此,要通过对管理人员特别是新聘管理人员的培训,使他们逐步了解组织文化,接受组织的价值观念,按照组织中普遍的行动准则来从事管理工作,与组织同化。

3. 更新知识

现代企业在生产过程中广泛地运用了先进的科学技术,管理者必须掌握与企业生产经营有关的科技知识。这些知识既可以在工作前的学校教育中获取,更应该在工作中不断地补充和更新。因为随着科学技术进步速度的加快,人们原先拥有的知识结构迅速地陈旧和老化。为了使企业的活动跟上技术进步的速度,为了使管理人员能有效地管理具有专门知识的生产技术人员的劳动,就必须通过培训来及时补充和更新他们的科学、文化、技术知识。

4. 发展能力

管理是一种职业,有效地从事这种职业必须具备职业要求的基本知识,并在职业活动中不断提高。管理人员培训的一个主要目的便是根据管理工作的要求,努力提高他们在决策、用人、激励、沟通、创新等方面的管理能力。

三、管理人员的培训方法

知识的更新和补充可以相对迅速地通过集中脱产或业余学习的方法来完成,而态度的改变与技能的培养则需要在参与管理工作的实践中通过长期不懈的努力来达成。我们关心的主旨是培养能力与改变态度的培训方法。

1. 工作轮换

这包括管理工作轮换与非管理工作轮换。管理工作轮换是在提拔某个管理人员担任较高层次的职务以前,让他先在一些较低层次的部门工作,以积累不同部门的管理经验,了解各管理部门在整个公司的地位、作用及其相互关系。非管理工作轮换是根据受培训者的个人经历,让他们轮流在公司生产经营的不同部门和岗位上工作一段时间,以熟悉公司的各种业务。

工作轮换作为培养管理技能的一种重要方法,不仅可以使受训人丰富技术知识和管理能力、掌握公司业务与管理的全貌,而且可以培养他们的协作精神和系统观念,使他们明确系统的各部分在整体运行和发展中的作用,从而在解决具体问题时,能自觉地从系统的角度出发,处理好局部与整体的关系。

为了有效地实现工作轮换的目的,要对受轮换训练的管理人提出明确的要求,并据此对他们在各部门工作期间的表现严格考核,以防止他们产生"做客""体验生活"的思想,在各部门匆匆而过,不能很好地利用这种机会。

2. 设置助理职务

在一些较高的管理层次设立助理职务,不仅可以减轻主要负责人的负担,使之从繁忙的日常管理中脱出身来,专心致力于重要问题的考虑和处理,而且具有培训待提拔管理人员的好处。比如,可以使助理开始接触较高层次的管理实务,并通过处理这些实务积累高层管理的经验,熟悉高层管理工作的内容与要求;可以使助理很好地观察主管的工作,学习主管处理问题的方法,吸收他的优秀管理经验,从而促进助理的成长;此外,还可使培训组织者更好地了解受训人(助理)的管理能力,通过让他单独主持某项重要工作,来观察他的组织能力和领导能力,从而决定是否有必要继续培养或是否有可能予以提升。

3. 临时职务与彼得原理

当组织中某个主管由于出差、生病或度假等原因而使某个职务在一定时期内空缺时（当然组织也可有意识地安排这种空缺），则可考虑让受培训者临时担任这项工作。安排临时性的代理工作具有与设立助理职务相类似的好处，可以使受培训者进一步体验高层管理工作，并在代理期间充分展示或迅速弥补其自身所缺乏的管理能力。

设立代理职务不仅是一种培训管理人员的方法，而且可以帮助组织进行正确的提升，防止"彼得现象"的产生。

英国学者彼得经过研究发现，在实行等级制度的组织里，每个人都崇尚爬到能力所不逮的层次。他把自己的这个发现写成了著名的《彼得原理》一书。由于组织中经常有些管理人员在提升后不能保持原先的成绩，因此可能给组织带来效率的大滑坡。

彼得原理描述的实际上是这样一种事实：某个人被提拔担任管理工作后，任职初期由于缺乏经验，只能表现平平，甚至有点不自在。但是随着工作时间的延长，管理经验不断丰富，能力不断提高，从而政绩不断改善。如果说初期他的能力与成绩只能勉强符合职务要求的话，那么现在已可能远远超过了职务要求的水平。这时，组织便可能考虑将其提升。提升后可能经历与前阶段类似的过程，即逐渐从"表现平平"到"超越职务需要"，这样便可再度获得晋升的机会。这样一直延续下去，直至有一天，他被晋升到某个高层次的职位以后，能力不能继续提高，政绩不能继续改善，甚至不符合职务的要求，工作表现在职务要求的"水平以下"，即彼得的所谓"爬到了能力所不逮的阶层"。出现这种情况，对个人来说，失去了继续晋升的机会；对组织来说，则会引起效率的下降，甚至滑坡。

如何才能防止彼得现象产生呢？从理论上来说，组织总是有可能（而且应该）及时撤换不称职的管理干部的。但在实际工作中，"表现平平"的管理人员被降职的可能性极小，对"政绩较差"的干部，组织又往往是比较宽容的。为了对他们本人"负责"，组织往往需要给他们提供一个改善的机会。而当他们的能力被再度证明不符职务要求，从而组织下决心撤换时，他们所在部门的工作已对组织目标的实现产生了一些不利的影响。因此消极的撤换不称职管理人员的方法，有时需要组织付出极高的代价。

积极的方法应通过分析彼得现象产生的原因去寻找。这种现象能够产生的一个重要原因是：我们提拔管理人员往往主要根据他们过去的工作成绩和能力。在较低层次上表现优异、能力突出的管理者能否胜任较高层次的管理工作？答案是不确定的。只有当这些人担任高层次管理工作的能力得到某种程度的证实后，组织才应考虑晋升的问题。检验某个管理人员是否具备担任较高职务的条件的一种可行方法，是安排他担任某个临时性的"代理"职务。通过对代理者的考察，组织可以更好地了解他的独立工作的能力。如果在代理以前，该管理人员表现突出，部门内人际关系很好，在执行工作中也表现出一定的创新精神。而在代理过程中，遇事不敢做主，甚至惊慌失措，每天向出差、休假的主管打上十次八次电话，请示汇报工作，那么，将"代理"转为"正式"，显然是不恰当的。由于"代理"只是一个临时性的职务，因此，取消"代理"，使其从事原先的工作，对代理者本人也不会造成任何打击，这样也可以帮助组织避免一次错误的提拔。

复习思考题

1. 人员配备满足组织和个人的哪些需要?

2. 人员配备包括哪些工作内容? 从事这些工作需要遵循哪些原则?

3. 如何确定管理人员的需要量?

4. 外部招聘或内部提升管理干部有何优点和局限性?

5. 管理人应具备哪些基本素质?

6. 管理人员考评的目的和作用是什么?

7. 为什么不仅要考评管理人员的贡献,还要考评其能力?

8. 管理人员培训的目的是什么?

9. 为什么会出现彼得现象? 如何防止彼得现象的出现?

10. 你是如何评价一些企业实践中的末位淘汰制的?

第九章　组织力量的整合

设计合理的组织机构中的各个部分要能协调地为组织目标的实现提供积极的贡献，要求组织的全体成员能和谐一致地进行工作。为此，需要整合组织中的各种力量，建立高效的信息沟通网络，处理好组织的不同成员之间、直线主管与参谋之间以及高层管理人员之间的各种关系，使分散在不同层次、不同部门、不同岗位的组织成员朝着同一方向、同一目标努力。

第一节　正式组织与非正式组织

一、正式组织的活动与非正式组织的产生

组织设计的目的是为了建立合理的组织机构和结构，规范组织成员在活动中的关系。设计的结果是形成所谓的正式组织。这种组织有明确的目标、任务、结构、职能以及由此而决定的成员间的责权关系，对个人具有某种程度的强制性。合理、健康的正式组织无疑为组织活动的效率提供了重要的保证。

但是，不论组织设计的理论如何完善，设计人员如何努力，人们都无法规范组织成员在活动中的所有联系，都无法将所有这些联系纳入正式的组织结构系统。在几乎任何社会经济单位中，都存在着一种非正式的组织。

非正式组织是伴随着正式组织的运转而形成的。在正式组织展开活动的过程中，组织成员必然发生业务上的联系。这种工作上的接触会促进成员之间的相互认识和了解。他们会渐渐发现在其他同事身上也存在一些自己所具有、所欣赏、所喜爱的东西，从而相互吸引和接受，并开始工作以外的联系。频繁的非正式联系又促进了他们之间的相互了解。这样，久而久之，一些正式组织的成员之间的私人关系从相互接受、了解逐步上升为友谊，一些无形的、与正式组织有联系但又独立于正式组织的小群体便慢慢地形成了。这些小群体形成以后，其成员由于工作性质相近、社会地位相当、对一些具体问题的认识基本一致、观点基本相同，或者在

性格、业余爱好以及感情相投的基础上，产生了一些大家所接受并遵守的行为规则，从而使原来松散、随机性的群体渐渐成为趋向固定的非正式组织。

形成过程和目的的不同，决定了它们的存续条件也不一样。正式组织的活动以成本和效率为主要标准，要求组织成员为了提高活动效率和降低成本而确保形式上的合作，并通过对他们的活动过程中的表现予以正式的物质与精神的奖励或惩罚来引导他们的行为。因此，维系正式组织的，主要是理性的原则。而非正式组织则主要以感情和融洽的关系为标准。它要求其成员遵守共同的、不成文的行为规则。不论这些行为规范是如何形成的，非正式组织都有力地迫使其成员自觉或不自觉地遵守。对于那些自觉遵守和维护规范的成员，非正式组织会予以赞许、欢迎和鼓励，而那些不愿就范或犯规的成员，非正式组织则会通过嘲笑、讥讽、孤立等手段予以惩罚。因此，维系非正式组织的，主要是接受与欢迎或孤立与排斥等感情上的因素。

由于正式组织与非正式组织的成员是交叉混合的，人不仅是理性的动物，而且是感情的俘虏，且感情的影响在许多情况下要甚于理性的作用，因此，非正式组织的存在必然要对正式组织的活动及其效率产生影响。

二、非正式组织的影响

非正式组织的存在及其活动既可对正式组织目标的实现起到积极促进的作用，也可能对后者产生消极的影响。

1. 非正式组织的积极作用

（1）可以满足职工的需要。非正式组织是自愿性质的，其成员甚至是无意识地加入进来。他们之所以愿意成为非正式组织的成员，是因为这类组织可以给他们带来某些需要的满足。比如，工作中或工余间的频繁接触以及在此基础上产生的友谊，可以帮助他们消除孤独的感觉，满足他们"被爱"以及"施爱之心于他人"的需要；基于共同的认识或兴趣，对一些共同关心的问题进行谈论甚至争论，可以帮助他们满足"自我表现"的需要；从属于某个非正式群体这个事实本身，可以满足他的"归属""安全"的需要等。组织成员的许多心理需要是在非正式组织中得到满足的。我们已经知道，这类需要能否得到满足，对人们在工作中的情绪，从而对工作的效率有着非常重要的影响。

（2）人们在非正式组织中的频繁接触会使相互之间的关系更加和谐、融洽，从而易于产生和加强合作的精神。这种非正式的协作关系和精神如能带到正式组织中来，则无疑有利于促进正式组织的活动协调地进行。

（3）非正式组织虽然主要是发展一种工余的、非工作性的关系，但是它们对其成员在正式组织中的工作情况也往往是非常重视的。对于那些工作的困难者、技术不熟练者，非正式组织中的伙伴往往会自觉地给予指导和帮助。同伴的这种自觉、善意的帮助，可以促进他们技术水平的提高，从而可以帮助正式组织起到一定的培训作用。

（4）非正式组织也是在某种社会环境中存在的。就像环境的评价会影响个人的行为一样，社会的认可或拒绝也会左右非正式组织的行为。非正式组织为了群体的利益，为了在正式组织中树立良好的形象，往往会自觉或自发地帮助正式组织维护正常的活动秩序。虽然有时也会出现非正式组织的成员犯了错误互相掩饰的情况，但为了不使整个群体在公众中留下不受欢迎的印象,非正式组织对那些严重违反正式组织纪律的害群之马,通常会根据自己的规范、利用自己特殊的形式予以惩罚。

2. 非正式组织可能造成的危害

(1)非正式组织的目标如果与正式组织冲突,则可能对正式组织的工作产生极为不利的影响。比如,正式组织力图利用职工之间的竞赛以达到调动积极性、提高产量与效益的目的,而非正式组织则可能认为竞赛会导致竞争,造成非正式组织成员的不和,从而会抵制竞赛,设法阻碍和破坏竞赛的开展,其结果必然是影响企业劳动竞赛的效果。

(2)非正式组织要求成员一致性的压力,往往也会束缚成员的个人发展。有些人虽然有过人的才华和能力,但非正式组织一致性的要求可能不允许他冒尖,从而使个人才智不能得到充分发挥,对组织的贡献不能增加,这便会影响整个组织工作效率的提高。

(3)非正式组织的压力还会影响正式组织的变革,发展组织的惰性。这并不是因为所有非正式组织的成员都不希望改革,而是因为其中大部分人害怕变革会改变非正式组织赖以生存的正式组织的结构,从而威胁非正式组织的存在。

三、有效利用非正式组织

不管我们承认与否、允许与否、愿意与否,非正式组织的上述影响总是客观存在的。正式组织的目标的有效实现,要求积极利用非正式组织的贡献,努力克服和消除它的不利影响。

(1)利用非正式组织,首先要认识到非正式组织存在的客观必然性和必要性,允许乃至鼓励非正式组织的存在,为非正式组织的形成提供条件,并努力使之与正式组织吻合。比如,正式组织在进行人员配备工作时,可以考虑把性格相投、有共同语言和兴趣的人安排在同一部门或相邻的工作岗位上,使他们有频繁接触的机会,这样就容易使两种组织的成员基本吻合。又如,在正式组织开始运转以后,注意开展一些必要的联欢、茶话、旅游等旨在促进组织成员间感情交流的非工作活动,为他们提供业余活动的场所,在客观上为非正式组织的形成创造条件。

非正式组织的形成,有利于正式组织效率的提高。人通常都有社交的需要。如果一个人在工作中或工作之后与别人没有接触的机会,则可能心情烦闷,感觉压抑,对工作不满,从而影响效率。相反,如果能有机会经常与别人聊聊对某些事情的看法,谈及自己生活或工作中的障碍,甚至发发牢骚,那么就容易卸掉精神上的包袱,以轻松、愉快、顺畅的心理状态投身到工作中去。

(2)通过建立和宣传正确的组织文化来影响非正式组织的行为规范,引导非正式组织提供积极的贡献。非正式组织形成以后,正式组织既不能利用行政方法或其他强硬措施来干涉其活动,又不能任其自流,因为这样有产生消极影响的危险。因此,对非正式组织的活动应该加以引导。这种引导可以通过借助组织文化的力量,影响非正式组织的行为规范来实现。

许多管理学者在近期的研究中发现,不少组织在管理的结构上并无特殊的优势,但却获得了超常的成功,其奥秘在于有一种符合组织性质及其活动特征的组织文化。所谓组织文化是指被组织成员共同接受的价值观念、工作作风、行为准则等群体意识的总称,属于管理的软件范畴。组织通过有意识地培养、树立和宣传某种文化，来影响成员的工作态度，使他们的个人目标与组织的共同目标尽量吻合，从而引导他们自觉地为组织目标的实现积极工作。

如果说合理的结构、严格的等级关系是正式组织的专有特征的话，那么组织文化则有可能被非正式组织所接受。正确的组织文化可以帮助每一个组织成员树立正确的价值观念及工作与生活的态度，从而有利于产生符合正式组织要求的非正式组织的行为规范。

第二节　直线与参谋

组织中的管理人员是以直线主管或参谋两类不同身份来从事管理工作的。这两类管理人员，或更准确地说与此相应的管理人员的两种不同作用，对组织活动的展开和目标的实现都是必需的。然而，在现实中，直线与参谋的矛盾经常是组织缺乏效率的重要原因。因此，正确处理直线与参谋的关系，充分发挥参谋人员的作用，是组织力量整合的一个重要内容。

一、直线、参谋及其相互关系

在第七章我们曾分析过，管理层次、组织机构的产生在很大程度上是由于管理幅度而引起的。企业中的最高主管由于时间和精力的限制，不可能直接地、面对面地安排和协调每一个成员的活动，需要委托若干副手来分担管理的职能，各个副手又需委托若干部门经理或车间主任，后者再委托若干科长或工段长来分担自己受托担任的管理工作。依此类推，直至组织中的基层管理人员能直接安排和控制员工的具体活动。这种由管理幅度的限制而产生的管理层次之间的关系便是所谓的直线关系。

从直线关系形成的过程来看，由于低层的主管是受高层主管的委托来进行工作的，因此必须接受他的指挥和命令。所以说，直线关系是一种命令关系，是上级指挥下级的关系。这种命令关系自上而下，从组织的最高层，经过中间层，一直延伸到最基层，形成一种等级链。链中每一个环节的管理人员都有指挥下级工作的权力，同时又必须接受上级管理人员的指挥。这种指挥和命令的关系越明确，即各管理层次直线主管的权限越清楚，就越能保证整个组织的统一指挥。直线关系是组织中管理人员的主要关系，组织设计的一个重要内容便是规定和规范这种关系。

参谋关系是伴随着直线关系而产生的。组织的规模越大，活动越复杂，参谋人员的作用就越重要，参谋的数量就越多，从而参谋与直线的关系就越复杂。

随着先进的科学技术和现代化的生产方法和手段在企业中的运用，企业活动的过程越来越复杂。组织和协调这个活动过程的管理人员，特别是高层次的主管人员越来越感到专门知识的缺乏。由于企业很难找到精通各种业务的"全才"，直线主管也很难使自己拥有组织本部门活动所需的各种知识，人们常借助设置一些助手，利用不同助手的专门知识来补偿直线主管知识的不足，并协助他们的工作。这些具有不同专门知识的助手通常称为参谋人员。因此，参谋的设置首先是为了方便直线主管的工作，减轻他们的负担。虽然随着组织规模的扩大，参谋人员的数量会不断增加，参谋机构会逐渐规范化，为了方便这些机构的工作，直线主管也许会授予它们部分职能权力,但是,它们的主要职责和特征仍然是同层次直线主管的助手,主要任务仍然是提供某些专门服务,进行某些专项研究,以提供某些对策建议。

由此可见,直线与参谋主要是两类不同的职权关系。直线关系是一种指挥和命令的关系,授予直线人员的是决策和行动的权力;而参谋关系则是一种服务和协助的关系,授予参谋人员的是思考、筹划和建议的权力。

区分直线与参谋的另一个标准是分析不同管理部门和管理人员在组织目标实现中的作用。人们习惯于把那些对组织目标的实现负有直线责任的部门称为直线机构;而把那些为实现组织基本目标协助直线人员有效工作而设置的部门称为参谋机构。根据这个标准,人们通常把企业中致力于生产或销售产品与职务的部门称为直线机构,而把采购、人事、会计部门等列为参谋部门。

这种分类方法不仅有直观明确的好处,而且可在一定程度上与职权关系角度的分类有某种吻合。比如,企业中生产、销售部门的主管,他们的主要工作内容是组织所辖部门的生产或销售活动,因此,主要精力是处理部门内与直线下属的关系;会计、人事等部门及其主管的主要活动内容则是记录生产与销售部门的资金运动或制定指导这些部门活动中的财务、人事政策,因此,主要精力是处理与这些直线部门发生的关系,为他们提供建议或服务。但是,根据在组织目标实现中的作用来分类,可能会引起某些混乱。比如,企业中的物资采购、仓库保管、设备维修以及后勤、食堂等部门,显然不是企业的主要部门,不直接参与企业的产品制造或销售服务活动。因此,根据在目标实现中的作用的标准来衡量,它们不能列为直线部门。毫无疑问,这些部门是为直线部门服务的。但把它们列为参谋部门也是不适宜的,因为它们只是提供工作或生活上的服务,并无参谋与建议的任务。为了避免这种混乱,我们认为应该主要从职权关系的角度来理解直线与参谋:直线管理人员拥有指挥和命令的权力,而参谋则作为直线的助手来进行工作。

二、直线与参谋的矛盾

从理论上来说,设置作为直线主管的助手的参谋职务,不仅可以保证直线的统一指挥,而且能够适应管理复杂活动需要多种专业知识的要求。然而在实践中,直线与参谋的矛盾往往是组织缺乏效率的原因之一。考察这些低效率的组织活动,通常可以发现两种不同的倾向:或者虽然保持了命令的统一性,但参谋作用不能充分发挥;或者参谋作用发挥失当,破坏了统一指挥的原则。因此,在实际工作中,直线与参谋都有可能产生对对方不满的情绪。

从直线经理这方面说,他们需要对自己所辖部门的工作结果负责。因此,对那些必须在工作中与之商量、倾听其意见的上级参谋人员和部门,当他们对自己有关的工作指手画脚、喋喋不休地议论和评论时,就有可能认为是干预了自己的工作,闯进了自己的领地,从而可能对他们产生不满。由于参谋人员只有服务和建议的权力,对直线人员的工作没有任何约束力,因此后者对他们的建议完全可以不予重视,只根据自己的认识和判断行事,并以所谓的“参谋不实际”“参谋不了解本部门的特点”“参谋们只知纸上谈兵”等作为借口。直线人员对参谋作用的忽视,使得后者的专业知识不能得到充分利用。

从参谋人员的角度来看,会因为直线主管的轻视而产生不满。由于专门从事研究和咨询的参谋人员往往要比同层次的直线管理人员年轻,且受过更高水平的正规教育,组织聘用他们的目的是为了利用他们的某些专业知识,因此,他们理所当然地希望通过提出有见解的、能够被采纳的建议来证明自己的价值,作为晋升的途径。当有人告诉他们,决策是直线管理的职能,他们的作用只是支持性的、辅助性的、是第二位时,他们自然会感觉受到了挫折、甚至侮辱,从而会产生对直线的不满。

参谋人员为了克服来自低层直线管理者的抵制,往往会不自觉地寻求上级直线经理的支持。在许多情况下,他们能够得到这种支持,并使之产生一定作用。上级主管会对直线下属施加一定压力,要求他们认真考虑参谋人员的建议。这样,有可能使得直线与参谋的矛盾朝有利于参谋的方面变化。但是,这时可能会出现另外一种倾向,参谋们借助上级直线主管的支持,不是向低层次的直线管理人员推荐自己的建议、"推销"自己的观点,而是以指挥者的姿态指手画脚、发布命令,强迫他们接受自己的观点,从而可能重新激起低层直线管理人员的不满,重新激化直线与参谋的矛盾。这时,高层次的直线主管可能面临这样一个两难选择:是支持自己在工作中必须依赖的主要下属直线负责人,还是继续支持没有把活动限于调查研究、提供咨询的参谋人员。在这个两难问题的解决中,参谋人员往往是牺牲者,因为高层主管几乎只有选择支持直线下属的可能。

引起直线与参谋矛盾的另一个可能原因是参谋人员过高估计了自己的作用。某些正确的建议被直线经理采纳并取得了积极的成果以后,参谋人员会沾沾自喜,"贪天之功为己有",认为组织活动的成绩主要应归功于自己。相反,如果建议在实施过程中遇到困难,没有取得预期的有利结果,这时有些参谋人员又会迫不及待地推诿责任,声明之所以未能取得有利结果是因为直线曲解了他们的建议,或者没有完全按照他们说的去做。建议是合理的,方案是正确的,但执行过程中变了样。既然这样,成绩要归功于参谋,失误要怪罪于直线,那么直线漠视参谋的建议与作用也就不足为奇了。

三、正确发挥参谋的作用

解决直线与参谋的矛盾,综合直线与参谋的力量,要在保证统一指挥与充分利用专业人员的知识这两者之间实现某种平衡。解决这对矛盾的关键是要合理利用参谋的工作。参谋的作用发挥不够或过分,都有可能影响直线,从而影响整个组织活动的效率。合理利用参谋的工作,要求明确直线与参谋的关系,授予参谋机构必要的职能权力,同时,直线经理为了取得参谋人员的帮助,首先必须向参谋人员提供必要的信息条件。

1. 明确职权关系

无论是直线经理或是参谋人员都应认识到,设置参谋职务、利用参谋人员的专业知识是管理现代组织的复杂活动所必需的。但是,直线与参谋的职责、权限以及工作目的是不同的:直线经理需要制定决策,安排所辖部门的活动,并对活动的效果负责;参谋人员则是在直线经理的决策过程中,进行研究,提供建议,指明采用不同方案可能得到的不同结果,以供直线经理在运用决策权力的过程中参考。

只有明确了各自工作的性质与职权关系的特点,直线与参谋才有可能防止相互间矛盾的产生或以积极的态度去解决已产生的矛盾。

对直线经理来说,只有了解了参谋工作的性质,才有可能自觉地发挥参谋的作用,利用参谋的知识,认真对待参谋的建议,充分吸收其中合理的内容;并勇于对这种吸收以及据此采取的行动的结果负责,而不是在行动中出现了问题后去责怪参谋人员由于缺乏经验而制定了理论脱离实际的糟糕计划。对参谋人员来说,只有明确了自己工作的特点,认识到参谋存在的价值在于协助和改善直线的工作,而不是去削弱他们的职权,才有可能在工作中不越权争权,而是努力地提供好的建议,推荐自己的主张,宣传自己的观点,以说服直线经理乐于接受自己的方案。并在方案实施取得成绩以后不居功自傲,而要认识到没有直线经理的接受,再好的方案也只能是纸上谈兵;而直线经理采纳何种方案、采取何种行动,是要担负一定的风险的,因此活动的成绩首先应归功于直线经营管理人员。

总之,直线与参谋越是明确各自的工作性质,了解两者的职权关系,就越有可能重视对方的价值,从而自觉地尊重对方,处理好相互间的关系。

2. 授予必要的职能权力

明确了参谋人员对管理复杂活动的必要性以后,直线经理会理智地认识到,必须充分利用参谋的专业知识和作用。但是,人并不是单纯的理性动物,并非在任何时候、任何条件下都是理智的,影响人的行为的还有许多非理性的因素。为了确保参谋人员作用的合理发挥,授予他们必要的职能权力往往是必需的。

授予职能权力是指直线主管把原本属于自己的指挥和命令直线下属的某些权力授给有关的参谋部门或参谋人员行使,从而使这些参谋部门不仅具有研究、咨询和服务的责任,而且在某种职能范围内(比如人事、财务等)具有一定的决策、监督和控制权。

组织中参谋人员发挥作用的方式主要有以下四种:

第一种形式是参谋专家向他们的直线上司提出意见或建议,由后者把建议或意见作为指示传达到下级直线机构。这是纯粹的参谋形式,参谋与低层次的直线机构不发生任何联系。

第二种形式是直线上司授权参谋直接向自己的下级传达建议和意见,取消自己的中介作用,以减少自己不必要的时间和精力消耗,并加快信息传递的速度。

第三种形式是参谋不仅向直线下属传达信息、提出建议,而且告诉后者如何利用这些信息,应采取何种活动。这时,参谋与直线的关系仍然没有发生本质的变化。参谋仍然无权直接向直线下属下命令,只是就有关问题与他们商量提出行动建议。如果直线下属不予理睬或不予重视,则需要由直线上司来发出行动指示。

最后一种情况是,上级直线主管把某些方面的决策权和命令权直接授予参谋部门,即参谋部门不仅建议下级直线主管应该怎么做,而且要求他们在某些方面必须怎么做。这时,参谋的作用发生了质的变化,参谋部门不仅要研究政策建议或行为方案,而且要布置方案的实施,组织政策的执行。这些职能权力通常涉及人事、财务以及采购等领域。

必须指出,参谋部门职能权力的增加虽然可以保证参谋人员专业知识和作用的发挥,但也会有带来多头领导、破坏命令统一性的危险。参谋部门有了职能权力以后,企业中的分厂厂长或事业部门经理除了有一个直线上司(总经理或副总经理)以外,可能同时还要接受好几个职能部门负责人的指导甚至是领导。这些职能上司的存在虽然是由解决复杂问题所必需的专业知识决定的,但同样不可忽视的是多头领导往往会造成组织关系的混乱和职责不清。因此,组织中要谨慎地授予职能权力。

谨慎地授予职能权力,包括两个方面的含义:首先是要认真地分析授予职能权力的必要性,只在必要的领域中使用它,以避免削弱直线经理的地位;其次是明确职能权力的性质,限制职能权力的应用范围,规定职能权力主要用来指导组织中较低层次的直线经理怎么干,而不是用于决定什么;主要用于解决"如何""何时"等问题,而不能用于解决"什么""何地""何人"等问题。

最后,还需要指出,为了避免命令的多重性,组织中较高层次的直线主管还应注意,在授出某些职能权力后,要让相应的参谋人员放手开展工作,而不能仍然频繁地使用已经授出的权力。

3. 向参谋人员提供必要的条件

虽然直线与参谋的矛盾往往主要是由于参谋人员的过分热心所造成的,因此缓和他们之间的关系首先要求参谋人员经常提醒自己"不要越权""不要篡权";但同时直线经理也应认识到,参谋人员拥有的专业知识正是自己所缺乏的,因此必须自觉地利用他们的工作。要取得参谋人员的帮助,必须先帮助参谋人员的工作,向参谋人员提供必要的工作条件,特别是有关的信息情报,使他们能及时地了解直线部门的活动进展情况,从而能够提出有用的建议。一方面埋怨参谋部门不了解直线活动的复杂性,提出的建议不切实际,另一方面又不愿为参谋人员的研究情况、获得信息提供必要的方便,这显然是直线经理们应该注意避免的态度。

第三节 委 员 会

作为集体工作的一种形式,组织中存在着多种多样的委员会。这些委员会中有的是为解决某个专项问题而临时成立,而另一些则在组织中长期存在;有些只涉及某个专门职能,而另一些则是综合性质的;有些只是执行性的,而另一些则属决策机构;有些只存在于组织中的较高层次,而另一些则大量地活跃于组织的中间层或较低管理层。这些委员会的存在,为综合各种知识,促进信息沟通,加强操作人员与管理人员之间以及管理人员特别是高层管理人员之间的协调,发挥着重要的作用。

一、运用委员会的理由

由于委员会的性质和形式是多种多样的,因此它们存在的理由也往往各不相同。概括起来,利用委员会的方式进行工作的理由主要有以下几种:

1. 综合各种意见,提高决策的正确性

这通常是采用委员会工作方式的主要理由。集体决策的质量要优于个人决策,这是由多种原因所决定的。比如:集体讨论可以产生数量更多的方案。个人的知识、经验和判断能力总是有限的,从而能够提出的解决特定问题的方案数量也是有限的。集体讨论则可增加方案的数量。可供选择的方案数量越多,被选方案的正确程度或满意程度就可能越高。又如,委员会工作可以综合各种不同的专门知识。组织中需要解决的问题往往很少只涉及某一个方面的职能。企业的经营决策通常同时需要生产、营销、财务、人事等各个方面的专业知识。决策的层次越高,对知识的要求越广,从而越宜采用集体的方式,因为集体决策能够

运用比个人更多、更广泛的经验和知识。再如,集体讨论可以互相启发,从而可以完善各种设想以及提高决策的质量。通过讨论,可以启发和活跃人的思维,开阔人的思路,促进人们思考,使新设想不断产生、补充和完善。在讨论中,别人不论是赞同还是反对自己的观点,都会促进每一个与会者去认真思索赞同或反对,坚持或修正的理由,从而使他们及时地放弃自己的不合理设想,或在充分接受他人意见的基础上不断完善自己的观点。委员会最终选择的方案不论是谁最初提出的,都充分体现了集体的智慧。

2. 协调各种职能,加强部门间的合作

组织内的许多工作都要打破部门的界限,部门经理的决策不仅影响本部门的工作,而且会对其他部门的活动产生影响。比如,销售部门与客户商定的交货日期,要求制造部门在生产进度上予以配合,同时它对市场情况的了解又会对生产部门的任务安排或设计部门的产品开发提供一定指导。由于各职能部门的活动相互影响,相互依存,且企业目标的实现有赖于这些不同职能部门的共同努力,因此,组织中常通过建立由主要职能部门经理组成的执行委员会或管理委员会来协调不同部门的活动,来组织信息的交流。通过委员会的定期或不定期会议,使得各个部门经理交换情报,了解关系部门的工作计划、存在的问题以及相互要求以保证取得或提供相互间的必要配合。

3. 代表各方利益,诱导成员的贡献

组织是由不同成员构成的,他们分属于不同的利益集团。如果各利益集团在组织的决策机构中没有自己的代表,不能及时反映自己的要求,或者认为组织目标没有考虑到本集团的利益,那么,他们对这些目标和政策就会采取一种抵制的态度。委员会的运用,往往也是为了使组织内的不同利益集团能够派出自己的代表,发出自己的呼声。企业中的最高决策机构——董事会就是各利益集团的代表所构成的,虽然从理论上来说董事会主要是代表股东来行使资本所有权的,但由于企业活动离不开管理人员和工人的努力,因此,在今天西方企业的董事会的构成中,往往都包括这两个方面的代表。组织在处理涉及不同部门的关系或同一部门内部的各种纠纷时,往往也根据这个标准来选择委员会的成员。只有使各个利益集团在决策过程中都有代表,才能使组织所有成员对组织的目标和政策产生一定程度的认同和责任感。

4. 组织参与管理,调动执行者的积极性

委员会工作不仅有利于决策的制定,而且有利于决策的执行。通过委员会来研究和决定解决某个问题的方案,不仅可以使更多的人包括计划执行者的代表参与整个决策过程,使他们了解信息、增加知识,从而为计划的执行提供了更好的条件,而且参与本身就是一种重要的激励方式,能够推动人们在执行过程中更好地合作。我们知道,上级的实际权威往往在很大程度上取决于下级的接受。仅仅担任纯粹的执行职能的组织成员在组织活动中对上级制定的决策并不总是积极响应的,有时甚至采取抵制的态度。在下属没有参与决策制定的情况下,为了取得他们在执行过程中的合作和贡献,上级决策者需要去解释和说服,但这种解释或说服并不总是有效的。下属也许会被迫地、勉强地去执行这类决策,但同时也会在执行过程中找出一大堆不能达到目标要求的理由。相反,人们通常愿意接受自己参与帮助制定的决策。参与研究和决定某个事情,在决策过程中充分考虑了自己的建设性或批评性的意见。即使最终没有接受自己的意见,人们也比较有可能以积极的态度去执行这种决策。

二、委员会的局限性

由于委员会是由一组人来执行某种管理职能的，委员会的决策要在这一组人意见基本一致的基础上才能制定，因此运用委员会的工作方式也有可能带来时间上的延误、决策的折衷以及职责的不清等局限性。

1. 时间上的延误

为了取得大体一致的意见，制定出各方面基本上都能接受的决策，委员会需要召开多次会议。这些会议通常要耗费大量的时间。委员会是一个讲坛，所有成员都有权得到发言的机会，以阐明自己的观点，说服别人，或向别人提出质询。只有在充分讨论的基础上，才有可能得到基本一致的集体决议。综合了各种知识和意见的集体决策的正确性往往伴随着时间上的迟缓性。这种时间的延误往往需要组织付出极大的代价，因为行动的最好时机可能在委员会无休止的争论中悄悄溜去。也正是由于这个原因，有人认为，当组织不打算实质性地解决某个问题，而又需要做出某种表示时，最好的方法就是就这个问题成立一个有尽可能多方面的代表组成的委员会。

2. 决策的折衷性

委员会的工作方式降低决策质量的可能性几乎与促进决策完善的机会一样多。委员会的成员既是不同利益集团的代表，同时也有着自己个人的利益，他们往往把委员会视为充分表现自己、实现个人或集团目标的手段。在这种情况下，委员会难以发挥积极的促进合作的功能。只要某个利益集团和（或）其代表的利益未能得到满足，委员会就难以做出任何决策，因为任何一方的代表都能以拒绝支持将要实施的计划来破坏委员会的统一行动。充分考虑了各个方面的利益，满足了各个委员的要求后，委员会也许最终能得到全体一致的决策，那么这种决策与其说是集体的意见，不如说是各种利益冲突的结果，是各种努力妥协、折衷的产物，决策的质量是有限的，甚至没有实质性的内容。

3. 权力和责任的分离

同组织中任何其他机构或职务一样，当委员会被授予一定的权限时，必须对相应的权力使用的结果负责。因此，从理论上来说，作为集体中的每个成员都必须对委员会的每项决策及其执行情况负责。然而，当我们进行了上面的分析，了解了委员会决策可能是各种利益集团相互妥协的结果后，我们应该已经认识到，这种"集体决策"是没有任何意义的。委员会的决策可能反映了每个人的意见，但并未反映任何人的所有意见，而任何人都不会愿意对那些只代表了自己部分利益和观点的决策及其行动负完全的责任。不仅委员会的普通成员如此，对委员会的工作起组织和协调作用的委员会主席也如此。职权与责任的分离是委员会的主要缺陷之一，它可能导致没有任何委员会成员去关心委员会的工作效率。

三、提高委员会的工作效率

上面的分析表明，委员会的工作形式对于协调不同利益集团的关系，调动各方面的积极性，促进不同职能部门和管理层次的沟通和协作是非常重要的，但是，如果运用不当，则有可能影响决策的速度和质量，增加决策的成本。因此，要求我们不断探索改进这些缺点，提高委员会工作效率的方法。

1. 审慎使用委员会工作的形式

由于委员会的工作需要消耗大量的时间和费用,所以对于那些琐碎、繁杂、具体的日常事务,不宜采用委员会的形式去处理。这些日常业务,不仅数量多,而且时间要求往往非常紧。如果利用委员会去处理,则可能经常产生决策延误的危险。相反,处理那些对组织的全局影响更重要、更长远的问题,对时间要求往往不是很严格,组织可以而且必须进行详细论证,则可利用提供咨询的参谋机构,甚至作为制定政策的决策机构的委员会的工作方式。

另外,由于委员会通常可用来作为协调的工具,因此,当处理的问题只涉及一个职能或一个利益群体的内部时,利用委员会的工作似乎是多余的;而对于处理那些涉及不同部门的利益和权限的问题,委员会的形式往往是比较有效的。

2. 选择合格的委员会成员

对委员会成员的选择取决于运用委员会的目的,因此,必须根据委员会的性质来选择恰当的委员。如果运用委员会的目的在于进行专门研究,提供咨询意见和建议,那么,委员会成员应具有问题所涉及的不同专业的理论和实际知识;如果运用委员会的目的是协调各方面的利益和权限,那么委员会的成员就应是相关职能部门的负责人或利益群体的代表;如果委员会作为一个决策机构来工作,那么委员会的成员就不仅应掌握必需的专门知识,能够代表不同方面的利益,而且应具备相当的综合、分析能力和合作精神。在任何性质的委员会中,成员都应有较强的表达能力和理解能力,不仅善于表述自己的观点,而且能正确把握其他成员的思想。因为决定委员会工作效率的一个重要因素是成员间的相互沟通,而改善沟通的必要前提是这些在一起工作的人具有较强的沟通能力。

3. 确定适当的委员会规模

委员会的规模主要受到两个因素的影响:沟通的效果以及委员会的性质。

委员会是利用开会、讨论的方式来展开工作的。参加讨论的人数过多,要使每一个与会者都有足够的机会去正确理解别人的观点或充分阐述自己的意见是比较困难的。信息沟通的质量与参加会议的人数成反比:委员会的成员越少,沟通的效果越好;反过来,成员越多,沟通的难度越大。因此,从信息沟通这个角度去考察,似乎倾向于较小的委员会规模。

但是,如果委员会规模很小,那么就有可能与这种工作方式的逻辑使命相违背,只有少数人组成的委员会,不可能"综合各种知识""代表各方面利益""使执行者有足够的参与机会"。为了在保证代表性的同时取得较好的沟通效果,有人把所需讨论的问题细分为若干方面,然后成立小组委员会,从而使相关部门或全体的代表都有足够的机会去发出自己的声音。

总之,在确定委员会的规模时,要努力在追求"沟通效果"与"代表性"这两者之间取得适当的平衡。

4. 发挥委员会主席的作用

委员会的主席是一个重要的角色,委员会的工作成效无疑要在很大程度上受到主席的领导才能的影响。为了避免时间的浪费和无聊的争论,委员会主席应在每次会议之前制定详细的工作计划,选择恰当的会议主题,安排好议事日程,为与会者准备必要的、能够帮助他们熟悉情况的有关论题的背景材料。在讨论过程中,重在善于组织和引导,既能公正地对待每一种意见,不偏袒任何一种观点,尊重每一个成员,给他们以平等的自由发表意见的机会;

同时,也能从总体的角度出发,综合各种意见,提出能够代表多方利益、从而易于被大部分成员所接受的新观点。

5. 考核委员会的工作

要提高委员会的工作效率,首先必须了解委员会的工作情况,对委员会的工作效率进行考核。由于委员会主要是通过会议来进行工作的,因此考核委员会的工作必须检查它的会议效率。会议的效率与召开会议所得到的有利结果以及为取得该有利结果而支付的费用有关。虽然我们难以计算委员会的决策带来的直接的货币收益,特别是难以对会议本身带来的协调、沟通和激励的好处进行量化处理,但是我们可以很方便地利用下述公式来计算委员会召开的会议的直接成本:

$$C = A \times B \times T$$

式中,C 表示会议的直接成本,A 表示与会者平均小时工资率,B 表示与会人数,T 表示会议延续的时间。显然,在委员会成员数量与工资水平不变的情况下,减少为取得特定结果而所需的会议时间,是减少会议直接成本从而提高委员会工作效率的重要途径。

复习思考题

1. 非正式组织与正式组织有何区别?
2. 非正式组织的存在及其活动对组织目标的实现可能产生何种影响?
3. 如何有效地利用非正式组织?
4. 直线关系与参谋关系有何区别?
5. 直线经理与参谋人员在工作中为什么会发生矛盾?
6. 如何正确地发挥参谋人员的作用?
7. 委员会工作方式有何贡献和局限性?
8. 如何提高委员会的工作效率?
9. 如何在委员会工作方式中处理好民主与集中的关系?

第十章 组织文化

第一节 组织文化的内涵与特征

对于现代组织来说，人才要素是组织中最重要的资源，组织在实际工作中需要员工之间的协调参与工作才能完成组织的目标，而要推动组织员工不断地参与组织各项活动，不仅需要给他们适当的激励，更需要有组织文化的参与。如果缺乏组织文化的支持，组织即使拥有再丰富的资源，往往也无法完成既定的组织目标，不能完全发挥组织的潜力，无法成就大目标和大视野。

一、文化的内涵

文化具有悠久的历史，英国、法国的"culture"，德国的"kultur"，都源于古拉丁文的"cultura"，其本意是耕作、居住、练习、教化、开化的意思。在启蒙运动时期，德国古典哲学家和法国启蒙思想家将文化与人类的理性联系起来，以此区别原始民族的"不开化"和"野蛮"。在中国，最早把"文"和"化"两个字联系起来的是《易经》，"观乎天文，以察时变；观乎人文，以化成天下。"意思是指圣人在考察人类社会的文明时，用诗书礼乐来教化天下，以构造修身齐家治国平天下的理论体系和制度，使社会变得文明而有秩序。《周礼》曰："观乎人文以化天下"；汉刘向的《说苑》指出："凡武之兴，为不服也，文化不改，然后加诸"；晋束皙《补亡诗》指出："文化内辑，武功外悠"。

中国人认为文化的价值极为重要，在我国的《辞海》中对文化做出了这样的界定："从广义来说，指人类社会历史实践过程中所创造的物质财富和精神财富的总和，其中，物质文化可称为器的文化或硬文化，精神文化可称为软文化，而从狭义来说，文化是指社会的意识形态，以及与之相适应的礼仪制度、组织机构、行为方式等物化的精神。文化是一种历史现象，每一社会都有与其相适应的文化，并随着社会物质生产的发展而发展。"文化具有民族性、多样性、相对性、沉淀性和整体性的特点，文化是一种历史现象，每一社会都有与其相适应的文化，并随着社会物质生产的发展而发展。

在管理学研究中,荷兰学者霍夫斯泰德关于文化的定义被广泛接受。他认为文化是一组成员或者一种类型的人群在精神气质方面的集体主义特征,这种特征使其与其他组织和人群区分开来。[1] 也就是说,文化是一种关于若干个人所具有的共性的抽象,某种程度上拥有共同的信仰和价值观念是一个文化群体所具备的稳定特征。

组织文化作为影响员工行为的独立变量的研究,可以追溯到 50 年前的制度化概念。当一个组织开始制度化之后,它自身就有了生命力,能够独立于组织创建者和任何组织成员之外。因为当组织制度化之后,即使其创始人离开了组织,组织也能够继续生存和发展下去。比如罗斯·佩罗在 20 世纪 60 年代早期建立起了电子数据系统公司,而到了 1987 年他就离开了公司,可即使在创始人离开之后,电子数据系统公司仍能不断发展推出新产品。

另外当组织开始制度化之后,组织本身就变得有价值了,因此组织具有恒久性。组织就能不断地适应环境的变化,不断地进行自我的更新,调整组织的发展方向来适应各种各样的变化。组织的制度化运作,能使组织成员对于一些行为的基本意义有了共同的理解。因此当一个组织有了制度化的持久性之后,组织成员就能接受一些共有的行为模式。制度化是组织文化的前奏,当组织制定了一系列的规章制度之后,将会有助于组织文化的形成。

而对于任何一种组织来说,由于每个组织都有自己特殊的环境条件和历史传统,也就形成自己独特的哲学信仰、意识形态、价值取向和行为方式,于是每种组织也都形成了自己的特定的组织文化。但组织文化至今还没有一个受到广泛接受的定义。比如迪尔和肯尼迪对公司文化的定义是"我们做事的方式",这个定义可能将诸如生产经营、报酬支付等组织的所有运营方式都包括在内。爱德沙因认为组织文化是"在企业成员相互作用的过程中形成的,为大多数成员所认同的,并用来教育新成员的一套价值体系,包括共同意识、价值观念、职业道德、行为规范和准则等"。而施因给的定义更为狭隘一些,"给定群体在学习处理外部适应和内部整合问题过程中发明、发现和发展出来的基本假定模式"。尽管各式各样的组织文化的定义存在着显而易见的差别,但其中还是能找到一些共同点。比如在这些定义中,都提到了公司中个人所持有的价值观,这些价值观定义了什么是好的或可以接受的行为,以及什么是不好的或不可接受的行为。

就组织特定的内涵而言,组织是按照一定的目的和形式而建构起来的社会集合体,为了满足自身运作的要求,必须要有共同的目标、共同的理想、共同的追求、共同的行为准则以及与此相适应的机构和制度,否则组织就会是一盘散沙。而组织文化的任务就是努力创造这些共同的价值观念体系和共同的行为准则。从这个意义上来说,组织文化是组织在长期的实践活动中所形成的并且为组织成员普遍认可和遵循的具有本组织特色的价值观念、团体意识、工作作风、行为规范和思维方式的总和。

二、组织文化的特征

组织文化是组织在一定时期一定背景下形成的组织成员共有的价值观念,因此与文化

---

[1] 资料来源:G. Hofstede, Cultures and Organizations, London: McGraw-Hill Book Company, Software of the Mind, 1991

一样,组织文化也有着某些共性。一般来说,组织文化具有以下几个主要特征:

1. 融合继承性

由于每一个组织都是在独特的环境和文化背景下形成的,深受这些文化和环境的影响,因此必定会对特定民族和特定国家的文化和价值体系加以传承。尽管如此,企业在发展自身文化的时候,还必须关注其他的组织文化,吸纳优秀的组织文化,从而将自身的组织文化不断推进向前,融合最新的文明成果,充实且发展自我的文化。同时组织文化也因为有这种融合继承性才能不断地适应这环境和时代的改变,不断推陈出新形成历史性与时代性相统一的组织文化。

2. 超个体的独特性

每个组织都有着其自身独有的文化,这是因为每个组织生存的环境都不相同,不同的国家、民族、地域、时代背景和行业都会对组织的文化形成产生影响。例如美国企业的组织文化常常都强调发挥员工的个人能力、要求员工不断进步和努力奋斗;中国的企业则强烈地受到儒家文化的影响,要求员工的绝对服从,坚决按照组织的要求完成组织任务。

3. 发展性

任何的组织文化都会随着时间的变迁,科技的进步,社会观念的变化以及组织变革逐步地进步和发展。健康、积极向上的组织文化对组织适应变动的外部环境有着积极的影响,而不健康的组织文化对组织会有消极的影响,从而导致组织发展不良。改革现有的组织文化,重新设计和塑造健康的组织文化过程就是组织适应外部环境变化,改变员工价值观念的过程。

4. 相对稳定性

任何组织文化都是组织从产生到现在的长期发展过程中不断累积所形成,不会由于环境的变化、组织结构的创新、宗旨的改变、战略的转移又或是业务和服务的调整而随时发生变化。并且在组织中,精神层面的文化相比物质层面的文化具有更多的稳定性。

5. 社会性

文化的社会性指的是任何一个组织都不是孤立存在的,而是存在于社会之中,社会时时刻刻都会对组织产生重要的影响。社会意识形态、社会观念、社会行为准则、社会文化心理、社会人际关系、社会道德规范等等,都从方方面面影响着组织。组织存在于社会之中,是社会经济活动的一个细胞。细胞依附肌体而生存,组织文化属于社会文化的一个组成部分并且与社会文化紧密相连,且它们之间能产生相互的影响。在社会大文化的背景下,组织文化有自己独特的个性,但对社会文化处于绝对的从属位置,当一个组织文化脱离社会文化则没有生存和发展的可能性,与社会背道而驰的组织文化必然会被取缔。

三、组织文化研究的学科基础

自20世纪六七十年代日本企业的崛起,在很多领域成为美国企业的强大的竞争对手,而美国的学术界此时开始研究日本企业成功的原因,发现了美国与日本企业在企业文化模式上存在着巨大的不同,由此引发了组织文化的研究热潮。组织文化的研究在20世纪80年代早期出现了爆炸性的增长,而对组织文化的研究可以追溯到社会科学,在研究组织文化之前必须理解其他社会科学学科。

1. 人类学

人类学研究的是人类文化。人类学在所有的社会学科中是与文化研究最紧密的学科，该学科研究的是社会文化的构造和功能以及不同文化下的价值观和信念。人类学家相信，应从人们实际运用文化的角度出发理解文化与社会的关系。为了达到这一境界，人类学家深入研究了人们为了日常活动带来秩序和意义的价值、符号和故事。

不论是非洲的原始部落，还是现代的大型组织的文化，对于人类学而言，研究问题都是一样的，即处在某种文化背景下的人们是如何知道哪些行为是可以接受的，而哪些行为是不可以接受的？这些共同的认知是如何产生的？而这些认知又是如何在成员之间传递的？当这些问题都被解决时，主导组织行为的价值和信念就变得清楚了。但这些价值观念只有在其所在的特定组织才能得到理解，也就是说每个组织的文化都是独特的，且无法转换到其他的组织中。

2. 社会学

社会学也是研究人类文化的一门学科，但与人类学研究的方向不同，社会学的研究重点对象是社会系统中的人类，并且，该学科也对文化的来源十分感兴趣。而在研究文化的时候，社会学家通常更关注的是非正式的社会结构，与人类学一样，社会学中的许多理论和研究方法被广泛地应用在组织文化的研究当中。使用社会学理论的学者往往建立一个相当简单的文化特征的类型，然后描述如何使用这一类型分析大量企业的文化。一些社会学家认为，对礼仪或是神话的研究可以探索某些社会群体的基本价值观念。社会学中的许多关于文化的理论被应用于组织文化的分析，例如威廉·大内的《Z理论》、迪尔和肯尼迪的《公司文化》以及彼得斯和沃特曼的《追求卓越》都用的是社会学中的一些理论对组织文化进行了研究。

3. 社会心理学

社会心理学研究的是对个体或者群体的社会影响因素，是心理学的一个分支。大多数的组织文化研究更多的是借鉴人类学或社会学的理论，但也有一些研究借鉴的是社会心理学的理论和方法。

社会心理学通过对符号的强调和运用同组织文化研究联系起来，在人们做判断的时候，可能更倾向于采用某一过程的信息，而不是以大量的观察作为判断的基础。比如，当你身边的人使用的某个品牌的电脑出了问题，你很可能由此推导出该品牌的电脑都不好，尽管可能在大量数据分析的情况下该品牌的电脑实际上几乎是没有任何问题的。

4. 经济学

虽然社会学和人类学相对于经济学而言，对组织文化研究的影响是巨大的，但经济学也能从某些方面对组织文化的研究产生重要的影响。根据经济学的观点，组织文化能够为组织的发展和经营创造出经济优势，与社会学与人类学只是简单的描述组织文化不同，在经济学的视角下，该学科将文化的特征与组织的绩效相联系起来。比如上文中说到的威廉·大内的《Z理论》中对Z型公司的绩效做出判断，认为Z型公司的绩效要高于其他类型的公司。

而在组织文化是如何影响绩效的判断上，不同的学者还产生了不同的解释。比如某些研究认为，尽管文化与绩效之间确实存在着一些联系，但文化本身是不会带来绩效的，有时文化甚至对绩效会有负向的作用，影响绩效的实现，这就与威廉·大内的理论结果产生了分歧。文化与绩效的影响是多种多样的，还需要在未来做进一步的研究。

第二节　组织文化的结构、类型与功能

组织文化的形成是个漫长的过程,在这个形成过程中,它会受到各个因素的影响,因此每个组织文化都有其特殊的一面。尽管不同的组织文化各不相同,但它们之间仍存在着一些共性,不同的组织文化抽象出来会有大致相同的结构、内容、层次等等。因此,在此部分我们将讨论组织文化的结构、内容、维度、类型和功能。

一、组织文化的结构

对于组织文化,学者经常用洋葱或者冰山等事物来类比组织文化的层次结构。文化并不都是直观的,其可见部分如同海上冰山一样,仅仅只是一小部分,其主体部分更多的是隐形与不可见的。一般认为组织文化存在着三个层次结构,即潜层、表层和显现层。

1. 潜层的精神层

精神层是组织文化结构中的核心层次,这部分的层次是组织文化中的主体和核心,指的是广大组织成员潜在的意识层次,包括如敬业精神等的价值观念和道德观念。组织的精神层次,必然会对组织产生深远的影响。美国 IBM 的董事长沃森曾说过,一个组织将取得何种成就取决于该组织的基本哲学、精神和内在动力,这些比组织所有的技术、结构、资源更加重要。

2. 表层的制度系统

这一层次的文化又称为制度层,指的是能够体现组织自身文化特色的各种各样的规章制度、道德规范和员工行为准则的总和,也包括组织内部的分工协作关系。这一部分是组织文化潜层和显现层的中间层,也是由虚体文化(意识形态)向实体文化转换的中介。

3. 显现层的组织文化载体

这一部分的组织文化又称为物质层,指的是凝聚着组织文化抽象内容的物质体的外在显现。这部分的组织文化不仅包括整个组织的物质、精神的活动过程、组织行为等外在表现形式,还包括了实体的设备、设施等等,比如组织的工作环境、工作流程等等。相对于其他两个层次的组织文化,显现层能被直接观察到,也容易被人们感知。

二、组织文化的内容

组织文化多种多样,不同的组织的文化有着巨大的差别,甚至组织的不同阶段的组织文化也会有不同,将组织文化的内容抽象化,可以看出组织文化的内容中存在着一些共性的事物。从最能体现组织文化特质的内容来看,组织文化包括组织价值观、组织精神、伦理规范等。

1. 组织的价值观

组织的价值观指的就是组织内部的成员对组织的生产、营销、产品开发等活动以及指导这些活动的一般看法。组织价值观包括了组织经营的目标、组织的宗旨、组织中各个不同部门之间或者是相同部门不同岗位之间的人们的行为与组织利益的关系等等。组织价值观也有不同的层次、不同的内容,而且组织往往会不断追求和更新组织的信念和目标。

2. 组织精神

组织精神是由产生到成熟期间,经过组织成员共同努力和长期有意识地培养所逐渐形成的,认识看待事物的共同心理趋势、价值取向和主导意识。组织精神是组织文化的核心内容,是所有组织成员精神上的总和。因此能基本反映一个组织的基本能力以及精神风貌,也能够反映组织成员对组织的特征、形象、地位等的理解和认同,成为凝聚组织成员共同奋斗的精神源泉。

3. 伦理规范

伦理规范指的是道德层面上人们应当遵守的行为准则,其规范人们的行为往往是通过社会的舆论来发生作用。而组织文化中的伦理规范是组织中所有组织成员总体的行为准则,既体现了社会对组织的要求,又体现着组织对自身管理的要求。所以组织的管理者必须给组织设立较高的伦理规范标准,否则就很容易流于形式。

由此可见,以道德规范为内容与基础的员工伦理行为准则是传统的组织管理规章制度的补充、完善和发展,使组织的价值观融入了新的文化力量。

三、组织文化的研究维度

霍夫施泰德于 1990 年提出了研究组织文化的六维度模型。在这六个维度中,都包含了两种极端的情况,需要强调的是霍夫施泰德只认为这六种维度的文化各不相同,但并未指出这些不同维度的文化存在着好坏之分。

1. 工作导向与雇员导向

工作导向的文化更关心的是组织成员的工作绩效,而对其他方面不够重视,所以在这种文化下的员工会感到较大的工作压力。而雇员导向的文化更关注雇员的福利,因此相对于工作导向,员工工作压力会减小。这个维度是从领导的角度出发,因此与领导行为的两分法类似,比如一些关于领导行为的研究发现领导可以从关心工作完成或是关心下属个人两方面来考察。

2. 松散控制文化与严密控制文化

在松散控制的文化中,组织更重视工作氛围以及员工的归属感,但对于管理以及成本上的问题不够重视。与此相反,在严密控制的文化中,组织要求严格的控制,并且有以成本和效率为中心的严格的计划体制。通常来说银行和医药行业具有较为官僚的组织机构,并且具有严密控制的组织文化,而咨询机构等服务机构通常具有的是松散控制的组织文化。

3. 开放系统文化与封闭系统文化

这个维度关注的是组织接纳新来者的难易程度和内外部交流的普遍样式。在封闭系统的组织文化下,组织内部不同成员之间、不同部门之间也较为封闭,对于外来人的加入要求较高,必须具备一些条件才能加入此类组织。而在开放系统的组织文化下,组织不论是外部还是内部,对于组织成员以及新加入者都是开放的,因此即使是新进入者也可以很快地适应组织的文化。

4．实用文化和规范文化

这个维度关注的是面对顾客方式上的差异。重视实用的组织文化应尽量满足顾客的合理需求，且实际的工作成果比遵循规定的工作程序更加重要。而规范文化则更加重视组织的工作规范和规章制度，且认为规章制度比起结果更为重要，从而会给顾客一种具有较高的商业道德的印象。

5．职业性文化与社区性文化

这个维度关注的是组织成员与组织的关系。重视职业性文化的组织，其内部的组织成员与组织的关系仅仅只是契约关系，当成员认为组织适合自身发展时就会留下，否则就会离开寻找更合适的工作机会。而重视社区性文化的组织，其内部的组织成员更重视在组织中获得认同，并以获得组织的认同为目标，因此降低了成员的离职率。

6．过程导向和结果导向

这个维度关注的是组织对方法或是对目标的考虑。在倾向于过程导向的组织中，组织成员更关注的是按照现存的管理程序按部就班地工作，组织成员不倾向于冒险，从众是此种文化的特点。而倾向于结果导向的文化恰恰相反，在此文化下，组织鼓励组织中的成员要敢于创新，勇于接受挑战，为实现组织的目标不断提出新的解决办法和新思路，创新是这种文化的特点。这个维度与文化的同质程度也有关系，结果导向下组织员工能以一种统一的方式理解他们的习惯做法，而在过程导向下，组织内不同部门和不同层次之间观念也存在着巨大的差别。

四、组织文化的类型

自从 1979 年发表于《管理科学季刊》的"组织文化研究"以及发表于《组织行为研究》的"跨越组织的开放系统模式"这两篇文章之后，文化模式的研究概念即在组织管理界孕育而生，组织文化成为组织管理与企业管理事务的主流语言，从此对组织文化的研究逐渐兴起。学术界许多学者从不同的角度对组织文化进行了分类，以下是四种经典的划分类型和依据。

1．科特和赫斯克特的三种文化类型

哈佛大学商学院的科特教授和赫斯克特教授根据是否有利于促进组织经营业绩将组织文化分为三种：

（1）强力型。具备此种组织文化的组织常常通过规章制度把组织的核心价值观广泛传递给组织成员，从而使得组织员工具有一致认同的组织价值观。而这种类型的组织文化会对员工产生巨大的影响，能产生很强的行为控制氛围，即使高层管理层出现人员变更，也不会对组织文化造成巨大的影响。此种组织文化下，接受共同组织文化的成员越多，那么组织成员对文化的信仰就越坚定，因此组织文化也就越强。并且有研究表明，强力型文化对组织成员的流动率有正向的影响，强力型组织文化能提高组织成员的内聚力和忠诚力，提高组织成员对组织的核心价值观的认同，因此降低了组织成员的离职率。

（2）策略合理型。此种组织文化理论认为不存在普适的组织文化，即没有一种组织文化能够适应所有的环境，只有组织文化能与组织环境、组织策略相匹配，组织文化才能给组织带来有效的帮助。组织文化与组织环境、组织宗旨的适应性越强，组织的绩效就越好。策略型组织文化的影响是双向的，如果组织文化与组织环境相匹配，即组织中存在着策略合理型的组织文化,那么组织的绩效就好。但当组织处在变动的、复杂的组织环境中,现有组织文化无法适应这样的环境,组织文化也许就无法贯彻执行,从而导致组织的绩效恶化。

(3)灵活适应型。该种组织文化理论认为,只有当组织文化能够适应环境变化并且在适应过程中能够领先其他组织的组织文化时,它才会在较长时期与组织经营业绩相互联系。该文化提倡给员工自信感和无畏感,从而使得员工能够自主地发现问题解决问题,使得员工相互信任,相互帮助解决问题,员工不仅具有高度的创新意愿,并且还有高度的工作热情,愿意为组织牺牲一切。

2. 桑南费尔德的四种文化类型

艾莫瑞大学的杰弗里·桑南费尔德在 1980 年提出了一套标签理论,这套理论有助于使我们理解组织文化之间的差异,并着重于认识人与文化之间的匹配性。他的研究确认了以下四种文化类型:

(1)学院型。具备此种组织文化的公司偏向于雇用刚毕业的大学生,并对其提供专业的、大量的、系统的上岗培训,使其充分成长,从而能适应各个职能部门的工作。桑南费尔德认为典型的具有学院型的组织文化的公司有通用汽车、宝洁公司和 IBM 公司。

(2)俱乐部型。具备此种组织文化的企业非常重视忠诚和承诺,这种类型的组织文化和学院型相反,它力图把管理人员培养成某方面的专才。在这种组织文化下,员工对组织具有高的适应性、忠诚感和承诺感,像贝尔公司、政府和军队的组织文化都属于这种类型。

(3)棒球队型。具备这种组织文化的企业倾向于在各个年龄阶段中寻找有经验和有才能的人,并根据他们的生产能力付给相应的报酬。由于在工作中被赋予了巨额报酬和较大的工作自由度,员工都会努力工作,因此这种组织十分适合改革家和冒险家。具有此种类型的组织文化常为会计、法律、咨询、广告等领域里的企业。

(4)堡垒型。棒球队型的组织文化重视创新,而堡垒型的组织文化则专注于维持组织生存。这类组织在前期可能是上述三种的一种,但在目前面临着一些困难,因为在此组织文化下,工作的安全保障不足。这种文化更适合那些喜欢挑战性和流动性的员工。

3. 主文化和亚文化

尽管组织文化意味着组织成员共享某些共同的价值观,但这并不代表组织中所有的组织成员只共享唯一的一个价值系统和一系列的共同认识。如同每个人的性格,一个人的身上可能会有各种不同的性格特征,所以组织文化也会有各种不同的侧面和层次,它们有时会融合在一个组织中。从层次上来划分,组织文化可以分为主文化和亚文化。

(1)主文化。顾名思义就是在一定族群中占主导地位的文化,也称主流文化,而在组织中,主文化是指为组织大多数成员所认可的一种核心价值观。一般意义上的组织文化就是指主文化。正是这种宏观角度的文化,使组织具有独特的个性。

(2)亚文化。亚文化是某一主流文化中的一个较小的组成部分,例如相对于社会主义文化,组织文化就是亚文化。组织中的亚文化有两种解释:一是相当于组织中的副文化,即组织在发展过程中逐渐形成的非主体的不占主导地位的组织文化;二是相当于组织的亚群文化,即组织文化的次级文化。所以组织的亚文化可能是组织文化的对立文化、替代文化,也可以是组织文化的补充文化、辅助文化。

在实际的企业或者组织中,还有可能存在着非正式或者正式的子系统。正式的子系统是由自上而下的指挥链形成的系统,这样的正式子系统由于工作性质上的不同,在拥有同样的组织主文化的前提下,也可能会拥有着自己的亚文化。亚文化有时候能对主文化起到一种补充的作用,但有时也会与主文化相悖,也有可能是虽然与主文化存在着一些区别,但大体上对主文化并无危害,甚至存在着替代主文化的可能性。对于这些可能对主文化产生替代甚至是危害作用的亚文化,要注意控制和清除这些文化,将这些亚文化对主文化的危害降到最低。因为这些亚文化如果不严格控制,必定会对组织的未来发展造成极大的副作用。而对于另外两种文化,尽管这两种文化与主文化存在着一些差别,但我们应该采取的是包容的态度,客观认同亚文化的存在,并将亚文化中的有益部分积极吸收进主文化,从而促进主文化的发展。

而在实际的组织中,亚文化与主文化在企业中的相对位置处在一个动态变化的过程中,主文化在一定条件下可能会变成亚文化,而亚文化在某些时候也可能会转为主文化。主文化与亚文化的地位是以组织的需要为基础的,当组织的环境发生了变化时,组织对文化的需求也相对发生了变化,而这往往伴随着组织文化的变革,此时一些适应了环境变化的亚文化也可能会变成组织的主文化。

4. 奎因的四种类型的组织文化

奎因在 1988 年提出了从两种维度出发形成的四种组织文化类型,第一个维度是组织的相对控制取向,第二个维度是相对注意焦点,如下图所示,纵轴代表了组织的相对控制取向,从稳定到弹性;横轴代表了相对注意焦点,从内部到外部。如图 10-1 表示了四种类型的组织文化。[①]

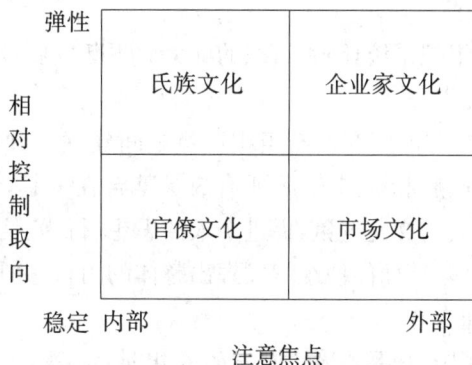

图 10-1 奎因组织文化的分类

四种组织文化类型分别为:企业家文化、氏族文化、官僚文化、市场文化。该理论并没有强调存在着最好的组织文化,不同的组织文化都有可能在某种情境下发挥作用,没有任何一种能够适应任何情况的最好的组织文化。另外,尽管这四种文化是由两种维度划分,并处在不同的角度,但在实际当中,组织的组织文化并不只属于其中一种,组织文化往往拥有不同的角度,多重焦点,仅仅只是其中的一个特点特别突出。比如政府机关更着重于官僚文化,但也可能带有其他文化的特点;某些以严格生存为特征的制造生产型企业更着重于市场文

---

① 资料来源:R. E. Quinn, Beyond Rational Management: Mastering the Paradoxes and Competing Demands of High Performance, Francisco: San Jossey-Bass, 1988.

化,但也有可能有官僚文化的特点。一个组织不应该只有一种文化,否则很容易走向极端,因此对组织来说,均衡是最重要的。

(1)官僚文化。拥有此种类型文化的组织更加重视正式的规章制度、标准的操作程序和自上而下的等级链。官僚组织关注的是可预测性、效率和稳定性,组织中的管理者拥有正式和明确的权力,他们不仅仅是领导者,更是协调者、组织者。组织内所有成员的任务和职责都由组织明确规定,且有一套规范的程序规定日常行为工作。

(2)氏族文化。氏族文化的特征是个人承诺、忠诚、自我管理、广泛社会化,在氏族文化中,组织成员与组织建立了一种特别的文化,成员个体通过对组织的承诺与忠诚换取组织对个体的承诺。在氏族文化条件下,成员之间相互信任相互依赖,并且形成了错综复杂的人际网络。

(4)企业家文化。企业家在企业中既是企业的领导者又是员工的思想领袖,他以自己新思想、新观念、新思维和新的价值取向来倡导和培植卓越的企业文化。企业家文化在企业经营管理中的主要体现是企业全体成员的精神核心。企业家文化以高的冒险倾向、高的创造力为特征,拥有此种文化的组织中的成员有巨大的热情去尝试、去创新。

(5)市场文化。市场文化以市场的关注为基础,其特征是以市场的可测量和要求的目标为自己的目标基础,在此种组织文化影响下,组织中的成员更加关注利润,个体和组织的关系是协议,因此正式的控制取向是很稳定的。

五、组织文化的功能

1. 组织文化的积极功能

组织文化作为一种自组织系统,随着组织的壮大而不断发展,对于组织而言有很多特定的积极功能,主要有以下几点。

(1)整合功能。组织文化能够在所有组织成员之间建立一种相互依存和信赖的关系,并且能够培育组织成员的归属和认同感,将所有成员整合在一起,使得成员与成员之间、成员与组织之间形成一种稳固的文化气氛,促进个人的思想、行为、信念、习惯以及情感与整个组织有机地整合成一个整体,从而能使组织发挥出整体的力量,并且激发每个员工的工作积极性,为完成组织的目标而奋斗。

(2)适应功能。当组织的外部环境不断发生变化时,组织文化就能使员工不断地更新自己的旧有观念,甚至能从根本上改变其旧有价值观念,建立起新的价值观,从而能不断适应组织外部环境的变化。而当组织成员的价值观念与组织文化所提倡的主体行为规范与价值观念相符合,成员就会有意无意间根据组织文化的要求来自觉做出符合组织目标的行为,倘若违反,则会感到内疚、不安或自责,从而自动改正自己的行为。因此,组织文化不仅能够帮助员工完成日常生产活动,维持组织的运行,还能够利用其强制性和改造性帮助员工适应外部环境变化而不断改进自己,从而对员工的行为和活动产生导向作用。

(3)持续功能。组织文化的形成会受到多方面的影响,例如政治、经济、人文、科学和自然环境等,是一个极度复杂且长期的过程。而就像其他文化一样,组织文化也有历史继承性,一经形成就不会轻易因为组织战略或领导层的人事变动而改变,而是会在实践过程中逐渐不断地接受检验并优化,从而使得组织文化在经过无数次的更新和强化后不断地从一个高度向另一个高度迈进。

（4）激励功能。组织通过塑造积极向上的文化,能够使每个成员从内心深处形成积极向上的价值观念,从而使得员工能够不断超越自我,追求更高的目标。组织文化能够一定程度代替各种激励手段和激励工具,对组织成员持久地发挥作用,并且还能避免传统激励手段所引起的一些不良后果,例如短期行为以及敲竹杠倾向。组织文化能够代表组织成员的整体追求,因而也能对员工起到激励激发的作用。

（5）辐射功能。当一个企业发展比较成熟之后,组织文化就不仅仅在组织内部发挥作用,还能通过各种方式在社会上也发挥积极的作用。首先是企业形象的辐射作用,当企业拥有良好、优秀的组织文化时,必将在社会上树立良好的企业形象,从而能促进企业的生产经营,给企业源源不断地带来有形或无形的收益,并且也有益于企业提升自身的知名度以及信誉。其次是在企业员工对外交往时也能起到辐射的作用,销售人员的对外销售方式,公关人员的应酬,这些企业员工与外部交往的方式都从某种程度上反映着一个企业的文化,从而也会间接地影响企业的声誉。

2. 组织文化的消极功能

文化的稳固性有时候也会对组织产生一些束缚和阻碍,特别是当文化已经不能再适应环境的时候,此时文化就会对组织产生负面的效果。实际上,几乎每一种组织文化都有可能存在着对组织造成束缚和制约的情况。

（1）变革阻碍。当组织要求进一步提高的工作或生产效率与当前的文化不一致时,此时的组织文化就会对组织产生束缚的作用。当组织拥有强势且单一的组织文化时,其组织成员很可能就被某种价值观念、思维方式所束缚,难以适应变动的组织环境,从而缺乏变革的视角和气氛。而在这种情况下,即使内部发动变革,由于受到组织文化的长期影响,其内部的管理人员也常常会阻碍变革的进行。

（2）多样化阻碍。对于一些规模比较大的组织,由于组织成员之间存在着多样性,即员工的年龄、民族、性别的差别,导致成员之间的价值观念差异较大。而管理者常常希望新成员能够适应组织的文化,否则这些新成员将很难被组织接受。但是作为大型组织,管理者又希望组织保持文化上的多样性,从而能适应外部环境的多样化。此时,强文化就会对组织成员施加压力,而员工的适应行为可能会导致多样化的丧失。

（3）兼并和收购阻碍。当组织决定要兼并或收购时,不仅要考虑其产品的兼容性以及人力资本的融合性,更应该考虑文化方面的兼容性。如果两个组织之间文化无法成功的整合,将导致组织出现大量的冲突、矛盾甚至对抗。

（4）削弱个体的创造性。组织文化具有整合功能,促进个人的思想、行为、情感与整个组织有机地整合成一个整体,并且能减少组织的模糊性,但这不一定全都带来的是积极的影响,因为过于整体一致的组织文化会对组织成员产生压抑,进而降低了个体的创造积极性与能力,这对于创新型公司是致命的。

第三节　组织文化的管理

组织文化是一门在组织管理实践中产生的理论，它在世界各国的兴起，是现代管理学发展的必然结果。而管理是一种社会职能，它植根于一种文化，一种价值传统、习惯或信念之中，也植根于制度之中。组织文化的形成并不是一个完全自然的过程，例如组织的创建者的价值观、性格特征、经营理念会对组织文化起着重要的影响。因此需要对组织文化进行管理，通过人为的因素使组织文化能发挥更大的作用。

一、组织文化的塑造

组织文化是组织在长期的发展过程中逐渐产生、发展最终成熟的并且还会不断向前推动的文化。它的塑造是一个长期并且艰巨的系统工程。许多组织致力于导入 CIS 系统（Corporate Identity System），因为这种系统已经成为一种简单直观的、便于操作和理解的组织文化塑造方法。总的来说，组织文化的塑造通常需要经历如下几个过程。

1. 选择适合组织的价值观

对于整个组织文化而言，组织价值观是其核心部分，因此选择正确合适的组织价值观是构建良好有效的组织文化的首要战略问题。选择组织价值观并不是一个简单的过程，首先要根据组织自身的具体特点、组织所处的环境、组织的宗旨和目标等方面来选择与自身发展相适应的组织文化模式。其次要求组织价值观与组织文化各要素之间的相互协调，因此各要素只有经过科学的组合与匹配才能实现系统整体优化。在此基础上，以下四点是选择正确的组织文化的科学标准：

第一，组织价值观对组织文化至关重要，因此必须要正确、明晰、科学，具有鲜明特点；第二，组织价值观必须要与组织的宗旨相一致，且能够体现组织的管理战略以及发展方向；第三，在选择组织价值观之前，要深入切实调查这些组织价值观与组织成员的切合和认可程度，使之与本组织成员的基本素质相和谐，过高或者过低的标准都很难发挥实际的效用；第四，选择组织价值观时不能只有高层管理者或者是企业家自身的参与，组织文化需要渗透到整个组织的上上下下，不能仅仅只由高层管理层拍板决定，因此在选择组织价值观的时候要充分发挥员工的主观能动性，认真听取员工的各种意见，并通过自上而下和自下而上的多次重复与反复，审慎地筛选出既符合本组织特点又反映员工心态的组织价值观和组织文化模式。

2. 强化员工的认同感

在组织上下齐心一致地确立了某种组织价值观和组织文化模式之后，就需要把这些受到认可的方案以一定形式强化灌输给整个组织，并使其深入人心。具体做法是：

第一，要充分利用组织的一切宣传方式来宣传组织文化的内容和精要，使之家喻户晓，以创造浓厚的环境氛围。组织可以利用有计划的活动，例如典礼和仪式来不断给员工强化组织文化，促进组织员工对组织文化的理解和接受。例如，华为将自身文化精炼成册，写成企业文化手册，发放给员工，从而促进员工对组织文化的接受。第二，要培养和树立典型，故事中往往包含很多基本价值观和信仰,许多故事能有巨大的激励和指导作用,而组织的英雄人物和榜样是组织精神和组织文化的人格化身与形象缩影,这些故事和榜样能够以其特有的感召力和影响力为组织成员提供可以仿效的具体榜样和行为,比如在"雷锋精神"中提倡的乐于助人的价值观就对人们产生了巨大的影响。第三,要不断加强有关的教育培训,通过有目的的培训教育,能够使组织成员系统且有成效地接受组织的价值观念并且能强化员工的认同感。

3. 提炼定格

组织文化的形成不是一蹴而就的,必须经过分析、归纳和提炼方能定格。首先要精心分析,在经过群众性的初步认同实践之后,应当将反馈回来的意见加以剖析和评价,详细分析和比较实践结果与规划方案的差距,必要时可吸收有关专家和员工的合理意见。其次要全面归纳,在系统分析的基础上,进行综合的整理、归纳、总结和反思,去除那些落后或不适宜的内容与形式,保留积极进步的形式与内容。最后精炼定格,把经过科学论证的和实践检验的组织精神、组织价值观、组织伦理与行为,予以条理化、完善化、格式化,再经过必要的理论加工和文字处理,用精练的语言表述出来。

4. 巩固落实

要巩固落实已提炼定格的组织文化首先要建立必要的制度保障。在组织文化演变为全体员工的习惯行为之前,要使每一位成员在一开始就能自觉主动地按照组织文化和组织精神的标准去行动比较困难,即使在组织文化业已成熟的组织中,个别成员背离组织宗旨的行为也是经常发生的。因此,建立某种奖优罚劣的规章制度十分重要。其次,领导者在塑造组织文化的过程中起着决定性作用,应起到率先垂范的作用。领导者必须不断更新观念,并能带领组织成员为建设优秀组织文化而共同努力。

5. 在发展中不断丰富和完善

任何一种组织文化都是特定历史的产物,当组织内外条件发生变化时,组织必须不失时机地丰富、完善和发展组织文化。这既是一个不断淘汰旧文化和不断生成新文化的过程,也是一个认识与实践不断深化的过程。组织文化由此经过不断的循环往复以达到更高的层次。

二、组织文化的维系

组织文化在建立之后,需要一些正确有效的管理方法来维系,从而保证组织文化的功能与特性。维系组织文化的具体方法不仅仅是招聘合适的人和解聘不合适的人。组织文化的维系也不仅仅是组织管理者的口号和形象设计,而应该是一种综合的过程。在保持文化的生命力上有两个尤为重要的机制,即员工甄选和社会化。员工甄选,也可称为预社会化,指的是组织在筛选员工时力争雇用到与组织文化相吻合的人。而通过培训以及职业规划等社会化活动也可以传播、强化具体的价值观。此外,高层管理者的率先垂范作用也是组织文化维系的重要因素之一。组织文化的维系过程如图 10-2 所示。[①]

---

① 资料来源:斯蒂芬·P.罗宾斯:《组织行为学(第七版)》,孙建敏,李原译,中国人民大学出版社,1997 年版,第 533 页。

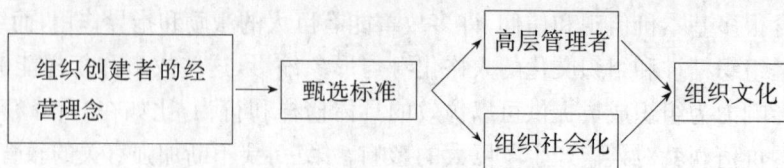

图 10 - 2　组织文化的维系过程

1. 人员甄选

人员甄选也可称为预社会化,指的是组织在招聘新员工时,组织不仅希望找到的员工有能够适应招聘岗位的技能和能力,可以完成组织要求的任务,还希望新员工的价值观与组织价值观吻合或相近。在组织创建者的个人魅力的影响下,组织文化形成雏形,但组织文化需要成员的进一步认同。因此企业在招聘员工时需注意分析应聘者的外显行为,从而判断应聘者的价值观念是否与组织文化相一致,进而保证应聘者能够接受组织文化,并且保证其在工作之后能迅速融入组织氛围中。

而在甄选过程中,也是应聘者了解组织的过程。甄选是一个双向的选择过程,如果应聘者在应聘过程中感觉到企业的文化与自身的价值观念相去甚远,他可能会选择退出竞聘。从组织的角度出发,都希望能招聘到不仅能够完成工作岗位要求的职责,还要能与组织文化相吻合的人才,而从个人角度出发,不仅希望招聘企业能提供其需求的岗位,更期待能在组织中拥有归属感。如果组织文化与员工的个人价值观念不相匹配的话,员工对组织的认同感和归属感就会很低,从而导致员工的离职率也会升高。因此,甄选认同组织文化的人,对于维持一个强有力的组织文化具有积极的作用。

2. 组织社会化

当新员工进入组织后,组织就需要不断向这些员工以某种形式灌输企业文化,将组织的核心价值观念、行为准则不断传输给新员工,这种成员接受组织文化的过程就称为"社会化"过程。所谓社会化,是指组织通过一定形式不断向员工灌输某种特写的价值观念,促使成员逐渐接受某些特定的价值观和行为准则。

社会化过程可以分为三个阶段:预期阶段、遭遇阶段和改变阶段。这三个阶段会对员工的工作效率、工作满意度、离职率产生影响。正确的社会化方式能够对新员工产生积极的影响,因为它能减少模糊性和压力,从而能提高员工的工作效率以及满意度。

(1)预期阶段。此阶段也即预社会化阶段,是指在新员工在进入企业之前的甄选阶段,此时社会化过程实际上就已经开始,在甄选过程中,组织往往会提供一些与组织相关的信息给应聘者,从而确保招聘的正确性。

(2)遭遇阶段。当新员工正式进入组织之后,这一阶段就开始了。在进入新组织后,员工会发现实际情形与原先的期望之间存在着或大或小的距离。如果差距太大,会产生极大的不满意,甚至离职,如果差距不大,此时就需要利用社会化的作用,让员工接受上岗培训、实习以及正式的工作活动,不仅促进新员工提高与岗位相关的知识和能力,还能促进员工适应组织的文化,学习组织的运作方式,最终使得员工融入企业。

遭遇阶段对于新员工融入企业而言是一个关键时期。有些成员能够通过此阶段融入企业,成为企业大集体的一分子,而有些成员则发现现实与期望之间存在着无法调和的矛盾,不认同企业的文化,即使在培训阶段工作积极性就烟消云散,最终离职。在此阶段公司需要大量的培训和指导,促进新员工对企业的价值观深入了解,从而提高组织的社会化效率。

(3)改变阶段。在这一阶段新员工会逐渐适应组织的文化,并且会解决一些遇到的问题与冲突,学会以组织的方式完成工作,最终与组织文化融为一体。而在这一阶段同样也会有些人无法接受组织的做事方式,无法成功度过这一阶段,会出现离职。组织会逐渐重视员工的工作绩效并加以评估,以提供反馈以及精神或者物质上的奖励。

社会化是一个持续不断的过程,以上三个阶段只是新员工进入组织的初期需要经历的阶段。在员工任职工作期间,组织仍会对其持续地进行社会化,比如公司会不断地培养其员工,对员工进行定期的培训。这些不间断的社会化有助于组织维系和强化它的组织文化。

3. 高层管理者

高层管理者平时的行为举止会对组织文化产生巨大的影响。通过他们的行为,组织成员会知道对于组织来说什么是可以接受的行为、不可接受的行为,组织会奖励什么行为、惩罚什么行为。管理者会利用自身的言传身教灵活地把行为准则渗透进组织,为其他组织成员提供最符合组织观念的榜样行为。高层管理者的行为偏好会影响组织文化的维系与如何对员工进行社会化。企业文化首先是企业家文化。在实际工作中企业家倡导某种价值观念和行为准则体系主要借助两种途径:

(1)首先在平时的工作生活中,企业家不仅要言传,而且要身教,不仅要有意识地提出某些优质的价值观念,促使员工对这种价值观念的接受与理解,还要从自身出发,身体力行,在实际工作中自觉履行与其所倡导的价值观念对应的行为,从而影响身边的人并借此对整个组织的成员的行为产生潜移默化的影响。这种潜移默化通常需要假以时日,所以组织文化的建设通常是一个漫长的过程。

(2)通过成功地处理一些重大的事件,能促进组织成员对某些价值观念和思想准则的认同与理解。在实际的工作当中,企业在生产经营融资的活动中常常会遇到一些未预见的突发事件,通过对这些事件的妥善处理,可能会对企业的未来发展提供一些重要的机遇,但如果对这些事件处理不当也可能引发企业产生巨大的危机,阻碍企业的发展。而在这些事件的处理当中,企业主管与其他组织成员会依照组织的主体价值观念和行为准则做出相适应的行为。事件的成功处理则可使这些价值观念和行为准则为企业员工所认同并在日后的工作中自觉模仿。企业文化便可能在这种自觉模仿或认同的基础上逐渐传承。

三、组织文化的变革

在经济学的研究中,组织文化对组织绩效的影响是多重的,良好的组织文化有助于提高企业的绩效,在这种情况下,企业要通过组织文化促进员工的社会化并且利用组织文化对员工加以管理,因为这些活动都能够有助于组织的成功。但一些研究发现并不是所有的组织文化都能给组织带来高的绩效水平。有时候,组织文化也会给企业的绩效带来破坏效应。

当现有的组织文化已经不能适应环境的变化,从而阻碍了企业的绩效提高,那么组织的高层管理者应该努力变革自己组织的文化,尽管这是一个非常困难的工作。因为现有的组织文化具有刚性,或称为惰性,会抵制组织文化的变革。当管理者试图改变组织的文化时,他们实际上是试图改变人们对哪些行为适当和哪些行为不适当的基本假定。因此在进行组织文化变革的时候，会遇到来自员工的极大的阻力。

在论述组织文化的特征的时候，上文说组织文化具有相对稳定性的特征，而这种特征在组织文化的变革中产生极为强烈的抵制作用。组织文化的形成往往不是一朝一夕的功夫，经常要经过长年累月的积累，才能最终塑型，而一旦形成，它就会变得根深蒂固而难以撼动。尤其是强文化更难以发生变革，因为组织成员已经对组织文化产生了巨大的认同感。即使是组织的创始人，面对着这些刚性的组织文化，想变革一些对组织的发展产生了阻碍作用的文化，也可能面临无能为力的境地。而即便是在最有利的情况下，组织想将现有的落后且不适应组织未来发展的文化进行变革，往往也需要几年或者更长的时间。

1. 变革的重要因素

尽管存在巨大的困难，当组织文化不得不变革的时候，为提高组织绩效，组织还是必须努力为此奋斗。以下是组织文化变革需要注意的一些重要因素。

（1）符号因素。在组织宣扬自身文化的时候，往往会通过一些故事或者是符号媒介使组织文化在组织中得到理解与传播。因此在变革组织文化的时候，管理者应该尝试使用一些新的故事或者新的符号媒介来替代过去旧的故事，通过这些新的故事能给员工传递不一样的价值观念。

（2）变革的困难。组织文化变革必将是一个困难且需要长期努力的过程。其中一个非常重要的问题是过去的组织文化有惰性，倡导新文化的高层管理层也可能会在不经意间就恢复过去的行为模式，即使他们已经下决心要实施新的价值观念。

（3）变革的稳定性。就像组织变革一样，组织文化的变革是一个过程，而非一蹴而就，需要经历一段漫长的过渡阶段，在此过程中，组织需要不断地为采取新价值观和行为规范而努力。从长期来看，成功实施组织文化变革的企业会发现新的价值观念和旧的一样稳定且能对组织产生有效的影响。所以，如果企业能够将新的价值观念替代旧有的价值观念，这些适应了新环境的价值观念就会存在很长时间。

（4）组织文化变革的有利因素。组织文化变革是一项非常艰巨的任务，因此需要组织充分利用各种有利因素协助管理层对文化的变革。首先，一些意料之外的重大危机可能会对组织文化变革产生好的影响，尽管这些危机会对组织的现有经营情况产生危害。当组织发生危机的时候，不一定都会有负面的影响，因为危机的产生往往伴随着机遇。比如组织财政的亏损，或者失去了一个主要的经销商，这些危机能够撼动组织成员的固有想法，使人们开始思考现有的组织文化是否适应已经变动的外部环境，从而推动组织文化的变革。其次，领导职位的换人也可能对组织文化变革产生积极的影响。因为组织文化是自上到下形成的，而新的领导者能给组织带来外来的"新鲜空气"，给组织带来新的价值观念。此外，当组织年轻且规模比较小时，组织的文化尚未发展成熟，还未根深蒂固于组织之中，相比于大型组织，在这些小型组织进行文化变革成功的可能性更高，管理者传播新的价值观念会更加容易覆盖原有的价值观念。最后，相比于强文化，组织中的文化是弱文化时更容易接受组织变革。

2. 组织文化变革的实施

组织如何在条件合适的时候实施组织文化变革？组织文化的刚性使得组织文化的变革比组织文化的形成更为困难，仅仅只是单一的行动很难对组织文化产生足够的影响，所以管理者需要一系列的行动和战略来实施组织文化的变革。第一,管理者需要通过自己的言行为变革设立基调,特别是高层管理者,应在变革组织文化方面成为榜样和表率。第二,组织可以创造新的故事、符号和仪式,不断地反复强调,从而取代旧有的组织文化。第三,管理层可选拔一些能接受新文化的年轻员工,促进新文化在组织成员之间的流行。第四,可以设立相应的奖惩机制,对支持新文化的员工提供精神和物质的奖励。第五,使用明文规定的规章制度来取代旧有的、不成文的标准和惯例。第六,设立高度信任的组织氛围,不仅通过正式组织,更要充分发挥非正式组织的作用,利用员工参与等措施来促进组织文化的变革。

第四篇　领导与激励

人是企业活动的一项重要资源。人力要素中蕴含着实现企业目标所需的生产力。组织设计和人事配备只为人力作用的发挥提供了先决条件,而其潜力的充分挖掘则在很大程度上取决于管理者的领导艺术和才能。管理的领导职能的任务就是要诱发组织所需的蕴含在人这个要素中的生产力。本篇就是要讨论如何去实现这一任务。

对人的领导这个课题可以从两个方面去考察。首先,从领导者这个角度来看,要分析为了诱导成员为组织提供尽可能多的贡献,领导者必须具备哪些素质、运用何种领导艺术与方法以及如何配合其他管理者去从事领导工作。这是第十一章所要研究的内容,这一章要回答以下几个问题:

(1) 领导的实质和作用是什么? 如何去实现这种作用?

(2) 领导艺术是如何体现在具体工作中的?

(3) 领导方式及其理论主要是哪些类型?

其次,从被领导者这个角度去考察,要分析如何充分发挥人力因素的效力,人的劳动生产率受到哪些因素的影响,企业领导者如何针对这些因素去展开工作。第十二章试图对这些问题给出部分可供参考的答案。这一章力求阐明以下问题:

(1) 影响人的行为的基本因素是什么?

(2) 这些因素是如何影响人的行为的?

(3) 领导者如何针对这些因素及其影响过程进行激励?

第十一章　领导

　　领导是管理工作的一个重要职能。无论在任何社会中,一个国家也好、一个企业也好,其兴衰成败都与领导水平的高低关系极大。权力对于领导是极为重要的,它是领导工作的基础,是领导者实现目标的手段。

第一节　领导与权力

　　权力是组织中一种无形的力量。虽然看不见它的存在,但它的影响却让你时时能感觉得到。当你感到某人可以为难他人,你会避免惹他生气时;当某人能够给你特殊的利益和奖赏,你知道与他关系密切是大有益处时;当某人掌握着支配你的职位和责任的权力,你不得不服从规章制度时;当你的经验和知识能够使他人尊重你,在一些问题上服从于你时;当你喜欢某人,并乐意为他做事时,权力就在发挥其作用。管理者要有能力和技巧在实践中运用权力,必须认识权力本质,了解权力的发展和变化,制定出合理巧妙的策略。

一、权力与领导的关系

1. 领导的内涵

　　"领导"在汉语中可以作名词用,即领导者的简称;也可以作动词用,即"领导者"的一种行为过程。管理学研究的领导是后者,是作为管理的一种职能来理解的。要给领导下个统一的定义是很困难的,不同的人对于领导有着不同的理解。我们认为,所谓的领导就是领导者通过沟通、指导、灌输和奖惩等手段对组织成员施加影响的过程,从而使组织成员积极主动地为实现组织或群体的目标而努力。在这个定义中有三个要素:

　　首先,权力在领导者和其他成员之间的分配是不平等的。领导者具有影响追随者的能力或力量。正是靠着权力的影响力,领导者获取人们的信任,把人们吸引到他的周围,使人们心甘情愿地追随领导者指定的目标。其次,领导是一种艺术创造过程。领导者面临千变万化的组织环境,其部下也是千差万别,而且人们的情况还处在变化之中,越是高层次的领导行为,其面对的因素越是复杂和不确定。因此,领导的过程就是艺术创造的过程。再次,领导的目的是通过影响部下来实现组织目标。领导是目的性非常强的行为,它的目的在于使人们情愿地、热心地为实现组织或群体的目标而努力。

领导与管理两者有着本质的区别。从共性上来看,两者都是一种在组织内部影响他人的协调活动,实现组织目标的过程。两者基本的权力都是来自组织的岗位设置。从差异性上看:

(1) 领导是管理的一个方面,属于管理活动的范畴,但是除了领导,管理还包括其他内容,如计划、组织、控制等。

(2) 管理的权力是建立于合法的、强制性权力基础上的。而领导的权力既可以是建立在合法的、强制性基础上,也可以是建立于个人的影响力和专家权力等基础上。

因此,领导者必然是管理者,但管理者不一定是领导者。两者既可以是合二为一的,也可以是相互分离的。领导从根本上来讲是一种影响力,是一种追随关系。人们往往追随那些他们认为可以提供满足自身需要的人,正是人们愿意追随他,才使他成了领导者。因此,领导者既存在于正式组织中,也存在于非正式组织中。管理者是组织中有一定的职位并负有责任的人,他存在于正式组织之中。有的管理者可以运用职权迫使人们去从事某一件工作,但不能影响他人去工作,他并不是领导者;有的人并没有正式职权,却能以个人的影响力去影响他人,他是一位领导者。为了使组织更有效,应该选取领导者来从事管理工作,也应该把每个管理者都培养成好的领导者。

2. 领导的作用

领导就是沟通、指导、灌输和奖惩部下为实现组织目标而努力的过程,具有指挥、协调和激励三个方面的作用。

指挥作用,是指领导者需要头脑清醒、胸怀全局,能高瞻远瞩地帮助部下认清所处环境,指明活动的目标和达到目标的路径。

协调作用,是指领导者必须在各种因素的干扰下,来协调部下之间的关系和活动,朝着共同的目标前进。

激励作用,是指领导者通过为部下主动创造能力发展空间和职业发展生涯等行为影响部下的内在需求和动机,引导和强化部下为组织目标而努力的行为活动。

3. 权力与领导

权力的本质。权力就是一个人影响他人的能力,这种影响使得人们做了在其他情况下不可能做的事。权力的这个定义包括三个方面的内容:

(1) 权力是依赖的函数。权力建立在依赖关系之上的,只有当一个人控制了你所期望拥有的事物时,他才拥有对你的权力。这种依赖关系有可能来自物质的或者精神的方面,也有可能来自心理的或者社会的方面。无论是你感受了依赖性的存在,还是对此毫无察觉,只要权力在发挥其作用,依赖关系就确确实实地存在着。B 对于 A 的依赖性越强,则在他们的关系中的 A 权力就越大。

(2) 假定了人们对自己行为有一定的自主权。依赖感建立在 B 感知到的可选择范围内以及他对 A 控制的这些选择范围的重要性的评价上。A 迫使 B 做他不愿做的事,意味着 B 必须以自己的自主权做出选择。只要 B 从 A 中获取的利益不足以补偿选择的自主权,A 与 B 的依赖关系就难以维持下去。

（3）权力是潜在的，无须借助其他来证明自己的有效性。处于依赖关系中的 B 总是被限制在做他能力所及的事而不是他要做什么，例如，工作说明书、群体规范、组织规程和法律、法规都会限制人们的选择。

权力与领导关系。严格地说领导与权力是有差别的，最主要的差别在于目标的相容性。权力只需要依赖性，并不要求构成权力关系的双方有着一致的目标。领导则要求领导者与被领导者有着相互一致的方向。否则，领导工作就失去了意义。然而，权力对于领导工作是极为重要的。首先，领导过程中影响他人的基础是权力，任何领导者的影响力都是依赖于正式权力或非正式权力来实现的。自古以来，人类社会总是凭借权力来维护秩序与稳定。其次，组织中权力的配置决定了领导工作的方式。管理制度中权力集中与分散是造成集权式的领导者与民主式的领导者的重要原因。再次，正确地对待权力是领导工作成功的保证。权力本身的主要作用在于引而不发，而不是它的实际使用。组织运用惩罚权力的重要意义在于告诫员工其行为会带来什么后果。领导者希望通过引而不发的权力来建立一种符合组织要求的行为模式。

二、领导权力的构成

1. 权力的来源

目前对于权力来源的解释主要是根据 J. R. P. 弗兰奇和 B. 瑞文在《社会基础权力》中提出的一种五种来源：强制权、奖赏权、法定权、专家权和感召权。

（1）强制性权力，也称为惩罚权。它是指通过精神、感情或物质上的威胁，强迫下属服从的一种权力。从组织的角度来讲，如果 A 能解雇 B 或使其停职、降级，并且 B 很在乎他的工作，那么 A 对 B 就拥有了强制性权力。同样，如果 A 能给 B 分派他不喜欢的工作或以 B 感到尴尬的方式对待 B，那么 A 对 B 也拥有强制性权力。惩罚权源于被影响者的恐惧，部下感到领导者有能力将自己不愿意接受的事实强加于自己，使自己的某些需求得不到满足。惩罚权在使用时往往会引起愤恨、不满，甚至报复行动，因此必须谨慎对待。

（2）奖赏性权力。它是基于被影响者执行命令或达到工作要求而给其进行奖励的一种权力。奖赏权源于被影响者期望奖励的心理，即部下感到领导者能奖赏他，使他某些需要得到满足。这些需要是人们认为有价值的任何东西。在组织情境中，奖赏可以是金钱、良好的绩效评估、职位晋升、有趣的工作任务，也包括良好工作环境如友好的同事、有利的工作转换等。奖赏权的关键是奖赏内容与被影响者的需求相一致，奖赏权的大小取决于人们追求这些东西的程度。例如，领导者给予某部属一些重要责任，自认为对部属是一种信任与提拔，但部属却认为这样会使自己太累，心里感到不高兴。在这种情况下，领导者实际上没有真正实施奖赏权。

强制性权力与奖赏性权力实际上是一对相对的概念。如果你能剥夺他人的有价值的东西或给他造成不良的影响，那么你对他就拥有了强制性权力。如果你能带给他人某种积极的利益或帮助他免于消极的影响，那么你对他就拥有了奖赏性权力。与强制性权力一样，并非要成为管理者才能通过奖赏性权力来施加影响。诸如友好、接受和赞扬之类的奖赏，组织中的任何一个人都可以使用。

（3）法定性权力。它是指组织内各管理职位所固有的、法定的、正式的权力。按照组织条例规定或法规的规定,你的主管作为你的上级,就合法地掌握有对你所做的事情的决定权和指挥权。合法权源于被影响者内在化的价值观,部属认为领导者有合法的权力影响他,他必须接受领导的影响。

以上三种权力都与组织中的职位联系在一起,是从职位中派生出的权力,因此统称为职位权力。

(4)专家性权力。它是指由个人的特殊技能或某些专业知识而产生的权力。由于世界的发展日益取决于技术的发展,专门的知识技能也由此成为权力的主要来源之一。工作分工越细,专业化越强,我们目标的实现就越依赖专家。因此,正因为我们知道医生具有特殊的技能,由此也具有了专家性权力,我们大多数人都听从于医嘱。计算机专家、税收会计师、太阳能工程师、工业心理学家以及其他各种专家都会因为他们的技能而获得一定的专家性权力。

(5)感召性权力。这是与个人的品质、魅力、经历、背景等相关的权力,也常被称为个人的影响权。一些体育、文艺明星和传奇的政治领袖都具有这种权力,有着巨大而神奇的影响力。它是一种无形的,很难用语言来描述或概括的权力。它是建立在超然感人的个人素质之上的,这种素质吸引了欣赏它、希望拥有它的追随者,从而激起人们的忠诚和极大的热忱。

专家性权力和感召性权力都是与组织的职位无关的权力,因此也称为非职位权力。这种权力是由于领导者自身的某些特殊条件才具有的。例如,领导者具有高尚的品德、丰富的经验、卓越的专业能力、良好的人际关系、特殊的个人背景以及善于激励成员的管理能力等。这种来自个人的影响力通常在组织成员自愿接受的情况下产生影响力,易于赢得组织成员发自内心的长期的敬重和服从。显然,有效的领导者不仅要依靠正式的职位权力,还必须具有个人的影响力,这样才会使被领导者心悦诚服,才能更好地进行领导。

2. 权力的基础

权力的依赖关系性质和程度的差异往往是由相互关系中所流动资源的稀缺程度、重要程度和替代性程度所决定的。

如果没有人对于你掌握的资源感兴趣,那就谈不上依赖。要想产生依赖,必须使人感觉到你掌握的资源之重要。重要性反映了个人或部门在一个公司主要活动中扮演的角色。对重要性的一种衡量方式就是个人或部门对组织最终产出的影响程度。越是重要的个人或部门,其权力就越大。

如果你所掌握的是某种充足性资源,拥有这种资源就不会增加你的权力。对于富豪来说,掌握金钱的人不再对其有影响力。因此,拥有稀缺资源才能使他人依赖于你。在现代企业中,协调性知识成为稀缺资源,因此拥有协调性知识的"知本家"替代了资本的拥有者,成为企业权力的核心。

不可替代性也可决定权力的大小。不可替代性能增强部门或个人的权力。如果某一雇员不能被轻易地替代,他的权力就要大一些。如果一组织没有可供选择的技巧和信息等资源,那么掌握这种资源的部门权力就会变大。不可替代性对权力的影响已在对电脑部门的编程人员的研究中得到证实。当电脑刚问世时,编程是一项专门化的工作,只有具备高水平的人才能从事这种职业。由于独具编程知识,因此编程人员控制着组织电脑的使用。大约

10 年之后,电脑编程成为一个极其普通的工作。程序人员可以被很容易地替代,所以编程部门的权力下降了。

三、正确对待权力

领导者为了确保在实际工作中能够正确运用组织所赋予的职位权力和其个人的影响力,必须掌握正确对待权力的三条原则:

1. 慎重用权

领导者一旦滥用权力,不但会阻碍组织目标的实现,还会导致人际关系恶化、组织凝聚力下降,最终会导致领导者权力的丧失。少数领导者头脑不够清楚,往往自觉或不自觉地炫耀手中的权力,以此树立自己的权威。这种做法通常只能招致人们的反感和厌恶。好的领导者是用一种慎重小心的态度对待权力,该使用时使用,而决不夸大炫耀,十分珍惜组织给予的权力和珍惜自己多年辛勤工作在群众中形成的威信。但在确实需要使用权力时,领导者又要当机立断、雷厉风行地使用权力来维护组织和个人的利益。

2. 客观公正用权

领导者运用权力的最重要原则是廉明,客观一致地使用权力。领导者必须使部下相信,在他使用权力时是不分贵贱、不徇私情、不谋私利的,是按照组织条例规定或法规的规定来办事的。这包括让大家知道使用权力的方式,建立工作秩序。从而可以服众,带来信誉;避免不确定性,带来组织效率。

3. 例外处理

规章制度是组织成员应当共同遵守的行为准则,领导者必须维护规章制度的严肃性,按照规章制度的要求来正确使用手中的权力。但在特殊情况下,他应当有权进行特殊事情特殊处理。例外处理不是为了破坏规章制度,而恰恰是为了使规章制度在执行过程中表现得更加合理,更加符合实际情况。

第二节　传统的领导理论

很少有经营者会像比尔·盖茨和韦尔奇那样成功,更无法同成吉思汗、李世民、毛泽东、林肯、马丁·路德·金等世界著名的领导者相媲美。但是,他们的领导才能对于企业经营的成败至关重要。传统的领导理论主要是运用了特质法、行为法来探索领导者成功之路。

一、领导特质理论

在你的心目中领导是什么样的? 你可能会找出一系列的品质特征:智慧、人格魅力、热情、勇敢、正直和自信等。人们为理解领导而做的第一次系统的努力,是试图识别领导者的人格特征。这种理论假设领导者在个人品质方面具有与生俱来的特质,即领导者是天生的而非塑造出来的。在探索成功领导者具备的共性的特质上,研究人员采用了两种方法:一是将领导者与非领导者的特质相比较;二是把有效领导者的特质与无效领导者的特质相比较。

对于那些被公认为领导者的个体,如马丁·路德·金、圣女贞德、纳尔逊·曼德拉、玛格丽特·撒切尔、圣雄甘地等人,我们能够从他们身上分离出一个或几个非领导者所不具备的特质吗?关于领导特质论的大部分研究都是采用此类分离特质方法。1904年~1948年,理论界做了100多种有关领导特性的研究。但遗憾的是众多的努力都以失败告终。人们没有找到一些总能对领导者与下属以及有效领导者与无效管理者进行区分的特质因素。许多不容置疑的杰出领导者却并不具备常人所认为的领导者特质。例如,亚伯拉罕·林肯忧郁而又内向,拿破仑的个头则相当地矮小。现代管理学认为,对于一个成功的领导者来说,与生俱来的特殊品质并不是必需的。

直到20世纪70年代中期,人们看到了虽然没有哪一种特性确保成功领导,但是某些性格特点还是有潜在的作用。而90年代的研究者发现领导者存在着六项特质,即进取心、领导愿望、正直与诚实、自信、智慧和工作相关知识。这些个性特点能够将有效的领导者与其他人区别开来,但其中更多并不是天生的而是能够努力得到。美国管理学家德鲁克指出:领导的有效性是来自一种后天的习惯,是一系列实践的综合。

(1)进取心:进取心是指能够反映高水平努力程度的一系列个性特点。努力进取包括对成功的强烈欲望、不断地努力提高、抱负、精力、毅力、主动性。实证研究发现,在一些国家,高层管理者成功的欲望与组织的增长率显示了高度的相关性。然而对成功的欲望只能用于预测创业型公司的领导有效性,而不能用于预测特大型组织和官僚性组织部门的领导有效性。

(2)领导愿望:领导者有强烈的愿望去影响和领导别人,表现为乐于承担责任。他们不想被人领导,并能够在领导过程中获得满足和利益。当权力需要是符合道德的,而不是损害别人时,领导者将激发更多信任、尊重和对远景的认同。

(3)诚实与正直:正直即言行一致,诚实可信。它除了是个人较重要的性格特征外,对领导者来说更重要,因为该特点能激发别人的信任。

(4)自信:下属觉得领导者从没缺乏过自信。领导者角色是具有挑战性的,而挫折是难免的,自信能让领导者克服困难,在不确定的情况下敢于做出决策,领导者为了使下属相信他的目标和决策的正确性,必须表现出高度的自信。

(5)智慧:领导者需要具备足够的智慧来收集、整理和解释大量信息,并能够确立目标、解决问题和做出正确的决策。

(6)业务知识:一个有效的领导对他们的行业、公司和技术问题拥有较高的知识水平。领导者必须有足够的业务知识才能解释大量的信息,做出富有远见的决策。高学历在职业生涯中是重要的,但最终也不如有关组织的业务知识更重要。

关于领导特质研究的第二类方法,即对有效的领导者与无效的领导者的比较研究是一种相对新颖的尝试,取得的研究成果也比较少。德鲁克认为人们可以找到确定的证据证明某些特性是不成功领导者的品质,这些难以胜任领导的品质可以归结为:

(1)对别人麻木不仁,吹毛求疵,举止凶狠狂妄。

(2)冷漠、孤僻、骄傲自大。

(3)背信弃义。

(4)野心过大,玩弄权术。

(5)管头管脚,独断专行。

(6) 缺乏建立一支同心协力的队伍的能力。

(7) 心胸狭窄,挑选无能之辈担任下属。

(8) 目光短浅,缺乏战略头脑。

(9) 犟头倔脑,无法适应不同的上司。

(10) 偏听偏信,过分依赖于一个顾问。

(11) 懦弱无能,不敢行动。

(12) 犹豫不决,无法决断。

二、领导职能理论

即使早期的特质理论获得成功,那么由于它强调特质的先天性,它也只会为组织中领导岗位人员选拔提供"正确"的基础。如此人们会失去后天努力、发挥主观能动性的必要。在"特质论"的矿山中未能挖掘到金子,研究者开始把目光转向具体的领导者表现出的行为上,希望了解有效领导者的行为是否有什么独特之处。比如,他们如何分配任务、如何与下属及员工沟通、如何激励下属和员工、如何完成任务等。有别于天赋的特质,行为是可以学习的。因此,行为理论所带来的实际意义将与特质论截然不同,对于个体可以进行适当的培训而使之成为领导者。

行为理论的研究主要把注意力集中在领导行为的两个方面:领导职能和领导风格。对领导职能的研究是从为了使组织有效地运行,领导所要履行的职能角度来研究领导的行为特征。领导者风格则是关注在指导和影响下属的过程中,领导者所乐于表现的各种行为方式。领导者职能的行为特征研究主要得出两个结论:完成任务职能或问题解决职能和群体维持职能或社会职能。群体维持职能包括协调内部冲突、确保群体对成员的尊重等活动。

行为理论成果众多,最为流行的为密歇根大学的研究和俄亥俄州立大学的研究,以及在此基础上发展的管理方格理论。

1. 俄亥俄州立大学的研究

20 世纪 40 年代末期,俄亥俄州立大学的研究人员弗莱里曼和他的同事们对领导者行为进行了全面的研究,他们希望确认领导者行为的独立维度。他们的主要样本是国际收割机公司的一家卡车生产厂,他们收集了大量的下属对领导行为的描述,开始时列出了 1 000 多个因素,最后归纳出两大类,即领导行为方式的"定规维度"和"关怀维度"。

定规维度代表的是为了达到组织目标,领导者界定和构造自己与下属的角色的倾向程度。它包括试图设立工作、工作关系和目标的行为。具有高定规特点的领导者会向小组成员分配具体工作,要求员工保持一定的绩效标准,并强调工作的最后期限。

关怀维度代表的是一个人具有信任和尊重下属的看法与情感的这种工作关系的程度。高关怀的领导者帮助下属解决个人问题,他友善而平易近人,公平对待每一个下属,并关心下属的生活、健康、地位和满意度等。

图 11-1　俄亥俄州立大学的领导风格研究

以关怀维度和定规维度概念为框架,通过对领导者行为的问卷调查,可以确定领导者在每种维度中的位置。根据这样的分类,领导者可以被分成四种基本类型:高关怀—高定规型、高关怀—低定规型、低关怀—高定规型和低关怀—低定规型。大量研究发现,一个在定规和关怀方面均高的领导者(高—高型领导者,)常常比其他三种类型的领导者更能使下属达到高绩效和高满意度。但是,高—高型风格并不总是产生积极的效果。比如,当工人从事常规任务时,以高定规为特点的领导行为导致了高抱怨率、高缺勤率和高离职率,工作的满意度水平也很低。其他研究还发现,直接上级主管对领导者进行的绩效评估等级与高关怀性成负相关关系。

总之,俄亥俄州立大学的研究说明,一般来说,高—高型风格能够产生积极效果,但同时也发现了足够的特例表明这一理论还需加入情境因素。例如在军队基层组织之中和在大公司的非生产性监督人员和管理者之中,其结论差异是非常明显的。空军部队的士兵往往会认为,高关怀维度的空军指挥官不如任务导向的指挥官有效。

2. 密歇根大学的研究

与俄亥俄州立大学的研究同时,密歇根大学调查研究中心由 R. 利克特在 1947 年开始进行着相似性质的研究,目的是确定领导者的行为特点与满意水平和工作绩效的关系。

密歇根大学研究小组的研究结果发现领导行为可以划分为二个维度,即员工导向和生产导向。员工导向的领导者被描述为重视人际关系,他们总会考虑到下属的需要,并承认人与人之间的不同。相反,生产导向的领导者倾向于强调工作的技术或任务事项,主要关心的是群体任务的完成情况,并把群体成员视为达到目标的工具。密歇根大学研究者的结论对员工导向的领导者十分有利,他们与高群体生产率和高工作满意度成正相关。而生产导向的领导者则与低群体生产率和低工作满意度联系在一起。

3. 管理方格理论

对于俄亥俄州立大学和密歇根大学的研究的重要理论发展是管理方格图。它是由布莱克和莫顿设计出来,用来衡量领导者对员工与生产的关心程度。从俄亥俄州立大学研究和密歇根大学的研究中可以得出领导的风格不是一维的,任务导向和工作导向同时存在是可能的。《管理方格》一书将领导的职能的行为特征划分成工作导向的管理和员工导向的管理两个维度,将领导的风格表示为一个连续统一体,每种风格分别划分成 9 个等级。两种维度共同作用,从而产生了 81 种不同的领导方式,界定了管理行为的范围。

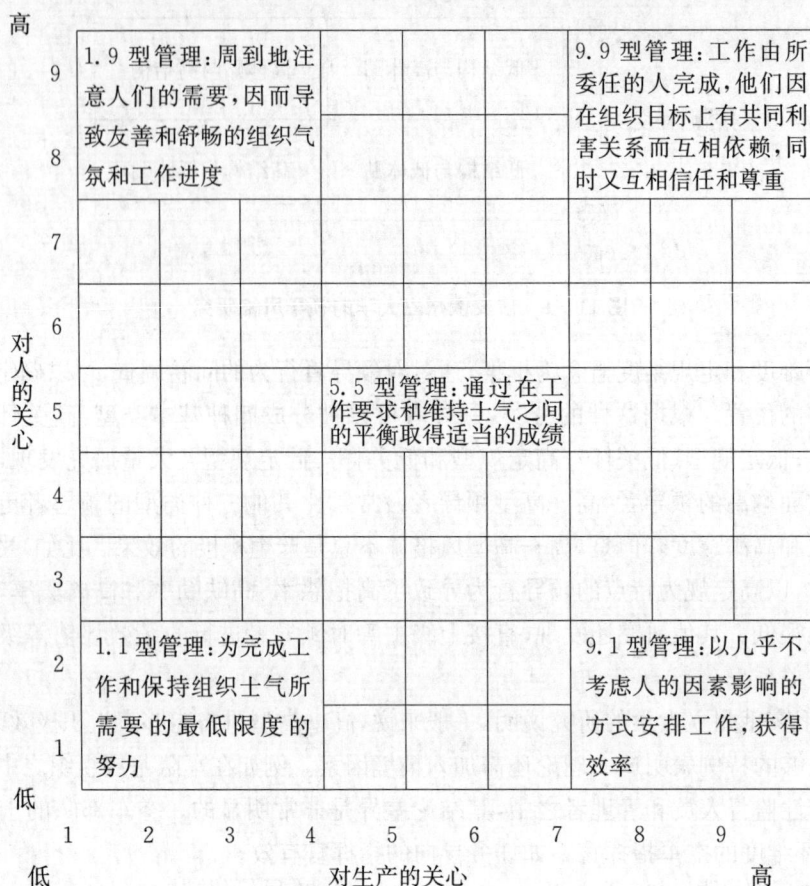

图 11-2　管理方格图

在图 11-2 中最具有代表性的领导方式为五种类型：

(1.1)贫乏型领导：管理者既不关心人，也不关心任务或生产。这种方式有时也称为放任式管理，因为领导者事实上根本没有发挥领导的作用。

(1.9)乡村俱乐部型领导：管理者很少关心生产，但对人高度关心。

(9.1)任务或权威型领导：管理者只关心生产与工作效率，但对人漠不关心。

(5.5)中庸之道型领导：管理者对生产和员工都能够给予适当程度的关心。

(9.9)团队或民主型领导：管理者无论对生产还是对员工的士气与满意度都表现出高度的关心。

布莱克和莫顿坚持认为，风格(9.9)是最有效的管理风格。他们相信，几乎在所有条件下，这种管理风格都能改进组织绩效，减少缺勤和降低离职率，使员工满意度提高。事实上能够成功的同时履行这两种职能的人应当是非常有效的领导者。然而实践中，一个领导者所拥有的气质、技巧或时间使其往往只能充当好一个角色，但这并不意味着这个群体就一定会士气低落。已经有研究发现，最有效的群体能够分摊领导职能：一个人(通常为管理者或正式领导)履行完成任务的职能，另一位群体成员来履行社会职能。

20 世纪 60 年代，布莱克和莫顿管理方格作为一种培训管理者的工具被加以广泛应用，但后来逐渐受到一些批评，主要是因为它只是讨论了一种直观的最佳的领导方式，而实际中在不同的社会、不同的文化背景下难以做出最佳的选择;管理方格理论并没有给出如何培养管理者的答案。

三、领导风格分类

一般地说,不同的人在领导行为表现上会有很大的不同。所谓领导方式、领导风格或领导作风就是对不同类型领导行为形态的概括。在现实中,有的领导者和蔼可亲、平易近人;有的则严厉专断、高高在上。领导风格的差异不仅因为领导者的特质存在着不同,更主要是他们对任务和人员之间的关系有不同的理解,对于权力运用的方式有着不同的态度和实践。现实中究竟具有哪些领导方式,哪一种的效果更好? 不同的研究者对领导行为有不同的分类角度,而且对于哪一种领导方式更好也持有不同的主张。

密歇根大学的研究、俄亥俄州立大学的研究以及管理方格理论也是对领导风格的研究,实际上他们从领导者在态度与行为上是否对被领导者和生产表现出关心的角度,将领导风格区分以任务为中心的和以人员或人际关系为中心的这两种基本类别。

在管理实践中,不同的领导者或同一领导者在不同的工作情境下倾向于采取某种特定的领导风格,这往往是与他们对权力的运用方式不同有关。在基于权力运用的分类上勒温和利克特的工作具有一定的代表性。

1. 勒温的三种领导方式

心理学家勒温在实验研究基础上,把领导者的行为方式划分为专权式、民主式和放任式。

所谓专权式领导是指领导者个人决定一切,布置下属执行。领导者要求下属绝对服从,并将决策看成自己一个人的事情。在专制式领导行为中,领导者除了工作命令外,从不把更多的消息告诉下级,下级没有任何参与决策的机会,只能奉命行事;主要靠行政命令、纪律约束、训斥惩罚来维护领导者的权威,很少或只有偶尔的奖励;领导者与下级保持相当的心理距离。

所谓民主式领导是指领导者在采取行动方案或做出决策之前会主动听取下级意见,或者吸收下级人员参与决策制定。在民主式领导行为中,领导者尽量照顾到组织每个成员的能力、兴趣和爱好;对下属工作的安排并不具体,个人有相当大的工作自由,有较多的选择性与灵活性;主要运用个人的权力和威信,而不是靠职位权力和命令使人服从;领导者积极参加团体活动,与下级无任何心理上的距离。

所谓放任式领导是指领导者极少运用其权力影响下属,给下级以高度的独立性,以致达到放任自流和行为根本不受约束的程度。

以上三种领导方式下的领导行为各有优缺点。勒温根据实验得出的结论:放任式的领导方式工作效率最低,只能达到组织成员的社交目标,但完不成工作目标;专制式的领导方式虽然通过严格管理能够达到既定的任务目标,但组织成员没有责任感,情绪消极,士气低落;民主式领导方式工作效率最高,不但能够完成工作目标,而且组织成员之间关系融洽、工作积极主动、富有创造性。

2. 利克特的四种领导方式

美国密歇根大学的伦西斯·利克特教授及其同事,经过长期的领导方式研究,提出了领导的四种基本行为方式：

（1）专制—权威式。采用这种领导方式的领导者非常专制，决策权仅限于最高层，对下属很少信任，激励也主要是采取惩罚的方法，沟通采取自上而下的方式。

（2）开明—权威式。采用这种方式的领导者对下属有一定的信任和信心，采取奖赏和惩罚并用的激励方法，有一定程度的自下而上的沟通，也向下属授予一定的决策权，但自己仍牢牢掌握着控制权。

（3）协商式。这种方式的领导者对下属抱有相当大但并不完全的信任，主要采用奖赏的方式来进行激励；沟通方式是上下双向的，在制定总体决策和主要政策的同时，允许下属部门对具体问题做出决策，并在某些情况下进行协商。

（4）群体参与式。采用这种方式的领导者对下属在一切事务上都抱有充分的信心与责任，积极采纳下属的意见，更多地从事上下级之间以及同级之间的沟通，鼓励各级组织做出决策。

利克特的调查结论是采用第四种方式的主管人员较其他方式的领导者能取得更大的成绩。实行群体参与领导方式的企业，生产效率要比一般企业高出 $10\%\sim40\%$。利克特把这些主要归因于员工的高程度参与管理以及在实践中的高程度相互支持。利克特认为单纯依靠奖惩来调动员工积极性的管理方式已经过时，只有依靠民主管理，从内在的因素来调动员工的积极性，才能使其潜力充分地发挥出来。有效的领导者是注重于面向下属的，他们依靠信息沟通使所有部门和人员像一个整体那样行事，使群体的所有成员包括主管人员在内，都形成一种相互支持的关系。正是在这种关系之中，他们才会感到在需求、愿望、目标和期望方面存有真正的共同的利益。

第三节　权变领导理论

人们在运用特质论和行为论的过程中发现，在实际中何种领导方式最为有效要视具体的工作环境而定。没有一种"唯一"的特质为所有有效的领导者所共有，也没有哪一种领导风格在所有的条件下都有效。

依据权变领导理论的观点，领导行为的有效性不单纯是领导者个人行为，某种领导方式在实际工作中是否有效主要取决于具体的情景和场合。从权变领导理论来看，没有最好的领导模式，只有最合适的领导模式。

权变领导理论表明领导方式的有效性是受多种变量，特别是领导者特征、追随者特征以及环境等因素影响的。领导方式与其影响变量之间的关系可用 $S=f(L,F,E)$ 来表述，其中 S 代表了领导方式，L 代表了领导者特征，F 代表追随者特征，E 代表环境。在环境变量中任务性质（任务复杂性、类型、技术和规模）是重要的中间变量，此外还有群体的规范、组织文化、控制的范围和外部的威胁与压力等诸多因素。菲德勒模型、情境理论、路径—目标理论和参与理论对这些中间变量影响的研究获得广泛认可。

一、菲德勒模型

弗雷德·菲德勒模型是第一个综合的领导权变模型。它的基本假设建立在以往成功经验基础上的管理者风格是非常难以改变的。菲德勒深信,在管理实践中,绝大多数管理者都不是非常灵活的,试图改变管理者的领导风格来适应不可预见的或是不断变动的环境,不仅效率低下,甚至是枉费心机的。因此,良好的群体绩效只能通过如下两种途径取得:要么使管理者与管理环境相匹配,要么使工作环境与管理者相匹配。菲德勒的模型是将确定领导者风格的评估与情境分类联系在一起,并将领导效果作为二者的函数进行预测。

1. 确定领导者风格

菲德勒认为,影响领导成功的关键因素之一是领导者的基本领导风格。为监测领导者的基本领导风格,他设计了最难共事者(LPC)问卷,该问卷的主要内容是询问领导者对最不与自己合作的同事(LPC)的评价。如果回答者评价这位最难共事者大多用含敌意的词句(在 LPC 问卷表上打"低分"),说明该领导者没有将同事的工作表现与人品好坏区分开来,因此,做出"低 LPC 分"型评价的领导者是趋向于任务导向型的领导方式。同样对自己认定地与之共事必带来不良绩效的最难共事者,如果对这个人的评价多使用善意的词句(在LPC 问卷表上打"高分"),则反映出该人的领导方式趋向于是关系导向型的,因为该领导者心中已清楚认识到工作表现差的同事并不见得人品就不好。

2. 确定情境

在 LPC 问卷的基础上,菲德勒列出三个评价领导有效性的关键要素,即职位权力、任务结构和领导与成员的关系。

所谓职位权力是指领导者所拥有的权力变量的影响程度。职位权力越大,群体成员遵从指导的程度越高,领导的环境也就越好;反之,则越差。

任务结构是指任务的明确程度和部下对这些任务的负责程度。如果这些任务越明确,而且部下责任心越强,则领导环境越好;反之,当任务是非结构性的时,群体的角色越模糊,则领导环境就越差。

领导与成员的关系是指领导对于下属信任、信赖和尊重的程度。如果管理者与群体成员之间能够相互尊重、相互支持、相互信任、密切合作,则关系是好的。这种关系对于领导者的权力和工作有效性的影响最大,领导可以通过非正式的方式来影响下属。相反,不被员工喜欢或信任的领导者只能依靠命令才能完成群体任务。

3. 领导者与情境的匹配

菲德勒根据领导情境中的三个变量组合成八种不同条件的环境条件。根据关于领导情境的八种分类和关于领导类型的两种分类(高 LPC 值的领导和低 LPC 值的领导)。菲德勒对 1 200 个团体进行了抽样调查,得出了以下结论:领导环境决定了领导的方式。在环境较好的 1、2、3 和环境较差的 7、8 情况下,采用低 LPC 值的领导方式,即工作任务型的领导方式比较有效。在环境中等的 4、5、6 情况下,采用高 LPC 值的领导方式比较有效,即人际关系型的领导方式比较有效。

上下级关系	好				差			
任务结构	明确		不明确		明确		不明确	
职位权力	强	弱	强	弱	强	弱	强	弱
情境类型	1	2	3	4	5	6	7	8
情境特征	有利				中间状态			不利
有效的领导方式	任务型				关系型			任务型

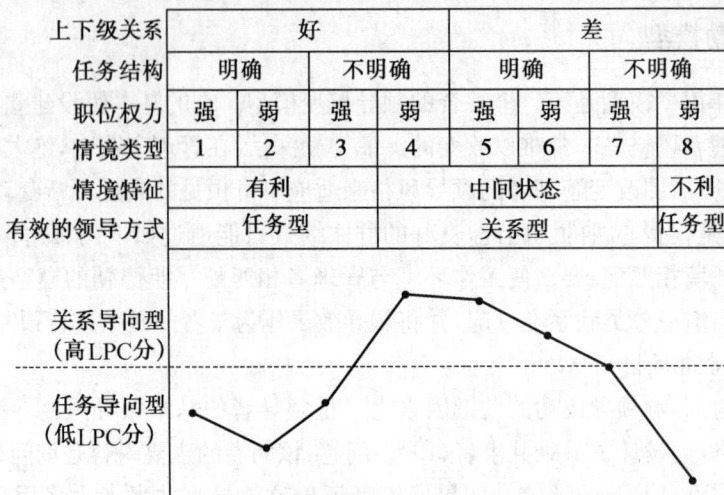

图 11-3 菲德勒权变领导模型

4. 菲德勒的模型的发展

菲德勒和乔·葛西亚在原来的模型基础上进一步提出了认知资源理论,这一理论基于两个假设:① 睿智而有才干的领导者相比德才平庸的领导者能制定更有效的计划、决策和活动策略;② 领导者通过指导行为传达了他们的计划、决策和策略。在此基础上,菲德勒和葛西亚阐述了压力和认知资源(如经验、奖励、智力活动)对领导有效性的重要影响。

新理论可以进行下面三项预测:① 在支持性、无压力的领导环境下,指导型行为只有与高智力结合起来,才会导致高绩效水平;② 在高压力环境下,工作经验与工作绩效之间成正相关;③ 在领导者感到无压力的情境中,领导者的智力水平与群体绩效成正相关。

二、情境理论

另一个被广泛推崇的领导权变的模型是保罗·赫塞和肯尼思·布兰查德开发的情境领导理论。该模型重视下属的权变因素,认为最有效的领导风格应随员工"成熟度"的变化而变化。所谓员工成熟度可以分成心理成熟度和工作成熟度。心理成熟度就是指员工自己追求成功、承担责任的愿望,心理成熟度高的人不需要太多的外在激励,他们主要是靠自我实现的动机。工作成熟度是指员工从事工作的能力、技巧和经验等。拥有高工作成熟度的员工可以独立完成其工作任务,不需要别人的指导。员工的成熟度是决定领导风格有效性的重要变量,科学的领导就是依据下属的成熟度水平选择正确的领导风格。

根据情境模型理论,随着员工的成长,领导者与员工之间的关系要经历四个阶段,领导者因此要不断改变自己的领导风格,领导生命也随之呈现出周期性的变化,所以情境模型也被称为领导生命周期模型。

1. 命令式阶段

在员工进入组织的最初阶段,管理者采用任务导向的领导风格最为合适。管理者必须告诉他们组织中的规则和运作程序,指导他们怎样进行工作。在此阶段,管理者如果不能及时地发出命令,会带来组织的混乱,使得新员工焦虑不安。其他的领导风格如高度重视人际

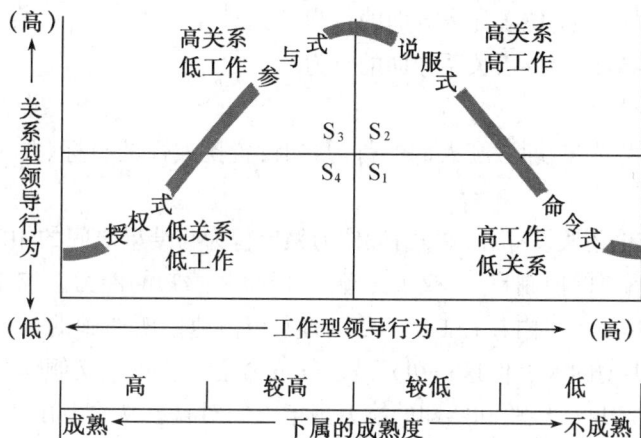

图 11 - 4　领导生命周期模型

关系等在此阶段是不适当的。

2. 说服式阶段

在下属开始理解他们的工作任务时,任务导向的领导风格仍是必要的。然而,当管理者对员工越来越熟悉,并且希望激发起他们更大程度的努力时,管理者对员工的信任与支持也在增加。这时,管理者需要加强关系导向的领导行为。

3. 参与式阶段

当员工的工作成熟度提高以后,不再需要管理者像最初那样直接指挥了。他们开始产生更高的成就动机,开始积极寻求承担更大的责任。领导者应当积极地转变角色,此时过多的指挥会引起他们的不满。领导者要与下属共同决策,其主要角色是为其提供便利条件与沟通。

4. 授权式阶段

随着下属更为自信,更能够自我指导,更具有经验,也就是当下属在心理上和工作上成熟度都得到极大提高。在这个阶段,下属们已经越来越希望按自己的意愿行事。领导者可以降低支持与鼓励的比重了,领导者的任务就是授权,不需要做太多事情。

情境领导模型给我们提供了一种动态的领导风格模型。事实上,我们今天的环境就是处于弹性、变化之中,管理者只有不断地评估下属工作和心理的成熟度,才能确定哪种领导风格的组合是最为适当的。有效的管理者应当是先观察,后领导。

三、路径—目标理论

路径—目标理论已经成为当今最受人们关注的领导观点之一,它是由罗伯特·豪斯、马丁·伊文斯建立的领导权变模型。它是在俄亥俄州立大学的领导研究与激励的期望理论基础上发展来的。路径—目标理论的基本观点是,领导者的工作实质就是帮助下属实现他们的目标,并提供必要的指导和支持以确保他们各自的目标与组织总目标的一致。路径—目标理论认为领导者的职能应包括:指明方向使通向工作目标的"旅行"更为顺利;减少阻碍目标实现的路障;通过提高实现绩效目标者的收益来增加个人满意的机会。

路径—目标理论假设存在四种有关的领导行为:

（1）指示型领导，即定位于任务导向的行为。

（2）支持型领导，即定位于关系导向的行为。

（3）参与型领导。

（4）成就导向型领导，即激励人们的行为，如设置挑战性的目标、并对出色的行为予以奖励。

路径—目标理论还假设存在两类情境作为领导行为与结果之间的中间变量：① 下属的权变因素，它包括下属的控制点、拜权主义倾向、经验和感知的能力。控制点是个人认为环境对其行为反应的程度。"内在控制点"类型的人相信他们所遇到的一切是他们自己造成的；"外在控制点"类型的人相信这一切只是运气或命运。拜权主义倾向是指个人对权威的敬重、钦佩、尊重的程度。经验和感知的能力是指人们对自己从事分配工作的能力的信心。② 环境的权变因素，它包括任务结构、正式权力系统、工作群体。下属的权变因素和环境权变因素共同决定了能产生有效业绩的适当领导方式。

在考虑下属的权变因素决定了各种领导方式的恰当性上，路径—目标理论给出下面的建议：

（1）指示型领导方式对拜权主义者更合适，因为拜权主义者尊重权威。

（2）参与型领导方式对"内在控制点"类型的人更合适，因为这些个人更愿意对自己的生活施加更多的影响。

（3）指示型领导方式在下属能力较低时更合适，指示型方式帮助人们理解应当做什么。

在考虑环境权变因素的影响上，路径—目标模型也引申出一些结论：

（4）相对具有高度结构化和安排完好的任务来说，当任务不明或压力过大时，指导型领导导致了更高的满意度。

（5）当下属执行结构化任务时，支持型领导导致了员工高绩效和高满意度。

（6）对知觉能力强或经验丰富的下属，指导型的领导可能被视为累赘多余。

（7）组织中的正式权力关系越明确、越官僚化，领导者越应表现出支持型行为，降低指导型行为。

（8）当任务结构不清时，成就导向型领导将会提高下属的努力水平，从而达到高绩效的预期。

四、领导者—参与模型

与豪斯的路径—目标理论相同，领导者—参与模型也反对把领导者的行为看作固定不变的，他们认为，领导者可以根据不同的情境调整他的风格。领导者—参与模型进一步证实了领导研究应指向情境而非个体。

领导者—参与模型是由两个阶段的工作组成，即弗洛姆—叶顿模型和弗洛姆—亚戈模型。弗洛姆—叶顿模型是 1973 年由弗洛姆、叶顿共同提出的，该模型的目的是用于决定管理者在解决某些问题时让下属参与的时机与参与的程度。这个模型分离出五种领导风格和七项权变因素，它们构成了一个从集权型（AⅠ，AⅡ）到咨询型（CⅠ，CⅡ）再到充分参与型方式（GⅡ）的连续统一体。

1988 年弗洛姆和亚戈在批评路径—目标理论时提出，路径—目标理论没有考虑到在什么情形下管理者可以允许员工参与决策。作为一个解决之道,他们发展了传统的弗洛姆—叶顿情境领导模型,这个模型同时把决策的质量和决策的可接受性考虑在内。

1. 弗洛姆—叶顿模型

弗洛姆—叶顿模型是用一系列权变因素的问题来分析领导的情境,以此来决定领导合适的风格。当面对某一特定问题时采用哪种领导风格,领导者可以扪心自问以下问题,可以通过是与否的选项加以判断。由于问题的性质不同,有时也许有不止一种领导风格是合适的:

(1)是否有足够的信息和技能来独自解决问题?如果答案是否定的,那么AI的领导风格(自己独立决策)将是不适当的。

(2)是否需要做一个高质量但下属有可能不同意的决策吗?如果答案是肯定的,那么GII的领导风格将是不适当的。在这种情形下,放弃自己做最终决策的权力可能意味着决策方案不具有解决问题所需的质量与力度。

(3)所要解决的问题是结构性问题吗?即是否知道决策需要哪些信息?从哪里可以得到这些信息?如果不是,那么CII和GII领导风格即允许员工最大限度地参与的两种方式,应该得到优先考虑。其余别的方式在获取需要的信息和信息质量上将是有问题的。

(4)群体接受方案对决策的成功很关键吗?如果回答是肯定的,AI和AII的领导风格可能不合适。

(5)如果决策被群体接受很重要,那么,下属可能会对什么是最好方案有着彼此不同看法吗?如果有,CII和GII的领导风格是最可取的风格。只有这样才能使得员工之间的分歧得到最终解决。

2. 弗洛姆—亚戈模型

弗洛姆—亚戈的模型继承了弗洛姆—叶顿模型的基本思想。在此基础上提出决策的有效性取决于决策的质量、对决策承诺程度、决策所耗用的时间等因素,并将权变的因素扩张为12项,其中10项是按5级量表评定的(只有TC、CP按照是与否两级量表评定的):

QR(质量要求) 此项决策的技术质量有多重要?

CR(承诺要求) 下属对此项决策的承诺有多重要?

LI(领导者的信息) 我是否拥有充分的信息做出高质量的决策?

ST(问题结构) 问题是否结构清楚?

CP(承诺的可能性) 你自己做决策,你的下属是否一定会对该决策做出承诺?

GC(目标一致性) 解决此问题后所达成的组织目标是否为下属所认可?

CO(下属的冲突) 下属之间对于优选的决策是否会发生冲突?

SI(下属的信息) 下属是否拥有充分的信息进行高质量的决策?

TC(时间限制) 是否有相当紧迫的时间约束限制了你下属的能力?

CP(地质的分散) 把地域上分散的下属召集到一起的代价是否太高了?

MT(激励—时间) 在最短的时间内做出决策对你来说有多重要?

MD(激励—发展) 为下属的发展提供最大的机会对你来说有多重要?

弗洛姆和亚戈认为,领导的效用是决策收益、决策成本和决策者能力的函数。领导的有效性等于决策的有效性减去决策成本,再加上参与决策者能力的开发而实现的价值。因此,考虑领导的有效性应当全面地来看,不能只看决策的收益,即使领导者做出决策是高度有效的,但是,如果这些决策对发展其他人的能力没有作用或者作用极小,或者决策过程成本是昂贵的,这些决策仍然会降低组织的整体人力资本水平。

第四节 当代领导理论

当代领导理论顺应了时代的发展。在变革的时代,社会正在寻求能扭转乾坤、指明发展方向、带领人们前进的英雄。每个组织也都在寻求独具慧眼的领导者——他们可以利用自己杰出的才能促使组织在激烈的竞争中获得成功。领袖魅力的领导理论和变革型与交易型理论成为众望所归。

一、领袖魅力式领导

领袖魅力式领导是当代领导理论对于传统理论的复兴,越来越多的研究关注于有领袖魅力的领导者对下属和组织绩效会有什么影响。有关的研究表明,有领袖魅力的领导者与下属的高绩效和高满意度之间有着显著的相关性。员工为有领袖魅力的领导者工作会因为受到激励,从而会付出更多的工作努力,他们喜爱自己的领导,对领袖魅力式的领导表现出更高的满意度。

什么是领袖魅力? 这是一个很难下定义的概念。罗伯特·豪斯较早对领袖魅力进行了系统研究。他认为魅力是远远超出一般的尊重、影响、钦佩和信任的,对追随者的情感具有震撼力的一种力量。有领袖魅力的人是一个偶像化的英雄,就像救世主耶稣一样。同许多伟大的领导者一样,李·艾柯卡、托马斯·沃森、艾尔弗雷德·斯隆、史蒂夫·约伯斯和杰克·韦尔奇 也都是世界企业界最富于领袖魅力领导者的典型。

领袖魅力式领导者都给人们留下了深刻的印象,马丁·路德·金有一个对更美好世界的梦想,肯尼迪宣称要把人类送上月球,沃特·迪斯尼能用讲故事的方式迷倒人们,比尔·盖茨追求每台桌子上都有一台 PC。他们在行为的关键点上表现出与非领袖魅力式领导的根本性差异。罗伯特·豪斯、瓦伦·本尼斯和麦吉尔大学的研究表明两者区别的关键特点在于有领袖魅力的领导者有以下特点:① 有自信。他们对于自己的判断和能力有充分的信心。② 有目标远景。他们认为未来定会比现状更美好,有领袖魅力的领导者通过向下属绘制诱人的前景来捕获下属的奉献、承诺和动力。③ 清楚表述目标的能力。他们能够使其他人都能明白所追求的目标,这表明了他们对下属需要的了解。④ 强烈的奉献精神。他们愿意从事高冒险性的工作,能够承受为之付出的高代价,为了实现目标能够自我牺牲。⑤ 不循规蹈矩的行为。他们的行为是创造性的,反传统的。因此,他们获得成功时,会令下属们惊诧而崇敬。⑥ 变革的代言人。他们总是激进变革的代言人而不是传统现状的卫道士。⑦ 环境敏感性。他们能够对需要进行变革的环境约束和资源进行切实可行的评估。有这些品质的领导者能激发起其追随者的信任、信心、接受、服从、同喜、同悲、钦佩及他们更高的工作绩效。在大量的群体、组织中和各种管理层次上,在世界众多国家中如美国、印度、荷兰、中国、日本和加拿大等都能找到领袖魅力型领导方式的积极效果的证据。

如何获得领导魅力？尽管领袖魅力与个体的气质有一定的联系,但领袖的魅力并非不可以被习得。大多数学者专家认为个体可以经过培训开发出其潜能,在某些方面展现出领袖魅力的行为。比如,可以指导培训个体清晰地表述一个极高的目标;培训其重视下属的需要,向下属传达高绩效的期望,对下属达到这些目标所具备的能力表现出很有信心;为了进一步捕捉领袖魅力的动态和生动特征,还可以训练使用领袖魅力的非言语特点。

领袖魅力式的领导对于组织的高绩效水平来说也是有条件限制的。只有在组织成员的任务中更多是思想性的、涉及观念的转变时,领袖的魅力才会突显出来。因此,在文化、政治和宗教领域以及战争时期容易产生领袖式的领导者。在企业中,大多数的领袖魅力式领导出现于企业面临转折时期,因为这个时期需要思想的转变。如李·艾柯卡就是出现在克莱斯勒生死危机之时;比尔·盖茨出现于新产品导入时期;斯蒂夫·约伯斯的个人电脑概念改变了人们的日常观念,在苹果公司赢得了员工的忠诚。

然而,不幸的是,在组织经过了危机和剧变之后,领袖魅力式领导的作用会有所减退,甚至可能成为社会、组织和群体的负担。他们过于自信,往往难以听取别人的意见;他们并不能安分于组织稳定的运行,习惯于变化,往往会造成组织不应有的震荡。克莱斯勒的李·艾柯卡、波兰德全球软件公司的菲利普·凯恩都是因为独断的风格和自负的决策使得企业陷入财务危机之中。

二、变革型领导与交易型领导

人们对变革型领导的兴趣可能源于两个方面的原因。其一,进行组织"变革"成为潮流,很多大公司包括 AT&T、IBM 和 GE 等巨人企业都实施了范围广泛的变革计划。企业需要变革型的领导者。其二,许多研究人员感到,领导理论把注意力过分集中在特质、行为和情境上,已经在组织变革上失去了对"领导者"的洞察力,如何才能找出像杰克·韦尔奇这样的商业领袖。

在各行各业中都存在变革型领导,像亨利·福特实现了他的远景,生产让人们买得起的、大规模制造的汽车;乔治·巴顿将军,他改变了第三军;李·艾柯卡,他带领克莱斯勒从破产的边缘走向成功;杰克·韦尔奇使 GE 的市值提升了 30 多倍,排名世界第二位;詹·卡尔森,使斯堪的纳维亚航空公司(SAS)从亏损 800 万美元到盈利 7 100 万美元。

变革型领导是与交易型领导相对而言的。伯纳德·巴斯对两类领导行为进行了比较:所谓交易型领导者是指把管理看作一系列的商业交易。交易型领导者首先确定员工需要做什么,再通过运用合法权、奖励权、强制权来发布命令及对已实施的服务交换以奖励,以促进员工努力,帮助员工增加实现目标的自信。与变革型领导相比,交易型领导方式公平公正,但并不使人兴奋,也没有变革,不授权,也不会鼓舞人们致力于群体或组织利益。

变革型方式突破了传统的交易型领导方式。变革型领导者依靠个人的领袖魅力和非制度权力,通过授权来提高下属对自身重要性和任务价值的认识,通过把愿景变成现实,使人们为了群体而超越个人利益,以此激励下属做出更多的贡献。变革型领导把组织建成了兴奋而富有活力的组织。

变革型领导能够在组织中制造兴奋点,对组织产生更强的影响和冲击力。他可以使下属为追求组织共同的愿景兴奋和激动,他能够将"事情可能是什么样"变成"事情就是什么样"。在惠普公司,制造兴奋点的能力是选择管理者的一条明确标准。变革型领导制造兴奋点可以通过三个途径:其一是依靠他们的领袖魅力。其二是对追随者给予个性化的关注。变革型领导者赋予人们以挑战性的工作,增加了人们的责任感。他们保持沟通渠道畅通,为下属发展提供一对一的辅导。其三是通过智力激发。变革型领导者诱发追随者对问题和解决方案的认识。他们唤醒人们的想象与创造力,而问题的解决完全由下属完成。

变革型领导拥有着巨大的潜力,他们可以给衰落的组织重新注入活力,能够帮助个人发现工作与生活的价值和兴奋点,但是,如果他们的目标和价值体系与文明社会的基本准则相悖,那么他们就会给社会构成极大的威胁。阿道夫·希特勒就是典型的例子。一个人具有激发起巨大的奉献、牺牲与热情的能力,并不能保证其事业是正义的,是值得人们为之付出的。

变革型领导不是总经理与首席执行官的专有权利。福特汽车公司在与密歇根大学商学院合作中,曾把上千名中层经理送去加入一项促进变革型领导方式的计划。通过这种方法,中层经理的传统角色产生了变革。这项训练包括商业环境变革分析、公司战略、人际关系和对变革需要的讨论。参与者评估他们自己的领导方式并发展了一项培训后实施的具体变革创意——一个产生必要和持续不同的变革。在之后 6 个月中,经理人员们在工作中实施变革。几乎一半的创意造成了组织或工作单位的变革。这些变化中 54% 是微小的,渐进的,或更个人化的。管理人员带来变革性变化,依赖于他们对这项培训的态度、他们的自尊水平以及在其工作中他们从其他人那里获得的支持的数量。因此,有一些管理人员并不像所希望的那样反应。但加入这一培训中的半数人变得更加富于变革性,而且已着手公司重大的变革性的改变。

第五节 领导艺术

领导作用能否充分实现,在很大程度上取决于领导者利用组织赋予的权力和自身素质的领导艺术水平。领导艺术是一门博大精深的学问,其内涵极为丰富。对于新提拔到企业领导岗位上的管理者,至少有以下几点是值得注意的。

一、干领导的本职工作

领导人们有条不紊地办事是一种艺术。在企业中,我们经常看到一些这样的领导者,他们整天忙忙碌碌,工作 10 小时、12 小时,放弃了休息、娱乐甚至学习。他们的问题出在哪里呢? 作为一个领导者,当发现自己忙不过来的时候,就应考虑自己是否侵犯了下属的职权,做了本来应当由下属去做的事情。领导者必须明白,凡是下属可以做的事,都应授权让他们去做。领导者只应做领导应干的事。

领导的事包括决策、用人、指挥、协调和激励。这些都是大事,是领导者应该做的,但绝对不是说都应由单位的最高领导人来做,而是应该分清轻重缓急、主次先后,分别授权给各级下属领导去做,让每一级去管本级应管的事。企业的最高领导者只应抓重中之重,急中之急,并且严格按照"例外原则"办事。也就是说,凡是已经授权给下属去做的事,领导者就要克制自己,不要再去插手,领导者只需管那些没有对外授权的例外的事情。有些领导者太看重自己的地位和作用,不分巨细,事必躬亲,结果不仅浪费了自己宝贵的时间和精力,还挫伤了下属的积极性和责任感,反过来又会加重自己的负担。

领导者对于那些必须由自己亲自处理的事,也应先问三个能不能:能不能取消它? 能不能与别的工作合并处理? 能不能用简便的方法处理? 这样就可把那些可做可不做的事去掉,把一部分事合并起来用最简便的方法去做,从而减轻负担,提高效率,腾出更多的时间去进行思索和筹划,更好地发挥领导的作用。

二、善于同下属交谈,倾听下属的意见

没有人际的信息交流,就不可能有领导。领导人在实施指挥协调的职能时,必须把自己的想法、感受和决策等信息传送给被领导者,才能影响被领导者的行为,同时,为了进行有效的领导,领导者也必须了解被领导者的反应、感受和困难。这种双向的信息交流十分重要。交流信息可以通过正式的文件、报告、书信、会议、电话和非正式的面对面的个别交谈来进行。其中,面对面的个别交谈是领导者深入了解下属的最好方式之一,因为通过交谈不仅可以了解到更多更详细的情况,并且可以通过察言观色来了解对方心灵深处的想法。不过,善于同下级交谈也是一种艺术。有些领导者在同下属谈话时,往往同时批阅文件,寻找东西,或乱写乱画,左顾右盼,精力不集中,神情不耐烦,其结果不仅不能了解对方的思想,反而会伤害对方的自尊,失去同事和下属对自己的尊重和信任,甚至还会造成隔阂和冲突。所以,领导者必须掌握善于同下属交谈、倾听下属意见的艺术。根据总结成功的管理者的经验,有效地与下属谈话需要注意以下几点:

(1)要认真地听。即使你不相信对方所言,或者对所谈的问题毫无兴趣,但在对方说话时,也必须悉心倾听,善加分析。

(2)如果你希望对某一点多了解一些,可以将对方的意见改成疑问句简单重复一遍,这将鼓励对方进一步的解释和说明。

(3)要仔细观察对方说话时的情态,听懂对方的“言下之意”,即捉摸出对方没有明确说出来的意思。

(4)谈话一经开始,就要让对方把话说完,不要随意插话,打断对方的思路,岔开对方的话题,也不要迫不及待地解释、质问或申辩。对方找你谈话是要谈他的感受,领导者倾听下属意见的目的在于了解对方的想法,而不应摆出“权威”的架势去说服、教育对方,打通对方的思想。对方讲的话是否有理,是否符合事实,可留待以后研究。

(5)如果对方诚恳地希望听到你的意见,你必须抓住要领,态度诚恳地就实质性问题做出简明扼要的回答,帮助他拨开迷雾,解开思想上的疙瘩。同时,也要注意掌握分寸,留有余地。这是因为,对方说的许多情况你可能并不清楚,在未调查之前,不应表态和许愿,以免造成被动,引起更大的不满。对于谈话涉及的重大原则问题或应由下属主管部门处理的问题,领导者应实事求是地告诉对方,这些问题是自己不能单独处理的,需待研究后再予以答复。

(6)领导者必须控制自己的情绪,不能感情用事。对方说话的内容,领导者可能同意,也可能不同意,有怀疑,甚至反感和不满。但是,不管领导者自己的情绪如何,都必须加以控制,始终保持冷静的态度,让对方畅所欲言。仅此一点,就会使对方感到领导在注意他的意

见,彼此在沟通思想感情。至于是非曲直,可留待以后再谈,或留待对方冷静后自己去判断。

三、争取他人的友谊和合作

为了领导大家把企业的事干好,领导者不能只依靠自己手中的权力,还必须取得同事和下属的友谊和合作。有些新踏上领导岗位的人,往往只会自己埋头苦干,不善于争取别人的合作;也有个别人只想利用手中的权力来使副手和下属慑服,而较少考虑如何取得他们的友谊和支持。其实,领导者与被领导者之间的关系不应当只是一种刻板和冷漠的上下级关系,而应当建立起如同战争年代那样真诚合作的同志关系。要建立起这种关系,除了要求领导者品德高尚、作风正派以外,还要求领导者精通领导艺术,做到以下几点:

(1)平易近人。由于几千年来封建思想的影响,在一些人的头脑中不自觉地残存着"官贵民贱"的意识,认为当"长"以后,总比一般老百姓高一头。所以,领导者必须自觉地消除这种意识,在与同事和下属相处中,要注意礼貌,主动向对方表示尊重和友好;在办事时要多用商量的口吻,多听取和采纳对方意见中合理的部分;要敢于承认和改正自己的缺点和错误。既不要轻易发脾气、要态度、训斥人,也不要讲无原则的话,更不能随便表态、许诺。总之,要谦逊待人,以诚待人。这样才能赢得同事和下属的尊敬,进而产生感情和友谊。

(2)信任对方。在分工授权后,领导者对下属不要再三关照叮嘱,更不要随便插手干预,使对方感到你对他的能力有所怀疑。相反,领导者要用实际行动使下属感到你对他是信任的,感到自己对企业和集体是重要的。这样,下属就会加强主动同领导者合作的精神。如果领导者能在授权范围之外,主动采纳下属对工作的意见,使下属感到领导对他的器重,这将有利于增进相互之间的友谊和合作。如果领导者让自己的副手或下属长期感到被忽视,不能发挥作用,必将招致他们的不满和怨恨。

(3)关心他人。群众最反感的是领导者以权谋私。所以,领导者要特别谨慎,不仅不能以权谋私,而且要在政治、思想、业务、生活等方面多关心他人。要为下属提高思想、业务水平创造条件,不怕他们超过自己;要为群众在生活中排忧解难,不怕麻烦;要吃苦在前,享受在后,在经济利益和荣誉面前一定要先想到他人。当企业取得成功时,千万别忘掉那些为企业做过贡献的人们。当人们面临困难的时候,如果你能伸出友谊之手,这种友谊将特别宝贵和持久。

(4)一视同仁。人们之间的关系有亲有疏,这是正常的社会现象,领导者也不例外。但是,为了加强企业的内聚力,克服离心倾向,领导者既要团结一批同自己亲密无间、命运与共的骨干;同时,又要注意团结企业所有的职工。对于同自己意见不一、感情疏远或反对自己的人,领导者绝对不可视为异己,另眼看待,加以排斥,而应对他们更加关心和尊重,努力争取他们的友谊和合作。特别是在处理诸如提级、调资、奖励、定职等有关经济利益和荣誉的问题时,必须一视同仁,秉公办理,既不因是亲者而予以优惠或避嫌不言,也不因是疏者而保持沉默或故意挑剔。当下属犯了错误时,不论亲疏都要严格要求,真诚地帮助他们认识错误、改正错误,但在进行处理时又要设身处地地为他们着想,坚持思想教育从严、组织处理从宽的原则。领导者必须懂得,很多人工作上犯错误、出毛病,都是由于想多做工作、做好工作而无意造成的,因此领导者对下属在工作上犯的错误要勇于分担,甚至承担责任。在下属受到外界侵犯或蒙受冤屈时,领导者更应挺身而出,保护下属。这样,部下就会感到,在你的领导下,没有亲疏,只要干得好,谁都可以得到他所应得到的尊重和信任,就会产生一种安全感。组织内部常有的宗派和山头,自然也就失去存在的机会了。

四、做时间的主人

时间是一种宝贵的资源。它对任何人都是公平的,但也是吝啬的:任何人都买不到、租不到、借不到更多的时间;它对任何人都是不可逆的:时间无法贮存,昨天的时间过去了,永远不会再回来;它是任何资源都不可取代的:资本不足可以用人力代替,人力不够可以用机器代替,这种材料不够可以用另一种物质代替,然而,我们无法用任何其他资源来代替时间。对任何人来说,时间都是有限的,但是,利用时间从事活动以实现个人生存和发展的需要却是无限的。因此,"时间就是金钱,时间就是生命",浪费时间就是自杀,浪费别人的时间无异于谋财害命。每一个人都必须珍惜时间,都必须充分、有效、合理地使用时间。企业领导者尤应如此,因为他们对时间的态度不仅影响自己,而且影响部下的时间使用效率。然而,在实际工作中,领导者的地位越高,却往往越不能自由、自主地支配自己的时间。

企业领导者要做自己时间的主人,首先要科学地组织管理工作,合理地分层授权,把大量的工作委派给副手、助手等下属去进行,以摆脱烦琐事务的纠缠,腾出时间来研究和从事重要的工作。

领导者要成为时间的主人,必须注意以下三点:

(1) 养成记录自己时间消耗情况的习惯。有许多领导者忙了1天、1周或1个月,往往说不出究竟做了哪些事,哪些是自己应该做的,哪些是自己不应该做的。年复一年地如此下去,浪费了许多宝贵的时间,为了珍惜自己的时间,把有限的时间用在自己应该做的领导工作上,领导应当养成记录自己消耗时间情况的习惯。每做一件事就记一笔账,写明几点到几点办什么事。每隔1~2周,对自己的时间占用情况进行一次分析。这时,就会发现自己在时间的利用上有许多惊人的不合理之处,从而可以找到合理利用时间的措施。

(2) 学会合理利用时间。时间的合理使用因人而异,取决于企业生产经营活动的特点、企业的管理体制和组织结构、企业领导者之间的分工以及各人的职责和习惯,所以很难有一个统一的标准。表11-1是根据我国一些优秀的公司经理的经验列出的,一般认为这样的时间分配是比较合适的。

表 11-1　公司经理每周工作时间的分配

工　作　内　容	周时数	时间使用方式
1. 了解情况,检查工作	6	每天1小时
2. 研究业务,进行决策	12	每次2~4小时
3. 与主要业务、技术骨干交谈,做人的工作	4	每次0.5~1小时
4. 参加社会活动(接待、开会等)	8	每次0.5~2小时
5. 处理企业与外部的重大业务关系	8	每次0.5~2小时
6. 处理企业内部各部门之间的重大业务关系	8	每次0.5~3小时
7. 学习与思考	4	集中一次进行

表 11-1 中所列公司经理每周工作时间已达 50 小时。实际上，绝大多数厂长每周工作时间都在 50 小时以上，有的高达 60 小时左右。目前我国企业领导者的时间大部分花在 4、5、6 三项上，而用于学习、思考、研究业务、研究决策的时间太少，这是应当注意改进的。

（3）提高开会的效率。开会是交流信息的一种有效方式，领导离不开开会，但开会也要讲究艺术。企业领导者每年往往要开几百次会，但重视研究和掌握开会艺术的人却不多。有许多领导者整天沉沦于文山会海之中，似乎领导的职能就是开会、批文件，而开会是否解决了问题，效率如何，却未予以重视。只要开了会，该传达的传达了，该说的说了，就算尽到了责任，就可以心安理得。其实，不解决问题的会议有百害而无一利，开会也要讲经济效益。会议占用的时间也是活劳动耗费的一种形式。这种耗费如果不是用于开会而是用于生产性经营活动，则可为企业创造一定价值。因此，有人建议在测算会议成本时，不仅应考虑会议的直接人工成本，还应考虑其"机会成本"，即采用以下公式来测算会议成本：

$$C=P\times A\times B\times T$$

式中：C 表示会议成本；

P 表示本企业单位工资的净产值率；

A 表示与会者小时平均工资；

B 表示参加会议人数；

T 表示会议时间。

会议成本应纳入企业经济核算体系之内进行考核，借以促进、提高开会的效率，节约领导者和与会者的宝贵时间。

复习思考题

1. 领导权力的基本形式有哪些？如何认识领导权力的构成？

2. 请描述有效领导者与无效领导者的品质特征。

3. 什么是领导者职能的两大行为特征？一名领导者必须同时具有两种特征吗？

4. 领导者的风格具有哪些基本形式？温特和利克特认为哪一种最有效？

5. 菲德勒模型的基本假设是什么？工作情境是如何决定领导者风格的有效性的？

6. 情境理论和路径—目标理论确定了几种领导风格？这些模型认为哪些权变因素有助于确定最有效的领导方式？

7. 简述领导者—参与模型的五种管理决策风格？弗洛姆—亚戈对此做出了哪些修改？

8. 阐述领导者魅力理论，你认为个人魅力型领导的风险在哪里？

9. 阐述变革型领导理论，讨论当代领导理论面临的挑战。

10. 如何提高和完善管理者的领导艺术？

第十二章 激　励

在某种意义上可以认为,管理就是通过别人的劳动去实现自己为组织制定的目标。为了诱导组织成员向组织提供有益的贡献,管理者不仅要根据组织活动的需要和个人素质与能力的差异,将不同的人安排在不同的工作岗位上,为他们规定不同的职责和任务,还要分析他们的行为特点和影响因素,有针对性地展开工作,创造并维持一个良好的工作环境,以调动他们的工作积极性,改变和引导他们的行为,使之符合实现组织目标的要求。这正是管理者的激励工作所需完成的任务。

第一节　激励与需要

激励是针对人的行为动机而进行的工作。企业领导者通过激励使下属认识到,用符合要求的方式去做需要他们做的事,会使自己的欲求得到满足,从而表现出符合组织需要的行为。为了进行有效的激励,收到预期的效果,领导者必须了解人的行为规律,知道职工的行为是如何产生的,产生以后会发生何种变化,这种变化的过程和条件有何特点,等等。

行为科学认为,人的行为是由动机决定的,而动机则是由需要引起的。当人们有了某种需要且未得到满足之前,就会处在一种不安和紧张状态之中,从而成为干某件事的内在驱动力。心理学上把这种驱动力叫作动机。动机产生以后,人们就会寻找能够满足需要的目标,而一旦目标确定,就会进行满足需要的活动。活动的结果如果未使需要得到满足,则会出现三种情况:或目标不变,重新努力;或降低目标要求,即降低要求得到满足的档次;再或变更目标,从事别种活动,以满足相同或类似的需要。如果活动的结果使作为活动原动力的需要得到满足,则人们往往会被自己的成功所鼓舞,产生新的需要和动机,确定新的目标,进行新的活动。因此,从需要到目标,人的行为过程是一个周而复始、不断进行、不断升华的循环。这个循环可以用图 12-1 来简单概括:

图 12 - 1　行为过程简图

上述分析表明：需要是人类行为的基础；不同的需要在不同的条件下会诱发出不同的行为；本期行为的结果会使人们产生新的需要，从而影响下期行为。领导者要正确地引导人们的行为，必须：① 分析需要的类型和特点；② 研究需要是如何影响人的行为以及影响程度是如何决定的；③ 探索如何正确评价人们的行为结果，并据此予以公正的报酬，使得人们保持积极、合理的行为，或改正消极、不合理的行为。

一、需要的理论

作为人类行为的原动力，需要是行为科学中激励理论的重点研究对象之一。许多著名的行为科学家曾从不同角度对需要进行了详细的描述。

1. 马斯洛的需要层次论

马斯洛是被人们引用较多的一位美国管理心理学家。他认为，人类的需要可分为五类：生理的需要、安全的需要、社交的需要、尊重的需要以及自我实现的需要。

（1）生理的需要。任何动物都有这种需要，但不同的动物其需要的表现形式是不同的。就人类而言，人们为了能够生存，首先必须满足基本的生活要求，如衣、食、住、行等。马斯洛认为，这是人类最基本的需要。人类的这些需要得不到满足就无法生存，也就谈不上还可以有其他需要。所以在经济不发达的社会，必须首先研究并满足这方面的需要。

（2）安全的需要。基本生活条件具备以后，生理需要就不再是推动人们工作的最强烈力量，取而代之的是安全的需要。这种需要又可分为两小类：一是现在的安全的需要，另一类是对未来的安全的需要。对现在的安全需要，就是要求自己现在的社会生活的各个方面均能有所保证，如就业安全、生产过程中的劳动安全、社会生活中的人身安全等；对未来的安全需要，就是希望未来的生活能有所保障。未来总是不确定的，而不确定的东西总是令人担忧的，所以人们都追求未来的安全，如病老伤残后的生活保障等。

（3）社交的需要。马斯洛认为，人是一种社会动物，人们的生活和工作都不是孤立地进行的，而是在一定的社会环境中，在与其他社会成员发生的一定关系中进行的。因此，人们常希望在一种被接受或有归属感的情况下工作。也就是说，人们希望在社会生活中受到别人的注意、接纳、关心、友爱和同情，在感情上有所归属；从属于某一个小群体，而不希望在社会或组织中成为离群的孤雁。社交的需要比生理的需要和安全的需要来得细致，需要的程度也因每个人的性格、经历、受教育程度不同而有异。

（4）尊重的需要。尊重包括自尊和受别人尊重。自尊是指在自己取得成功时有一股自豪感；受别人尊重是指当自己做出贡献时能得到他们的承认，如上司和同事的较好的评价和赞扬等。

自尊和受人尊重，这两者是联系在一起的。要得到别人的尊重，首先自己要有被别人尊重的条件，自己要先有自尊心：对工作能力有信心，对知识的掌握有决心，不愿落他人之后；

别人懂得的,自己不能不懂,别人不懂的,自己也要知道,只有这样才可能受到别人的尊重。

自尊心是驱使人们奋发向上的驱动力,自尊心人人皆有。因此,领导者要注意研究职工在自尊方面的需要和特点,设法满足他们的自尊需要,而不能伤害他们的自尊心。只有这样,才可能激发他们在工作中的主动性、积极性。

(5) 自我实现的需要。这种需要就是希望在工作上有所成就,在事业上有所建树,实现自己的理想或抱负,这是更高层次的需要。有人认为这种需要只存在于那些自尊心极强的科学家身上。其实这种看法是片面的。同尊重的需要一样,自我实现的需要几乎在任何人身上都有不同程度的表现。

自我实现的需要通常表现在两个方面:

(1) 胜任感方面。有这种需要的人力图控制事物或环境,不愿任凭与自己有关的事情被动地发生和发展,而是希望在自己的控制下进行。比如在企业生产中,青年工人开始时在师傅的指导下工作,后来掌握了一定技术后,就会萌发独立操作的想法。在此基础上,他们不愿再机械地去重复、去从事、去完成工作,而是想利用掌握的知识,主动地去研究、分析、改进和完善工作。

(2) 成就感方面。人们常在工作中为自己设置一些有一定难度,但经过努力可以达到的目标。他们进行的工作既不保守,但也不冒险。他们是在自己认为有能力影响事情结果的前提下工作的。对这些人来说,工作的乐趣在于成果或成功。有成就感的人往往需要知道自己工作的结果。成功后的喜悦要远比其他任何报酬都重要。

2. 赫茨伯格的双因素理论

"双因素理论"是"保健、激励因素理论"的简称,是美国匹茨堡心理学研究所的赫茨伯格于 20 世纪 50 年代后期提出的。

20 世纪 50 年代后期,赫茨伯格在匹茨堡地区的 11 个工商业机构中向近 2 000 名白领工作者进行了调查。在调查中,他设计了许多问题,比如,"什么时候你对工作特别满意""什么时候你对工作特别不满意""原因是什么"等,要求这些受访者予以回答。通过对调查结果的综合分析,赫茨伯格发现,引起人们不满意的因素往往是一些工作的外在因素,大多同他们的工作条件和环境有关;能给人们带来满意的因素通常都是工作内在的,是由工作本身所决定的。

由此,赫茨伯格提出,影响人们行为的因素主要有两类:保健因素和激励因素。所谓保健因素是指那些与人们的不满情绪有关的因素,如企业政策、工资水平、工作环境、劳动保护、工作中的人际关系等。就像打针、吃药能够预防或消除疾病而不能保证人们身体强壮一样,保健因素处理得不好会引发对工作不满情绪的产生,处理得好可以预防或消除这种不满。但其积极作用也顶多如此,它们不能起激励的作用,只能起到保持人的积极性、维持工作现状的作用。所以保健因素又可称为"维持因素"。

所谓激励因素是指那些与人们的满意情绪有关的因素。就像锻炼身体可以提高身体素质、保持健康,而停止锻炼本身不会造成疾病一样,与激励因素有关的工作处理得当,能够使人们产生满意情绪,如果处理不当,其不利效果也顶多只是没有满意情绪,而不会导致不满。赫茨伯格认为,激励因素主要包括以下内容:

(1) 工作表现机会和工作带来的愉快。

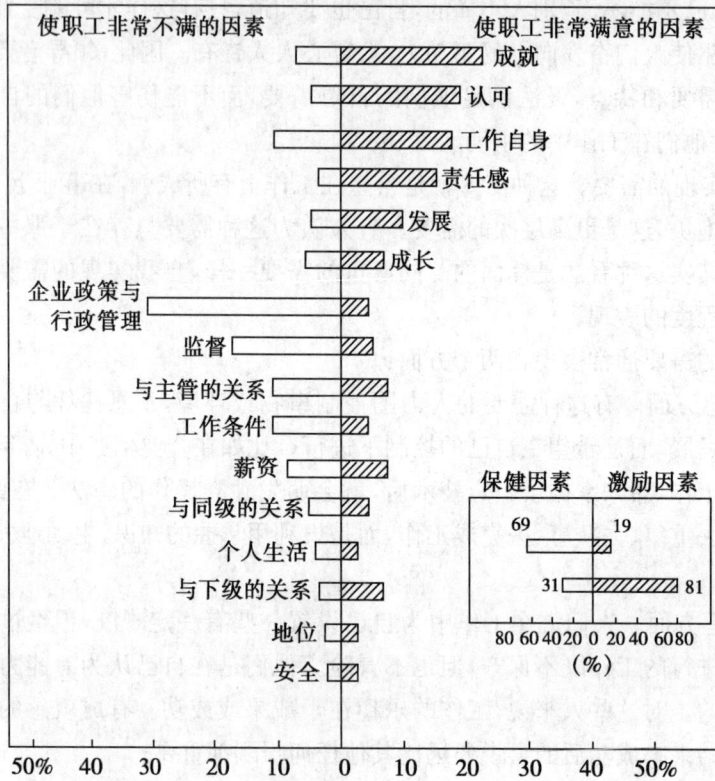

图 12-2 满意因素和不满意因素的比较

（2）工作上的成就感。

（3）由于良好的工作成绩而得到的奖励。

（4）对未来发展的期望。

（5）职务上的责任感。

从上面的介绍可以看出，赫茨伯格把传统的满意—不满意（认为满意的对立面是不满意）的观点进行了拆解，认为满意的对立面是没有满意，而与不满意相对的是没有不满意。这种理论对我们的启示是：要调动和维持职工的积极性，首先得注意保健因素，做好与之相关的工作，以防止不满情绪的产生。但更重要的是要利用激励因素去激发职工的工作热情，努力工作。如果只满足于职工没有什么意见，只针对保健因素采取一些消极措施，那么虽然可能使管理者和职工相安无事，却不能创造奋发向上的局面，从而不能取得一流的工作成绩。

3. 麦克利兰的成就需要论

美国的另一位管理学家把人的基本需要分为权力的需要、社交的需要和成就的需要三类。麦克利兰认为，这三种需要在不同的人身上表现出不同的强烈程度。他在研究中发现，具有较高权力欲的人希望对人施加影响和予以控制。这种人一般寻求领导者的地位，善于提出要求，爱教训人，并喜欢发表讲演，鼓励人心。强烈需要社交的人通常能从友爱中得到欢乐，并总是设法避免因不被某个社会群体接纳而带来的痛苦。他们希望与其他社会成员保持融洽的关系,希望在必要时得到他人的友谊、关心和谅解,也准备随时为危难之中的伙伴提供安慰和帮助。成就需要感非常强烈的人,既强烈地希望取得成功,又非常担心失败。他们通常喜欢寻找富于挑战性的工作机会,愿意承担风险,为自己树立具有一定难度的工作目标,敢于承担责任,并要求对他们正在进行的工作的结果予以及时的信息反馈。

麦克利兰通过对英美等国经济发展的实践研究还得出了这样的结论:有成就需要的人数多少以及这种成就感的强烈程度,在很大程度上影响企业乃至整个国家的经济发展水平和速度。

二、需要的特点

综合马斯洛、赫茨伯格以及麦克利兰等人关于需要的分类研究,我们可以发现影响人类行为的需要具有以下几个方面的特征:

1. 需要的多样性

人类的需要是多种多样的。一个人在不同的时期可能有多种不同的需要;即使在同一时期,也可存在着好几种程度不同、作用不同的需要。

2. 需要的层次性

马斯洛认为,支配人们行为的需要是由低级向高级发展的,当低一层次的需要得到满足以后就会产生高一级的需要。在马斯洛的理论中,五种需要的高低层次排列可用图 12 - 3 表示。

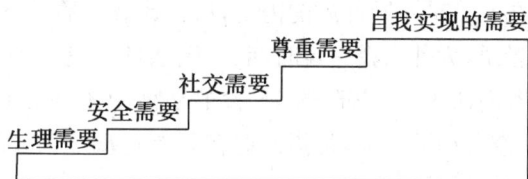

图 12 - 3 马斯洛的需要层次排序

但是我们认为,研究需要的目的是指导管理者如何改变和引导人们的行为,我们对需要的研究是从如何影响人的行为这个角度来进行的,而决定或左右人的行为的又是人们感觉到最迫切的需要,因此,需要的层次应该是由其迫切性来决定的。这就是说,人虽然有多种需要,但这些需要并不是在同时以同样的程度来影响人们的行为的。在一定时期,只有那些表现最强烈、感觉最迫切的需要引发人们的动机,影响人们的行为。对于不同的人在同一时期,或同一人的不同时期,感受到最强烈的需要类型是不一样的。因此,有多少种类型的需要,就会有多少种层次不同的需要结构。

3. 需要的潜在性

需要的潜在性是决定需要是否迫切的原因之一。人们在一生中可能存在多种需要,但这些需要并非随时随刻全部被他们的主体所感知、所认识。有许多需要是以潜在的形式存在着的。只是到了一定时期,由于客观环境和主观条件发生了变化,人们才发现、才感觉到这些需要。

4. 需要的可变性

需要的可变性是指需要的迫切性，从而需要的层次结构是可以改变的。改变的原因可以有两个：一是原来迫切的需要，通过某种活动已在一定程度上得到满足，需要的迫切性也随之减弱；另一原因是外界环境有意识或无意识的影响，改变了人们对自己的各种需要得到满足的迫切性的认识，使一些原来迫切的需要"退居二线"，而一些原来不很迫切的需要现在成为影响人们行为的迫切需要了。

第二节　过程激励理论

上一节介绍的需要理论以及根据这些理论对人类需要特征的分析可以向我们提供许多启示：既然影响人类行为的是人们感受到最强烈的需要，既然需要要求得到满足的迫切程度是可以改变的，那么管理者就应该有针对性地展开一些工作，诱发人们对某种需要的强烈意识，或抑制某些需要的影响力，以改变组织成员的需要的层次结构，使他们表现出某种符合组织利益的行为。

一、从需要到行为

要影响人们的行为，管理者首先必须弄清楚需要是如何决定人的行为的。

人们生活中既然存在着多种不同性质的需要，那么什么样的需要才能激发人们的动机、影响人们的行为呢？或者说，为什么在一定时期、一定条件下是这种需要，而不是另一种需要影响了人的行为呢？我们认为，人一般都是理性的动物，人们采取的行动通常符合理性的要求，即合理的行动。所谓合理的行动，是指人们在开始行动之前，要有意或无意地进行一系列的比较。这些比较包括以下内容：

（1）需要与需要的比较。人们有多种需要，但在一定时期的一定条件下只有一种或少数几种需要最为迫切。只有这些最迫切的需要才有可能影响人们的行为。而某种需要迫切与否实际上是人们把不同需要的重要性相比较的结果，虽然这种比较往往未被人们意识到。

（2）需要与目标的比较。需要通过激发动机后影响人们的行为，而在行为之前，人们必须先考虑到这种行为的结果，即采取这种行为应达成一种什么样的目标或状况，这个目标能否满足我们感觉到的迫切需要。

（3）目标与能力的比较。选择了能够比较满意地满足需要的目标后，行为主体还要把自己的能力与达到目标所要求的能力进行比较，以确定自己的能力是否允许自己采取向这个目标奋进的行动。

（4）目标与代价的比较。人的实际工作能力只是一种可能性。要实现目标，还必须把这种可能性转化为现实，即运用能力进行一系列的工作，付出一定的代价。所以在实际行动之前，还要把目标与代价相比较，把实现目标所能带来的满足与实现目标所付出的劳动相比较。

（5）目标与目标的比较。人有多种需要，而满足同一需要的目标也可能是多样的。因此，即使经过上述四个方面的比较得到的结论均为肯定，这时，行为的主体还要在不同目标的选择上进行比较。也就是说，要在前面四个比较形成的不同方案中，进行不同效率的比较，选择那些既能满足自己目前感到最迫切的需要，又要求付出的代价最小的目标作为努力的方向，从而定下自己行为的基调。

管理人员要激发部属的工作热情，就是要通过影响上述各个方面的比较，去引导他们的行为，提高他们的工作积极性。

二、激励与对个人利益的重视

通过影响人的需要来激发动机、引导职工行为的激励工作，其实质是通过满足个人利益来实现组织的目标。因此，管理者要搞好这项工作，还必须正确处理和协调个人利益与组织的集体利益这两者之间的关系。处理这两者之间关系的总的原则是个人利益必须服从集体利益。但这并不是说可以用集体利益去否定个人利益，而是要在保证集体利益的同时兼顾个人利益，要通过重视个人利益来保证集体利益的实现，要在工作中考虑到职工的个人利益，重视个人利益的存在。

重视个人利益就要重视个人的需要，就应重视对个人需要的研究。也就是说，要认识到，人的需要是客观存在的，人的需要对行为的影响也是客观的；而人的行为，即人们在工作中的表现和态度对企业生产任务的完成是有影响的。因此，个人需要、个人利益能否得到满足对集体利益能否保证有着非常重要的作用。所以，管理者必须正视个人利益的存在及其作用；重视对个人需要的研究，努力把个人需要和集体需要、个人利益与集体利益有机地结合起来，力求在保证集体利益的同时使个人利益得到满足。

重视个人利益，还应认识到个人利益与集体利益是相辅相成、不可分割的统一体。集体利益是在众多的个人利益的基础上形成的。虽然有些人会说，集体利益虽然与个人利益有着密切的关系，但它是指集体中大多数人的共同利益，而不是指某个具体的个人利益。这种说法无疑是非常正确的。但如果我们因此而否定了每一个"具体的个人"的利益，那么我们又能在什么基础上形成"大多数人的共同利益"呢？多少年来，我们曾讲"大河无水小河干，大河有水小河满"，但殊不如，大河的水源正是一条条的小溪。如果没有这涓涓细流的汇合，万里长江就会成为无源之水，滔滔黄河就会失去滚滚波涛。同样道理，个人利益本是构成集体利益的基础，如果我们否定了企业每一个职工的具体利益，那么企业整体的利益也就无从谈起了。

研究并且重视个人利益的目的是为了使集体利益得到保证。如果从这个角度去看问题，我们就会认识到，重视个人利益不等于提倡"自私自利、以个人为中心，以损害他人利益和集体利益为前提，一切从个人出发的思想和行为"的个人主义。这样，我们不仅会在思想上，而且会在工作实践中大胆地、名正言顺地、理直气壮地提倡重视个人利益，针对职工的需要去展开积极、有效的激励工作。

三、佛鲁姆的期望理论

面对同一种需要以及满足同一种需要的活动，为什么不同的组织成员会有不同的反应：有的人情绪高昂，而另一些人却无动于衷呢？美国心理学家佛鲁姆认为，这是因为人们对从事这项活动能够得到的满足以及自己能否胜任这项工作的评价和自我评价不同。这就是他在1964年发表的《工作与激发》一书中提出的期望理论的主要观点。根据这个理论，人们在

工作中的积极性或努力程度(激发力量)是效价和期望值的乘积,即

$$M = V \times E$$

式中:M 表示激发力量,V 表示效价,E 表示期望值。

所谓效价,是指一个人对某项工作及其结果(可实现的目标)能够给自己带来满足程度的评价,即对工作目标有用性(价值)的评价。所谓期望值,是指人们对自己能够顺利完成这项工作可能性的估计,即对工作目标能够实现概率的估计。

期望理论表明,当行为者对某项活动及其结果的效用评价很高,而且估计自己获得这种结果的可能性很大时,那么领导者用这种活动的结果来激励他就可收到很好的效果。

在现实生活中,对同一个目标,由于各人感受到的需要不同,所处的环境有异,从而对其有用性的评价也往往不一样。比如,有人希望通过努力工作得到职务晋升的机会,其升迁欲望高,于是晋升的可能性就会对他具有很高的效价;如果一个人对职务晋升毫不关心,没有升迁的要求,那么"担任更高的职务"对他没有任何吸引力,晋升的效价很低,甚至为零;相反,另一些人可能不仅不希望职务提升,甚至害怕提升,担心因此担负更多的工作和责任,失去更多的家庭生活的时间,因而晋升的效价甚至是负值。

影响人们从事某种工作积极程度的另一个因素是期望值,亦称期望概率。在日常生活中,人们往往根据过去的经验来判断一定行为能够导致某种结果或满足某种需要的概率。如果行为主体估计目标实现的可能性极大,这时期望概率接近于 1($P \leqslant 1$);如果考虑到主观能力的制约和客观竞争程度的强烈,估计目标实现的可能性极小,则期望概率趋近于零。

效价和期望值的不同结合会产生不同的激发力量,一般存在以下几种情况:

(1) $E_{高} \times V_{高} = M_{高}$

(2) $E_{中} \times V_{中} = M_{中}$

(3) $E_{低} \times V_{低} = M_{低}$

(4) $E_{高} \times V_{低} = M_{低}$

(5) $E_{低} \times V_{高} = M_{低}$

上述分析表明,要收到预期的激励效果,不仅要使激励手段的效价(能给激励对象带来的满足)足够高,而且要使激励对象有足够的信心去获得这种满足。只要效价和期望概率中有一项的值较低,都难以使激励对象在工作中表现出足够的积极性。

期望理论的上述观点可以为管理人员提供许多启发。比如,在工作安排上,我们不仅要考虑到职工的兴趣和爱好,使工作的性质和内容符合职工的特点,从而使职工从工作及其工作成果中得到足够的乐趣,同时还要使工作的要求和目标富有挑战性,能真正激发起职工奋发向上的精神。

怎样才能使工作的分配达到激励的效果呢? 根据期望理论,我们认为应使工作要求的能力略高于执行者的实际能力,但这个差距又不能太大。

假定某一工作 X 需要的能力水平为 N。

管理者为保险起见,为使工作迅速完成,可能会把这项任务交给一位能力远远高于要求的下属去进行。这个下属完全了解为完成任务应做哪些工作,而且知道如何去做这些工作。假定他的实际工作能力 N^{+++}。但是,一旦了解了任务的性质,他便马上会感觉到自己的潜力没有发挥,工作的吸引力太小。随着时间的推移,他可能对任务越来越不感兴趣,越来越

不满意,感到厌倦。

与此相反,从培养和提高下属的工作能力这个角度出发,主管人员也许会把这项任务交给一个工作能力远远低于要求的下属去完成。假定这个下属的能力水平为 N^{---}。刚接到任务时,下属也许会努力去做,因为工作的挑战性和吸引力极强。但经过几次努力未获成果以后,就会感觉到完成这项任务是自己力所不能及的,从而会灰心丧气,不愿再做新的尝试。

根据激励理论,正确的方法是把这项任务交给一个能力(N^-)略低于要求的人,如果这个下属愿意思考并改进自己的工作方法,则工作可以圆满完成,目标可以达到,同时还可使下属受到锻炼,工作能力得以提高。

上述分析可用图 12-4 来简单概括。

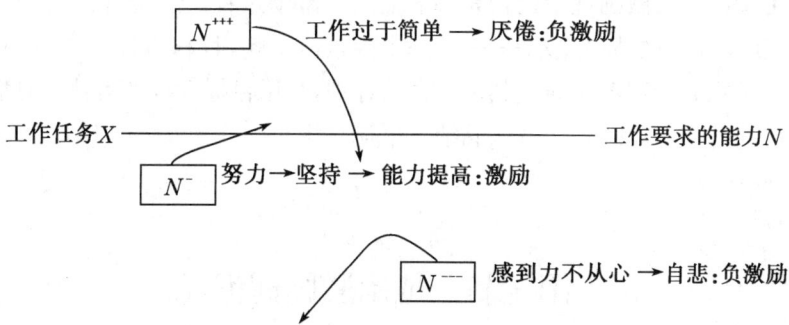

图 12-4 工作分配与激励

四、波特和劳勒的综合激励理论

1986 年,波特和劳勒在期望激励理论的基础上,提出了一个更加完善的激励过程理论。这个理论认为,个人之所以被激励,是因为根据过去的习得经验对未来报酬有某种期望。也就是说,过去的经验告诉人们,目前的工作与未来的报酬之间存在着某种因果关系,根据对这种因果关系的认识,人们在现在的工作中表现出一定程度的积极性。在波特和劳勒的综合理论中,目前的努力与未来的绩效、报酬和个人满足之间存在着如图 12-5 所示的关系。

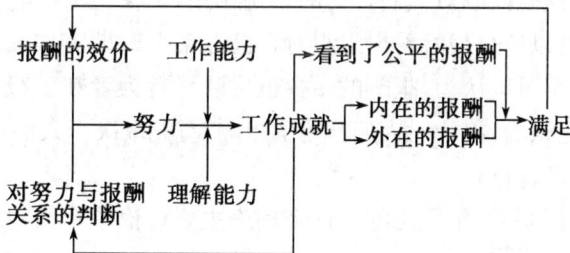

图 12-5 综合激励模式

图 12-5 表明,人们在工作中的努力程度(受激励的程度、工作积极性、发挥出来的能力)取决于对报酬的价值(效价)、取得报酬所需能力以及实际取得报酬的可能性(期望值)的评价。这种努力—报酬因果关系的认识又受到实际工作成绩(习得经验)的影响。显然,假

如人们曾经或估计能够成功地从事这类工作,则能更好地估计所需做出的努力以及由此决定的报酬的可能性。

人们在工作中能够取得的成绩,虽然主要取决于上面分析过的努力程度,但同时也要在很大程度上受到他们的工作能力和对工作的理解能力的影响。因此,努力程度相同的人,由于工作能力和理解能力的差异,取得的工作结果不可能完全相同。工作成绩又导致内在和外在的报酬。内在报酬是工作及其结果给人们带来的成就感和自我实现感;外在报酬是组织根据工作结果而予以的奖励、表扬或职务晋升。报酬以及对报酬公平与否的评价会使行为者感觉到某种程度的满足或不满足,从而影响人们对报酬价值以及努力—报酬因果关系的评价,从而影响人们在下一时期的行为表现。

波特和劳勒的综合激励理论比较完整地描述了激励过程。这个理论表明,人们在工作中的积极性(激发或受激励程度)不只受到一个因素的影响,且积极性与影响因素之间不存在简单的因果关系。管理者应通过制定周密的计划,利用目标管理的方法,借助合理的组织机构和明确的工作责任制,把努力—成绩—报酬—满足这个连锁过程结合到整个管理工作中。

第三节　成果激励理论

人们在组织活动中表现出某种行为的最根本原因是为了获得某种需要的满足。行为的结果能否实现组织成员追求的个人目标,会在很大程度上影响他们在下一个时期的行为。因此,管理者要取得有效的激励效果,成功地引导部属的行为,还必须在各个时期的活动结束以后,正确地评价每个人的行为表现和工作成果,并据此给予合理的报酬,以促进积极行为的良性循环。

一、公平理论

在现代社会,参与组织活动并从组织中获得一定报酬(精神和物质上的)是人们满足个人需要的主要途径。但是报酬对人们行为的影响作用,不仅是由于它能够直接满足人们的某种需要,而且人们可以通过报酬看出组织对自己在某个时期工作成果的评价以及承认程度。在某种意义上甚至可以认为,报酬的多少也反映了行为者在上级主管心目中的形象和地位。因此,公平理论认为,报酬对人们行为的影响,首先取决于人们的上述认识,即取决于人们对报酬公平与否的评价。

公平理论是亚当斯 1965 年提出的。这个理论主要讨论了个人对组织的贡献与自己从组织中所获报酬这两者之间关系的比较。

亚当斯认为,要使组织成员保持较高的工作热情,必须使工作报酬公平合理,使组织成员感觉到组织的分配是公正的。那么,组织成员是如何评价报酬公平与否的呢?亚当斯提出一个他称为"贡献律"的公式:

$$\frac{O_p}{I_p} = \frac{O_o}{I_o}$$

式中：O_p 表示人们对自己所获报酬的感觉；O_o 表示人们对作为比较对象的他人所得的感觉；I_p 表示人们对自己为组织所做贡献的感觉；I_o 表示人们对比较对象的贡献认识。

这个等式表明，如果人们认为自己从组织中所得报酬与自己对组织的贡献之比同组织中其他成员的这个比值基本相等，则组织的分配是公正的，否则就存在着不公平。不公平的情况又有两种：一种是 $\dfrac{O_p}{I_p} < \dfrac{O_o}{I_o}$，另一种是 $\dfrac{O_p}{I_p} > \dfrac{O_o}{I_o}$。前者是一种对自己不利的不公平，后者是一种对自己有利的不公平。

如果组织成员感到分配是公平的，则会在下一时期的工作中保持较高的工作积极性，或完善自己的行为表现。如果比较的结果是第一种情况的不公平，则会感觉到，自己辛辛苦苦干，还不如别人轻轻松松混，下次再也不这么"卖力"了！当然，比较的结果如果是第二种情况的不公平，心里可能会有一阵暗自高兴，但高兴之余，又会暗自担心，担心这种不公平可能会影响工作伙伴对自己的评价，进而影响自己在正式或非正式组织中的人际关系。因此，其会在下期工作中谨慎小心，同样不利于调动组织成员的积极性。

上述分析表明，在公平理论看来，组织成员所得报酬的绝对值与其积极性的高低并无直接的和必然的联系。对其行为产生影响的，只是自己和他人对组织的贡献与组织所给予报酬的比较。

二、挫折理论

行为的直接动因和目的是满足某种心理或生理的需要。但是，任何人的任何行动并不总是一帆风顺的，行为的结果并不总是能使需要得到满足。人们在目标活动中，遇到某种障碍或干扰，致使个人动机不能实现，个人需要不能满足，被称为受到了挫折。

在人生旅途中，成功与挫折总是经常更替、交缠的。就像成功既可增强人们的自信、鼓舞人们的干劲，但也可能使人们陶醉于过去一样；挫折既可能消磨人们的斗志，使人们萎靡不振、灰心丧气，但也可能磨炼人们的意志，激起人们奋发向上。

挫折对人们的行为会产生何种影响，不仅取决于人们自己的心理素质、心理承受能力，还在很大程度上取决于所在组织的有关主管人员的反映。为了对遭受挫折的组织成员进行良好的行为指导，以帮助他们克服挫折，提高工作热情。主管人员必须分析挫折的原因，研究人们受挫后的行为表现，据此采取相宜的行动。行为科学中的挫折理论对领导者进行上述工作也许会有所帮助。

挫折理论认为，人们在行为过程中遭受挫折的原因是多方面的，但归根到底可分为环境因素和主观因素两种。

人们的任何活动都是在一定社会环境中进行的。环境对人们的活动内容、方式及其结果都不可避免地会产生某种程度的影响。由于外界客观事物或情况阻碍人们达到目标而产生的挫折通常称为环境起因挫折。外界的这些客观因素又可分为自然环境和社会因素两种。个人在自然界或社会的某种政治、经济的突然变化面前显得无能为力。

个人的自身条件当然也会影响自己的行为及其结果。由于主观因素引起的挫折常称为个人起因的挫折。这些主观因素又可分为生理和心理上的两个方面。生理上的因素与智力、能力、容貌、身材以及某种生理缺陷及其带来的限制有关。心理因素则比较复杂。比如需要的冲突，即对于同时存在或感觉到的两种或两种以上的需要，人们难以评价其强烈程度，而又不得不进行选择，最后必然会有某种需要不能满足，从而产生一种失落感。另外，个人在心理上是否感受到挫折，还同其抱负水平即自我期望有关。如果一个人自我估计过高，期望水平超过了实际能力所能达到的境况，则可能追求一些无法达成的目标，因而易于遭受挫折。

对同一挫折或不同的挫折，不同的人可能会产生不同的反应。有的人在严重挫折面前不灰心，而另一些人则可能遇到轻微的挫折就会意志消沉；有的人能忍受工作中的失败，却不能允许别人对自己自尊心的伤害；有的人能容忍别人的言语侮辱，却可能在环境障碍面前焦虑不安。对挫折的态度不同，会使人们产生不同的受挫后的行为表现：

（1）攻击。人们在遭受挫折后，会产生愤怒的情绪，从而对某种人或物进行攻击。根据攻击对象与挫折有无直接关系，攻击行为又可分为直接攻击或转向攻击。直接攻击是对构成挫折直接原因的人或物进行攻击。比如领导的严厉批评被批评者认为被伤了自尊心，因此直接与领导争吵。但是，由于遭受挫折的直接原因并不总是明确的，或虽然明确但由于某种原因不能向其发泄自己的愤怒的情绪（与领导的争吵只能加深领导对自己的恶劣印象），因此，受挫者常把攻击行为转向能够攻击的、与挫折本身可能并无直接联系的对象。比如，在单位受批评后不敢辩解，回到家里对妻儿乱吼。

（2）退化。退化行为也称为倒退或回归，是指有些人在遭受挫折后，会表现出一种与自己的年龄或身份极不相称的行为。比如，受到某种挫折以后，不能控制自己的情绪，为某件小事对下级大发雷霆，或对领导大哭大闹；或在以后的工作中盲目相信，追随别人，缺乏责任心，轻信谣言；再或经常毫无理由地担心，等等。

（3）固执。或称坚持行为，是指不由自主地重复某种无效的动作。虽然这种重复并不能带来任何结果，但仍要继续。企业中的一些老职工在生产效率上落后于青年工人时，往往会抵制作业方法上的改革，执拗地认为老一套的技术方法是最好的，并找出各种理由为他们的抵制行为辩解。

（4）妥协。人们在遭受挫折后，心理或情绪上会造成紧张状态。长期处于这种紧张状态会引起心理或生理上的各种疾病，因此，需要采取一些妥协性的措施来缓和这种紧张状态。妥协性行为的表现主要有以下几种：① 合理解释。人们在受挫后会想出各种理由来原谅自己，或者为自己的失败进行辩解。这种理由并不一定是"真实的"，但是是能"解释得通的"。经过解释，能够自我安慰。② 推诿。有些人在受到挫折后，把引起挫折的自己的不良行为推到别人头上，以为这样便可减轻自己的不安和焦虑。③ 替代。当人们原先的目标与社会要求相矛盾时，或者条件限制暂时无法达到时，会设法制定另一个目标来予以取代，这就是替代行为。如果替代目标较原先目标更为合理、水准更高，则称之为"升华"。比如，有些人在生活中受到了挫折，反而可能在事业上取得突出的成就。因此替代行为通常又称为补偿行为。这种补偿行为可能促进人们扬长避短，对战胜挫折起到积极作用。④ 表同。表同是与推诿相反的一种行为，是把别人具有的、使自己感到羡慕的品质加到自己身上，表现为模仿别人的举止言行，以别人的姿态风度自居，以借此减少挫折的影响。⑤ 压抑。它是指人们在受到挫折后，用意志力量压抑住愤怒、不满情绪的反应，而像正常情况下一样谈笑自如。由于情绪压抑对人的身心健康有极大的危害，因此这种反应虽然可能会使行为主体获得片刻的心理安宁,但不能从根本上解决问题。

上面介绍的人们在遭受挫折后的种种反应,可以分成两大类型:一类是建设性的积极反应,另一类是破坏性的消极反应。前者如替代(升华、补偿)、妥协、合理解释、继续努力;后者如压抑、幻想、推诿。为了减少挫折,或在挫折产生后尽快帮助受挫者克服挫折,主管人员要善于分析挫折的原因,从下属受挫后的行为表现中把握其心理状态,并据此采取相应措施,以引导或增强他们在受挫后的建设性行为,减弱和消除其破坏性行为。

领导者引导或促进人们战胜挫折的具体措施包括以下几个:

(1)对受挫者的攻击行为采取容忍的态度。攻击是人们遭受挫折后可能表现出的一种正常的行为反应。领导者对之要有正确的态度。容忍攻击行为并不表明领导者的软弱,反而能显示出他的宽阔胸怀和良好的素养,并表明有比反击更好的方法来应付攻击。领导者要把受挫者看成一个需要帮助的人,不是在其气头上与其针锋相对,而是当他冷静下来后与之一起分析挫折的原因及其克服办法。

(2)创造有利于战胜挫折的组织氛围。受到挫折后,别人将有何评价和反应,这也在很大程度上影响受挫者的行为表现。领导者不仅要对下属的挫折以及可能由此引起的攻击行为有正确的态度,还要教育和提醒所有部属对同事的挫折有正确的认识。同事的漠视和冷嘲热讽会使受挫者加深挫折感,而同事的热情相助则有利于他从挫折的阴影中尽快地走出。

(3)运用精神发泄方法。人们受到挫折后会产生紧张的心理状态,而心理的紧张又可能影响其行为的合理性。因此,只有使这种紧张的情绪发泄出来,才能使受挫者恢复理智状态。精神发泄法是一种心理治疗方法。这种方法要求领导者创造一种情境,使受挫者能够自由地表达自己受到压抑的情感,以使他们恢复正常的心理和行为状态。

复习思考题

1. 什么是激励,它的假设前提有哪些?
2. 如何认识激励过程与人的行为规律的关系?
3. 阐述需要层次理论、双因素理论的基本内容及其启示。
4. 人的需要有哪些特征? 这些特征对管理者有何启示?
5. 试描述期望理论的主要内容。
6. 波特和劳勒的综合激励模式对管理者可以提供哪些启示?
7. 你认为有哪些因素会影响员工对组织分配制度是否公平的判断? 这种不公平感受会引发员工行为的哪些变化?
8. 管理者如何帮助员工走出挫折?

第五篇　信息与控制

控制是使企业实际活动与计划动态适应的过程。控制工作的主要内容是用预先制定的标准去检查和衡量各部门在各时段(点)的工作情况及其成果,以判断偏差的存在及其性质,并据此采取有效的纠偏措施。如果企业面对的是完全静态的环境,原先制定的计划非常完善,每个职工具备足以胜任工作的理解力和技能,并严格按计划要求行事,那么控制或许是不必要的。然而,现实中不存在这些"假如"。环境的变化、成员间能力的差异、部门间利益或认识的不同,常使得他们的活动同计划的要求不相协调。因此,须对之加以适当程度的检查和控制。实行控制的结果可能是采取措施对某环节偏差的纠正,也可能是对计划的调整,使之能更好地适应新的环境。因此,控制工作使得管理过程周期性地循环进行。

判断组织活动是否偏离计划的要求,或者判断计划是否仍与发生变化后的环境相适应,要求管理控制人员掌握必要的反映企业内部状况和外部环境特点的信息。信息是控制(或更准确地说是整个管理工作)的基础。

本篇的任务便是分析如何收集和应用管理控制所必需的信息,如何借助有效的手段(依据这些信息)进行控制工作。

第十三章分析了信息对企业经营与管理的作用,描述了管理信息的基本特征,讨论了管理信息的收集与处理工作的要求和内容,研究了信息传递与组织沟通的关系。学完这一章,读者应试图回答下述问题:

(1)为什么说管理信息具有不确定性、可干扰性和可更替性的特征?

(2)信息对认知管理对象、组织管理工作有哪些具体作用?

(3)信息的收集与加工应符合哪些要求?

(4)信息传递对组织沟通有何作用?

(5)可供组织选择的信息传递的渠道和方式有哪些?

(6)什么是信息失真?信息在传递过程中为什么会失真?如何克服?

第十四章分析了控制的客观必然性和有效控制的要求,介绍了控制的类型,描述了控制工作的内容及步骤,并提供了可以帮助我们进行控制的预算或非预算的工具。我们试图在这一章说明以下问题:

(1)为什么说环境的变化、权力的分散和不同组织成员的能力差异是产生控制的主要原因?

(2)预先控制、现场控制以及成果控制的主要特点和相互区别。

(3)控制过程的工作步骤和相互关系。

(4)如何编制预算、预算控制的应用范围、作用及其局限性。

(5)比率分析的主要内容。

(6)审计控制的主要类型和特点。

第十三章 管理信息

信息是管理的基础。有效的管理要求对与企业经营及其环境状况有关的信息进行全面的收集、正确的处理和及时的利用。

第一节 管理信息及其特征

作为反映客观世界的某种符号，信息的使用始终伴随着人类的社会、政治、经济、军事和文化等活动。早在远古时代，人类的祖先在共同的狩猎或农业劳动中，为了沟通情况、协调力量，逐渐创造和形成了语言。后来，为了记载、保存和传播信息的需要，又逐渐发展与创造了文字。语言与文字始终是信息符号的两种基本形式。但是，把信息作为一个科学的概念加以研究，并在此基础上形成系统的理论则是 20 世纪 40 年代以后的事。20 世纪 40 年代，随着计算机的产生和推广，随着通信手段的进步以及其他信息技术的发展，信息更是成了挂在人们嘴边、使用频率极高的一个术语。美国学者，《大趋势》的作者奈斯比特甚至断言"人类已进入信息社会"。

从广义上来说，凡能表述客观事物，帮助人类相互沟通的所有符号均可称为信息，比如文字、语言、数据、图表、音像、手势等。我们在这儿只关心与企业生产经营活动及其管理有关的那部分，并把这部分信息称为管理信息。

一、管理信息及其类型

管理信息是指那些以文字、数据、图表、音像等形式表现的，能够反映企业生产经营活动在空间上的分布状况和时间上的变化程度的情报和资料。这些情报资料从不同角度描述了企业的外部环境、内部能力及其利用过程和目前状况，因此，通过对它们的分析，可以帮助人们揭示企业经营及其环境变化的规律。

管理信息广泛地存在于企业的经营活动及其相关环境中，并随着这种活动的进行而不断产生和改变。为了有效地加以分析和利用，必须对它们进行科学的分类。

1. 根据收集工作制度化程度的不同,管理信息可以分为系统化信息与非系统化信息

系统化信息是指那些按规定的制度、形式、时间和方向收集与传递的信息。例如:生产进度与物资库存情况的统计、产品成本与销售收入的会计账目等记载的信息。这些信息数量多、按时收集、相对系统、易于汇总和保存。非系统化信息是那些不按照固定的制度、形式、时间和方向收集与传递的信息。它们往往反映了企业经营中的一些偶发性或突发性情况,因此往往是偶然地、不定期地获得的。这类信息由于反映了企业经营的特殊情况,因此不能按正常的渠道和制度层层传递,而需采用特别、直接的手段迅速加以处理。

2. 根据来源的不同,可以将管理信息划分为外源信息和内源信息

外源信息来自企业外部,它们反映了企业的经营环境,比如技术进步的速度与方向、消费倾向的改变、原材料供应的紧张、货币的贬值、价格的上涨、市场竞争的加剧、政策与法规的调整等。由于外部环境对企业经营有着非常重要的影响,因此必须重视收集和分析这类信息。这类信息既可能来自公开发表的报刊、社会研究单位的科研成果,也可能来自专项调查。内源信息来自企业内部的生产经营过程,它们反映了企业内部拥有的经营条件及其利用能力。比如,原材料的库存数量或其利用率、设备的数量及其运转或保养情况、劳动者的数量及其生产率、资金及其构成等。由于内部能力是企业经营的基础,因此必须系统地收集和利用。

3. 根据时态的不同,可以将信息划分为历史性的信息、现时性的信息和预测性的信息

历史性信息是反映企业活动在历史上痕迹的信息。这类信息大多已被使用过,但为了帮助人们从历史事件中找到借鉴和启发,仍需将它们以资料形式保存,成为企业档案的一部分。现时性信息是反映企业目前活动情况及其环境特征的那些信息。它们的时效性很强,对于指导和控制企业目前活动的进行有着非常重要的作用。对这类信息的收集和处理往往是企业信息工作的重点。预测性信息是在利用上述两种信息的基础上,研究并揭示事物发展的一般规律,据此对企业未来进行预先描述的信息。这是一种再生性信息。这类信息指出了企业在未来将要遇到的状况,比如环境可能发生何种变化,因此,它对于指导企业及时决策、尽早采取相应措施是非常重要的。

4. 根据稳定程度的不同,可以将信息分为固定信息和变动信息

固定信息也叫作标准、查询信息,其特征是在一定时期内相对稳定、不发生根本变化。这类信息涉及企业经营活动的各个方面,包括产品质量和性能、材料、规格、工艺参数等技术标准,也包括材料或能源消耗定额、生产周期、产品批量、在制品定额、单位成本计划等管理标准。它们是企业组织生产经营工作的重要依据。变动信息是反映企业生产经营过程中某个时期或时点状况的信息,比如某个日期的生产作业进度,或某个时期的产量、销售量等。这类信息是在不断变更的,时间性极强,企业应及时收集,并与计划要求相对比,以便及时发现企业活动中出现的问题。

5. 根据表述形式和特点的不同,可以将管理信息分为定性信息和定量信息

定性信息是指那些用文字形式来表述企业经营及其环境的特征、现状,或其变化规律的信息。定量信息则是用数据从量的方面来反映这些情况的信息。这两类信息在管理实践中往往是相互依存的:定性信息往往是对定量信息进行充分研究和分析的基础上得到的结论;相反,数据本身不能说明任何问题,没有语言、文字的定性解释和说明,数据的价值可能被掩

盖。因此,定性与定量的管理信息通常是相互伴随着而存在的。

二、管理信息的特征

1. 价值的不确定性

管理信息在不同程度上客观地反映了企业经营中何时、何地发生了何事,因此其内容应该是相对确定的。但是,这些信息的意义、它们对人们的启示、其利用能够得到的利益(信息的有用性或其价值)则是不确定的。

管理信息的价值的不确定性表现在三个方面:其一,信息在不同时间的有用性是不同的。同一信息,今天可能价值连城,明天却会分文不值。比如,反映企业经营活动出现偏差的信息,在活动尚未最终结束以前,企业根据它们所反映的情况,及时采取纠偏措施,则可以确保预定计划的实现,因此信息的价值是极高的。相反,如果在活动结束以后才发现反映偏差的信息,那么即使这些信息是绝对准确的,也难以指导企业采取任何措施以改变已经形成的事实。因此,其价值相对较小,最多只能为下期工作的安排提供借鉴。其二,同一信息在不同地区的有用性是不一样的。比如,制造某种产品的技术信息,在发达地区,由于生产厂家很多,产品已经充斥市场,大部分消费者的需求已经得到满足,因此其有用性几乎接近于零。而在那些尚不发达的地区,该产品的生产技术可能还鲜为人知,因此其价值非常高,企业及时利用信息,生产这种产品可能获得高额利润。其三,同一信息对不同企业有用性也是不一样的。这是由于不同企业认识和利用信息的能力各不相同所形成的。反映客观世界现状和特征及其变化的信息产生以后,企业如果及时地感知其存在,发现其意义,并具有利用这种信息从事某种活动的能力,则信息价值极高。反之,如果企业未感知其存在,或虽感知其存在但未发现其意义,或虽感知其存在并发现其意义,但不具备任何利用信息的条件,则这条信息对企业的价值几乎为零。

此外,信息价值的不确定性往往与使用者的数量有关。信息不同于资金和物质。物质资源或资金在一定时空只能由一个组织或人员拥有和支配,而同一信息的使用权则可被多个厂家所共享。因此,同一信息的使用者数量越多,对单个使用者来说,其价值越小;反之则价值越高。

2. 内容的可干扰性

任何管理信息,只有被利用才能实现其有用性。而利用的前提是感知信息的存在,认识信息的价值,并将其传送给适当的管理部门和人员。管理信息内容的客观性在被感知、认识和传送的过程中可能受到干扰。

这种干扰可能首先来自其他信息的存在。任何客观事物都不是孤立地存在的,而是存在于与其他事物普遍联系中。反映客观事物的信息亦然。不论是在企业外部的经营环境中,还是在企业内部的生产过程中,都存在着大量的事和物,不断产生出大量的信息。人们在感知其中某些信息的价值时,必然会受到同时存在或出现的其他信息的干扰。比如,在经济不景气的条件下,某种产品需求量下降的信息,可能被简单地认为是购买力普遍下降的一般结果,从而未给予足够注意,而实质可能是在这种下降的背后隐藏着消费偏好转移的深层原因。

其他信息的存在不是人们认识信息的唯一干扰源。信息的内容在传递过程中可能还会受到人们的态度和能力的扭曲。人们总是根据自己的需要和自己的认识去发现信息和传递信息的。对于那些符合自己需要的信息，人们通常能敏锐地观察到其存在，并在传递过程中强调甚至夸大其重要性；而对那些不符合自己需要的信息，则可能漠视其存在，或在传播过程中降低其重要性。因此，原始信息的许多内容在传播过程中可能逐渐减弱，直至湮灭；而原来并不存在的另一些内容则会因传递或接受者的需要而不断加入，从而使管理信息失去其客观性，管理者最终使用的可能是在传播过程中已经失真的信息。

3. 形式和内容的更替性

作为反映客观事物的符号，管理信息的内容和形式是随着客观世界本身的变化而不断改变的。企业经营活动及其相关要素始终处在不断发展和变化的动态过程中。随着时间的推移，企业经营及其环境会不断呈现出新的状态。市场供求的数量和价格水平、消费者的购买能力、竞争厂家的市场占有率、企业内部的资金拥有情况、原料库存或生产进度等，所有这些都在不断变化，从而不断生成并传送出大量新的信息。信息数量的累积、内容和形式的不断更替，对企业及时、正确地发现和利用信息提出了更新、更高的要求。

第二节　管理信息的作用

管理信息的作用可以从两个角度去分析：一般地看，信息是管理者认知管理对象的媒介，它可以帮助管理者了解管理对象的过去和现状，从而认识其变化规律、预测其未来变化；具体地看，管理者借助信息的流动使企业各种经营要素得以和谐地组合，使企业生产活动能够顺利地进行。

一、信息是管理者认知管理对象的媒介

了解管理对象的特点是进行管理工作的前提。收集和分析管理信息可以帮助管理者对复杂的企业经营活动及其环境的认识程度。作为管理者认知管理对象的媒介和手段，管理信息的具体作用表现在以下几个方面：

1. 可以帮助管理者确认管理对象目前的特点

企业内部的生产过程是众多的劳动者利用不同的生产手段作用于劳动对象的过程。这个过程始终是在一定社会环境中进行的。社会环境又包含着许多因素，参与企业活动的各种要素以及构成社会环境的众多因素之间存在着错综复杂的关系。这些关系仅凭管理者的直观感觉是难以把握的，只有借助于各种管理信息才能辨识其本质特征和其中主要关系。

2. 可以帮助管理者揭示管理对象的变化规律

不同时期的管理信息反映了不同阶段企业经营过程及其环境的主要特征。通过对企业历史上不同时期管理信息的比较分析，能够发现某些经营现象之间的相互关系，从而可以揭示企业经营活动及其环境变化的一般规律。比如，通过分析过去若干年内消费者的收入水平、人口数量以及企业产品销售量的变化，可以找到该产品的消费与收入或人口水平的函数关系。

3. 可以帮助管理者预测管理对象的未来发展趋势

管理信息对认知未来的作用表现在三个方面：首先，管理对象从历史演变到现在的变化

规律可以为企业预测未来提供某种借鉴,管理者可以以此为基础推测企业经营及其环境在未来会呈现出何种状况;其次,企业经营和市场环境在变化之前总会有某种迹象和征兆表现出来,这些迹象和征兆预示着将要发生的变化以及变化的方向和幅度,掌握这些先兆性的信息,管理者就能推断企业的未来;再次,企业经营及其环境是由众多相互联系、相互依存、相互制约的要素构成的一个整体,其中任何一个要素的变化都会引起其他要素的连锁反应。因此,通过分析收集到的反映某种要素目前变化的信息,也可以帮助管理者对其他要素的未来调整做出估计。

二、信息的流动是管理企业经营的基本手段

企业的生产经营过程首先是物质运动的过程。在这个过程的起点,企业连续不断地投入某种原材料,各道工序上的劳动者利用不同的机器设备对它们进行加工转换,逐渐改变其物理形状或化学成分,通过组装或合成而形成最终产品。经过质量管理部门的严格检验后,在销售部门和销售人员的努力下,这些产品源源不断地从流水线的终端或成品库中流向市场和用户。企业是以产品表现其存在的。为了继续生存,企业必须不断地生产和提供新的产品。这就是说,企业物质运动过程是连续不断地进行的。

在这个过程中,企业不仅与外界存在着广泛的物质交换关系,而且,企业内部的各个环节之间、整个企业与外界环境之间存在着大量的信息交换关系。一方面,企业不断向外界发送有关产量、价格、质量、销售渠道、供货方式、售后服务等信息;另一方面,企业也不断地从市场上获得有关供给、需求、竞争、人口、收入、消费偏好、国家政策等的改变或调整的信息。对这些外部信息进行处理后,管理人员便使之与内部生成的计划、控制或作业信息在企业的各个部门和层次之间进行横向与纵向的流动。正是管理信息的这种纵横内外的流动才使得企业经营过程的各个部分形成一个有机的整体。管理信息流动的方向与内容可用图13-1简单概括。

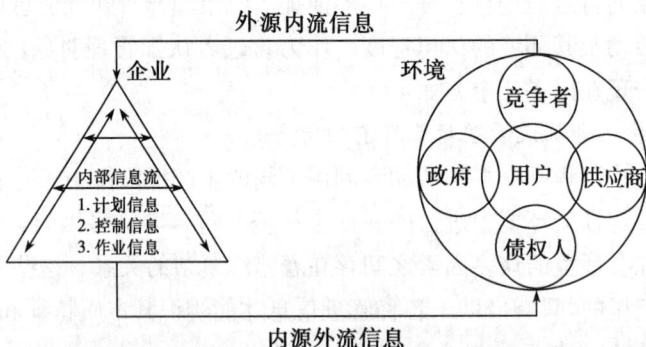

图13-1　管理信息流向图

没有图13-1所示的各种管理信息在企业内部以及企业和环境之间的流动,企业物质运动的连续性是难以实现的。信息流动对于企业之重要,犹如血液循环对于人的生命。血液循环在某个环节出现故障,生命体的新陈代谢就会受到影响,从而会危及人体的某个部分,甚至整个生命组织;同样,管理信息的流动在某个环节受阻,则会使企业管理中枢变成聋

人和盲人,情况不了解,命令发不出,企业经营活动的继续进行,乃至整个企业的生存将会受到严重威胁。

管理信息及其流动对于组织企业生产经营活动的作用主要表现在以下三个方面:

1. 促进企业与环境以及内部各部门之间的关系调整,为经营决策的制定和执行提供依据

在一定环境中从事某种经营活动的企业,其生存必然要受到环境及其特征的制约。由于环境是在不断变化的,因此企业内部的活动也应经常调整,否则可能被环境所淘汰。外源信息的内向流动可以帮助企业管理中枢及时把握环境变化的趋势,从而敏锐地采取措施调整内部活动,并及时把内部的调整及其结果的信息发向外部环境,使企业与环境在更高水平上实现新的均衡。

管理中枢制定的调整决策必须经过企业各个部门和管理层次的努力才能完成,企业经营活动方向和内容的调整,必然要求企业各部分的任务及其相互关系做相应调整。决策目标的分解、指令的下达,从而决策信息的流动,可以帮助企业各部门的各员工重新确定自己的位置,并据此重新布置条件开展工作。

2. 促进企业各部门之间相互关系的协调

企业是由若干要素组成的一个综合体。这些要素犹如构成人体的若干块大大小小的肌肉,只有血液经过各个部位的流通,才能使这些肌肉活跃起来,成为生命有机体的一部分;同样,只有管理信息经过企业各部门、各环节的纵横流通,才能使各部门相互衔接、按预定要求动作,成为企业整体的一个有用部分。没有信息的流动,各部门不明确自己的任务,不了解关系部门对自己的协作要求,各单位的活动就难以相互协调,整个企业就会呈现一片混乱。

3. 促进和保证企业经营活动的有序性

企业规模越大,参与经营活动的要素和人员越多,上述协调工作的难度就越大,企业活动中出现无序状态的可能性就越大。这种无序状态发展到一定程度不仅会导致经营效率的急速下降,而且可能导致整个企业组织的崩溃。管理信息的流通可以迟缓,甚至防止无序状态的出现。计划信息在流动中被各管理部门和层次的正确理解和严格执行,可以保证企业活动依一定秩序有条不紊地进行;反映执行情况的信息的迅速反馈,可以使管理中枢及时发现实际工作与计划的偏离,帮助它们找出偏离的原因,并据此采取措施改进工作或调整计划,从而能防止经营过程中无序状态的扩展,促成企业目标的有效实现。

第三节　管理信息的收集与加工

为了向决策、控制和协调提供可靠的依据,必须根据管理的要求,在企业内部和外部收集有用的信息。收集到的原始信息通常需要经过加工处理才能鉴别其价值和意义。在管理信息的收集与加工过程中,要注意使信息符合准确、完整、及时和适用的要求。

一、信息收集与加工的要求

为了取得有用的管理信息,在收集与加工过程中必须注意以下几个方面的要求:

1. 准确性

准确性是指信息要能客观、正确地反映企业内部生产活动或外部经营环境的特点。这是对管理信息的最基本要求。管理信息如不准确、不真实,则会给管理工作造成极大的危害,可能导致制定错误的决策或采取错误的控制措施。为了保证管理信息的准确性,要求在信息收集过程中,注意选择可靠的信息来源,用准确的语言或精确的数字客观地记录原始信息;在信息加工过程中,采用科学的方法,尽可能排除任何人为因素(如加工者的主观偏见、智力或技术水平的不足)对信息内容及其价值的客观性的干扰。

2. 完整性

完整性是指管理信息的收集和加工不仅应全面、系统,而且应具有连续性。企业生产经营过程是由众多阶段和环节组成的,内部的许多部门和要素参与了这个过程;从外部来看,影响企业经营的环境因素也是众多的。参与或影响企业经营的众多要素之间存在着广泛的联系。企业只有全面地收集了反映这些部门、环节、环境及其相互关系的信息,才能够统一地指挥、协调和控制内部的活动,才可能努力使企业内部工作适应外部环境的要求。同时,不论是企业内部的生产,还是外部的经济或政治环境,都是在不断运动的,其特征是在不断发生变化的,从而不断发射出新的信息。只有对这些不断更新的信息连续地加以收集和加工,才能为管理者把握内外经营环境的动态变化提供可靠的依据。

3. 及时性

信息收集与加工的及时性要求是由信息具有时效性的特点所决定的。由于信息符号的价值是在产生以后随着时间的延续而减弱的,因此,信息工作者应保证能将反映企业内外环境目前特征的信息迅速地收集、加工并传递给有关的管理人员,以帮助管理者及时地制定决策,有效地利用机会、避开威胁,或及时地采取措施,以保证计划目标的实现。

4. 适用性

适用性是指企业收集和加工的应是对企业经营有用的信息。反映企业内部情况的各种统计或会计资料,或有关职工士气的专项调查等,都是对企业经营及其管理有用的,这是毫无疑义的。但是存在于企业外部的信息则不然。从广义上来说,企业外部存在的一切都是企业的环境:气候的变化、人口的增减、政策的变更、技术的进步、国家领导人的交替、对外关系的恶化或改善,甚至在遥远国度发生的政治或军事冲突,无一不对企业经营产生某种程度的影响。但是,它们的影响程度是不同的:有些因素对本企业的影响要大些、直接些,另一些则小些或间接些。由于企业能力(资金、人力等条件)的限制,信息工作人员必须注意在众多的反映环境状况的信息中识别对企业经营有直接、重大影响的信息,并加以有效、及时地收集和加工。管理信息适用性对企业信息工作者的判断能力提出了很高的要求。

二、信息的收集

信息收集是加工的前提。这项工作进行得好坏直接关系到信息加工与利用的质量。收集到的原始信息不可靠、不及时、不系统、不完整,则不论信息加工手段如何齐全、技术如何完整,都不可能产生有用的、能够被管理者有效利用的信息,反而会对企业经营和管理产生误导作用。

从理论上来说,信息收集是信息管理的逻辑起点。但在实际工作中,信息的收集、加工、利用、传递和存贮等工作是交叉进行的。在加工或利用的过程中，有关部门的管理人员经常感觉到信息收集的不够全面，或意识到出现了新的问题，从而会组织收集新的补充信息。

根据目的的不同，可以把信息收集工作分为两种基本类型：一类是为整个企业的全面管理服务，连续系统地收集信息——这是企业信息管理部门的主要任务；另一类是为了解决某个专门的管理问题，有针对性地在某段时间内收集与这个问题有关的信息，我们称之为专项收集。

1. 管理信息的全面收集

全面、系统、连续地收集管理信息，是信息管理部门主要工作内容之一。企业内部或外部相关环境中产生的大量信息对组织企业目前和未来的经营活动有着非常重要的作用，因此需要全面、系统地予以收集。在此基础上，通过对信息的辨识和分析，可以帮助企业管理人员发现内外环境变化的迹象和经营上的问题。

管理信息的全面收集要求企业各部门将反映本部门工作情况的情报或资料按规定的渠道和线路集中，然后再传递到信息管理部门汇总。比如，生产部门收集的作业计划和生产进度的统计信息、财务部门收集的资金利用和占用信息、营销部门收集的销售数量及其变化的信息、市场调研部门收集的消费需求或市场竞争现状与动态的信息等，最后都集中到企业的信息管理部门，经加工处理后再传递给各相关管理部门和管理者，以便为他们的管理工作提供依据，或将其存储起来以备后用。

管理信息的全面收集可以避免信息的遗漏，从而不使管理部门可能因缺乏信息而忽视某个管理问题的存在；也可以提高信息使用的效率，同一信息可以同时或多次传递给多个管理部门和管理层次参考使用，从而可以提高企业信息工作的经济效益。

2. 管理信息的专项收集

企业信息管理部门在全面、系统地收集反映企业内外情况信息的同时，还需要围绕企业经营与管理的重点，集中力量收集某个方面的信息，以便为管理部门解决某个专门问题提供依据。

在进行专项收集时，信息工作者要依循下列程序展开工作：

（1）确定信息收集的内容。专项收集是为领导者解决某个专门问题服务的。因此，在具体收集以前，一定要搞清领导的工作意图，分析所要解决问题的实质，研究与此有关的信息有哪些内容。企业不同的管理部门和层次在不同的时期，工作的重点或需要解决的问题不同，因此，信息的要求也是不一样的。比如，为高层管理者制定整个企业的发展战略服务，不仅需要了解行业以及整个国民经济未来的变化方向，而且要掌握国家的政策、竞争厂家的经营能力和发展动态，同时还要收集材料供应商情况的信息。如果是为企业确定某种新产品的价格服务，则不仅需要内部生产该产品的材料成本、人工费用、销售费用、资金占用的数量及成本等信息，还需了解竞争产品的质量和市场价格等情况。如果为中层管理者安排生产任务服务，则需要提供基层作业单位的劳动力数量、生产设备状况以及生产能力等信息。

只有明确服务对象所欲解决的问题，才能判定信息收集的边界条件，确定信息收集的工作内容和方向。

（2）选择管理信息的来源。管理信息有众多不同的来源。不仅不同类型的信息有不同的来源，有时同一信息也可能来自不同的渠道。比如，企业产品的竞争能力既可通过企业销售部门对销售数量变化的分析中得到,也可通过专项的市场调研来了解。为了及时取得准确可靠的信息,信息工作者必须在这些来源中进行比较,选择其中最合适者。

一般来说,管理信息的来源主要有两个:一是来自企业内部的各种管理信息,这主要是从直接信息源收集到的信息;二是来自企业外部的管理信息,这往往是间接的信息来源。

企业内部的信息源有:① 来自管理中枢或其下属直线机构的各种决策、计划、领导或控制工作的信息;② 来自内部职能管理部门(如会计、统计、人事、销售等)的统计、报表、工作总结以及工资、奖金、材料供应与库存等情况的信息;③ 来自生产作业现场的各种原始记录、标准与定额的执行情况或生产进度等信息;④ 来自技术管理系统的反映设备技术水平及其使用与维修状况、工艺革新计划及完成情况、研究与开发工作的进展情况等方面的信息。

来自企业外部的信息源有:① 各种宣传媒介上公开发表的行情分析、统计资料或专题研究报告;② 政府部门发表的反映国民经济发展状况的公报或政策方针变化的信息;③ 广泛存在的专业咨询公司受用户委托就某个专门问题进行的专项研究;④ 企业的代理商所提供的顾客的意见和要求、企业产品的竞争情况等市场信息。

(3) 选择恰当的方法,收集所需的管理信息。选择了恰当的信息来源,下一步就要据此利用恰当的方法去收集企业所需的管理信息。信息的来源不同,收集的方式也不一样。信息收集的主要方法有两类:一类是直接到信息产生的现场去调查;另一类是查阅和利用现存的文献资料。

如果直接到现场去调查,那么就必须根据调查的内容制定合理的调查问卷,选择合适的调查对象,采用恰当的现场调查方法去进行具体的信息收集工作。如果是采用间接获取现存的第二手资料的方式,那么还应确定具体采取何种方法(如购买、交换、索取或复制等)去收集信息。

在信息收集过程中,还要注意边收集边进行初步的分析,因为收集的原始信息由于内容较多可能显得杂乱无章,如果不进行初步分析,便可能出现重复收集或遗漏的现象。

三、管理信息的加工

管理信息的加工是将收集到的原始信息按照一定的程序和方法,进行分类、鉴别、计算、分析和编写,使之成为可供利用或储存的真实、可靠的信息资料。它是信息收集的逻辑延续。

信息加工的作用主要表现在以下几个方面:

(1) 提高信息的真实性和清晰度。信息加工过程是一个去粗取精、去伪存真的过程。收集的原始信息量大且乱,其中包含着许多不真实、不准确的成分,通过对初始信息的鉴别和分析,可以将其剔除,从而提高信息的真实性和可信度。同时,信息的加工过程也是对初始信息的价值和意义的识别过程,通过这个过程把那些含义模糊的信息与其他信息比较分析,或补充收集新的信息予以解释,则可以提高信息意义的清晰程度。

(2) 提高信息的有序性和系统性。经过专项调查收集的初始信息往往难以直接被利用或存储,通过查阅文献得到的现存信息亦然。因为这些信息的发表原本不是针对某个企业解决某个特殊问题的需要。这些信息大多杂乱无章、彼此孤立地存在着。只有按照一定的程序,利用专门的方法对之加以鉴别、比较和组合分析,才能识别其意义、了解其相互关系,并经过计算和分类,使之形成相互联系的结构有序、内容系统的信息群,从而便于传递、利用和贮存。

(3) 提高信息的价值和容量。信息价值是指信息的有用程度;信息的容量是指信息能够反映客观事物的深度和广度。信息的价值和容量往往可以随人们的认识和利用能力而改变。信息加工过程是一个由表及里、由此及彼的过程。在这个过程中,通过信息工作人员的思维活动,可以把一些相互独立的信息综合起来考察,得出一些对指导企业经营活动及其管理极有参考价值的信息,从而使初始信息具有更高的价值、更大的容量。比如,有关产品的销售利润与资金占用的统计数据,孤立地看,它们只是反映了相关经营单位在不同时期的经营成果以及为取得这些成果所付代价的变化情况,但通过信息加工,可将各单位在不同时期的这两组数据加以比较,则可了解企业生产不同产品的盈利情况、不同经营单位的资金利用效果,从而为企业调整产品结构和不同经营单位的规模提供依据。这种加工不仅产生了新的信息(各产品的资金利润率),而且赋予了初始信息(产品销售利润或占用资金的数据)更高的价值和更大的容量。

对初始信息的加工一般包括鉴别、分类、计算、比较、分析和编写等工作内容。

(1) 鉴别。这是信息加工的第一项工作,也可以认为是信息收集和处理工作中承先启后的环节。鉴别就是判别初始信息的真伪,以剔除那些明显不真实、不可信的信息,保证信息加工过程中"原材料"的质量。

(2) 分类。分类就是将初始信息按一定的标准,如问题、时间、地点或使用目的,分门别类,排列成序。

(3) 计算。计算是利用一定方法将数据信息进行处理,从中得出符合新需要的数据。计算往往是比较过程中对信息进行分析的一种手段。

(4) 比较与分析。比较是将分类后的不同信息相互对比,分析是将不同类别的信息予以合理的解释,以确定其价值。信息价值的分析是在比较过程中进行的,因此这两项工作是交错在一起的,也可以认为比较只是分析的一种手段。比较与分析主要有两种方式:一是不同时点的同类信息的比较,目的是分析客观事物的发展趋势;另一种是将同一时点或不同时点的不同类别的信息进行比较,目的是发现客观现象之间的相互联系。

(5) 编写。编写是将经过上述处理的信息画成不同图形、列成表格并用文字形式加以描述。这是信息加工得到成果的最后一道环节。经过这个环节的加工,原来杂乱无章、相互孤立的信息已经成为结构有序、意义明确、可供管理中枢使用或信息中心贮存的一群信息资料。

第四节　信息传递与沟通

传递是信息价值得以实现的条件。它是指借助一定的载体,通过一定的渠道,将经过加工的管理信息传送给其需要者。管理信息对企业各部门的黏合作用、对经营决策与控制所起的手段或依据作用是在传递过程中发挥的,或者说是传递的结果。沟通是组织成员在思想感情、观点认识、意见看法上的交流。沟通的目的是在信息共享的基础上，实现某种共识。比如，对某个问题的性质形成共同的看法，对解决问题所需的条件产生一致的认识，对各相应环节应履行的职责取得共同的观点，等等。为了实现这类共识，要求沟通双方交换且不断交换各自拥有的信息。所以，沟通是借助信息的传递来完成的，沟通与传递有着密不可分的联系，有些书上甚至干脆把这两者联结起来，统称为信息沟通。

一、信息沟通的作用

信息沟通是企业存续的一个基本条件。巴纳德甚至认为信息沟通是组织的基本要素之一。在巴纳德看来，社会组织是一个协作系统。他在《经理的职能》这本书中指出："正式组织是人们自觉的、有意的、有目的的一种协作。"这个系统包含着三个基本要素：① 协作的意愿；② 共同的目标；③ 信息的沟通。

协作的意愿是任何社会组织都不可缺少的第一项的普遍要素。个人之所以愿意参与组织的协作劳动，是因为协作可以使他们完成个人无法单独完成的事。协作劳动所实现的共同目标并不一定与成员的个人目标完全一致，但他们意识到，通过这个共同目标的实现可以使个人获得更多更好的满足。因此，共同目标是维持协作系统的第二个基本要素，也是其成员协作意愿的逻辑推论。但是，如果没有信息的沟通，则协作劳动不可能协调地进行，制定的组织目标可能没有代表所有成员的利益，或者组织目标的实现对每个成员的积极意义未能被他们正确地认识到，从而会削弱协作的意愿，这样，社会组织作为一个协作系统就难以维持下去。因此，信息的沟通是"协作意愿"与"共同目标"得以发挥作用的决定性因素，组织的所有活动都是通过信息的沟通才得以进行的。

作为组织的一个基本要素，信息沟通涉及企业的每个成员。不仅是最高主管部门的经理发出信息，其他人接收信息，也不仅是下级发出信息，上级主管人员听取信息。事实是企业的每个成员既是信息的发送者，又是信息的接受者。由于信息沟通对企业活动的组织有着非常重要的作用，且每个组织成员都要参与信息沟通的过程，因此，企业中的任何人都需要知道传递的是什么信息、向谁传递、何时传递以及传递信息的有效方式。

二、信息沟通的渠道

从组织程度来看，企业内部沟通信息的渠道有两种：正式的、有组织地进行沟通的信息渠道和非正式的个人之间信息沟通的渠道。

1. 正式渠道

正式渠道是指按组织结构和管理层次来传递信息进行沟通的渠道。在这种情况下，企业组织系统即为信息沟通系统。这是企业内部信息沟通的基本渠道。比如，决策与计划信息依组织层次自上而下的层层传递，执行进度和最终成果依同样线路自下而上的逐级反馈。

接收和发送信息是管理人员的主要职责之一。处在组织系统中的每一个管理人员，都必须对来自上级的命令做出积极的反应，并主动提供下属单位活动情况的信息。

管理信息在借助组织结构的正式渠道进行纵向传递的过程中，一般要求严格按照组织层次依次发送和接受。上级不能向自己下属的下属直接下达命令，而下级也不应越过自己的顶头上司直接向更高层次的经理汇报或请示工作，如出现这种情况，则会被认为是组织生活中的严重错误。

利用组织结构的正式渠道而进行的沟通,除了有这种上下级之间的纵向信息交流外,还有各部门之间横向的沟通。处在管理系统中相同层次的不同部门,虽然不存在上下级之间的领导与被领导的关系,从而不存在接受命令与汇报情况的沟通需要,但各部门的工作是相互联系、相互依存、相互制约的,比如:生产部门的作业进度必然会影响销售部门交货合同的按期实现,销售部门接收到的订单数量也反过来影响生产部门的任务安排。因此,部门间的交换信息、沟通情况对于整个企业活动的协调进行也是非常重要的。

部门之间横向的信息沟通往往还是为了加快办事速度、避免纵向层层传递而引起的时间浪费。比如,在图 13-2 中,严格地按组织原则办事,生产经理只能与工长和生产副总经理沟通。假如,他认为一次交货要拖延时,应该把这个想法传送给生产副总经理,生产副总经理再通知主管销售的副总经理,后者再转告销售经理,而生产经理不应与销售经理直接沟通。但是,在这信息传递的过程中,时间已悄悄地流逝。由于推迟交货,可能已引起客户的反感,甚至客户可能已采取了某种不利行动。因此,为了避免时间的浪费,生产副总经理和销售副总经理可授权自己的下属在某些情况下进行直接的信息沟通。

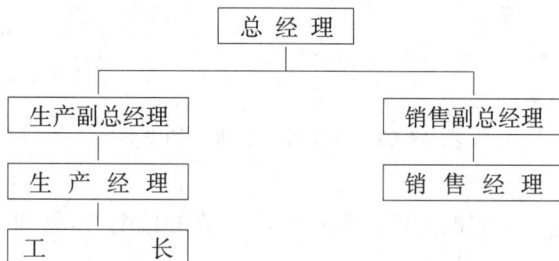

图 13-2　信息沟通的层级渠道

作为企业的一个特殊部门,信息管理机构也是利用组织结构的正式渠道来向各个管理部门和管理层次传送信息的。这个机构把广泛收集到的管理信息,经过加工整理后,通过组织系统传递给使用者时,有两种情况:一是传递给那些事先确定好的使用者,这种传递叫有向传递。这类信息通常是根据使用者的要求而专门收集和加工的,因此往往是一种被动的传递。另一种是传递给那些事先没有确定的使用者,这种传递叫无向传递。企业系统收集的信息,经加工整理后分发到各管理部门和层次,传递时并没有明确的目的,信息的价值是在接收到以后才发现的。这种传递通常是一种主动的传递。

利用有组织的正式渠道来传递信息,保证了信息沟通的方向性和连续性,避免了因人事变动而可能产生的破坏性因素。但是,构成沟通过程中间环节的是人而非职务,而人们在不同岗位上的工作中,除了要依组织体系与同事们发生信息沟通外,还会在这个体系的结构之外,与体系中的其他成员发生一些非正式的交流。

2. 非正式渠道

非正式渠道是指不受正式的组织结构约束的组织成员个人间的信息沟通。非正式渠道不仅是正式渠道的补充,甚至可以认为大多数的沟通联络是通过非正式渠道完成的。有计划的沟通联络渠道只是整个实际沟通渠道的一部分。如果缺少非正式沟通联络,组织能不能存在则很成问题。

美国学者戴维斯教授通过对某公司的实验研究,发现企业存在四种普遍的非正式沟通渠道,它们是单线式、流言式、集束式和偶然式(见图13-3)。

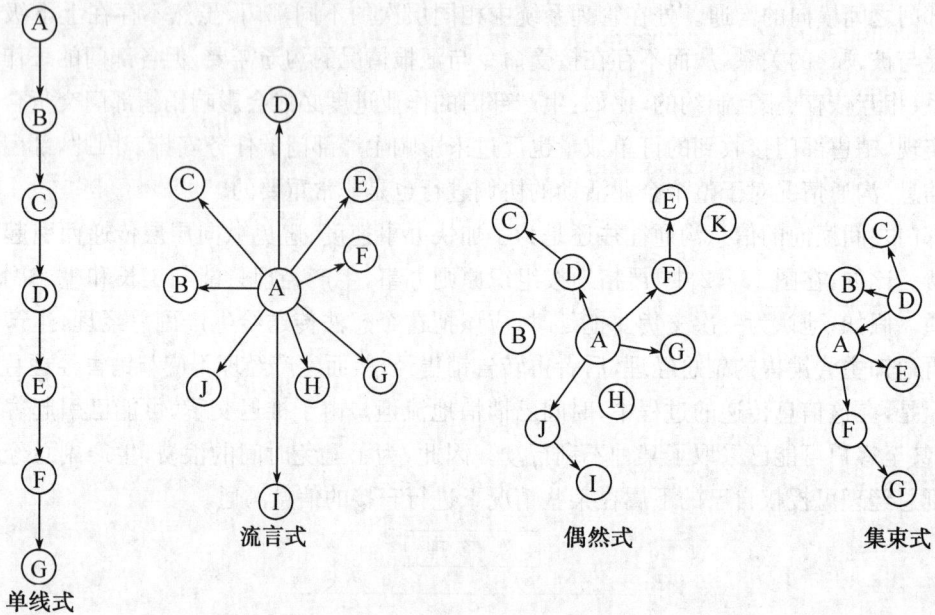

图 13-3　非正式沟通渠道的类型

单线式沟通是通过一连串的人把信息传递给最终的接受者,例如,A 告诉 B,B 告诉 C,C 告诉 D……依次传递下去。

流言式连环是首先掌握某个信息的人主动寻找接受对象,转告所有可接触的人,从而使信息向更大范围传播,如 A 告诉 B、C、D……H 等。

偶然式连环是一个不规则的信息传递过程,A 在这个过程中按照概率规律,把信息偶然传递给别人,接受者又以同样方式将信息传递给其他人。

集束式连环是把信息告诉自己经过选择的人,此人又把信息转告其他被选者。

在管理人员之间,非正式的信息传递一般按集束式渠道传播,即在散布有关组织情况的信息时,对接受者是经过高度选择的,这样可防止某些重要信息的随意扩散。

与正式渠道相比,非正式渠道的信息沟通具有以下特点:

第一,信息传递的间隔期短,一传十,十传百,一条重要的信息可能被迅速地传播给组织中的大部分成员。

第二,这种传递具有高度的选择性和明显的针对性。因为职务关系之外的非正式的个人之间的信息交流不受组织规则的约束,仅根据自己的选择,所以针对性强,通常只将信息传递给那些自己认为与信息有关的人。

第三,传递的信息反馈迅速,因为这种传递通常是口头的、交互式的,接受者可及时发表看法,进行反馈。

虽然具有上述特点,但不同的组织对是否利用非正式渠道传播信息仍有不同的看法。有些经理人员把非正式沟通中的"流传小道消息"看作"流言蜚语"的同义词,认为这样传播的信息必然是对公司利益有害的,因此竭力禁止。事实上,作为正式渠道的必要补充,非正式渠道在发挥积极作用的同时也确实会通过谣言和流言蜚语传播错误的信息,从而极可能引起那些不明真相的人的混乱。但是,错误的小道消息是禁止不住的:越是禁止,越是容易产生更多的、也更容易引起混乱的小道消息。防止谣言传播的唯一有效措施是健全和完善正式沟通渠道,提高决策的透明度、公开性和民主性,迅速传播正确的信息,以抵制谬误的小道消息,使其来不及混淆视听。

三、信息沟通的方式

信息沟通的过程是发送者借助某种媒介把信息传递送给使用者。如果 A 想与 B 进行沟通,他必须把自己对某个问题或客观事物的理解与认识用双方都能理解的语言或符号转变成信息。然后,这一信息经过沟通渠道传送给 B,B 再破译这种符号或声音,以获得某种认识。在这个过程中,A 通常可借用两种主要媒介来传送信息:语言和(或)文字符号。由此决定了信息传递的口头与笔头两种主要方式。

1. 书面沟通

组织中有大量信息是用书面方式来传递的,不同部门的管理人员、特别是高层管理人员日常工作的一个重要内容就是要处理大量公文:阅读会议简报、情况通报,分析各种统计或会计报表,研究组织图,查找各种备忘录、合同书、规章制度以及职务说明书等。

信息的书面沟通有下述优点:① 书面传递的信息可以作为档案和参考资料保存下来,因此不易引起往后的争执和纠纷;② 书面信息拟定得较为仔细,用词是经过仔细推敲的,数字是经过反复核定的,落在纸上的材料人们一般都比较慎重;③ 书面传递情报可能使接受者有足够的时间去琢磨和理解,从而可以促进沟通的有效性;④ 容易引起接受者的重视。同一条信息,传递的方式不同,接受者对其重视程度可能也不一样。因此,企业高层领导者在向下属布置任务时,即使事先用口头方式传递了有关信息,随后也会送上正式文件。另外,有些类型的信息(如数据)用书面方式传递比口头传递更准确、更有效。

书面沟通也有一些局限性:如果书面信息编写得不好,则以后需要用更多的书面信息或口头信息来解释、补充、澄清,因此在企业中有时会出现一个文件引起一系列文件的现象;书面传递是一种非人格化的信息沟通,不利于促进人际思想或感情的交流;书面传递信息的方式如果成为习惯,则可能导致文件成灾,官僚主义泛滥,为了一点小事,也要打印分发一系列的文件。

2. 口头沟通

一般来说,管理者更倾向于用口头方式进行沟通联络。管理者在日常工作中要花许多时间与下属或其他人员接触。接触中,他们通常喜欢用口头交谈的方式来收集与传递信息。据美国《幸福》杂志的一次调查表明,55％以上的经理喜欢把下属叫来做口头报告,而只有不到 25％的经理喜欢下属写书面报告。

与书面方式相比,口头沟通的优点是能迅速、充分地交换意见,沟通双方都有当面提出问题和回答问题的机会。信息的发送者可以确认对方是否正确理解了自己的意思,如果接受者有不清楚的地方,可以提出问题,要求发送者予以解释,因而不易引起误解。同时,口头沟通可以根据双方的认识,对信息的内容、信息所反映的对方工作的要求进行及时调整和修改。此外,面对面的沟通可以增加双方感情,可以使下属在与上司的直接接触中感觉到自身的重要,从而增进工作的主动性和积极性。

口头沟通的局限性是不易保存。未形成文字材料的信息,难以作为公司的资料储存起来。由于这个原因,口头沟通容易引起日后的争执。

由于口头沟通与书面沟通各具特色,各有长短,因此管理者在工作实践中往往利用这两种方式互相补充,以确保信息传递的有效性。

四、信息沟通中的失真问题

管理信息往往需要经过若干环节的中转才能到达信息的最终需要者手中。每个环节、每个组织成员在接受和传递信息的过程中,都可能发生些什么事情,使信息的内容有所改变。信息失真就是指信息在传递过程中发生偏差,不能正确地反映事物的本来特征。信息失真的原因可能是发送的信息本身表述不清、形式不合适,也可能是传递过程中人们有意或无意的曲解。具体来说,有以下几种:

1. 信息表述不清

不论是口头沟通或书面沟通,都可能出现这样的情况:最初的发送者用晦涩难懂的语言或空话、套话来表述信息,使得信息的中心思想含糊不清,接收者不知所云。这种本来就表述不明确的信息在传递过程中更易走调,导致组织活动的指导失误。

2. 信息形式选择不恰当

除了最高层的管理者和最基层的执行者外,组织中的大部分管理人员在信息传递中起着承上启下的作用:接受到来自上级、同级或下级的信息后,经过自己的理解和加工,以一定的方式再传递给其他的下级、同级或上级。在这个过程中,逐字逐句地接受和传递是不可能的。必须选择适合不同对象的形式,对接收到的信息进行改编,并加上对方能理解的自己的解释。然而,改编后传递的信息并不一定符合接受者的特点:喜欢数据材料的领导,你却送去了文字分析报告。这样,就可能造成接受者对信息理解的困难,产生错误的解释,从而使信息失真。

3. 有意的歪曲

信息传送者或接收者为了个人的目的,有意歪曲或错误理解信息的内容,这也是造成信息失真的一个重要原因。比如,下级为了保护自己的利益,在向领导汇报工作情况时,一般倾向于夸大工作成绩,缩小工作上的失误,从而使传递上去的信息不能正确地反映基层工作的实际情况;或者干脆把与问题有关的信息扣压不发,使上级领导无法获得有价值的信息;或者为了迎合上司的好恶,不用上司不爱听的话去打扰他。又如,下级对从领导那儿传来的信息要比对其他信息重视得多,喜欢对其仔细推敲,在字里行间分析言外之意,希望找到有利于本部门或个人利益的东西,甚至推论出根本不是上级意思的内容,进行歪曲性的发挥。此外,如果高层领导的意见不统一,且有关信息传了下来,下级也可能从不同的立场和角度去分析,从而歪曲这类信息的本意,使错误理解的信息再传播下去。

4. 无意的认识偏差

理解上的偏差也可能导致信息的失真。人们都是根据自己的理解来接受和传递信息的。然而,经过加工整理后的信息,一般高度浓缩,语言精练,不同的人基于不同的角度、立场且由于能力的不同,对同一信息可能产生不同的认识,从而可能无意地使信息在传递过程中失真。

针对上述原因,为了避免信息失真,不仅要求人们用精确的语言、恰当的形式客观真实地发出信息,而且要求每个管理人员在信息传递过程中,多提出几个问题。信息内容是否属实? 信息来自提供者的直接参与或调查,还是依赖于第三者的讲述? 信息内容是否因人而异,有几种不同的解释? 信息的表述是否有倾向性等。这样,便可促使人们在信息的每次周转过程中正确地理解、接受和传递,并及时修正或剔除其中已失真的部分,以防止它们对企业经营产生干扰。

复习思考题

1. 何谓管理信息? 管理信息有哪些类型?

2. 管理信息有哪些基本特征? 这些特征对我们组织信息工作以及在此基础上的管理工作有哪些启示?

3. 管理信息在企业管理中的基本功能是什么?

4. 信息工作应注意哪些问题?

5. 有人认为,管理者在日常工作中面临的往往不是信息不足,而是信息干扰。你是如何认识这个问题的?

第十四章　管理控制

控制是为了保证企业计划与实际运营动态适应的管理职能。控制工作的主要内容包括确立标准、衡量绩效和纠正偏差。有效的控制不仅要求选择关键的经营环节，确定恰当的控制频度，收集及时的信息，采取合理的纠偏措施，而且要求合理运用预算或非预算的控制手段。

第一节　控制的类型与要求

控制是管理过程不可分割的一部分，是企业各级管理人员的一项重要工作内容。

一、控制的必要性

亨利·西斯克指出："如果计划从来不需要修改，而且是在一个全能的领导人的指导之下，由一个完全均衡的组织完美无缺地来执行的，那就没有控制的必要了。"[①]然而，这种理想的状态是不可能成为企业管理的现实的。无论计划制定得如何周密，由于各种各样的原因，人们在执行计划的活动中总是会或多或少地出现与计划不一致的现象。管理控制的必要性主要是由下述原因决定的：

1. 环境的变化

如果企业面对的是一个完全静态的市场，市场供求条件永不发生变化，每年都以同样的费用取得同样性质和数量的资源，同时又能以同样的价格向同样的客户销售同样品种和数量的产品，那么，企业管理人员便年复一年、日复一日地以相同的方式组织企业经营，工人可以以相同的技术和方法进行生产作业，因而，不仅控制工作，甚至管理的计划职能都将成为完全多余的东西。事实上，这样的静态环境是不存在的，企业外部的一切每时每刻都在发生着变化。这些变化必然要求企业对原先制定的计划，对企业经营的内容作相应的调整。

---

① 亨利·西斯克著：《工业管理与组织》，中国社会科学出版社，1985年版，第523页。

2. 管理权力的分散

只要企业经营达到一定规模,企业主管就不可能直接地、面对面地组织和指挥全体员工的劳动。时间与精力的限制要求他委托一些助手代理部分管理事务。由于同样的原因,这些助手也会再委托其他人帮助自己工作。这便是我们在第七章讨论过的企业管理层次形成的原因。为了使助手们有效地完成受托的部分管理事务,高一级的主管必然要授予他们相应的权限。因此,任何企业的管理权限都制度化或非制度化地分散在各个管理部门和层次。企业分权程度越高,控制就越有必要。每个层次的主管都必须定期或非定期地检查直接下属的工作,以保证授予他们的权力得到正确的利用,利用这些权力组织的业务活动符合计划与企业目标的要求。如果没有控制,没有为此而建立的相应控制系统,管理人员就不能检查下级的工作情况。即使出现不负责任的滥用权力,或活动不符合计划要求等情况,管理人员也无法发现,更无法及时采取纠正行动。

3. 工作能力的差异

即使企业制定了全面完善的计划,经营环境在一定时期内也相对稳定,对经营活动的控制也仍然是必要的。这是由不同组织成员的认识能力和工作能力的差异所造成的。完善计划的实现要求每个部门的工作严格按计划的要求来协调地进行。然而由于组织成员是在不同的时空进行工作的,他们的认识能力不同,对计划要求的理解可能发生差异;即使每个员工都能完全正确地理解计划的要求,但由于工作能力的差异,他们的实际工作结果也可能在质和量上与计划要求不符。某个环节可能产生的这种偏离计划的现象,会对整个企业活动的进步造成冲击。因此,加强对这些成员的工作控制是非常必要的。

二、控制的类型

为了确保企业系统按预定的目标和要求运作,控制工作必须自始至终贯穿在整个经营过程中。根据时机、对象和目的的不同,可以把控制划分成预先控制、现场控制和成果控制三种类型。

1. 预先控制

预先控制是在企业生产经营活动开始之前进行的控制。控制的内容包括检查资源的筹备情况和预测其利用效果两个方面。

为了保证经营过程的顺利进行,管理人员必须在经营开始以前就检查企业是否已经或能够筹措到在质和量上符合计划要求的各类经营资源。如果预先检查的结果是资源的数量和(或)质量无法得到保证,那么就必须修改企业的活动计划和目标,改变企业产品加工的方式或内容。已经或将能筹措到的这些经营资源经过加工转换后取得的结果是否符合需要?这种利用预测方法对经营成果的事先描述,并使之与企业的需要相对照,也是事先预测的一个内容。如果预测的结果符合企业需要,那么企业活动就可以按原定的程序进行;如果不符合,则需要改变企业经营的运行过程及其投入。

2. 现场控制

现场控制,亦称过程控制,是指企业经营过程开始以后,对活动中的人和事进行指导和监督。

人们常说,领导的实质是一要决策、二要用人,即:首先要确定本部门、本单位在未来某个时期内的活动目标和行动路线,然后为组织配备适当的人去从事目标活动。但是,有如挖坑植树,却不浇水、不剪枝,从而不能保证树苗的成活与生长一样;如果制定了计划、配备了必要的人员,却不去检查这些人员的工作情况,则难以保证计划目标的有效实现。

对下属的工作进行现场监督,其作用有两个:首先,可以指导下属以正确的方法进行工作。指导下属的工作,培养下属的能力,这是每一个管理者的重要职责。现场监督可以使上级有机会当面解释工作的要领和技巧,纠正下属错误的作业方法与过程,从而可以提高他们的工作能力。其次,可以保证计划的执行和计划目标的实现。通过现场检查,可以使管理者随时发现下属在活动中与计划要求相偏离的现象,从而可以使经营问题消失在萌芽状态,或者避免已经产生的经营问题对企业不利影响的扩散。

3. 成果控制

成果控制,亦称事后控制,是指在一个时期的生产经营活动已经结束以后,对本期的资源利用状态及其结果进行总结。由于这种控制是在经营过程结束以后进行的,因此,不论其分析如何中肯,结论如何正确,但对于已经形成的经营结果来说是无济于事的,它们无法改变已经存在的事实。成果控制的主要作用,甚至可以说是唯一的作用,是通过总结过去的经验和教训,为未来计划的制定和活动的安排提供借鉴。

成果控制主要包括财务分析、成本分析、质量分析以及职工成绩评定等内容。

财务分析的目的是通过分析反映资金运动过程的各种财务资料,了解本期资金占用和利用的结果,弄清企业的盈利能力、偿债能力、维持营运的能力以及投资能力,以指导企业在下期活动中调整产品结构和生产方向,决定缩小或扩大某种产品的生产。

成本分析是通过比较标准成本(预定成本)和实际成本,了解成本计划的完成情况;通过分析成本结构和各成本要素的情况,了解材料、设备、人力等资源的消耗与利用对成本计划执行结果的影响程度,以找到降低成本,提高经济效益的潜力。

质量分析是通过研究质量控制系统收集的统计数据,判断企业产品的平均等级系数,了解产品质量水平与其费用要求的关系,找出企业质量工作的薄弱环节,为组织下期生产过程中的质量管理和确定关键的质量控制点提供依据。

职工成绩评定是通过检查企业员工在本期的工作表现,分析他们的行动是否符合预定要求,判断每个职工对企业提供的劳动数量和质量贡献。成绩评定不仅为企业确定付给职工的报酬(物质或精神上的奖惩)提供了客观的依据,而且会通过职工对报酬公平与否的判断,影响他们在下期工作中的积极性。公平报酬的前提是公平评价,这种评价要求以对职工表现的客观认识和组织对每个人的工作要求(计划任务或"职务说明书")为依据。

三、有效控制的要求

控制的目的是保证企业活动符合计划的要求,以有效地实现预定目标。为此,有效的控制应具有下述特征:

1. 适时控制

企业经营活动中产生的偏差只有及时采取措施加以纠正,才能避免偏差的扩大,或防止偏差对企业不利影响的扩散。及时纠偏,要求管理人员及时掌握能够反映偏差产生及其严重程度的信息。如果等到偏差已经非常明晰,且对企业造成了不可挽回的影响后,反映偏差的信息才姗姗来迟。那么,即使这种信息是系统性的、绝对客观、完全正确的,也不可能对纠正偏差带来任何指导作用。

纠正偏差的最理想方法应该是在偏差未产生以前,就注意到偏差产生的可能性,从而预先采取必要的防范措施,防止偏差的产生;或者由于某种企业无力抗拒的原因,偏差的出现不可避免,那么这种认识也可指导企业预先采取措施,消除或遏制偏差产生后可能对企业造成的不利影响。

预测偏差的产生,虽然在实践中有许多困难,但在理论上是可行的:即可以通过建立企业经营状况的预警系统来实现。我们可以为需要控制的对象建立一条警戒线,反映经营状况的数据一旦超过这个警戒线,预警系统就会发出警报,提醒人们采取必要的措施防止偏差的产生和扩大。

质量控制图可以被认为是一个简单的预警系统(见图 14-1)。

图 14-1 中,纵轴表示反映产品某个质量特征或某项工作质量完善程度的数值,横轴表示取值(即进行控制)的时间,中心线 CL 表示反映质量特征的标准状况,UCL 和 LCL 分别表示上、下警戒线。反映质量特征的数据如果始终分布在 CL 周围,则表示质量"在控制中";而一旦超越 UCL 或 LCL,则表示出现了质量问题。在这以前,质量控制人员就应引起警惕,注意质量变化的趋势,并制定或采取必要的纠正措施。

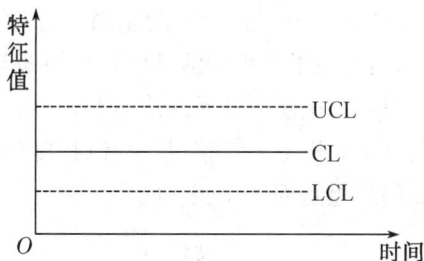

图 14-1 质量控制预警系统

2. 适度控制

适度控制是指控制的范围、程度和频度要恰到好处。这种恰到好处的控制要注意以下几个方面的问题:

(1) 防止控制过多或控制不足。控制常给被控制者带来某种不愉快,但是如果缺乏控制则可能导致组织活动的混乱。有效的控制应该既能满足对组织活动监督和检查的需要,又要防止与组织成员发生强烈的冲突。适度的控制应能同时体现这两个方面的要求:一方面,要认识到,过多的控制会对组织中的人造成伤害,对组织成员行为的过多限制,会扼杀他们的积极性、主动性和创造性,会抑制他们的首创精神,从而影响个人能力的发展和工作热情的提高,最终会影响企业的效率。另一方面,也要认识到,过少的控制,将不能使组织活动有序地进行,就不能保证各部门活动进度和比例的协调,将会造成资源的浪费。此外,过少的控制还可能使组织中的个人无视组织的要求,我行我素,不提供组织所需的贡献,甚至利用在组织中的便利地位谋求个人利益,最终导致组织的涣散和崩溃。

控制程度适当与否受到许多因素的影响。判断控制程度或频度是否适当的标准,通常要随活动性质、管理层次以及下属受培训程度等因素而变化。一般来说,科研机构的控制程度应小于生产劳动;企业中对科室人员工作的控制要少于现场的生产作业;对受过严格训练、能力较强的管理人员的控制要低于那些缺乏必要训练的新任管理者或单纯的执行者。此外,企业环境的特点也会影响人们对控制严厉程度的判断:在市场疲软时期,为了共渡难关,部分职工会同意接受比较严格的行为限制,而在经济繁荣时期则希望工作中有较大的自由度。

(2) 处理好全面控制与重点控制的关系。任何组织都不可能对每一个部门、每一个环节的每一个人在每一个时刻的工作情况进行全面的控制。由于存在对控制者的再控制的问题，这种全面控制甚至会造成组织中控制人员远远多于现场作业者的现象。值得庆幸的是：① 并不是所有成员的每一项工作都具有相同的发生偏差的概率；② 并不是所有可能发生的偏差都会对组织带来相同程度的影响，企业工资成本超出计划的 5％对经营成果的影响要远远高于行政系统的邮资费用超过预算的 20％。这表明，全面系统的控制不仅代价极高，是不可能实施的，而且也是不必要的。适度的控制要求企业在建立控制系统时，利用ABC 分析法和例外原则等工具，找出影响企业经营成果的关键环节和关键因素，并据此在相关环节上设立预警系统或控制点，进行重点控制。

(3) 使花费一定成本的控制得到足够的控制收益。任何控制都需要一定费用，衡量工作成绩，分析偏差产生的原因，以及为了纠正偏差而采取的措施，都需支付一定的费用；同时，由于纠正了组织活动中存在的偏差，任何控制都会带来一定的收益。一项控制只有当它带来的收益超出其所需成本时，才是值得的。控制费用与收益的比较分析，实际上是从经济角度去分析上面考察过的控制程度与控制范围的问题。图 14－2 说明了控制费用和收益是如何随控制程度而变化的。

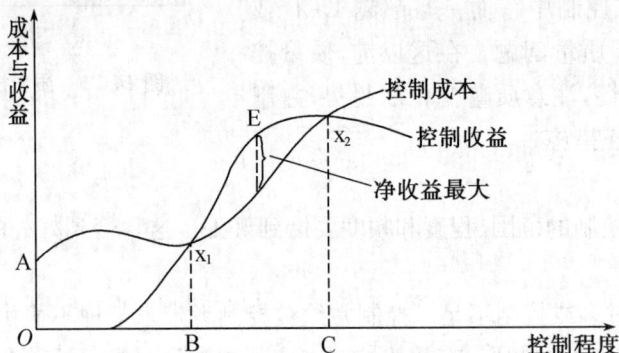

图 14－2　控制费用与收益变化

图 14－2 中可以看出，控制费用基本上随着控制程度的提高而增加，控制收益的变化则比较复杂。

在初始阶段，较小范围和较低程度的控制不足以使企业管理者及时发现和纠正偏差，因此控制费用的需要会高于可能产生的收益。随着控制范围的扩大和控制程度的提高，控制的效率会有所改善，能指导管理者采取措施纠正一些重要的偏差，从而使控制收益能逐渐补偿并超过控制费用。图中，控制成本与收益曲线在 X_1 至 X_2 点的变化便反映了这种情况，在 E 点，控制净收益达到最大。在 X_2 点，控制收益与控制费用曲线再度相交。自此点开始，控制所需的费用重新超过其收益。之所以会出现这种情况，是因为组织活动的主要偏差在 X_2 点以前已经解决，这以后的控制只能解决一些次要的、影响不大的问题，因此带来的收益甚小；同时，由于过度的控制会抑制组织成员的工作积极性，从而影响劳动生产率和经济效益的提高。

　　从理论上来说,控制程度在与 X_1 和 X_2 相对应的 B、C 两点之间为适度控制:低于 B 点,为控制不足;高于 C 点,为控制过剩。虽然在实践中企业很难确定各种控制的费用与收益之比,但这种分析告诉我们,过多的控制并不总能带来较高的收益,企业应根据活动的规模特点和复杂程度来确定控制的范围和频度,建立有效的控制系统。

　　3. 客观控制

　　控制工作应该针对企业的实际状况,采取必要的纠偏措施,或促进企业活动沿着原先的轨道继续前进。因此,有效的控制必须是客观的,符合企业实际的。客观的控制源于对企业经营活动状况及其变化的客观了解和评价。为此,控制过程中采用的检查、测量的技术与手段必须能正确地反映企业经营在时空上的变化程度与分布状况,准确地判断和评价企业各部门、各环节的工作与计划要求的相符或相背离程度。这种判断和评价的正确程度还取决于衡量工作成效的标准是否客观和恰当。为此,企业还必须定期地检查过去规定的标准和计量规范,以使之符合现时的要求。没有客观的标准和准确的检测手段,人们对企业实际工作就不易有一个正确的认识,从而难以制定出正确的措施,进行客观的控制。

　　4. 弹性控制

　　企业在生产经营过程中经常可能遇到某种突发的、无力抗拒的变化,这些变化使企业计划与现实条件严重背离。有效的控制系统应在这样的情况下仍能发挥作用,维持企业的运营,也就是说,应该具有灵活性或弹性。

　　弹性控制通常与控制的标准有关。比如说,预算控制通常规定了企业各经营单位的主管人员在既定规模下能够用来购买原材料或生产设备的经营额度。这个额度如果规定得绝对化,那么一旦实际产量或销售量与预测数发生差异,预算控制就可能失去意义。经营规模扩大,会使经营单位感到经费不足;而销售量低于预测水平,则可能使经费过于富绰,甚至造成浪费。有效的预算控制应能反映经营规模的变化,应该考虑到未来的企业经营可能呈现出不同的水平,从而为标志经营规模的不同参数值规定不同的经营额度,使预算在一定范围内是可以变化的。

　　一般地说,弹性控制要求企业制定弹性的计划和弹性的衡量标准。

第二节　控制过程

　　控制是根据计划的要求,设立衡量绩效的标准,然后把实际工作结果与预定标准相比较,以确定组织活动中出现的偏差及其严重程度。在此基础上,有针对性地采取必要的纠正措施,以确保组织资源的有效利用和组织目标的圆满实现。不论控制的对象是新技术的研究与开发,还是产品的加工制造,或是市场营销宣传;是企业的人力条件,还是物质要素,或是财务资源。控制的过程都包括三个基本环节的工作:① 确立标准;② 衡量成效;③ 纠正偏差。

一、确立标准

　　标准是人们检查和衡量工作及其结果(包括阶段结果与最终结果)的规范。制定标准是进行控制的基础。没有一套完整的标准,衡量绩效或纠正偏差就失去了客观依据。

1. 确定控制对象

标准的具体内容涉及需要控制的对象。那么,企业经营与管理中哪些事或物需要加以控制呢?这是在建立标准之前首先要加以分析的。

无疑,经营活动的成果是需要控制的重要对象。控制工作的最初始动机就是要促进企业有效地取得预期的活动结果。因此,要分析企业需要什么样的结果。这种分析可以从营利性、市场占有率等多个角度来进行。确定了企业活动需要的结果类型后,要对它们加以明确的、尽可能定量的描述,也就是说,要规定需要的结果在正常情况下希望达到的状况和水平。

要保证企业取得预期的结果,必须在成果最终形成以前进行控制,纠正与预期成果的要求不相符的活动。因此,需要分析影响企业经营结果的各种因素,并把它们列为需要控制的对象。影响企业在一定时期经营成果的主要因素有:

(1) 关于环境特点及其发展趋势的假设。企业在特定时期的经营活动是根据决策者对经营环境的认识及预测来计划和安排的。如果预期的市场环境没有出现,或者企业外部发生了某种无法预料和抗拒的变化,那么原来计划的活动就可能无法继续进行,从而难以为组织带来预期的结果。因此,制定计划时所依据的对经营环境的认识应作为控制对象,列出"正常环境"的具体标志或标准。

(2) 资源投入。企业经营成果是通过对一定资源的加工转换得到的。没有或缺乏这些资源,企业经营就会成为无源之水、无本之木。投入的资源不仅会在数量和质量上影响经营活动的按期、按量、按要求进行,从而影响最终的物质产品,而且其取得费用会影响生产成本,从而影响经营的盈利程度。因此,必须对资源投入进行控制,使之在数量、质量以及价格等方面符合预期经营成果的要求。

(3) 组织的活动。输入到生产经营中的各种资源不可能自然形成产品。企业经营成果是通过全体员工在不同时期和空间上,利用一定技术和设备对不同资源进行不同内容的加工劳动才最终得到的。企业员工的工作质量和数量是决定经营成果的重要因素,因此,必须使企业员工的活动符合计划和预期结果的要求。为此,必须建立:① 员工的工作规范;② 部门和各员工在各个时期的阶段成果的标准,以便对他们的活动进行控制。

2. 选择控制重点

企业无力也无必要对所有成员的所有活动进行控制,而必须在影响经营成果的众多因素中选择若干关键环节作为重点控制对象。美国通用电气公司关于关键绩效领域(Key Performance Areas)的选择或许能给我们提供某种启示。

通用电器公司在分析影响和反映企业经营绩效的众多因素的基础上,选择了对企业经营成败起决定作用的八个方面,并为它们建立了相应的控制标准。这八个方面是:

(1) 获利能力。通过提供某种商品或服务取得一定的利润,这是任何企业从事经营的直接动因之一,也是衡量企业经营成败的综合标志,通常可用与销售额或资金占用量相比较的利润率来表示。它反映了企业对某段时期内投资应获利润的要求。利润率实现情况与计划的偏离,可能反映了生产成本的变动或资源利用效率的变化,从而为企业采取改进方法指出了方向。

（2）市场地位。市场地位是指对企业产品在市场上占有份额的要求。这是反映企业相对于其他厂家的经营实力和竞争能力的一个重要标志。如果企业占领的市场份额下降，那么意味着由于价格、质量或服务等某个方面的原因，企业产品相对于竞争产品来说其吸引力降低了，因此应该采取相应的措施。

（3）生产率。生产率标准可用来衡量企业各种资源的利用效果，通常用单位资源所能生产或提供的产品数量来表示，其中最重要的是劳动生产率标准。企业其他资源的充分利用在很大程度上取决于劳动生产率的提高。

（4）产品领导地位。产品领导地位通常指产品的技术先进水平和功能完善程度。通用电器公司是这样定义产品领导地位的：它表明企业在工程、制造和市场方面领导一个行业的新产品和改良现有产品的能力。为了维持企业产品的领导地位，必须定期评估企业产品在质量、成本方面的状况及其在市场上受欢迎的程度。如果达不到标准，就要采取相应的改善措施。

（5）人员发展。企业的长期发展在很大程度上依赖于人员素质的提高。为此，需要测定企业目前的活动以及未来的发展对职工的技术、文化素质的要求，并与他们目前的实际能力相比较，以确定如何为提高人员素质采取必要的教育和培训措施。要通过人员发展规划的制定和实施，为企业及时供应足够的经过培训的人员，为员工提供成长和发展的机会。

（6）员工态度。员工的工作态度对企业目前和未来的经营成就有着非常重要的影响。测定员工态度的标准是多个方面的。比如，可以通过分析离职率、缺勤率来判断员工对企业的忠诚；也可通过统计改进作业方法或管理方法的合理化建议的数量来了解员工对企业的关心程度；还可通过对定期调查的评价分析，来测定员工态度的变化。如果发现员工态度不符合企业的预期，那么任其恶化是非常危险的，企业应采取有效的措施来提高他们在工作或生活上的满足程度，以改变他们的态度。

（7）公共责任。企业的存续是以社会的承认为前提的。而要获取社会的承认，企业必须履行必要的社会责任，包括提供稳定的就业机会、参加公益事业等多个方面。公共责任能否很好地履行关系到企业的社会形象。企业应根据有关部门对公众态度的调查，了解企业的实际社会形象同预期的差异，改善对外政策，提高公众对企业的满意程度。

（8）短期目标与长期目标的平衡。企业目前的生存和未来的发展是相互依存，不可分割的。因此，在制定和实施经营活动计划时，应能统筹长期与短期的关系，检查各时期的经营成果，分析目前的高利润是否会影响未来的收益，以确保目前的利益不是以牺牲未来的利益和经营的稳定性为代价而取得的。

3. 制定标准的方法

控制的对象不同，为它们建立标志正常水平的标准的方法也不一样。一般来说，企业可以使用的建立标准的方法有三种：① 利用统计方法来确定预期结果；② 根据经验和判断来估计预期结果；③ 在客观的定量分析的基础上建立工程（工作）标准。

（1）统计性标准。统计性标准，也叫历史性标准，是以分析反映企业经营在历史上各个时期状况的数据为基础来为未来活动建立的标准。这些数据可能来自本企业的历史统计，也可能来自其他企业的经验；据此建立的标准，可能是历史数据的平均数，也可能是高于或低于中位数的某个数，比如上四分位值或下四分位值。

利用本企业的历史性统计资料为某项工作确定标准,具有简便易行的好处。但是,据此制定的工作标准可能低于同行业的卓越水平,甚至是平均水平。这种条件下,即使企业的各项工作都达到了标准的要求,但也可能造成劳动生产率的相对低下,制造成本的相对高昂,从而造成经营成果和竞争能力劣于竞争对手。为了克服这种局限性,在根据历史性统计数据制定未来工作标准时,充分考虑到行业的平均水平,并研究竞争企业的经验是非常必要的。

(2) 根据评估建立标准。实际上,并不是所有工作的质量和成果都能用统计数据来表示,也不是所有的企业活动都保存着历史统计数据。对于新从事的工作,或对于统计资料缺乏的工作,可以根据管理人员的经验、判断和评估来为之建立标准。利用这种方法来建立工作标准时,要注意利用各方面的管理人员的知识和经验,综合大家的判断,给出一个相对先进合理的标准。

(3) 工程标准。严格地说,工程标准也是一种用统计方法制定的控制标准,不过它不是对历史性统计资料的分析,而是通过对工作情况进行客观的定量分析来进行的。比如,机器的产出标准是其设计者计算的机器在正常情况下被使用的最大产出量;工人操作标准是劳动研究人员在对构成作业的各项动作和要素的客观描述与分析的基础上,经过消除、改进和合并而确定的标准作业方法;劳动时间定额是利用秒表测定的受过训练的普通工人以正常速度按照标准操作方法对产品或零部件进行某个(些)工序的加工所需的平均必要时间。

二、衡量工作成效

企业经营活动中的偏差如能在产生之前就被发现,则可指导管理者预先采取必要的措施以求避免。这种理想的控制和纠偏方式虽然有效,但其现实可能性不是很高的。并非所有的管理人员都有卓越的远见,同时也并非所有的偏差都能在产生之前被预见,事实可能正好相反。在这种限制条件下,最满意的控制方式应是必要的纠偏行动能在偏差产生以后迅速采取。为此,要求管理者及时掌握能够反映偏差是否产生、并能判定其严重程度的信息。用预定标准对实际工作成效和进度进行检查、衡量和比较,就是为了提供这类信息。

为了能够及时、正确地提供反映偏差的信息,同时又符合控制工作在其他方面的要求,管理者在衡量工作成效的过程中应注意以下几个问题:

1. 通过衡量成效,检验标准的客观性和有效性

衡量工作成效是以预定的标准为依据的,但利用预先制定的标准去检查各部门在各个阶段的工作,这本身也是对标准的客观性和有效性进行检验的过程。

检验标准的客观性和有效性,是要分析通过对标准执行情况的测量能否取得符合控制需要的信息。在为控制对象确定标准的时候,人们可能只考虑了一些次要的因素,或只重视了一些表面的因素,因此,利用既定的标准去检查人们的工作,有时并不能达到有效控制的目的。比如,衡量职工出勤率是否达到了正常水平,不足以评价劳动者的工作热情、劳动效率或劳动贡献;分析产品数量是否达到计划目标,不足以判定企业的盈利程度;计算销售人员给顾客打电话的次数和花费在推销上的时间,不足以判定销售人员的工作绩效。在衡量过程中对标准本身进行检验,就是指出能够反映被控制对象的本质特征,从而得出最适宜的标准。要评价员工的工作热情,可以考核他们提供有关经营或技术改造合理化建议的次数;

评价他们的工作效率,可以计量他们提供的产品数量和质量;分析企业的盈利程度,可以统计和分析企业的利润额与其资金、成本或销售额的相对百分比;衡量推销人员的工作绩效,可以检查他们的销售额是否比上年或平均水平高出一定数量;等等。

由于企业中许多类型的活动难以用精确的手段和方法加以衡量,建立标准也就相对困难,因此,企业可能会选择一些易于衡量,但并不反映控制对象特征的标准。比如,科研人员和管理人员的劳动效果并不总能用精确的数字表示出来,有关领导可能根据研究小组上交研究报告的数量和质量来判断其工作进展;或根据科室是否整齐划一、办公室是否挂满了各种图表来判断管理人员的工作努力程度。然而,根据这些标准去进行检查相关工作,得到的可能是误导信息。科研人员用更多的时间去撰写数量更多、结构更严谨的报告,而不是将这些精力真正花在科研上;管理人员花更多的精神去制作和张贴更漂亮的图表,而不是用这个时间去扎扎实实地进行必要的管理基础工作。

衡量过程中的检验就是要辨别并剔除这些不能为有效控制提供必需信息、容易产生误导作用的不适宜标准。

2. 确定适宜的衡量频度

正如我们在有效控制的要求中分析的,控制过多或不足都会影响控制的有效性。这种“过多”或“不足”,不仅体现在控制对象、需衡量的标准数目的选择上,而且表现在对同一标准的衡量次数或频度上。对影响结果的某种要素或活动过于频繁的衡量,不仅会增加控制的费用,而且可能引起有关人员的不满,从而影响他们的工作态度;而检查和衡量的次数过少,则可能使许多重大的偏差不能被及时发现,从而不能及时采取措施。

以什么样的频度,在什么时候对某种活动的绩效进行衡量,这取决于被控制活动的性质。例如,对产品的质量控制常常需要以小时或以日为单位进行;而对新产品开发的控制则可能只需以月为单位进行就可以了。需要控制的对象可能发生重大变化的时间间隔是确定适宜的衡量频度所需考虑的主要因素。

管理人员经常在他们方便的时候,而不是在工作绩效仍“在控制中”(即可能因人们采取的措施而改变时)进行衡量。这种现象必须避免,因为这可能导致行动的迟误。

3. 建立信息反馈系统

负有控制责任的管理人员只有及时掌握了反映实际工作与预期工作绩效之间偏差的信息,才能迅速采取有效的纠正措施。然而,并不是所有的衡量绩效的工作都是由主管直接进行的,有时需要借助专职的检测人员。因此,应该建立有效的信息反馈网络,使反映实际工作情况的信息适时地传递给适当的管理人员,使之能与预定标准相比较,及时发现问题。这个网络还应能及时将偏差信息传递给予被控制活动有关的部门和个人,以使他们及时知道自己的工作状况以及需要怎样做才能更有效地完成工作。建立这样的信息反馈系统,不仅更有利于保证预定计划的实施,而且能防止基层工作人员把衡量和控制视作上级检查工作、进行惩罚的手段,从而避免产生抵触情绪。

三、纠正偏差

利用科学的方法,依据客观的标准,对工作绩效的衡量,可以发现计划执行中出现的偏差。纠正偏差就是在此基础上,分析偏差产生的原因,制定并实施必要的纠正措施。这项工作使得控制过程得以完整,并将控制与管理的其他职能相互联结。通过纠偏,使组织计划得以遵循,使组织结构和人事安排得到调整,使领导活动更加完善。

为了保证纠偏措施的针对性和有效性,必须在制定和实施纠偏措施的过程中注意下述问题:

1. 找出偏差产生的主要原因

并非所有的偏差都可能影响企业的最终成果。有些偏差可能反映了计划制定和执行工作中的严重问题,而另一些偏差则可能是一些偶然的、暂时的、区域性因素引起的,从而不一定会对组织活动的最终结果产生重要影响。因此,在采取任何纠正措施以前,必须首先对反映偏差的信息进行评估和分析。首先要判断偏差的严重程度,是否足以构成对组织活动效率的威胁,从而值得去分析原因,采取纠正措施;其次要探寻导致偏差产生的主要原因。

纠正措施的制定是以偏差原因的分析为依据的。而同一偏差则可能由不同的原因造成:销售利润的下降既可能是因为销售量的降低,也可能是因为生产成本的提高。前者既可能是因为市场上出现了技术更加先进的新产品,也可能是由于竞争对手采取某种竞争策略,或是企业产品质量下降;后者既可能是原材料、劳动力消耗和占用数量的增加,也可能是由于购买价格的提高。不同的原因要求采取不同的纠正措施。要通过评估反映偏差的信息和对影响因素的分析,透过表面现象找出造成偏差的深层原因;在众多的深层原因中找出最主要者,为纠偏措施的制定指导方向。

2. 确定纠偏措施的实施对象

需要纠正的不仅可能是企业的实际活动,也可能是组织这些活动的计划或衡量这些活动的标准。大部分员工没有完成劳动定额,可能不是由于全体员工的抵制,而是定额水平太高;承包后企业经理的兑现收入可高达数万、甚至数十万,可能不是由于经营者的努力数倍或数十倍于工人,而是由于承包基数不恰当或确定经营者收入的挂钩方法不合理;企业产品销售量下降,可能并不是由于质量劣化或价格不合理,而是由于市场需求的饱和或周期性的经济萧条,等等。在这些情况下,首先要改变的不是(不仅是)实际工作,而是(而且是)衡量这些工作的标准或指导工作的计划。

预定计划或标准的调整是由两种原因决定的:一是原先的计划或标准制定得不科学,在执行中发现了问题;二是原来正确的标准和计划,由于客观环境发生了预料不到的变化,不再适应新形势的需要。负有控制责任的管理者应该认识到,外界环境发生变化以后,如果不对预先制定的计划和行动准则进行及时的调整,那么,即使内部活动组织得非常完善,企业也不可能实现预定的目标。消费者的需求偏好转移,即使企业的产品质量再高,功能再完善,价格再低,仍然不可能找到销路,不会给企业带来期望利润。

3. 选择恰当的纠偏措施

针对产生偏差的主要原因,就可能制定改进工作或调整计划与标准的纠正方案。纠偏措施的选择和实施过程中要注意:

(1) 使纠偏方案双重优化。纠正偏差不仅在实施对象上可以进行选择,而且对同一对象的纠偏也可采取多种不同的措施。所有这些措施其实施条件和效果相比的经济性,都要优于不采取任何行动使偏差任其发展可能给组织造成的损失。有时最好的方案也许是不采取任何行动,如果行动的费用超过偏差带来的损失的话。这是纠偏方案选择过程中的第一重优化。

第二重优化是在此基础上,通过对各种经济可行方案的比较,找出其中追加投入最少、解决偏差效果最好的方案来组织实施。

（2）充分考虑原先计划实施的影响。由于对客观环境的认识能力提高,或者由于客观环境本身发生了重要变化而引起的纠偏需要,可能会导致原先计划与决策的局部甚至全局的否定,从而要求企业活动的方向和内容进行重大的调整。这种调整有时被称为"追踪决策",即"当原有决策的实施表明将危及决策目标的实现时,对目标或决策方案所进行的一种根本性修正"。[①]

追踪决策是相对于初始决策而言的。初始决策是所选定的方案尚未付诸实施,没有投入任何资源,客观对象与环境尚未受到人的决策的影响和干扰,因此是以零为起点的决策。进行重大战略调整的追踪决策则不然,企业外部的经营环境或内部的经营条件已经由于初始决策的执行而有所改变,是"非零起点"。因此,在制定和选择追踪决策的方案时,要充分考虑到伴随着初始决策的实施已经消耗的资源,以及这种消耗对客观环境造成的种种影响。

（3）注意消除人们对纠偏措施的疑虑。任何纠偏措施都会在不同程度上引起组织的结构、关系和活动的调整,从而会涉及某些组织成员的利益。不同的组织成员会因此而对纠偏措施持不同态度,特别是纠偏措施属于对原先决策和活动进行重大调整的追踪决策时。虽然一些原先反对初始决策的人会幸灾乐祸,甚至夸大原先决策的失误,反对保留其中任何合理的成分,但更多的人对纠偏措施持怀疑和反对的态度。原先决策的制定者和支持者会害怕改变决策标志着自己的失败,从而会公开地或暗地里反对纠偏措施的实施;执行原决策、从事具体活动的基层工作人员则会对自己参与的已经形成的或开始形成的活动结果怀有感情,或者担心调整会使自己失去某种工作机会、影响自己的既得利益,而极力抵制任何重要的纠偏措施的制定和执行。因此,控制人员要充分考虑到组织成员对纠偏措施的不同态度,特别是要注意消除执行者的疑虑,争取更多的人理解、赞同支持纠偏措施,以保证避免在纠偏方案的实施过程中可能出现的人为障碍。

第三节　控制方法

企业管理实践中运用着多种控制方法,管理人员除了利用现场巡视、监督或分析下属依循组织路线传送的工作报告等手段进行控制外,还经常借助预算控制、比率分析、审计控制、盈亏控制以及网络控制等方法。其中盈亏控制在决策理论、网络控制在生产管理的有关章节中已做了详细介绍,因此,本节主要分析前三种常用控制方法。

一、预算控制

企业在未来的几乎所有活动都可以利用预算进行控制。所谓预算,就是用数字,特别是用财务数字的形式来描述企业未来的活动计划。它预估了企业在未来时期的经营收入或现金流量,同时也为各部门或各项活动规定了在资金、劳动、材料、能源等方面的支出不能超过

---

① 夏禹龙等著:《领导科学基础》,广西人民出版社,1983年版,第192页。

的额度。预算控制就是根据预算规定的收入与支出标准来检查和监督各个部门的生产经营活动，以保证各种活动或各个部门在充分达成既定目标、实现利润的过程中对经营资源的有效利用，从而使费用支出受到严格有效的约束。

1. 预算的形式

为了有效地从预期收入和费用两个方面对企业经营全面控制，不仅需要对各个部门、各项活动制定分预算，而且要对企业整体编制全面预算。分预算是按照部门和项目来编制的，它们详细说明了相应部门的收入目标或费用支出的水平，规定了他们在生产活动、销售活动、采购活动、研究开发活动或财务活动中筹措和利用劳力、资金等生产要素的标准；全面预算则是在对所有部门或项目分预算进行综合平衡的基础上编制而成的，它概括了企业相互联系的各个方面在未来时期的总体目标。只有编制了总体预算，才能进一步明确组织各部门的任务、目标、制约条件以及各部门在活动中的相互关系，从而为正确评价和控制各部门的工作提供客观的依据。

任何预算都需用数字形式来表述。全面预算必须用统一的货币单位来计量，而分预算则不一定用货币单位计量。比如，原材料预算可能用千克或吨等单位来表述；劳动预算可能用用工数量或人工小时来表述。这是因为对一些具体的项目来说，用时间、长度或重量等单位来表达能提供更多、更准确的信息。比如，用货币金额来表达原材料预算，我们就只知道原材料消耗的总费用标准，而不能知道原材料使用的确切种类和数量，也难以判断价格变动会产生何种影响。当然，不论以何种方式表述的各部门或项目的分预算，在将它们综合平衡以编制企业的全面预算之前，必须转换成用统一的货币单位来表达的方式。

2. 预算的内容

不同企业由于生产活动的特点不同，预算表中的项目会有不同程度的差异，但一般来说，预算内容要涉及以下几个方面：① 收入预算；② 支出预算；③ 现金预算；④ 资金支出预算；⑤ 资产负债预算。下面分别予以介绍。

（1）收入预算。收入预算和下面要介绍的支出预算提供了关于企业未来某段时期经营状况的一般说明，即从财务角度计划和预测了未来活动的成果以及为取得这些成果所需付出的费用。

由于企业收入主要来源于产品销售，因此收入预算的主要内容是销售预算。销售预算是在销售预测的基础上编制的，即通过分析企业过去的销售情况、目前和未来的市场需求特点及其发展趋势，比较竞争对手和本企业的经营实力，确定企业在未来的时期内为了实现目标利润必须达到的销售水平。

由于企业通常不止生产一种产品，这些产品也不仅在某一个区域市场上销售，因此，为了能为控制未来的活动提供详细的依据，便于检查计划的执行情况，往往需要按产品、区域市场或消费者群（市场层次），为各经营单位编制分项销售预算。同时，由于在一年中的不同季度和月度，销售量也往往不稳定，所以通常还需预计不同季度和月度的销售收入。这种预计对编制现金预算是很重要的。

（2）支出预算。企业销售的产品是在内部生产过程中加工制造出来的，在这个过程中，企业需要借助一定的劳动力，利用和消耗一定的物质资源。因此，与销售预算相对应，企业必须编制能够保证销售过程得以进行的生产活动的预算。关于生产活动的预算，不仅要确定为取得一定销售收入所需要的产品数量,而且更重要的是要预计为得到这些产品、实现销售收入需要付出的费用,即编制各种支出预算。不同企业经营支出的具体项目可能不同,但一般都包括:① 直接材料预算。直接材料预算是根据实现销售收入所需的产品种类和数量,详细分析为了生产这些产品,企业必须利用的原材料的种类数量。它通常以实物单位表示,考虑到库存因素后,直接材料预算可以成为采购部门编制采购预算、组织采购活动的基础。② 直接人工预算。直接人工预算需要预计企业为了生产一定数量的产品,需要哪些种类的工人,每种类型的工人在什么时候需要多少数量,以及利用这些人员劳动的直接成本是多少。③ 附加费用预算。直接材料和直接人工只是企业经营全部费用的一部分。企业的行政管理、营销宣传、人员推销、销售服务、设备维修、固定资产折旧、资金筹措以及税金等,也要耗费企业的资金,对这些费用也需要进行预算,这就是附加费用预算。

(3) 现金预算。现金预算是对企业未来生产与销售活动中现金的流入与流出进行预测,通常由财务部门编制。现金预算只能包括那些实际包含在现金流程中的项目:赊销所得的应收款在用户实际支付以前不能列作现金收入;赊购所得的原材料在未向供应商付款以前也不能列入现金支出;而需要今后逐年分摊的投资费用却需要当年实际支出现金。因此,现金预算并不需要反映企业的资产负债情况,而是要反映企业在未来活动中的实际现金流量和流程。企业的销售收入、利润即使相当可观,但大部分尚未收回,或收回后被大量的库存材料或在制品所占用,那么它也不可能在目前给企业带来现金上的方便。通过现金预算,可以帮助企业发现资金的闲置或不足,从而指导企业及时利用暂时过剩的现金,或及早筹齐维持营运所需的短缺资金。

(4) 资金支出预算。上述各种预算通常只涉及某个经营阶段,是短期预算,而资金支出预算则可能涉及好几个阶段,是长期预算。如果企业的收支预算被很好地执行,企业有效地组织了资源的利用,那么利用这些资源得到的产品销售以后的收入就会超出资源消耗的支出,从而给企业带来盈余,企业可以利用盈利的一个很重要部分来进行生产能力的恢复和扩大。这些支出由于具有投资的性质,因此对其计划安排通常被称为投资预算或资金支出预算。资金支出预算的项目包括:用于更新改造或扩充包括厂房、设备在内的生产设施的支出;用于增加品种、完善产品性能或改进工艺的研究与开发支出;用于提高职工和管理队伍素质的人事培训与发展支出;用于广告宣传、寻找顾客的市场发展支出等。

(5) 资产负债预算。资产负债预算是对企业会计年度末期的财务状况进行预测。它通过将各部门和各项目的分预算汇总在一起,表明如果企业的各种业务活动达到预先规定的标准,在财务期末企业资产与负债会呈现何种状况。作为各分预算的汇总,管理人员在编制资产负债预算时虽然不需做出新的计划或决策,但通过对预算表的分析,可以发现某些分预算的问题,从而有助于采取及时的调整措施。比如,通过分析流动资产与流动债务的比率,可能发现企业未来的财务安全性不高,偿债能力不强,可能要求企业在资金的筹措方式、来源及其使用计划上做相应的调整。另外,通过将本期预算与上期实际发生的资产负债情况进行对比,还可以发现企业财务状况可能会发生哪些不利变化,从而指导事前控制。

3. 预算的作用及其局限性

由于预算的实质是用统一的货币单位为企业各部门的各项活动编制计划,因此它使得企业在不同时期的活动效果和不同部门的经营绩效具有可比性,可以使管理者了解企业经营状况的变化方向和组织中的优势部门与问题部门,从而为调整企业活动指明了方向;通过为不同的职能部门和职能活动编制预算,也为协调企业活动提供了依据;更重要的是,预算的编制与执行始终是与控制过程联系在一起的,编制预算是为企业的各项活动确立财务标准,用数量形式的预算标准来对照企业活动的实际效果,大大方便了控制过程中的绩效衡量工作,也使之更加客观可靠。在此基础上,很容易测量出实际活动对预期效果的偏离程度,从而为采取纠正措施奠定了基础。

由于这些积极作用,预算手段在组织管理中得到了广泛运用。但在预算的编制和执行中,也暴露了一些局限性,主要表现在:

(1) 它只能帮助企业控制那些可以计量的、特别是可以用货币单位计量的业务活动,而不能促使企业对那些不能计量的企业文化、企业形象、企业活力的改善予以足够的重视。

(2) 编制预算时通常参照上期的预算项目和标准,从而会忽视本期活动的实际需要,因此会导致这样的错误:上期原有的而本期不需的项目仍然沿用,而本期必需上期没有的项目会因缺乏先例而不能增设。

(3) 企业活动的外部环境是在不断变化的,这些变化会改变企业获取资源的支出或销售产品实现的收入,从而使预算变得不合时宜。因此,缺乏弹性、非常具体、特别是涉及较长时期的预算可能会过度束缚决策者的行动,使企业经营缺乏灵活性和适应性。

(4) 预算特别是项目预算或部门预算,不仅对有关负责人提出了希望他们实现的结果,而且也为他们得到这些成果而有效开支的费用规定了限度。这种规定可能使得主管们在活动中精打细算,小心翼翼地诺守不得超过支出预算的准则,而忽视了部门活动的本来目的。

只有充分认识了上述局限性,才能有效地利用预算这种控制手段,并辅之以其他工具。

二、比率分析

单个地去考虑反映经营结果的某个数据,往往不能说明任何问题:企业本年度盈利 100 万元,某部门本期生产了 5 000 个单位产品,或本期人工支出费用为 85 万元,这些数据本身没有任何意义。只有根据它们之间的内在关系,相互对照分析才能说明某个问题。比率分析就是将企业资产负债表和收益表上的相关项目进行对比,形成一个比率,从中分析和评价企业的经营成果和财务状况。

利用财务报表提供的数据,我们可以列出许多比率,常用的有两种类型:财务比率和经营比率。

1. 财务比率

财务比率及其分析可以帮助我们了解企业的偿债能力和盈利能力等财务状况。

(1) 流动比率。流动比率是企业的流动资产与流动负债之比。它反映了企业偿还需要付现的流动债务的能力。一般来说,企业资产的流动性越大,偿债能力就越强;反之,偿债能力则弱,这样会影响企业的信誉和短期偿债能力。因此企业资产应具有足够的流动性。资产若以现金形式表现,其流动性最强。但要防止为追求过高的流动性而导致财务资源的闲置,避免使企业失去本应得的收益。

(2) 负债比率。负债比率是企业总负债与总资产之比。它反映了企业所有者提供的资金与外部债权人提供的资金的比率关系。只要企业全部资金的利润率高于借入资金的利息,且外部资金不在根本上威胁企业所有权的行使,企业就可以充分地向债权人借入资金以获取额外的利润。一般来说,在经济迅速发展时期,债务比率可以很高。20 世纪 60～70 年代初,日本许多企业的外借资金占全部营运资金的 80% 左右。确定合理的债务比率是企业成功地举债经营的关键。

(3) 盈利比率。盈利比率是企业利润与销售额或全部资金等相关因素的比例关系,它们反映了企业在一定时期从事某种经营活动的盈利程度及其变化情况。常用的比率有:① 销售利润率。销售利润率是销售净利润与销售总额之间的比例关系,它反映企业从一定时期的产品销售中是否获得了足够的利润。将企业不同产品,不同经营单位在不同时期的销售利润率进行比较分析,能为经营控制提供更多的信息。② 资金利润率。资金利润率是指企业在某个经营时期的净利润与该期占用的全部资金之比。它是衡量企业资金利用效果的一个重要指标,反映了企业是否从全部投入资金的利用中实现了足够的净利润。

同销售利润率一样,资金利润率也要同其他经营单位和其他年度的情况进行比较。一般来说,要为企业的资金利润率规定一个最低的标准。同样一笔资金,投入到企业营运后的净利润收入,至少不应低于其他投资形式(比如购买短期或长期债券)的收益。

2. 经营比率

经营比率,也称活力比率,是与资源利用有关的几种比例关系。它们反映了企业经营效率的高低和各种资源是否得到了充分利用。常用的经营比率有三种:

(1) 库存周转率。库存周转率是销售总额与库存平均价值的比例关系,它反映了与销售收入相比库存数量是否合理,表明了投入库存的流动资金的使用情况。

(2) 固定资产周转率。固定资产周转率是销售总额与固定资产之比,它反映了单位固定资产能够提供的销售收入,表明了企业固定资产的利用程度。

(3) 销售收入与销售费用的比率。这个比率表明单位销售费用能够实现的销售收入,在一定程度上反映了企业营销活动的效率。由于销售费用包括了人员推销、广告宣传、销售管理费用等组成部分,因此还可进行更加具体的分析。比如,测度单位广告费用能够实现的销售收入,或单位推销费用能增加的销售收入等。

反映经营状况的这些比率也通常需要进行横向的(不同企业之间)或纵向的(不同时期之间)比较,才更有意义。

三、审计控制

审计是对反映企业资金运动过程及其结果的会计记录及财务报表进行审核、鉴定,以判断其真实性和可靠性,从而为控制和决策提供依据。根据审查主体和内容的不同,可将审计划分为三种主要类型:① 由外部审计机构的审计人员进行的外部审计;② 由内部专职人员对企业财务控制系统进行全面评估的内部审计;③ 由外部或内部的审计人员对管理政策及其绩效进行评估的管理审计。

1. 外部审计

外部审计是由外部机构(如会计师事务所)选派的审计人员对企业财务报表及其反映的财务状况进行独立的评估。为了检查财务报表及其反映的资产与负债的账面情况与企业真实情况是否相符,外部审计人员需要抽查企业的基本财务记录,以验证其真实性和准确性,并分析这些记录是否符合公认的会计准则和记账程序。

外部审计实际上是对企业内部虚假、欺骗行为的一个重要而系统的检查,因此起着鼓励诚实的作用:由于知道外部审计不可避免地要进行,企业就会努力避免做那些在审计时可能会被发现的不光彩的事。

外部审计的优点是审计人员和管理当局不存在行政上的依附关系,不需看企业经理的眼色行事,只需对国家、社会和法律负责,因而可以保证审计的独立性和公正性。但是,由于外来的审计人员不了解内部的组织结构、生产流程和经营特点,在对具体业务的审计过程中可能产生困难。此外,处于被审计地位的内部组织成员可能产生抵触情绪,不愿积极配合,这也可能增加审计工作的难度。

2. 内部审计

如其名称所示,内部审计是由企业内部的机构或由财务部门的专职人员来独立地进行的。内部审计兼有许多外部审计的目的。它不仅要像外部审计那样核实财务报表的真实性和准确性,还要分析企业的财务结构是否合理;不仅要评估财务资源的利用效率,而且要检查和分析企业控制系统的有效性;不仅要检查目前的经营状况,而且要提供改进这种状况的建议。

内部审计是企业经营控制的一个重要手段,其作用主要表现在三个方面:

第一,内部审计提供了检查现有控制程序和方法能否有效地保证达成既定目标和执行既定政策的手段。例如,制造质量完善、性能全面的产品是企业孜孜以求的目标,这不仅要求利用先进的生产工艺、工人提供高质量的工作,而且对构成产品的基础——原材料提供了相应的质量要求。这样,内部审计人员在检查物资采购时,就不仅限于分析采购部门的账目是否齐全、准确,而且将力图测定材料质量是否达到要求。

第二,根据对现有控制系统有效性的检查,内部审计人员可以提供有关改进公司政策、工作程序和方法的对策建议,以促使公司政策符合实际,工作程序更加合理,作业方法被正确掌握,从而更有效地实现组织目标。

第三,内部审计有助于推行分权化管理。从表面上来看,内部审计作为一种从财务角度评价各部门工作是否符合既定规则和程序的方法,加强了对下属的控制,似乎更倾向于集权化管理。但实际上,企业的控制系统越完善,控制手段越合理,越有利于分权化管理。因为主管们知道,许多重要的权力授予下属后,自己可以很方便地利用有效的控制系统和手段来检查下属对权力的运用状况,从而可能及时发现下属工作中的问题,并采取相应的措施。内部审计不仅评估了企业财务记录是否健全、正确,而且为检查和改进现有控制系统的效能提供了一种重要的手段,因此有利于促进分权化管理的发展。

虽然内部审计为经营控制提供了大量的有用信息,但在使用中也存在不少局限性,主要表现在:

(1) 内部审计可能需要很多的费用,特别是如果进行深入而详细的审计。

(2) 内部审计不仅要搜集事实,而且需要解释事实,并指出事实与计划的偏差所在。要能很好地完成这些工作,而又不引起被审计部门的不满,需要对审计人员进行充分的技能训练。

(3) 即使审计人员具有必要的技能,仍然会有许多员工认为审计是一种"密探"或"查整性"的工作,从而在心理上产生抵触情绪。如果审计过程中不能进行有效的信息和思想沟通,那么可能会对组织活动带来负激励效应。

3. 管理审计

外部审计主要核对企业财务记录的可靠性和真实性;内部审计在此基础上对企业政策、工作程序与计划的遵循程度进行测定,并提出必要的改进企业控制系统的对策建议;管理审计的对象和范围则更广,它是一种对企业所有管理工作及其绩效进行全面系统地评价和鉴定的方法。管理审计虽然也可组织内部的有关部门进行,但为了保证某些敏感领域得到客观的评价,企业通常聘请外部的专家来进行。

管理审计的方法是利用公开记录的信息,从反映企业管理绩效及其影响因素的若干方面将企业与同行业其他企业或其他行业的著名企业进行比较,以判断企业经营与管理的健康程度。

反映企业管理绩效及其影响的因素主要有:

(1) 经济功能。检查企业产品或服务对公众的价值,分析企业对社会和国民经济的贡献。

(2) 企业组织结构。分析企业组织结构是否能有效地达成企业经营目标。

(3) 收入合理性。根据盈利的数量和质量(指盈利在一定时期内的持续性和稳定性)来判断企业盈利状况。

(4) 研究与开发。评价企业研究与发展部门的工作是否为企业的未来发展进行了必要的新技术和新产品的准备;管理当局对这项工作的态度如何。

(5) 财务政策。评价企业的财务结构是否健全合理,企业是否有效地运用财务政策和控制来达到短期和长期目标。

(6) 生产效率。保证在适当的时候提供符合质量要求的必要数量的产品,这对于维持企业的竞争能力是相当重要的。因此,要对企业生产制造系统在数量和质量的保证程度以及资源利用的有效性等方面进行评估。

(7) 销售能力。销售能力影响企业产品能否在市场上顺利实现。这方面的评估包括企业商业信誉、代销网点、服务系统以及销售人员的工作技能和工作态度。

(8) 对管理当局的评估即对企业的主要管理人员的知识、能力、勤劳、正直、诚实等素质进行分析和评价。

管理审计在实践中遇到了许多批评,其中比较重要的意见是认为,这种审计过多地评价组织过去的努力和结果,而不致力于预测和指导未来的工作,以至于有些企业在获得了极好评价的管理审计后不久就遇到了严重的财政困难。

尽管如此,管理审计不是在一两个容易测量的活动领域进行了比较,而是对整个组织的管理绩效进行了评价,因此可以为指导企业在未来改进管理系统的结构、工作程序和结果提供有用的参考。

复习思考题

1. 何谓管理控制？如何认识控制的重要性？
2. 管理控制的目标和特点是什么？
3. 简述三种基本控制的类型。它们的前提是什么？实施过程应当注意哪些问题？
4. 如何在不同的情境下确立管理控制的标准？
5. 讨论实际衡量过程中应当注意哪些问题？
6. 简述鉴定偏差和矫正措施的过程。如何选择适当的矫正措施？

第六篇　管理的创新职能

创新作为管理的一项基本职能，首先是一种思想以及在这种思想指导下的实践，是一种原则以及在这种原则指导下的具体活动。近几十年来，由于科学技术迅速发展，社会经济活动空前活跃，市场需求瞬息万变，社会关系也日益复杂，每位管理者每天都会遇到新情况、新问题。如果因循守旧、墨守成规，就无法应付新形势的挑战，也就无法完成肩负的任务。创新已经成为管理者成功的关键因素。创新的基础和实质是企业的知识创新。知识创新是组织学习的结果。为了促进组织及其成员的学习、从而促进组织的知识创新，需要建立学习型组织。

本篇主要讨论作为管理职能的创新、企业技术创新和企业组织创新以及为了保证和促进企业的知识创新，如何建立学习型组织等内容，并试图回答以下问题：

(1) 作为管理本质内容的维持和创新的关系。

(2) 技术创新的内容、源泉和战略选择。

(3) 组织创新的内容和要求。

(4) 学习型组织的必要性及其建立。

第十五章 管理创新

组织、领导与控制是保证计划目标的实现所不可缺少的。从某种意义上来说,它们同属于管理的"维持职能",其任务是保证系统按预定的方向和规则运行。但是,管理在动态环境中生存的社会经济系统,仅有维持是不够的,还必须不断调整系统活动的内容和目标,以适应环境变化的要求——即经常被人们忽视的管理的"创新职能"。

第一节 管理的创新职能

一、创新及其作用

"创新"这个名词在管理学或经济学教科书中出现的时候,通常与设备的更新、产品的开发或工艺的改进联系在一起。无疑,这些技术方面的革新是创新的重要内容,但不是全部内容。创新首先是一种思想及在这种思想指导下的实践,是一种原则以及在这种原则指导下的具体活动,是管理的一种基本职能。创新工作作为管理的职能表现在它本身就是管理工作的一个环节,它对于任何组织来说都是一种重要的活动;创新工作也和其他管理职能一样,有其内在逻辑性,建构在其逻辑性基础上的工作原则,可以使得创新活动有计划、有步骤地进行。

从逻辑顺序上来考察,在特定时期内对某一社会经济系统(组织)的管理工作可以概括为:设计系统的目标、结构和运行规划,启动并监视系统的运行,使之符合预定的规则操作;分析系统运行中的变化,进行局部或全局的调整,使系统不断呈现新的状态。显然,概述管理工作的核心就是:维持与创新。任何组织系统的任何管理工作无不包含在"维持"或"创新"中。维持和创新是管理的本质内容,有效的管理在于适度的维持与适度的创新的组合。

1. 维持是保证系统活动顺利进行的基本手段

系统中的大部分管理人员,特别是中层和基层的管理人员要花大部分精力从事的工作,便是保证系统活动的顺利进行,而维持则是一种基本手段。根据物理学的熵增原理,原来基于合理分工、职责明确而严密衔接起来的有序的系统结构,会随着系统在运转过程中各部分之间的摩擦而逐渐地从有序走向无序,最终导致有序平衡结构的解体。管理的维持职能便是要严格地按预定的规划来监视和修正系统的运行,尽力避免各子系统之间的摩擦,或减少因摩擦而产生的结构内耗,以保持系统的有序性。但是,仅有维持是不够的。

2. 创新是为适应内外变化而进行的局部或全局的调整

任何社会系统都是一个由众多要素构成的,与外部不断发生物质、信息、能量交换的动态、开放的非平衡系统。而系统的外部环境是在不断地发生变化的,这些变化必然会对系统的活动内容、活动形式和活动要素产生不同程度的影响;同时,系统内部的各种要素也是在不断发生变化的。系统内部某个或某些要素在特定时期的变化必然要求或引起系统内其他要素的连锁反应,从而对系统原有的目标、活动要素间的相互关系等产生一定的影响。系统若不及时根据内外变化的要求,适时进行局部或全局的调整,则可能被变化的环境所淘汰或为改变了的内部要素所不容。这种为适应系统内外变化而进行的局部和全局的调整,便是管理的创新职能。

3. 创新的作用在于向社会提供新的贡献

系统的社会存在是以社会的接受为前提的,而社会之所以允许某个系统存在,是因为该系统提供了社会需要的某种贡献;系统要向社会提供这种贡献,则必须首先以一定的方式从社会中取得某些资源并加以组合。系统向社会的索取(投入资源)越是小于它向社会提供的贡献(有效产出),系统能够向社会提供的贡献与社会需要的贡献越是吻合,则系统的生命力就越旺盛,其寿命周期也越有可能延长。孕育期、初生期的系统限于自身的能力和对社会的了解,提供社会所需贡献的能力总是有限的。随着系统的成长和成熟,它与社会的互相认识不断加深,所能提供的贡献与社会需要的贡献便倾向和谐;而一旦系统不能跟上社会的变化,其产品或服务不再被社会需要,或内部的资源转换功能退化,系统向社会的索取超过对社会的贡献,则系统会逐步地被社会所抛弃,趋向消亡。

根据上面的分析可以看出,系统的生命力取决于社会对系统贡献的需要程度和系统本身的贡献能力;而系统的贡献能力又取决于系统从社会中获取资源的能力,组织利用资源的能力以及系统对社会需要的认识能力。要提高系统的生命力,扩展系统的生命周期,就必须使系统提高内部的这些能力,并通过系统本身的工作,增强社会对系统贡献的需要程度。由于社会的需要是在不断变化的,社会向系统供应的资源在数量和种类上也在不断改变,系统如果不能适应这些变化,以新的方式提供新的贡献,则可能难以被社会允许继续存在。系统不断改变或调整取得和组合资源的方式、方向和结果,向社会提供新的贡献,这正是创新的主要内涵和作用。

综上所述,作为管理的两个基本职能,维持与创新对系统的生存发展都是非常重要的,它们是相互联系、不可或缺的。创新是维持基础上的发展,而维持则是创新的逻辑延续;维持是为了实现创新的成果,而创新则是为更高层次的维持提供依托和框架。任何管理工作都应围绕着系统运转的维持和创新而展开,卓越的管理是实现维持与创新最优组合的管理。

二、创新的类别与特征

系统内部的创新可以从不同的角度去考察。

1. 创新的规模及其影响

从创新的规模以及创新对系统的影响程度来考察,可将其分为局部创新和整体创新。局部创新是指在系统性质和目标不变的前提下,系统活动的某些内容、某些要素的性质或其相互组合的方式、系统的社会贡献的形式或方式等发生变动。整体创新则往往改变系统的目标和使命,涉及系统的目标和运行方式,影响系统的社会贡献的性质。

2. 创新与环境的关系

从创新与环境的关系来分析,可将其分为消极防御型创新与积极攻击型创新。防御型创新是指由于外部环境的变化对系统的存在和运行造成了某种程度的威胁,为了避免威胁及由此造成的系统损失扩大,系统在内部展开的局部或全局性调整;攻击型创新是在观察外部世界运动的过程中,敏锐地预测到未来环境可能提供的某种有利机会,从而主动地调整系统的战略和技术,以积极地开发和利用这种机会,谋求系统的发展。

3. 创新发生的时期

从创新发生的时期来看,可将其分为系统初建期的创新和运行中的创新。系统的组建本身就是社会的一项创新活动。系统的创建者在一张白纸上绘制系统的目标、结构、运行规划等蓝图,这本身就要求有创新的思想和意识,创造一个全然不同于现有社会(经济组织)的新系统,寻找最满意的方案,取得最优秀的要素,并以最合理方式组合,使系统进行活动。但是"创业难,守业更难",在动荡的环境中"守业",必然要求积极地以攻为守,要求不断地创新。创新活动更大量地存在于系统组建完毕开始运转以后。系统的管理者要不断地在系统运行的过程中寻找、发现和利用新的创业机会,更新系统的活动内容,调整系统的结构,扩展系统的规模。

4. 创新的组织程度

从创新的组织程度上看,可分为自发创新与有组织的创新。任何社会经济组织都是在一定环境中运转的开放系统,环境的任何变化都会对系统的存在和存在方式产生一定影响,系统内部与外部直接联系的各子系统接收到环境变化的信号以后,必然会在其工作内容、工作方式、工作目标等方面进行积极或消极的调整,以应付变化或适应变化的要求。同时,社会经济组织内部的各个组成部分是相互联系,相互依存的。系统的相关性决定了与外部有联系的子系统根据环境变化的要求自发地做出调整后,必然会对那些与外部没有直接联系的子系统产生影响,从而要求后者也做相应调整。系统内部各部分的自发调整可能产生两种结果:

(1) 各子系统的调整均是正确的,从整体上说是相互协调的,从而给系统带来的总效应是积极的,可使系统各部分的关系实现更高层次的平衡——除非极其偶然,这种情况一般不会出现。

(2) 各子系统的调整有的是正确的,而另一些则是错误的——这是通常可能出现的情况。因此,从整体上来说,调整后各部分的关系不一定协调,给组织带来的总效应既有可能为正,也可能为负(这取决于调整正确与失误的比例),也就是说,系统各部分自发创新的结果是不确定的。

与自发创新相对应的,是有组织的创新。有组织的创新包含两层意思:

(1) 系统的管理人员根据创新的客观要求和创新活动本身的客观规律,制度化地研究外部环境状况和内部工作,寻求和利用创新机会,计划和组织创新活动。

(2) 在这同时,系统的管理人员要积极地引导和利用各要素的自发创新,使之相互协调并与系统有计划的创新活动相配合,使整个系统内的创新活动有计划有组织地展开。只有有组织的创新,才能给系统带来预期的积极的比较确定的结果。

鉴于创新的重要性和自发创新结果的不确定性,有效的管理要求有组织地进行创新。但是,有组织的创新也有可能失败,因为创新本身意味着打破旧的秩序,打破原来的平衡,因此,具有一定的风险,更何况组织所处的社会环境是一个错综复杂的系统,这个系统的任何一次突发性的变化都有可能打破组织内部创新的程序。当然,有计划、有目的、有组织地创新取得成功的机会无疑要远远大于自发创新。

三、创新的过程和组织

(一) 创新的过程

要有效地组织系统的创新活动,就必须研究和揭示创新的规律。创新是对旧事物的否定,是对新事物的探索。对旧事物的否定,创新必定要突破原先的制度,打破原先的秩序,必须不遵守原先的章程;对新事物的探索,创新者只能在不断的尝试中去寻找新的程序、新的方法,在最终的成果取得之前,可能要经历无数次反复,无数次失败,因此,它看上去必然是杂乱的。但这种"杂乱无章性"是相对于旧制度、旧秩序而言的,是相对于个别创新而言的。就创新的总体来说,它们必然依循一定的步骤、程序和规律。总结众多成功企业的经验,成功的创新要经历"寻找机会、提出构思、迅速行动、坚持不懈"这样几个阶段的努力。

1. 寻找机会

创新与变革是对原有秩序的破坏。原有秩序之所以要打破,是因为其内部存在着或出现了某种不协调的现象。这些不协调对系统的发展提供了有利的机会或造成了某种不利的威胁。创新活动正是从发现和利用旧秩序内部的这些不协调现象开始的,不协调为创新提供了契机。

旧秩序中的不协调既可存在于系统的内部,也可产生于对系统有影响的外部。就系统的外部说,有可能成为创新契机的变化主要有:

(1) 技术的变化,从而可能影响企业资源的获取、生产设备和产品的技术水平。

(2) 人口的变化,从而可能影响劳动市场的供给和产品销售市场的需求。

(3) 宏观经济环境的变化,迅速增长的经济背景可能给企业带来不断扩大的市场,而整个国民经济的萧条则可能降低企业产品需求者的购买能力。

(4) 文化与价值观念的转变,从而可能改变消费者的消费偏好或劳动者对工作及其报酬的态度。

就系统内部来说,引发创新的不协调现象主要有:

(1) 生产经营中的瓶颈,可能影响了劳动生产率的提高或劳动积极性的发挥,因而始终困扰着企业的管理人员。这种卡壳环节既可能是某种材料的质地不够理想,且始终找不到替代品,也可能是某种工艺加工方法的不完善或是某种分配政策的不合理。

(2) 企业意外的成功和失败,如派生产品的利润贡献出人意料地超过了企业的主营产品;老产品经过精心整顿改进后,结构更加合理、性能更加完善、质量更加优异,但并未得到预期数量的订单……这些出乎企业意料的成功和失败,往往可以把企业从原先的思维模式中驱赶出来,从而可以成为企业创新的一个重要源泉。

企业的创新,往往是从密切地注视、系统地分析社会经济组织在运行过程中出现的不协调现象开始的。

2. 提出构想

敏锐地观察到了不协调现象的产生以后,还要透过现象究其原因,并据此分析和预测不协调的未来变化趋势,估计它们可能给组织带来的积极或消极后果;并在此基础上,努力利用机会或将威胁转换为机会,采用头脑风暴、德尔菲法、畅谈会等方法提出多种解决问题、消除不协调,使系统在更高层次实现平衡的创新构想。

3. 迅速行动

创新成功的秘密主要在于迅速行动。提出的构想可能还不完善,甚至可能很不完善,但这种并非十全十美的构想必须立即付诸行动才有意义。"没有行动的思想会自生自灭",这句话对于创新思想的实践尤为重要,一味追求完美,以减少受讥讽、被攻击的机会,就可能坐失良机,把创新的机会白白地送给自己的竞争对手。T. 彼得斯和 W. 奥斯汀在《志在成功》一书中介绍了这样一个例子:20 世纪 70 年代,施乐公司为了把产品搞得十全十美,在罗彻斯特建造了一座全由工商管理硕士(MBA)占有的 29 层高楼。这些人员在大楼里对第一件可能开发的产品设计了拥有数百个变量的模型,编写了一份又一份的市场调查报告……然而,当这些人继续不着边际地分析时,当产品研制工作被搞得越来越复杂时,竞争者已把施乐公司的市场抢走了 50% 以上。创新的构想只有在不断地尝试中才能逐渐完善,企业只有迅速地行动才能有效地利用"不协调"提供的机会。

4. 坚持不懈

构想经过尝试才能成熟,而尝试是有风险的,是可能失败的。创新的过程是不断尝试、不断失败、不断提高的过程。因此,创新者在开始行动以后,为取得最终的成功,必须坚定不移地继续下去,绝不能半途而废,否则便会前功尽弃。要在创新中坚持下去,创新者必须有足够的自信心,有较强的忍耐力,能正确对待尝试过程中出现的失败。既为减少失误或消除失误后的影响采取必要的预防或纠正措施,又不把一次"战役"(尝试)的失利看成整个"战争"的失败,知道创新的成功只能在屡屡失败后才姗姗来迟。伟大的发明家爱迪生曾经说过:"我的成功乃是从一路失败中取得的。"这句话对创新者应该有所启示,创新的成功在很大程度上要归因于"最后五分钟"的坚持。

(二) 创新活动的组织

系统的管理者不仅要根据创新的规律和特点,对自己的工作进行创新,而且更主要的是组织下属的创新。组织创新不是去计划和安排某个组织成员在某个时间去从事某种创新活动——这在某些时候也许是必要的,而是要为下属的创新提供条件、创造环境,有效地组织系统内部的创新。

1. 正确理解和扮演"管理者"的角色

管理人员往往是保守的。他们往往以为组织雇用自己的目的是维持组织的运行,因此自己的职责首先是保证预先制定的规则的执行和计划的实现。"系统的活动不偏离计划的要求"便是优秀管理的象征,因此,他们往往自觉或不自觉地扮演现有规章制度的守护神的角色。为了减少系统运行中的风险，防止大祸临头，他们往往对创新尝试中的失败放大影响，随意惩罚在创新尝试中遭到失败的人，或轻易地奖励那些从不创新、从而从不冒险的人……在分析了前面的关于管理的维持与创新职能的作用后，再这样狭隘地理解管理者的角色显然是不行的。管理人员必须自觉地带头创新，并努力为组织成员提供和创造一个有利于创新的环境，积极鼓励、支持、引导组织成员进行创新。

2. 创造促进创新的组织氛围

促进创新的最好方法是大张旗鼓地宣传创新，激发创新，树立"无功便是有过"的新观念，使每一个人都奋发向上、努力进取、跃跃欲试、大胆尝试。要造成一种"人人谈创新、时时想创新、无处不创新"的组织氛围，使那些无创新欲望或有创新欲望却无创造行动，从而无所作为者感觉到在组织中无立身之处，使每个人都认识到组织聘用自己的目的不是要自己简单地用既定的方式重复那也许重复了许多次的操作，而是希望自己去探索新的方法，找出新的程序，只有不断地去探索、去尝试才有继续留在组织中的资格。

3. 制定有弹性的计划

创新意味着打破旧的规则，意味着时间和资源的计划外占用，因此，创新要求组织的计划必须具有弹性。

创新需要思考，思考需要时间。把每个人的每个工作日都安排得非常紧凑，对每个人在每时每刻都实行"满负荷工作制"，则创新的许多机遇便不可能发现，创新的构想也无条件产生。美籍犹太人宫凯尔博士对日本人的高节奏工作制度就不以为然，他说："一个人成天在街上奔走，或整天忙于做某一件事……没有一点清闲的时间可供他去思考，怎么会有新的创见？"他认为，每个人"每天除了必须的工作时间外，必须抽出一定时间去供思考用"。美国成功的企业也往往让职工自由地利用部分工作时间去探索新的设想。据《创新者与企业革命》一书介绍，IBM、3M、奥尔-艾达公司以及杜邦公司等都允许职工利用 5％～15％的工作时间来开发他们的兴趣和设想。同时，创新需要尝试，而尝试需要物质条件和试验的场所。要求每个部门在任何时间都严格地制定和执行严密的计划，则创新会失去基地，而永无尝试机会的新构想就只能留在人们的脑子里或图纸上，不可能给组织带来任何实际的效果。因此，为了使人们有时间去思考、有条件去尝试，组织制定的计划必须具有一定的弹性。

4. 正确地对待失败

创新的过程是一个充满着失败的过程。创新者应该认识到这一点，创新的组织者更应该认识到这一点。只有认识到失败是正常的，甚至是必需的，管理人员才可能允许失败、支持失败，甚至鼓励失败。当然，支持尝试、允许失败，并不意味着鼓励组织成员去马马虎虎地工作，而是希望创新者在失败中取得有用的教训，学到一点东西，变得更加聪明，从而使失败到创新成功的路程缩短。美国一家成功的计算机设备公司在它那只有五六条的企业哲学中甚至这样写道："我们要求公司的人每天至少要犯 10 次错误，如果谁做不到这一条，就说明谁的工作不够努力。"

5. 建立合理的奖酬制度

要激发每个人的创新热情，还必须建立合理的评价和奖惩制度。创新的原始动机也许是个人的成就感、自我实现的需要，但是如果创新的努力不能得到组织或社会的承认，不能得到公正的评价和合理的奖酬，则继续创新的动力会渐渐失去。促进创新的奖酬制度至少要符合下述条件：

（1）注意物质奖励与精神奖励的结合。奖励不一定是金钱上的，而且往往不需要是金钱方面的，精神上的奖励也许比物质报酬更能满足驱动人们创新的心理需要。而且，从经济的角度来考虑，物质奖励的效益要低于精神奖励，金钱的边际效用是递减的，为了激发或保持同等程度的创新积极性，组织不得不支付越来越多的奖金。对创新者个人来说，物质上的奖酬只在一种情况下才是有用的：奖金的多少首先被视作衡量个人工作成果和努力程度的标准。

（2）奖励不能视作"不犯错误的报酬"，而应是对特殊贡献甚至是对希望做出特殊贡献的努力的报酬，奖励的对象不仅包括成功以后的创新者，而且应当包括那些成功以前甚至是没有获得成功的努力者。就组织的发展而言，也许重要的不是创新的结果，而是创新的过程。如果奖酬制度能促进每个成员都积极地去探索和创新，那么对组织发展有利的结果是必然会产生的。

（3）奖励制度要既能促进内部的竞争，又能保证成员间的合作。内部的竞争与合作对创新都是重要的。竞争能激发每个人的创新欲望，从而有利于创新机会的发现、创新构想的产生，而过度的竞争则会导致内部的各自为政、互相封锁；协作能综合各种不同的知识和能力，从而可以使每个创新构想都更加完善，但没有竞争的合作难以区别个人的贡献，从而会削弱个人的创新欲望。要保证竞争与协作的结合，在奖励项目的设置上，可考虑多设集体奖，少设个人奖，多设单项奖，少设综合奖；在奖金的数额上，可考虑多设小奖，少设甚至不设大奖，以给每一个人都有成功的希望，避免"只有少数人才能成功的超级明星综合症"，从而防止出现相互封锁和保密、破坏合作的现象。

第二节　企业技术创新

一、技术创新的内涵

经济学家熊彼特曾在《经济发展理论》中把创新定义为企业家的职能，并认为企业家之所以能成为企业家，并不是因为其拥有资本，而是因为他拥有创新精神并实际地组织了创新。根据熊彼特的观点，一个国家或地区经济发展速度的快慢和发展水平的高低，在很大程度上取决于该国或该地区拥有创新精神的企业家的数量以及这些企业家在实践中的创新努力。正是由于某个或某些企业家的率先创新、众多企业家的迅速模仿，才推动了经济的发展。在熊彼特的理论中，创新是对"生产要素的重新组合"，它包括五个方面：① 生产一种新的产品；② 采用一种新的生产方法；③ 开辟一个新的市场；④ 掠取或控制原材料和半成品的一种新的来源；⑤ 实现一种新的工业组织。后人在此基础上研究企业创新时，把它们分成两类：制度创新和技术创新。后者主要与生产制造有关，前者主要涉及管理和管理体制，即主要涉及生产制造的制度环境。本章主要讨论技术创新。

技术创新经常被一些人与技术发明相混同。实际上，创新的概念要远比发明宽泛；发明是一种创新，但创新绝不仅仅是发明。如果说发明可能是新知识、新理论创造基础上一种全新技术出现的话,那么创新既可能是这种全新技术的开发,也可能是原有技术的改善甚至可能仅是几种未经改变的原有技术的一种简单的重新组合。美国管理学家德鲁克在《创新与企业家精神》中曾以集装箱的产生为例,指出,"把卡车车身从车轮上取下,放到货船上,在这个概念中并没有包含多少新技术,可这是一项创新",这项创新缩短了货船留港的时间,"把远洋货船的生产率提高了3倍左右,或许还节省了运费。如果没有它,过去40年中世界贸易的迅猛扩大就可能不会发生。"

与企业生产制造有关的技术创新,其内容也是非常丰富的。从生产过程的角度来分析,可以将其分为以下几个方面。

1. 要素创新

从生产的物质条件这个角度来考察,要素创新主要包括材料创新和手段创新。

(1) 材料既是产品和物质生产手段的基础,也是生产工艺和加工方法作用的对象。因此,在技术创新的各种类型中,材料创新可能是影响最为重要、意义最为深远的。材料创新或迟或早都会促使整个技术水平的提高。

由于迄今为止作为工业生产基础的材料主要是由大自然提供的,因此材料创新的主要内容是寻找和发现现有材料特别是认识自然提供的原材料的新用途,以使人类从大自然的恩赐中得到更多的实惠。随着科学的发展,人们对材料的认识渐趋充分,利用新知识和新技术制造的合成材料不断出现,材料创新的内容也正在逐渐地向合成材料的创造这个方向转移。

(2) 手段创新主要指生产的物质手段的改造和更新。任何产品的制造都需要借助一定的机器设备等物质生产条件才能完成。生产手段的技术状况是企业生产力水平的具有决定性意义的标志。

2. 产品创新

产品是企业的象征,任何企业都是通过向市场提供某种或某些在某种程度上不可替代的产品来表现并实现其社会存在的。产品在国内和国际市场上的受欢迎程度是企业市场竞争成败的主要标志。只有不断地组织并实现产品的创新,企业才能保持持久的竞争优势,充满生命力。

产品创新包括新产品的开发和老产品的改造。这种改造和开发是指对产品的结构、性能、材质、技术特征等一方面或几方面进行改进、提高或独创。它既可以是利用新原理、新技术、新结构开发出一种全新型产品;也可以是在原有产品的基础上,部分采用新技术而制造出来适合新用途、满足新需要的换代型新产品;还可以是对原有产品的性能、规格、款式、品种进行完善,但在原理、技术水平和结构上并无突破性的改变。

产品在企业经营中的作用决定了产品创新是技术创新的核心和主要内容,其他创新都是围绕着产品的创新进行的,而且其成果也最终地在产品创新上得到体现。

3. 要素组合方法的创新

利用一定的方式将不同的生产要素加以组合,这是形成产品的先决条件。要素的组合包括生产工艺和生产过程的时空组织两个方面。

(1) 工艺创新包括生产工艺的改革和操作方法的改进。生产工艺是企业制造产品的总体流程和方法,包括工艺过程、工艺参数和工艺配方等;操作方法是劳动者利用生产设备在具体生产环节对原材料、零部件或半成品的加工方法。生产工艺和操作方法的创新既要求在设备创新的基础上，改变产品制造的工艺、过程和具体方法，也要求在不改变现有物质生产条件的同时，不断研究和改进具体的操作技术，调整工艺顺序和工艺配方，使生产过程更加合理，现有设备得到充分的利用，现有材料得到充分的加工。

（2）生产过程的组织包括设备、工艺装备、在制品以及劳动者在空间上的布置和时间上的组合。空间布置不仅影响设备、工艺装备和空间的利用效率，而且影响人机配合，从而直接影响工人的劳动生产率；各生产要素在时空上的组合，不仅影响在制品、设备、工艺装备的占用数量，从而影响生产成本，而且影响产品的生产周期。因此，企业应不断地研究和采用更合理的空间布置和时间组合方式，以提高劳动生产率、缩短生产周期，从而在不增加要素投入的前提下，提高要素的利用效率。20世纪最伟大的企业生产组织创新莫过于福特将泰罗的科学管理原理与汽车生产实践相结合而产生的流水生产线，流水线的问世引起了企业生产率的革命。

上述几个方面的创新既是相互区别，又是相互联系、相互促进的。材料创新不仅会带来产品制造基础的革命，而且会导致产品物质结构的调整；产品的创新不仅是产品功能的增加、完整或更趋完善，而且必然要求产品制造工艺的改革；工艺的创新不仅导致生产方法得更加成熟，而且必然要求生产过程中利用这些新的工艺方法的各种物质生产手段的改进。反过来，机器设备的创新也会带来加工方法的调整或促进产品功能的更加完善；工艺或产品的创新也会对材料的种类、性能或质地提出更高的要求。总之，上述的各类创新虽然侧重点各有不同，但任何一种创新的组织都必然会促进整个生产过程的技术改进，从而必然会带来企业整体技术水平的提高。

二、技术创新的源泉

创新源于企业内部和外部的一系列不同的机会。这些机会可能是企业刻意寻求的，也可能是企业无意中发现、但发现后立即有意识地加以利用的。美国学者德鲁克把诱发企业创新的这些不同因素归纳成七种不同的创新来源：

1. 意外的成功或失败

企业经营中经常会发生一些出乎预料的结果：企业苦苦追求基础业务的发展，并为此投入了大量的人力和物力，但结果却是这种业务令人遗憾地不断萎缩。与之相反，企业对于另一些业务虽未给予足够的关注，其却悄无声息地迅速发展。不论是意外的成功，还是意外的失败，都有可能是向企业昭示着某种机会，企业必须对之加以仔细的分析和论证。

（1）意外的成功。意外的成功通常能够为企业创新提供非常丰富的机会。这些机会的利用要求企业投入的代价以及承担的风险都相对较小。但如果说意外的失败是企业不得不面对现实的话，那么未曾料到的成功就常被企业所忽视。因为这些意外的成功既然是"出乎意料"的，那么通常也是领导者所陌生、不熟悉的，且大多与组织追求的目标和多年来形成的习惯和常识相悖。比如，企业可能长期致力于某种上游产品研发和完善，对这种产品的质量改进或设施现代化投入过大量资金，而对一些顾客需要的特殊产品则仅投入相对较少的资源，但最终的结果则可能是后者获得极大的成功，而前者的市场销量则长期徘徊不前。这正应了中国那句老话，叫作"有心栽花花不开，无心插柳柳成荫"。

　　然而,在日常生活和经济生活中,人们通常只愿观察和发现那些自己所熟悉或自己所希望出现的结果,有时虽然也观察到了那些未曾预料或希望的结果出现,但对其意义却常常难以有充分的认识。这样,意外的成功虽然为企业创新提供了大量的机会,但这些机会却不仅可能被企业领导人视而不见,而且有时甚至被视为"异端"而遭排斥。

　　德鲁克曾举过这样一个例子。20世纪50年代,纽约最大的一家百货公司的董事长面对家用电器的大量销售不知所措。因为在这类商店,以前主要是"向来买时装的人推销家用电器",而现在则是"向来买家用电器的人推销时装";这类商店"时装销售额占总销售额的70％是比较正常的",而"家用电器销售额增长过快,占3/5则显得不太正常"。于是乎,商店在设法提高时装的销售额而无任何结果后,便想到了"唯一可做的事是把家用电器的销售额压低到它们应有的水平"。这种政策带来的必然只能是公司营业状况的不断恶化。只是到了70年代,随着新管理班子的到来,才开始把侧重点倒了过来,对企业经营的内容和主要方向进行重新组合,给了家电销售以应有的位置,从而使公司再度繁荣。显然,如果该公司早一点从意外的家电销售额增长中看到发展中的机会,那么这个公司也许早已发达了。

　　(2) 意外的失败。意外的成功也许会被忽视,未曾料到的失败则不能不面对。一项计划——这可以是某种产品的技术开发,也可以是其市场开发,不论企业在其设计、论证以及执行上是如何的精心和努力,最终仍然失败了,那么这种失败必然隐含了某种变化,从而实际上向企业预示了某种机会的存在。比如,产品或市场设计的失败可能是这种设计所依据的假设不再能够成立。这既可能表现为居民的消费需要、消费习惯以及消费偏好可能已经改变,也可能表现为政府的政策倾向进行了调整。这种改变或调整虽然使计划的开发遭到失败,或使原先热门的产品不再好销,但却为一种或一些新的产品提供了机会。了解了这种变化,发现了这种机会,企业便可有针对性地进行有组织的创新。

　　不论是意外的成功还是意外的失败,一经出现,企业就应正视其存在,并对之进行认真的分析,努力搞清并回答这样几个问题:究竟发生了什么变化? 为什么会发生这样的变化? 这种变化会将企业引向何方? 企业应采取何种应对策略才能充分地利用这种变化,以使之成为企业发展的机会?

　　2. 企业内外的不协调

　　当企业对外部经营环境或内部经营条件的假设与现实相冲突,或当企业经营的实际状况与理想状况不相一致时,便出现了不协调的状况。这种不协调既可能是已经发生了的某种变化的结果,亦可能是某种将要发生的变化的征兆。同意外事件一样,不论是已经发生的还是将要发生的变化,都可能为企业的技术创新提供一种机会。因此,企业必须仔细观察不协调的存在,分析出现不协调的原因,并以此为契机组织技术创新。

　　根据产生的原因的不同,不协调亦可分成不同的类型。宏观或行业经济景气状况与企业经营绩效的不符可能是经常能观察到的一种现象。一方面,整个宏观经济形势很好,对行业产品的需求逐渐上升,同行业中的其他经济单位也在不断成长,相反本企业的销售额却不能上升,市场份额因此而不断萎缩。伴随着市场的扩大,企业的销售额可能在短期内不一定有较大的下降,因而不协调对企业发展的长期影响不一定能被企业及时意识到,但是行业发展了,而企业却止步不前,这显然是一种不正常的现象。这种不协调反映了企业在产品结构、原料利用、市场营销、成本与价格、产品特色等某个或某些经营方面存在着问题。分析这些问题之所在,寻找这些问题产生的原因,便可为技术创新提供一种思路和机会。

假设和实际的不协调也是一种常见的不协调类型。任何企业,实际上任何人也是这样,都是根据一定的假设来计划和组织其活动的。假设如果不能被实际所证实,那么企业战略投资或日常经营就可能是朝着一个错误的方向努力。这时,企业的努力程度愈高,带来的负面效果就可能愈大。及时发现假设与现实的不符,企业就可以及时地改变或调整努力的方向。企业对消费者价值观的判断与消费者实际价值观的不一致是假设与现实不协调的典型类型,也是企业常犯的一种重要错误。赫鲁晓夫1956年访问美国时曾对美国公众指出:"苏联人永远不会想拥有小汽车,对他们来说,便宜的出租汽车更有意义。"这个判断实际上假定了在消费者的价值观中,汽车只是一种交通工具而已,而没有意识到汽车除了帮助人们在陆地上移动外,还是其拥有的权力和社会地位的象征。它给人们带来的不仅是时间的节约,而且是自由度、移动性的增加。赫鲁晓夫的错误判断为西方企业家提供了丰富的机会,同时也促进了苏联汽车黑市的形成。

在所有不协调的类型中,消费者价值观判断与实际的不一致不仅是最为常见的,对企业的不利影响也是最为严重的:根据错误的假设来组织生产,企业的产品始终不可能真正满足消费者的需要,从而生产耗费难以得到补偿,企业的生存危机迟早会出现。相反,如果在整个行业的假设与实际不符时企业较早地发现了这种不符,就可能给企业的技术创新和发展提供大量的机会。

3. 过程改进的需要

意外事件与不协调是从企业与外部的关系这个角度来进行分析的,过程改进的需要则与企业内部的工作(内部的生产经营过程)有关。由这种需要引发的创新是对现已存在的过程(特别是工艺过程)进行改善,去除原有的某个薄弱环节,代之以利用新知识、新技术重新设计的新工艺、新方法,以提高效率、保证质量、降低成本。由于这种创新通常是存在已久,所以一旦采用,人们常会有一种理该如此或早该如此的感觉,因而可能迅速被组织所接受,并很快成为一种通行的标准。

过程的改进既可能是科学技术发展的逻辑结果,也可能是推动和促进科技发展的原动力。实际上,在过程改进所需要的知识尚未出现以前,任何改进都是不可能实现的。因此,在组织这种改进之前,企业(也可能是在宏观层次上)可能要针对生产过程中的薄弱环节进行长期的"基础研究",以生产出克服这种薄弱环节所需的新知识。只有在新知识产生以后,人们才能实际地考虑如何将其应用于工业生产、改进生产过程中的某个环节。必须指出,从基础研究到应用分析,最后到工艺与方法的实际改进,这个过程可能是非常漫长的。

与前两个因素相联系,过程的改进以及与此相联系的技术创新也可能是由外部的某个或某些因素的变化而引起的。比如,劳动力资源的匮乏以及由此造成的劳动成本的增加促使企业努力推进了生产过程的机械化和自动化。

4. 行业和市场结构的变化

企业是在一定的行业结构和市场结构条件下经营的。行业结构主要指行业中不同企业的相对规模和竞争力结构以及由此决定的行业集中或分散度;市场结构主要与消费者的需求特点有关。这些结构既是行业内或市场内各参与企业的生产经营共同作用的结果,同时也制约着这些企业的活动。行业结构和市场结构一旦出现了变化,企业必须迅速对之做出反应。在生产、营销以及管理等诸方面组织创新和调整,否则就有可能影响企业在行业中的相对地位,甚至带来经营上的灾难,引发企业的生存危机。如果企业及时应变,那么这种结构的变化给企业带来的将是众多的创新机会。所以,企业一旦意识到产业或市场结构发生了某种变化,就应迅速分析这种变化对企业经营业务可能产生的影响,确定企业经营应该朝什么方向调整。

实际上,处在行业之内的企业通常对行业发生的变化不甚敏感,而那些"局外人"则可能更易观察到这种变化以及这种变化的意义,因而也较易组织和实现创新。所以,对已在行业内存在的现有企业来说,产业结构的变化常常构成一种威胁。

面对同一市场和行业结构的变化,企业可能做出不同的创新和选择。比如汽车市场从贵族向平民的变化就曾引发了企业四种不同的反应,而且不同反应均取得了成功。

(1) 罗尔士·罗伊士的反应,该公司开始集中全力生产作为"王族标志"的汽车。其特点是用古老的手工制造方法,由熟练的技术工人进行单个加工和装配,许诺永不磨损,并配之以平民难以承受的价格,以保证此种类型的汽车永远只为一定社会阶层的人所拥有。自此,该公司生产的汽车始终是一定社会地位的象征。

(2) 随着汽车市场向普及化的方向发展,福特公司的反应则是组织汽车的大量生产,使其 T 型车的价格降到当时最廉价车的 1/5。

(3) 杜兰特则从汽车市场的发展中看到了建立大型公司的机会,从而在组织上进行了创新,组建了大型现代企业"通用汽车公司"。

(4) 意大利人阿涅尼则看到了汽车在军事上的发展,组建了专门生产军官指挥车的菲亚特公司,迅速成为意大利、俄国等军队指挥车的主要供应商。

因此,面对市场以及行业结构的变化,关键是要迅速地组织创新的行动,至于创新努力的形式和方向则可以是多重的。

5. 人口结构的变化

人口因素对企业经营的影响是多方位的。作为企业经营中一种必不可少的资源,人口结构的变化直接决定着劳动市场的供给,从而影响企业的生产成本;作为企业产品的最终用户,人口的数量及其构成确定了市场的结构及其规模。有鉴于此,人口结构的变化有可能为企业的技术创新提供契机。

作为一种经营资源的人口,其有关因素(如人口数量、年龄结构、收入构成、就业水平以及受教育程度等)的变化相对具有可视性,其变化结果也较易预测。比如,2020 年进入劳动市场的人口目前已经出生;就业人口中已经从业的年限决定了未来若干年内每年退休人员的数量。根据类似的资料,企业大致可以判断未来劳动市场的供给情况以及工业对劳动力的需求压力,并从中分析企业创新的机会。

需要指出的是,分析人口数量对企业创新机会的影响,不仅要考察人口的总量指标,而且要分析各种人口构成的统计资料。总量指标虽然可在一定程度上反映人口变化的趋势,但这种数据亦可能把企业的分析引入歧途。实际上,在总量相同或基本未变的人口中,年龄结构可能有着很大的差异或已经发生了重大的变化。比如,西方国家在二战结束后普遍出现了"婴儿潮",但不久生育率即逐渐下降,因此自 20 世纪 50 年代开始,人口总体水平波动不大。但在总量大致相当的情况下,人口的年龄构成却发生了重要变化。比如在 60 年代,青年人数量剧增,而 80 年代以后中年人的数量则稳步增加,老年人的比重在此之后却大幅上升。人口结构的这种变化对企业经营提供的机会或造成的压力以及对企业创新的要求是显然不同的。因此,人口变量的研究应着重在人口年龄构成的分析,特别是人口中比重较大的核心年龄层次的分析。

与作为资源的人口相反,作为企业产品最终用户的人口其有关因素对企业经营的影响从而对创新的要求是难以判断和预测的。比如,如果说我们可以大致地确定年龄结构的变化对劳动力市场的影响,那么判断这种变化对居民消费倾向需求的影响是非常困难的。

6. 观念的改变

对事物的认知和观念决定着消费者的消费态度,消费态度决定着消费者的消费行为,消费行为决定一种具体产品在市场上的受欢迎程度。因此,消费者观念上的改变影响着不同产品的市场销路,也为企业提供着不同的创新机会。

观念反映了人们对事物的认识和分析的角度。从企业创新的角度来说,观念的改变既可意味着消费者本身的有关认识的改变,亦可意味着企业对消费者某种行为或态度的认识的改变。这种改变有时并不改变事实本身,但对企业的意义却是不一样的。有则案例很好地说明了这一点。有两家制鞋商分别派出销售人员去某岛推销自己的产品。甲厂派出的推销员到了岛上以后,迅速给厂部发来一份电报,强调鞋制品在该岛无任何市场,因为岛上居民无一人穿鞋,并表明自己亦将迅速归厂。而另一家厂商的推销员则迅速回电,要求企业立即寄来大批货物,因为该岛有着非常巨大的市场潜力,且目前尚无其他厂家参与竞争。显然,对于同一客观现实的不同认识将给两家企业带来不同的市场和发展机会。当然,上述第二家企业要充分开发该市场,还需在岛民消费观念的改变上进行必要的示范、宣传以及劝导。

需要指出的是,以观念转变为基础的创新必须及时组织,才可能给企业带来发展和增长的机会。所谓及时是指既不能过迟,也不能过早。滞后于竞争对手行动,等到许多竞争企业都已利用消费观念的改变开发了某种产品后本企业才采取措施,那么等到企业措施产生效果、推出产品时,新出现的市场可能早已饱和了。相反,如果消费者的观念尚未转变或刚刚开始转变,企业在敏锐地观察到这种机会后即迅速地采取行动,这样固然可以领先竞争者许多,但为了促成这种消费观念的转变以及市场真正形成所需的费用将不仅使企业受益,而且会使整个行业受益。换句话说,企业开发的将不仅是企业市场,而是行业市场。与稍后行动的企业相比,迅即行动企业的前期投入的各种费用可能过高,因而在成本上可能处于不利地位。

7. 新知识的产生

有人把我们所处的时代称为知识经济时代。从某种意义上说,人类的任何活动都是知识的利用、积累和发展的过程。将目前的时代称作知识经济时代的重要原因可能是新知识以前所未有的速度涌现。一种新知识的出现将为企业创新提供异常丰富的机会。在各种创新类型中,以新知识为基础的创新是最为企业重视和欢迎的。但同时,无论在创新所需时间、失败的概率或成功的可能性预期上,还是在对企业家的挑战程度上,这种创新也是最为变化莫测、难以驾驭的。

与其他类型的创新相比,知识性创新具有最为漫长的前置期。从新知识的产生到应用技术的出现最后到产品的市场化,这个过程通常需要很长的时间。不仅在自然科学领域如此,以社会科学新知识为基础的创新也是这样。比如,早在 19 世纪初,圣西门就提出了有目的地利用资本去促进经济发展的商业银行理论,但只是到去世 20 多年后,才有他的门徒雅各布和皮里兄弟俩在 1852 年创办了世界上第一家商业银行——"信贷公司"。

知识性创新的第二个特点是这类创新不是以某一单一因素为基础,而是以好几种不同类型知识的组合为条件。虽然在这类创新的组织中首先需要依靠一种或少数几种关键的技术以及相关的知识,但在所有其他必备知识尚未出现之前,创新是不可能实现的。这种对知识集合性的要求也是这类创新前置期较长的一个重要原因。飞机、计算机等高科技产品的出现无不说明了这一点。

前置期较长和对相关知识的集合性要求不仅决定了企业必须在早期投入大量的资金,而且由于即便投入许多资源新知识也可能不会出现或难以齐全,因此与其他创新相比,以新知识为基础的创新需要承担更大的风险。

上面我们介绍了德鲁克理论中创新的七种来源。显然,创新这个词本身的含义已经表明其机会和可能性是难以穷尽的。同时还需指出,在企业实践中,创新通常是几种不同来源或影响因素共同作用的结果。

三、技术创新战略选择

任何企业都在执行一套符合自己特点的技术创新战略。这种战略可能是有意制定的,也可能是在无意识中形成的,在后一种情况下,技术创新战略是一系列选择的综合结果。这些选择一般涉及创新的基础、创新的对象、创新的水平、创新的方式以及创新实现的时机等多个方面。

(一) 创新基础的选择

创新基础的选择需要解决在何种层次上组织创新的问题:利用现有知识,对目前的生产工艺、作业方法、产品结构进行创新。但同样显而易见的是,理论上的创新,特别是用于为企业服务的理论创新不是一两次突击性的工作便可以完成的,它需要企业、特别是企业中有关科研人员长期地、持久地且经常是默默地工作。这种工作可能带来成功的结果,也可能是组织了众多的研究人员进行了长期艰辛的工作后一无所获。基础研究的上述特点决定了选择此种战略不仅具有较大的风险,而且要求企业能够提供长期的、强有力的资金以及人力上的支持。

应用性研究只需企业利用现有的知识和技术去开发一种新产品或者探寻一种新工艺。与基础研究相比,所需时间相对较短、资金要求相对较少、创新的风险也相对较小,研究成果的运用对于企业生产设施调整和基础性投资的要求相对较低,当然,与之相应地对企业竞争优势的贡献程度也相对要小一些。

从某种意义上来说,现代企业从事的大多是应用性的研究工作以及与之相应的创新。日本学者森谷正规认为,"20 世纪 60 年代以来,很难找到一种以完全新的原理为基础的技术"。以电子学为例,晶体管的生产是一种以全新理论为基础的创新,这种创新从根本上改变了以之为基本部件的产品的生产过程。但自此以后,"没有一个新的电子元件像晶体管一样被开发……微型计算机和超大规模集成电路只是在一个小硅片上集中了数量惊人的晶体管,却没有离开以前的技术原理"。但是,如果创新的过程始于基础研究,则无疑将给企业的应用性开发提供异常广阔的空间。

(二) 创新对象的选择

技术创新主要涉及材料、产品、工艺、手段等不同方面。由于企业生产所需要的原材料主要是从外部获取的,因此材料创新主要是在外部进行的(这种创新实际上是上游企业的产品创新),所以企业可供选择的创新对象主要涉及产品、工艺以及生产手段等三个领域。

产品创新使得产品在结构或性能上有所改进甚至全部创新,这不仅可能给消费者带来一种全新的享受,而且可以降低产品的生产成本或者减少产品在使用过程中的使用费用。所以给企业带来的不仅可以是企业特色的形成,而且可能是成本的优势。工艺创新则既可能为产品质量的形成提供更加可靠的保证,从而加强企业的特色优势,亦可能促进生产成本的降低,从而使企业产品在市场上更具价格竞争力。

产品与工艺的创新主要是由企业完成的,外部一般很难替代企业来从事这项工作。生产手段的创新则不然。由于每种机器设备的制造都需要利用企业不可能同时拥有的专门的技术、人员和其他生产条件,而且企业即使拥有这些条件,有能力生产所需的机器设备,但由于数量有限,不可能达到规模经济的要求,生产成本可能很高,因此企业一般都是从外部获取各种机器设备的。由于这个原因,生产手段的创新亦可借助外部的力量来完成。但是,生产手段的创新不是孤立地进行的,它既可能是产品创新或工艺创新的结果(产品结构或工艺制造方法的变化必然要求生产手段也做相应的调整),亦可能由此而引发产品或技术的创新。因此,如果由外部厂家来实现生产手段的改造,就有可能使得企业与此相关的产品创新或技术创新的过程甚至仅仅是意图过早地为竞争者所察觉,从而难以通过创新带来竞争优势的形成或提高。在这种情况下,某些关键生产手段技术创新的内部组织就是必然的选择了。

(三) 创新水平的选择

创新水平的选择与创新基础的选择都涉及通过创新可能达到的技术先进程度,不过基础的选择可能导致整个行业的技术革命,特别是基础研究导致的创新可能为整个行业的生产提供一个全新的基础。而创新水平的选择则主要是在行业内相对于其他企业而言的,需要解决的主要是在组织企业内部的技术创新时,是采取一个领先于竞争对手的"先发制人"的战略,还是实行"追随他人之后"最终才"超过他人"的"后发制人"的战略。

"先发制人"是在行动上"先人一步",目的是在市场竞争中"高人一筹"。先人一步行动,率先开发出某种产品或某种新的生产工艺。采用这种战略的意图是很明显的,即在技术上领先同行业内的其他企业,以获得市场竞争中至少是在某段时期内的垄断地位。

1. "先发制人"带给企业的贡献

(1) 可给企业带来良好的声誉。先发制人可使企业树立起一种开拓者或领先者的形象或者声誉,这种声誉是竞争者难以形成的。一旦某个企业在某个领域最先开发了某种技术,今后人们需要利用这种技术或购买与之相关的产品时,首先想到的将是这家企业。人们在评价这家企业时,也将主要是以技术领先者的形象去看待它。

(2) 可使企业占据有利的市场地位。在其他企业还未意识到之前,企业即已开发并进入了某个市场。显然,企业最先占领的也通常是最易占领的、并可给企业带来最为丰厚利润的市场区段。此外,最先进入市场的企业所采用的经营这种产品的方法有可能逐渐被整个行业所接受,并成为行业的标准。

(3)可使企业进入最有利的销售渠道。任何产品都是经由一定的销售渠道被传达到消费者手中的。这种渠道虽然可能是企业自己专门建立的,但由于建立并维持一个专有渠道需要企业投入巨额的资金,因此利用一个存在于外部的通用渠道是比较普遍的选择。这通用渠道的容量总是一定的,其不同部位表现出不同的吸引力。率先行动者自然可以选择最为有利的部位。不仅如此,率先行动者还可能利用先期进入的机会,与渠道签立排他性的合约,从而封锁后来者利用现存机构进入市场的通道,使后来者难以进入市场或至少会提高其进入市场的成本。

(4)可使企业获得有利的要素来源。新的产品或新的产品制造方法可能需要企业利用新的生产资源。与销售渠道的进入一样,率先行动者可以获得最有利的原材料等要素来源,甚至可以与供应商签订排他性的要素供应协议。

(5)可使企业获取高额的垄断利润。率先推出某种产品可使企业至少在初期成为这种产品的垄断生产经营者,从而可使企业以远远高出成本的价格将产品销售给那些对产品感兴趣的用户。当然,如果企业不愿自己生产,它亦可将生产这种产品的技术专利以高价卖给对其感兴趣的企业。

2."先发制人"同时带来的问题

(1)要求企业付出高额的市场开发费用。市场上尚未出现过的产品,潜在用户尚未了解其功能特性,甚至不知道这种产品的存在,因此要打开销路,企业必须投入大量的市场开发费用。率先行动的性质决定了企业不可能与其他同行分摊这笔费用。独自承担巨额的市场开发费用,将使企业处于一个非常困窘的两难境地:开发失败,将给企业带来巨大的损失;开发成功,则从中获益的将不仅是企业自己,因为先行企业开发的不仅是甚至主要不是自己的市场,而是整个行业的市场。显然,独自承担巨额的市场开发费用给企业带来的收益和风险是不对称的。

(2)需求的不确定性。率先行动者虽然投入了大量的市场开发费用,但用户队伍能否形成,被唤醒的市场有多大容量,已表现出的需求可能朝什么方向变化,这些都是不确定的。特别是,由于环境中众多因素的影响,已经表现出的需求也是经常变化的。这种不确定性使得先行企业以之为基础的技术开发和市场开发活动具有更大的风险。与之相反,后期行动的企业则可以更新的、更确定的信息为基础,因而风险相对较小。

(3)技术的不确定性。这种不确定性是由两个方面的原因造成的。一方面,一种新技术,不论是关于产品的技术还是关于工艺的技术,在实际运用之初都不可能是非常完善的,它只能在实际运用中逐渐成熟;另一方面,技术的变化不一定是连续性的,而可能呈现出一种跳跃性的势态。由于这种非连续性,今天还是先进的技术,明天就可能落后了。当技术相对地确定其变化沿着相对连续的路线前进时,率先行动的企业在时间上的领先便是一种优势。因为它可以不断地把从原有技术上学到的东西转移到新技术上去,从而可以始终在技术上保持领先状态。相反,不确定性和非连续性则给后来的追随者提供了机会。

由于这些原因,许多企业宁愿采用追随的战略,而不愿先人一步。当然,后发的目的也是为了先至,是为了制人,而非受制于人。实际上,由于上面列举的原因,后发者虽然在时间上、在用户心目中技术水平的形象上可能处于稍微不利的地位,但它可以分享先期行动者投入大量费用而开发出的行业市场,根据已基本稳定的需求进行投资,并在率先行动者技术创新的基础上组织进一步的完善、使之更加符合市场的要求。有鉴于此,后发制人的战略有时也不失为一种合理的选择。

(四)创新方式的选择

不论技术创新的水平和对象为何,企业在技术创新活动的组织中都可以有两种不同的选择:利用自己的力量独家进行开发,或者与外部的生产、科研机构联合起来共同开发。

独自开发与联合研究要求企业具备不同的条件,需要企业投入不同程度的努力,当然也会使企业不同程度地受益。独立开发不仅要求企业拥有数量众多、实力雄厚的技术人员,而且要求企业能够调动足够数量的资金。独立开发若能获得成功,企业将可在一定时期内垄断地利用新技术来组织生产,形成某种其他企业难以模仿的竞争优势,从而获得高额的垄断利润。当然,如果开发不能获得预期的结果,企业也将独自咽下失败的痛苦。若实施联合开发,企业可以与合作伙伴集中更多的资源条件进行更为基础性的创新研究,并共同承担由此而引起的各种风险。开发如果失败,企业将与合作伙伴一道来分担各种损失;当然,开发成功,企业不能独自利用研究成果组织产品或工艺的创新,合作伙伴也有权分享共同的成果,也有权从这种成果的利用中分享一份市场创新的利益。

影响企业在开发方式上选择的,不仅是企业自身的资源可支配状况以及开发对象的特点要求,对市场经济条件下竞争与合作的必要性认识的不同可能是其深层次的原因。

竞争无疑是市场经济的第一原则。正是竞争促进了社会生产率的提高,带来了整个社会资源的合理配置。在技术创新领域也是一样,竞争促使不同企业投入大量的人力和物力资源去竞相开发和采用新的技术,生产新的产品,利用新的材料和设备,以获得市场经营中的某种成本或特点优势,占有更多的市场份额,获得更多的利润。不同企业技术水平的提高最终必然会促进整个社会的技术发展。但是,不同企业单独地进行所有的技术创新研究,特别是与基础理论有关的技术创新研究,所从事的大部分将是重复性的劳动。这种分别进行的重复性的劳动,不仅可能由于力量分散而进度缓慢,而且必然会导致整个社会资源的浪费。相反,如果将这些创新活动在一定范围内有组织地协调进行,则不仅会带来资源的节约,而且必然会大大加快成果形成的速度,且一旦开发成功后,将在更大的范围内使更多的企业受益,因此对于整个社会的技术进步带来更大的贡献。

实际上,合作研究与开发不仅为经营范围限于国内的那些企业所重视,而且是许多国际企业的普遍选择。随着世界经济区域集团化的发展、国际市场竞争的加剧,国际企业为了增强建立全球性市场的能力、适应世界全球性公司发展的需要,在多个方面实行战略联盟。这种联盟不仅表现为有形资产投资上的合作,而且表现为无形性资产的共同投资。前者如联合兴建新的企业或相互在对方企业持有一定股份,后者则主要和研究与开发合作或技术转让有关。研究与开发上的合作主要指联盟各方将其资金、技术设备以及各种优势结合起来共同使用,以开发新的产品或生产技术,并在此基础上共同开发国际市场。技术转让则主要指与合作开发相关的联盟内企业间技术资料的相互交换,以共享某些技术开发的成果。

合作开发不仅可使合作各方共同承担巨额的开发费用和与之相关的开发风险,而且由于优势的互补可以开发出独自难以开发出的新技术。比如,美国通用电气公司和法国斯奈克马公司合作开发一种新型飞机引擎,其费用约需 10～20 亿美元,时间约需 10 年。显然,这个费用和风险是其中任何一家公司都不愿且难以承担的。又如,美国商用机器公司(IBM)与苹果计算机公司(APPLE)长期以来在电脑行业相互竞争,但为了发展一套完整的计算机操作系统,这两家公司决定共同投入 10 亿美元合资研究和生产新一代个人电脑的硬件、软件和网络。分析家们认为,这种合作将改变销售额高达 900 亿美元的世界个人电脑行业的竞争结构。但正如 APPLE 公司总裁约翰·斯柯利(John Scully)在《商务周刊》中所指出的,"如果没有 90 年代的战略联盟,这种高科技的公司想要生存和发展是不可想象的"。

日本企业在这个问题上的许多做法是值得中国企业借鉴的。日本核心技术局在 1986 年的一份调查表明,在接受调查的 261 家企业中,90％企业有过与同行业合作研究的经验,接近 70％的企业与部分对手有共同研究的项目。日本机械产业振兴协会则宣布,近年来日本企业作为合作研究成果的联合专利申请的数量呈迅速上升的趋势。

人们可能会认为,联合研究主要涉及通用技术或基础研究领域,因为只有在这些领域进行合作,然后在应用性研究方面进行竞争才会给各个企业带来最大利益。然而日本政府 1989 年的一份调查则表明,只有 14％的合作研究指向基础研究领域,而与此对应,有 1/3 指向应用研究,更有 1/2 以上的项目实际上是产品开发项目。

当然,合作研究的组织进行,不仅需要企业的积极主动,而且更需要政府的推动。在日本,有相当多的合作研究项目与政府有关,特别是与基础研究相关的合作性开发更需政府的推动。为此,日本政府制定了许多推进民间企业进行合作研究的专门制度与相关政策。比如,1961 年推出了矿、工业研究组合制度,1966 年推出了大型工业技术研究开发制度,1985 年制定了基础技术研究促进制度等。这些制度导致了技术研究组合等合作研究形式,极大地推动了竞争企业为共同利益而开展合作研究的选择。

日本企业与日本政府在合作研究上的努力对于我国企业技术创新战略的制定无疑提供了许多启示。

第三节　企业组织创新

企业是人的集合体。企业绩效以及其生存与发展能力首先取决于其成员的努力。这些成员是在企业活动的不同时空提供这些努力的。要使这些努力转变为对企业有效的贡献,必须对他们在企业活动中的行为进行引导和整合。行为的可预测性是行为引导和整合的基本前提。企业是通过制度结构化、层级结构化以及文化结构化来使成员的行为具有一定程度的可预测性,从而实现在企业活动过程对这些成员的不同时空的努力进行引导与整合的。制度结构化规范了作为类群的企业不同参与者之间的正式关系,层级结构化规范了作为个体的这些参与者之间的正式关系,而文化结构化规范了作为类群或个体的参与者在企业生产经营活动过程中的非正式关系。制度、层级以及文化的结构化要受到企业经营的环境、企业在经营过程中所选择的技术以及企业活动的规模及内容特点等因素的影响。

我们将主要讨论知识经济背景对企业组织这个维度的影响。知识在企业生产制造、市场营销、人力资源管理、财务管理等经营活动中的作用日益重要。知识及其运用的产品化、产品及其生产过程的知识化是我们在愈来愈多的企业中可观察到的并正在发生的客观现象。不管人们是否已经认识到，也不管人们是否承认或愿意，知识经济正逐渐取代工业经济成为现代社会的主要特征。从企业组织分析的角度，我们认为知识经济可能表现出以下三个方面的基本特点：

（1）知识要素在企业生产经营活动中的相对重要性大大提高。资本的相对稀缺性、资本的货币形态的可转换性等特点决定了资本是工业社会的最为重要的生产要素。资本市场的发展、融资手段的不断完善以及与此同时企业生产过程的渐趋复杂使得知识正逐渐取代资本成为企业生产经营的第一要素。

（2）生产者与最重要的生产要素的重新结合。产业革命的发展伴随着劳动生产者与物质生产条件的分离。由于某种原因被剥夺了物质生产条件的劳动者只能通过出卖自己的劳动力来谋求生存条件，从而为工业经济的发展提供了大量的廉价劳动力。被企业雇用后，他们只能根据雇主或其代表或代理的要求来表现符合其利益的行为。整个工业经济时代企业组织的构造都是以劳动者与其物质生产条件的分离为基本假设的。然而，当知识成为最重要的生产要素后，情况发生了变化：知识作为人脑的产物在本质是不可能与其拥有者相分离的。知识经济时代企业的组织设计，不能不考虑知识的这种特点以及由此决定的劳动者与其最重要的生产要素重新结合的现象。

（3）由于信息技术的广泛运用，知识创新和传播的速度大大加快。从某种意义上说，任何知识都是与人的活动有关的。与企业经营有关的知识是在企业经营过程中生成与发展的。知识形成、积累、创新的速度影响着企业生产过程的组织方式，影响着不同知识所有者的相对重要性，从而决定着企业参与者在此过程中的相互关系。信息技术的广泛运用加速了知识的生成与发展进程，从而引导着企业组织的创新，影响着企业组织的结构化或再结构化。

下面我们根据上述特点，从制度结构、层级结构以及文化结构等三个层面分析知识经济对企业组织创新可能产生的影响。

一、企业制度创新

（一）工业社会的企业制度结构选择及其特征

企业是通过规范作为类群的参与者在企业活动中权、利关系的制度来引导和整合这些成员的行为的：通过企业经营活动组织权力的分配，企业制度规范着参与者类群间的权力关系，从而影响着这些参与者在企业决策制定与执行中的行为表现；通过决定经营成果的分配，企业制度规范了参与者类群间的利益关系，从而影响着不同参与者在企业成果形成中的行为特点。权利关系、相对地位的确定，使得参与者类群在不同模式的企业制度下有着不同的行为规律，从而使他们的行为具有一定程度的可预测性。这种可预测性使得企业对参与者行为的引导和整合成为可能。

不同参与者是通过提供企业经营所必须的某种要素来实现他们对企业的贡献的。正是这些要素的相对重要性决定了要素供应者在企业活动中的相对权利地位，决定了企业活动中的权力与利益分配的格局，从而决定了企业制度结构的特点。要素的相对重要性既取决于要素本身在企业生产经营活动中的作用，也在很大程度上受到该种要素相对稀缺程度的影响。稀缺资源从资本转向知识,将导致知识参与者在企业权利关系中地位的提高。

在迄今为止的工业社会,相对于其他要素来说,资本是最为重要也是最为稀缺的。工业生产过程主要是资本与劳动结合的过程。在这个过程中,资本的所有者通过提供一定数量的资本形成一定的生产能力,集中一定的物质条件,雇用一定数量的劳动者加工和组合利用这些资源以形成一定产品。由于资本(以货币形式表现和计量的资本)具有一般等价物可以很方便地换回其他形式生产要素的特点,所以启动这个过程的是一定数量资本的投入。过程源动力的特点决定了资本的所有者在过程开始之初就拥有着选择过程运行的方向、组织过程的推进、处理过程的结果的各种权力。

一般等价物使资本所具有的流动性特点,而与此同时由于工业生产中劳动分工不断发展导致具体工人的操作范围更加狭窄,作业技能更趋专门化,流动更加困难的特点,使资本相对于工人的地位进一步得到确认。在这种背景的企业中,"知识",特别是"管理知识"虽也已开始居一席之地,但主要是作为资本的附属而存在的。

(二)知识经济条件下的企业制度创新

企业制度结构的这种特征正在受到知识经济的挑战。知识在现代企业经营中相对作用的加强正使得权力的行使以及对成果分配的控制正在逐渐变成知识工作者的"专利"。

有人也许会强调,工业社会也是知识社会,工业社会的经济活动是与工业生产有关的知识的开发和利用的过程。实际上,任何人类经济活动,甚至在一般意义上任何人类社会活动的运行都是知识的发现与利用、积累与创新的过程。因此,知识社会不是突然而至,而是逐渐演变而来的。知识经济是在工业经济甚至是在前工业经济中就已开始孕育的,是从工业经济中脱胎而来的。但是与工业经济相比,知识经济条件下人们所倚重的知识类型以及知识的相对重要程度是不同的。

人们在企业中的活动可以分为两类:一类是人作用于物的活动(劳动者利用一定劳动工具借助一定方法对劳动对象进行加工转换,生产出符合要求的某种产品的劳动);另一类是一些人作用于另一些人的劳动(主要指管理人员对作用于物的劳动者的工作安排以及工作中的指挥与协调)。人们作用于物的劳动主要需要与操作有关的知识(包括我们在上面所说的作业知识与技术知识),而作用于其他人的劳动则主要需要与协调有关的知识。知识因此而可以分为两种类型:有关操作的知识与有关协调的知识。

工业社会是以操作知识的发展为基础的,工业社会的发展又不断促进着操作知识的进步。生产工具的改进导致了工业革命的产生,机器的发明和普遍运用促进了工厂制度的发展。工艺的更加先进和机器的普遍使用使得工业生产渐趋复杂,从而促进了劳动分工的不断细化。细致的劳动分工在促进劳动生产率提高的同时,使得每一个分工劳动者的操作技能和相关专业知识更加狭窄,更加专门化,从而使得工业生产中的每一个人的劳动高度相互依赖。这种相互依赖性使得对不同人在企业中分工劳动的协调变得至关重要。知识在生产中的普遍运用,单个劳动者操作技能的高度专门化,使得工业生产率的提高不仅取决于个人的操作技能和作业的熟练程度,而且更取决于对不同人的劳动的分工协调。正如哈耶克所分析的,分工使人们只知道与自己工作有关的那部分知识,没有人有能力获得这些知识的全部。在分工生产的条件下,"我们必须使用的背景知识不是以集中和整合的形式存在,而是以不完全的,经常是相互矛盾的知识片段分散地为分开的个人所占有"。因此,工业经济愈发展,分工劳动愈细致,劳动者的知识愈专门化,与协调不同劳动者的分工劳动有关的知识就愈加重要。这种重要性不仅是相对于其他知识(比如操作知识)而言的,而且是相对于其他生产要素而言的。正如德鲁克所指出的,知识特别是有关协调的知识,正变为"关键的经济资源",甚至是"今天唯一重要的资源""传统的生产要素——土地(即自然资源),劳动和资本没有消失,但它们已变成第二位的。假如有知识,人们便可很容易地得到传统的生产要素"。

实际上,分工劳动在工业社会的发展不仅加剧了普通劳动知识和技能的专门化与狭窄化,而且决定了协调分工劳动所需的专门知识的供应的相对稀缺性。这种相对稀缺性进一步加强了协调知识拥有者的相对地位。在生产过程相对简单,从而要求工人所具有的操作技能也相对简单的情况下,只需对这些操作技能有一定了解便可完成协调的任务。所以在工业社会初期,协调工作是由资本所有者承担的。但是,随着工业经济的发展和工业生产过程的复杂化,资本所有者难以拥有这样的知识,只能委托拥有相关知识的经营管理人员去协调。后者在协调实践中,地位不断得到加强。所以,今天组织企业活动的协调知识是由企业经营管理人员所拥有的。管理人员的职能就是运用协调知识去组织和管理企业成员的分工劳动。管理人员通过其协调劳动不仅决定着自己所拥有的协调知识的运用效率,而且决定着作为其协调对象的企业生产者的知识利用效率。所以"经理是对知识的应用和知识的绩效负责的人"。

因此,在工业社会蜕变而来的知识社会中,知识正变为最重要的资源,企业内部的权利关系正朝向知识拥有者的方向变化,企业的制度结构正从"资本的逻辑"转向我们所称的"知识逻辑"。权力派生于知识(特别是协调知识)的供应,利益(经营成果的分配)由知识的拥有者所控制正逐渐成为后工业社会或知识社会的基本特征。

二、企业层级结构创新

(一) 工业社会的企业层级结构及其特征

在利用制度结构规范参与者类群间权力与利益关系的同时,工业经济中的企业试图通过层级结构来规范作为单个成员的参与者在企业活动中的关系和行为。

层级结构曾是人类组织结构的伟大创新。19世纪下半叶以后在工业企业中开始广泛运用,目前仍是企业的主要特征。

工业经济的发展首先表现为生产规模的不断扩大。当企业规模相对较小,活动内容相对较不复杂的时候,业主借助个人的知识和能力便足以应付管理的需要了。但是。随着活动规模的扩大和内容的渐趋复杂,业主个人就难以应对了。在同一时空聚集了数万,甚至数十万工人从事大规模生产的条件下,要使这些人的活动有序地进行,必须在对这些人的劳动进行合理分工的基础上进行指挥和协调。首先在政府组织中被运用的层级结构便是在这样的背景下被逐渐移植到工业经济中来的。

作为工业企业的主要组织形式,层级结构曾表现出如下主要特征。

1. 直线指挥,分层授权

在层级结构中,从理论上来说,企业的最高行政长官(业主或其代理人)有权安排和指挥每一个企业成员的工作。但由于时间与精力的原因,他的有效管理幅度是有限的。因此必须把本应属于自己的部分工作及其相关的权力委托给一些部属去完成和行使。部属由于同样的原因必须将工作与权力再分解,再委托。这样,企业组织便成为一个等级结构的金字塔。金字塔中的每一个层次都根据直线上级的要求,组织完成相应的工作任务,并行使相关的权力。同时又将接收到的任务分解给下一个层次去完成,并利用受托行使的权力去和命令下属的工作。层级组织的基本特征便是利用直线指挥与分层授权来规范成员间的关系,影响他们在企业活动中的行为表现。

2. 分工细致,权责明确

层级结构的工业企业实行细致的劳动分工。分工原则不仅体现在与产品制造过程相关的生产劳动中,而且体现在与生产过程协调有关的管理劳动中。分工劳动使得生产者与管理者的知识和技能不断完善,相关劳动的熟练程度不断提高,从而促进了组织劳动生产率的增长。分工劳动不仅严格规定了组织成员应该履行的职责,而且明确了相应职务的工作人员为履行职责而可以行使的权力。

3. 标准统一,关系正式

(1)标准统一首先是作业方法的标准化。在泰罗制的影响下,企业在生产过程组织合理化的同时,使作业方法标准化。在生产过程的不同环节和岗位上,生产者按照标准的方法来完成作业。这种标准化也逐渐被移植到管理劳动的组织中。不论是谁,在处理同类的管理业务时,都按照一套标准的程序和方法来操作。

(2)标准统一还表现为企业政策的一致性。制约管理人员行动及其行为的政策和规则是由企业最高权力机构统一制定,统一推行的。层级结构中的工作人员必须严格依循这些政策和规则。政策和规则的这种一致性,不仅决定了企业组织能以整齐划一的方式表现其行为,而且使得组织中各部门、各层次的管理者之间的关系不具有个人感情的色彩:层级组织中成员之间的关系是职务或岗位所规定的角色关系,而非个人关系。企业的"组织框架图"和"说明书"确定了每个成员应该扮演的角色,每个角色的扮演者应该以理性而非以感情的方式来完成其职责。组织所倚重的是角色间的正式关系,而非个人间的非正式关系。

目前在许多企业中采用的事业部制实际上也是层级结构。事业部制企业可以被视为传统的直线组织的联盟,因为每一个事业部都是按照上述基本特点组织起来的。

(二)知识经济与企业层级结构的改造

层级结构的这些特征曾经促进了工业企业的成功:直线指挥,分层授权保证了企业行动的迅速;分工细致,权责明确促进了效率的提高;而标准统一,正式的角色关系则保证了企业活动的有序性。但是层级结构发挥作用并取得成功是以一定的环境条件和假设作为前提条件的。

层级结构在企业中的广泛运用是以市场环境为背景的:消费者的诸多需求尚未得到充分满足;这些需求基本是无差异的;消费需求以及影响企业经营的其他环境因素基本上稳定的,或虽有变化,但变化具有连续性的特征,从而基本上是可以预测的。诸多需求的未充分满足使得任何产品都存在极大的市场,因此企业可以组织大规模生产;消费需求的无差异性使得企业可以组织标准化生产;而需求与市场的相对稳定或后者变化的可预测性则使得企业内部生产及其管理的改善主要依赖于经验的累积和总结。经验的累积和总结过程主要是组织记忆的形成。在这种条件下,企业活动的组织调整均主要是企业管理中枢的职责。在这样的背景中经营,不仅生产操作工人可以凭借主要以过去经验为基础形成的标准方法作业,而且管理中枢也主要利用组织记忆形成过程中不断累积和总结的经验(即有关过去的知识),借助细致的分工和统一指挥来比较集权地组织生产过程中工人的标准化作业及其调整。

在知识经济正在到来的今天,层级结构赖以成功的上述背景正在或已经发生变化:消费者日趋成熟以及消费者有关消费知识的渐趋丰富使得消费需求愈来愈具有多样化和个性化的特点;影响企业经营的环境不仅日益复杂,而且愈来愈不稳定,其变化不仅无法控制,而且也愈来愈难以预测。多样化的个性需求使企业正在失去标准化生产和一致性政策的基础;市场变化的频繁要求企业活动的内容与方式及时调整。满足个性化的消费需求,要求企业生产组织更具弹性;活动内容与方式的适应性调整则要求相关的权力从管理中枢向下分散。实际上,只有与外部环境直接相连的那些部分有调整的权力,这种调整才可能是适时有效的。

弹性的、分权化的企业是不可能完全以组织记忆为基础来组织运行的。实际上,满足个性化需求的生产作业,应对环境变化的适时调整,是难以在已经累积的知识中找到现成答案的。这些工作必然要求相关的成员和部门在知识积累的基础上进行知识的创新。因此,新形势下的企业组织必须是有利于企业成员的学习和知识创新的组织。

有人认为,这种组织的基本雏形可能是目前已在一些高科技企业中出现的网络组织。这种组织将企业视为一组为完成特定任务而组成的横向工序流,而不是纵向的由各个职能部门组成的层级结构。网络结构主要表现出如下主要特征:

(1)它在构成上是"由各工作单位组成的联盟,而非严格的等级排列"。这些工作单位相互依赖,在关键技术和如何解决难题上相互帮助。它们的地位与核心机构平等。核心机构只选择与调整企业的战略方向,设计各部分共享的组织基础,创造促成向心力的企业文化,保证各部分的相互合作,而各项工作则由各工作单元来完成。

(2)企业成员在网络组织中的角色不是固定的,而是动态变化的。网络中的工作单元可能是稳定的,但单元之间的关系则是为了完成一定的项目而设计的。一旦项目完成,单元之间的关系则可能需要重组。由于企业活动的项目及其进展情况是在不断变化的,因此网络结构也需要不断地调整。

(3)企业成员在网络结构中的权力地位不是取决于其职位(因为职位大多是平行的,而非纵向排列的),而是来自他们拥有的不同知识。"在层级组织中,你拥有的职位决定的你的权力。在分权的网络化的组织中,你的权力来源于你了解的知识和你认识的人"。

由于网络结构中的各个工作单元都是一个权力中心,因此可以及时进行应对市场变化的调整;由于每个工作单元都与其他单元保持广泛的联系,从而不仅促进了知识与经验的交流,而且使得各单元的适应性调整有充分的知识和信息的基础。因此,网络结构是适应型的、学习型的组织结构。

不过,我们认为,知识经济带来的变化可能是对现存的层级组织进行网络化的改造:用网络结构来补充层级结构,而不是将后者完全取代。实际上,管理任何由一定数量的成员参与的集体活动,一定程度的集权和统一指挥是必不可少的。没有这样的集权和统一指挥,组织成员的活动就无法协调,组织活动就无法在"有序的无序"或"无序的有序"状态下进行。

因此未来的组织应该是"网络化的层级组织":层级支持着组织活动的有序性,而网络则促进着组织的适应性。网络化的层级组织应该是三个相互对立的特点的统一:

(1) 集权和分权的统一。知识经济条件下的企业固然需要保持分散、差异和分权,以具有主动和迅速反应的创造能力,但同时也需要严格的集中管理,以保持战略的统一、行动的迅速以及相互依存的各工作单元间相互关系的协调。因此网络化的层级组织应该是既集权又分权的。说它是集权的,是因为管理中枢在战略方向选择以及不同工作单元自主性劳动的范围与边界确定等问题上有着无法替代的作用;说它是分权的,是因为工作单元内的一线人员有权在企业战略参数的范围内自主地处理可能出现的紧急情况。

(2) 稳定与变化的统一。在知识经济条件下,面对逐渐成熟的消费者的不断变化的个性化需求,企业如不能及时做出适应性调整,则可能被市场淘汰,而变化过于频繁则可能引起组织的混乱。网络化的层级结构在组织整体保持相对稳定的同时,使各个工作单元能迅速调整层级结构,从而组织框架以及决定这个框架的经营领域是相对稳定的,而框架中的各个工作单元的工作内容和方式则经常进行适应性调整。

(3) 一元性与多元性的统一。主要表现在三个方面:层级组织既保存了统一指挥的管理中枢,又允许相互依存的各工作单元相当自主地运行;既通过统一的基本政策规范着整体企业的战略经营,同时又允许各工作单元的活动标准与原则有一定的差异;既确定了明确的组织宗旨和使命,倡导着主导的价值观念,又允许甚至鼓励异质价值观念和行为准则的存在。

三、企业文化创新

(一) 工业社会中企业文化的功能与特点

在工业社会中,企业文化的功能便是在企业制度和层级结构不能触及的地方发挥作用,即调节不同成员在企业活动中的非正式关系。企业文化对企业成员行为的影响,主要表现在行为导向、行为激励以及行为协调等三个方面。

(1) 企业文化是作为企业经营的一种副产品而出现的。企业文化的概念在管理研究中大概始于 20 世纪 70 年代末。在对日美企业经营方式以及美国不同企业经营方式比较研究的基础上,美日的一些学者得出了"凡成功的企业都有一个强有力的企业文化起支持作用"的结论,但这些成功的企业文化都不是企业刻意追求的结果,而是企业经营者甚至是几代经营者在企业实践中通过自己的领导风格与行为方式对企业员工的行为产生了潜移默化,从而促成了一种价值观念和行为准则被企业员工广泛认同的结果。

(2) 企业文化基本上反映了企业组织的记忆。文化是一个历史的概念,是在企业经营的过程中,经过岁月流逝逐渐积累而成的。在历史上形成的企业文化反映在企业经营过程中被实践证明是成功的行为方式以及这种行为方式所体现的行为准则和价值观念。所以用企业文化来引导员工的行为,实际上是用过去的经验来指导员工今天的行动。

(3) 企业文化是作为一种辅助手段而发挥作用的。在工业社会中,企业主要通过制度结构规范不同参与者类群间的权利关系,通过统一指挥、分层授权的层级结构来规范和制约员工在企业经营中的正式关系,通过设计赏罚分明的奖惩机制来制约和诱导员工的行为的。而企业文化则是作为一种补充,主要在制度结构和层级结构不能触及的地方发挥作用。

（4）企业文化是一元的。在历史上形成的企业文化倡导一种被共同认可的价值观以及由这种价值观所决定的行为准则。具有异种价值观的员工是难以融入企业文化氛围的，其行为通常难以被企业的其他员工所接受。工业社会的企业文化，根据定义是排斥异种价值观和行为准则的。企业文化的这种一元性与工业社会中层级组织的等级指挥，标准作业，规则一致的特点以及影响这些特点的早期工业社会的消费需求的无差异性是相互呼应的。

（二）知识经济与企业文化创新

正在到来的知识经济将改变工业社会企业文化的基础，从而将对企业文化带来以下四个方面的调整：

（1）企业文化将成为知识经济条件下企业管理的重要，甚至是主要的手段。文化手段重要性的这种变化是与层级结构的网络化改造相关的。在层级结构中，管理中枢利用严格的等级制度统一指挥和控制着整个企业的活动；而在实行分权化管理的网络化层级结构中，各工作单元也是决策中心。管理中枢主要通过信息的提供去影响、引导和协调这些单元的决策以及决策的组织实施。在这种情况下，用被企业员工广泛认同的价值观和行为准则去影响各工作单元在不同时空的行为方向、内容及方式的选择就变得至关重要了。文化将成为保证和促进网络化层级结构条件下企业组织活动一体化的黏合剂。

（2）企业文化将是人们自觉创造的结果，而不是企业生产经营中的一种副产品。文化一旦成为企业管理的重要甚至主要手段，共同认可的价值观一旦成为协调和统一人们行为的主要工具，我们便不能再消极地等待，让文化在经过漫长的岁月流逝后再缓慢形成。实际上，在网络化的层级结构中，当管理中枢无须直接利用权力去分配和协调下属单位的活动后，其重要的工作内容就不仅是组织信息的收集、处理与传播，而是要通过基本政策的制定，借助各种沟通渠道，去倡导某种适合企业特点的文化，大张旗鼓地宣传这种文化，总结和介绍这种文化影响下成功工作单元的事例，以促进这种文化所包含的价值观和行为准则被各工作单元迅速普遍地接受，并使之成为影响他们行为选择的基本规范。

（3）作为人们自觉行为结果的企业文化不仅是记忆型的，而且是学习型的，或者更准确地说，主要不是记忆型的而是学习型的。传统工业社会的企业文化体现的主要是企业的"组织记忆"。这种记忆记录了企业过去成功的经验。假使环境参数不发生重要变化，人们依据昨天的经验和惯例还可以应对未来的变化。

实际上，在知识经济条件下，人们也没有足够的时间去等待组织记忆的形成。在管理中枢的倡导和推动下，人们必须迅速学习新的行为准则和行为方式。因此，网络化层级结构中的企业文化首先是自觉学习的结果网络化的层级结构也将有利于组织文化的学习：各工作单元与外界的广泛接触将会使组织不断习得新的知识。而组织内纵横交错的沟通网络则会使得各单元习得的知识与经验在组织内迅速传播。知识的迅速习得与经验的迅速交流将促进网络化层级组织不断创新并推广新的行为准则和行为方式。

（4）企业文化将在强调主导价值观与行为准则的同时，允许异质价值观和行为准则的存在。学习型的企业文化必然也是多元的。实际上，一定时期的主导价值观主要体现了组织的记忆。如果没有对不断出现的异质价值观的容忍，就不可能有企业文化的创新。此外，网络化层级组织的文化多元化与各工作单元并行中心的特点以及企业需要满足的个性化消费需求的特点也是相一致的。与等级明确的层级结构不同，网络化层级结构不可能要求企业以整齐划一的方式行事,具有决策权的自主工作单元必然会在企业经营中表现出各具特色的个性化行为方式。与此同时,个性化需求的满足也使得企业不能像传统方式下那样以单一的规则和一致性的标准去约束自主工作单元的行为。

文化的多元化必然会促进企业文化的不断创新,从而必然会不断促进知识经济条件下的企业不断走向繁荣。

复习思考题

1. 简述创新职能的内涵和创新工作的特征?
2. 创新管理与维持管理的关系是什么?
3. 简述目标创新的内涵,如何进行目标创新?
4. 简述技术创新的主要内容和特点。
5. 如何管理变革与创新的实施过程。
6. 如何认识企业内外不协调对于技术创新的作用?
7. 简述机会对于技术创新的作用? 你在实践中如何对待意外的成功和失败的?
8. 讨论技术创新过程和环境变化的关系?
9. 如何认识企业技术创新过程的"先发优势"与"后发优势"?
10. 简述如何进行创新基础和创新对象的选择?
11. 你是如何认识知识经济时代的基本特征的?
12. 为什么说在知识经济条件下企业制度结构正从"资本逻辑"转向"知识逻辑"?
13. 工业化社会时代企业层级结构的基本特征是什么?
14. 知识经济时代对层级组织进行网络化改造的根据何在?
15. 你认为在知识经济时代企业文化可能会表现出哪些特征?

第十六章　知识创新与组织学习

第一节　管理创新职能的基础：知识创新

管理创新职能是将组织所有经营活动置于积极的创新过程中，从创新活动规律出发，利用管理手段实现组织创新能力和创新效果的提升。尽管组织中创新活动体现为运营创新、技术创新、产品与服务创新，或者人员开发与管理创新等方方面面，但究其本源都是组织中的知识创新。组织中的知识只有经过不断地创新和发展才能真正发挥其作用，相应地，一个企业只有通过知识创新才能保持持续的竞争优势。知识管理可以理解为对组织内的知识进行系统管理，以便于知识的产生、获取和重新利用。知识创新过程就是组织学习的过程，组织知识结构和内容的更新正是通过学习的机制来实现的，知识创新和组织学习可以看作是管理创新职能的基础和源泉。

一、核心竞争力的资源基础

企业进行管理创新的根本目的就是要形成竞争优势，以适应环境变化的要求，获得生存和发展的机会。企业竞争优势本质的来源是企业所拥有的资源和知识，获取和保持核心竞争力是知识创新的根本目的，从而使企业在市场上占据有利的竞争地位。美国战略管理学家迈克尔·波特认为，企业在考虑竞争战略时必须与企业所处的环境相联系，而行业是企业经营的最直接的环境；每个行业的结构又决定了企业的竞争范围，从而决定了企业潜在的利润水平。在这种思路下，企业获取竞争优势来源于两个维度的有效结合：企业所处行业的吸引力和企业在其中的相对竞争地位。因此，企业成功的关键是选定有吸引力的行业，通过构筑进入壁垒和改变市场结构获得竞争优势。波特进而提出五种竞争力模型用于分析企业所处行业的状况，这一模型说明企业的盈利能力主要取决于供应商、购买者、当前的竞争对手、替代产品及行业的潜在进入者五种因素。企业需要考虑的另一项战略任务就是如何在已选定的行业中进行自我定位。企业的定位决定了其盈利能力是高于还是低于行业的平均水平。即使在行业不理想、平均盈利能力低的情况下，定位适当的企业仍然可以获得较高的利润。根据产业吸引力的具体情况，企业获取竞争优势存在可选择的三大战略：成本领先、差异化和集中化战略。战略的本质是定位，战略定位与实施的结果形成相对优势，从而使企业总能比竞争对手更有效率并获得竞争优势。

波特教授关于竞争结构决定企业行为的观点得到普遍的接受和认可，对战略管理的理论和实践产生了强烈的影响。企业管理理论工作者和实际工作者受波特理论的影响，认为企业的经营活动是由企业无法影响的市场环境决定的，创新是企业外部的偶然现象，管理人员只能根据内部环境和企业的能力，选择成本领先或差异化竞争战略，与竞争对手争夺市场。然而随着企业所处的经营环境发生变化，企业战略思维已开始逐渐有所改变。竞争战略理论过多强调了外部环境的重要性，而对企业内在的因素几乎很少涉及，忽视了企业自身的特质与能力。

企业的竞争优势可以表现为价格优势、产品优势等不同的形式，但不论是哪种竞争优势归根到底都来自企业所拥有的资源和能力。从本质上说，企业竞争优势来源于企业内部，企业资源是企业赖以生存的基础，是企业存在和发展的条件。企业的资源是"某个企业内任何被视为强势和弱势的事物"，只有通过资源的合作与协调形成了企业的竞争力，才能使企业获利。要使一家企业的盈利能力高于社会平均水平，即一家企业具有竞争优势，这家企业就必须具备其他企业所不具备的特殊资源。

企业的特殊资源既可以是有形的资源，如企业先进的技术、独特的产品或功能、设备设施、特殊的原材料、特殊的地理位置和企业正式的结构；也可以是无形的资源，表现为企业的声誉或专利技术等无形资产，或者以企业人员为载体的个人知识、能力和企业的计划、控制、协调运作体系等。能够给企业带来租金的特殊资源必须具有以下特征：（1）对于目前市场而言，它必须是有价值的；（2）资源必须在企业现行的和潜在的竞争对手间具有稀缺性；（3）资源必须是不可完全模仿的；（4）资源在现时无可替代。企业只有长期保持有价值的独特资源，或者有价值的不可完全模仿和替代的异质性资源，才能确保其长期获得垄断租金。这就要求企业必须根据市场环境的变化，淘汰过时的或者丧失异质性的资源，培育出适合市场需要的有价值的、新的异质性资源。

二、维持竞争优势的企业能力

企业的特殊资源使企业必然在要素市场或产品市场上短期内占有垄断地位，从而使企业能够得到高于其他企业的垄断租金。企业依赖特殊资源而拥有的垄断租金不是一成不变的，而是具有动态演化的特点。随着社会的进步和技术的不断发展，企业的市场环境变化更快，更加复杂，企业所面临的不确定性更大。企业必须具备有效组织和利用企业资源并不断培育适应市场需要的特殊资源的能力，这种能力称为企业能力。只有拥有企业能力的企业，才能长期保持高于社会平均的盈利能力，企业才具有持续的竞争优势。因此，可以将企业能力称为维持企业持续竞争优势的能力，又称为企业的核心能力。使得企业获得持续竞争优势的实质就是维系、培育和发展企业能力。从长期看，企业之间的长期竞争本质上是企业整体能力的竞争。

企业的整体竞争具有层级性，从深层次到最外显的浅层分别是：企业能力——核心产品——终端产品。要想获得持续的竞争优势,管理者必须从企业能力的培育着手,使得企业具有能够以比竞争对手更低的成本和更快的速度培植孵化出特殊的具有市场空间产品的能力。企业就像一棵大树,树干和几个主要枝杈是核心产品,为大树提供养分和起支撑固定作用的根就是企业能力。企业之间的竞争总是表现为企业特殊资源的竞争,如产品、技术、人力资本、设施设备和组织制度等,但本质上是企业能力的竞争,即有效组织和利用企业资源并不断培育适应市场需要的企业特殊资源。特殊资源本身不过是企业获得竞争优势的基础,能否成为企业真正的竞争优势,还有赖于有效组织和利用这些资源。同时,资源的特殊性是有时效的。在特定时代背景下,在特定的科学技术、经济发展状态,消费习惯和消费理念等因素限定的市场环境下,一项资源是特殊的,但是会随着环境的改变,资源的特殊性将会削弱甚至消失。因此,企业不能将自己拥有的特殊资源看作是一成不变的优势基础,企业必须能够适应环境变化,不断培育和组织适应市场需要的特殊资源。只有这样,企业才能在不断变化的市场环境中保持企业的资源优势,维持持续的企业竞争力,才能长期保持高于社会平均的盈利能力。

维持企业持续竞争优势的能力是现实性的,它首先必须能够有效地组织企业内外部资源,为企业创造价值,同时还必须及时培植新的有价值的独特性资源以适应环境变化对市场竞争的要求。因此,企业能力就是维持企业持续竞争优势的能力,也就是企业整合利用企业内外部资源、培育有价值新资源的能力。在瞬息万变,不可预测的环境下,所有的竞争优势都是短暂的,企业只有快速响应市场机会,并据此对企业内外部资源进行重构,形成一系列新优势,才能保证企业持续的竞争优势。技术的进步、产品的更新换代决定了人们必须不断地学习新知识,而处于不断变化的市场环境则决定了企业必须适时地调整企业发展战略,包括企业业务领域的变换和拓展,设备的技术取向、产品定位等。

三、专有知识对企业能力的培育

企业的各种资源有机地结合在一起,形成了企业整体的"独特资源",这种"独特资源"构成了企业能力的源泉,是不可复制和不能完全流转的。这种整体性的独特资源正是企业内部难以交易和模仿的知识。随着社会的进一步发展,越来越多的人认识到,隐藏在企业能力背后并决定企业竞争优势的关键是企业掌握的知识,尤其是很难被竞争对手所模仿的隐性知识以及与之密切相关的组织学习。企业知识必须有长期的积淀和精心的培育,因此,知识在企业竞争中具有越来越重要的作用,它决定着企业能力的状态。彼得·德鲁克就提出:"知识已经成为关键的经济资源,而且是竞争优势的主导性来源,甚至可能是唯一来源。"他还指出,企业所拥有的唯一独特的资源就是知识,能产生企业独特性和作为企业独特资源的是它运用各种知识的能力。因此,企业能力培育的关键就是要建立能够给企业带来竞争优势的知识体系,能够随着环境的变化不断更新、提升。

巴顿在《知识的源泉》中指出企业的核心能力是建立在知识的基础上。她认为企业核心能力是指具有企业特性的、不易外泄的企业专有知识和信息,而学习是核心能力提高的重要途径,所以学习能力是核心能力的核心。作为企业竞争优势基础的能力可以表现为:知识、能力、技能、信息、资源、价值观等,这些不同形式的能力,存在于人、组织、环境、资产或设备等不同的载体之中。其中,组织独特的价值观和文化,属于组织的特有资源;信息、专长、能力等则属于企业组织内部的知识。可以看出,企业竞争优势最本质的来源是企业所拥有的资源和知识。那么资源和知识是什么关系呢?

资源基础理论指出,企业的主要任务就是如何科学合理地配置资源,充分有效地使用资源,从而获得最大的价值和利润。在这些资源的获取和配置中,企业将形成一种特有的不可替代的优势,这种优势使得企业能形成一种独特的核心优势(异质性),从而在市场竞争中立于不败之地。而知识的特性则决定了企业独特的核心优势和异质性的来源,因为组织在自身知识和能力上的不平衡,会导致在资源获取和配置决策上的不平等。因此,决定稀缺资源获取和配置上异质性的原因,正在于不同组织之间的知识和能力的差异。发现、选择和利用各种资源的能力是企业内在知识水平和能力积累的反映。以知识为基础的企业理论源于战略管理理论中的资源学派,它解释企业如何获取异质性资源,形成一种不可替代的技术或专利,从而建立竞争优势并获取垄断利润。大多数成功的企业都把这种资源和能力素质建立在知识和知识创新的基础上,因为知识已经不仅仅作为一种核心投入和核心资源,而且也因其外在性而影响资本、劳动力、技术等其他资源的配置和使用效率。所以,知识是企业资源的核心,知识创新是企业持续竞争优势的基础。

四、组织学习是知识管理的必然要求

企业竞争优势最本质的来源是企业所拥有的资源和知识。知识是企业资源的核心和配置资源的手段,它是企业持续竞争优势的基础。一个知识型组织,既要通过不断的学习获取"天生"具有异质性的知识,又要通过与外部交流,发掘和利用外部知识,并结合内在知识,对获取的外部知识进行加工,使之具有专用性、不可模仿性和稀缺性等特征。正是基于知识和知识创新在现代企业中的突出地位,对于企业知识创新活动及其管理的研究具有重要意义。知识管理可以简单地理解为对组织内知识进行系统的管理,以便于知识的产生、获取和重新利用。知识管理能够帮助人们对拥有的知识进行反思,帮助发展支持人们进行知识交流的技术和企业内部结构,并帮助人们获得知识来源,促进他们之间进行知识的交流。

组织学习和知识创新之间存在着密不可分的联系。企业知识创新过程从本质上说就是组织学习的过程,组织知识结构和内容的变化与更新正是通过学习的机制来实现的。组织学习是组织内知识的获取、创造和传播的过程,首先是从个人间共享隐性知识开始的(社会化),隐性知识在团队内共享后经整理被转化为显性知识(外部化)。其次,团队成员共同将各种显性知识系统地整理为新的知识或概念(联合化)。再次,组织内的各成员通过学习组织的新知识和新概念,并将其再转化为自身的隐性知识,完成了知识在组织内的扩散(内部化)。最后,拥有不同隐性知识的组织成员互相影响,完成了社会化的过程,新一轮的组织学习循环又开始了,新知识也不断地产生并在组织中传播开来。

在知识创新过程中,涉及各种类型的组织学习,尤其是双环学习和再学习,通过创造性或变革性的学习过程,以及"学习如何学习"来反思组织学习方法和学习不足的过程,使得组织能够迅速把握技术机会和市场机会,从而能够不断地创造新的产品和服务来为自己赢得生存空间。

企业知识的积累和创新依赖于学习型组织,克服企业知识核心刚性必须依赖学习型组织,才能摆脱企业知识核心刚性的约束。学习型组织是能够有意识地、系统地和持续地通过

不断创造、积累和利用知识资源，努力改变或重新设计以适应不断变化的内外部环境，从而保持持续竞争优势的组织，它本身就是企业能力的体现。构建学习型组织的过程就是培育企业能力的过程。学习型组织以人力资源为核心，企业员工、组织机构和制度，以及企业文化氛围是其基本构成要素。在学习型组织中，企业成员改善心智模式、建立共同愿景、开展团体学习和进行系统思考，并不断实现自我超越，在工作中满足生命成长的需要，在企业中生活得更愉快、更有意义，通过自觉学习、自我超越，维系企业持续竞争力。

第二节　知识创新与知识管理

知识与信息社会中，知识毋庸置疑是企业最重要的经济资源。劳伦斯·普鲁萨柯指出："唯一能给一个组织带来竞争优势，唯一持续不变的就是知道什么，如何利用所拥有的知识和以多快的速度获取新知识。"在市场快速变化、科技不断推陈出新、产品生命周期越来越短的环境下，成功将属于那些不断创造新知识的组织。企业必须通过有效组织知识创新来获取和维持竞争优势，知识管理成为知识经济时代的必然要求，通过对知识资产的有效管理，更好地利用知识，发挥知识的最大价值，才能构建企业的核心竞争力。

一、知识的内涵与知识创新

1. 知识的内涵

20世纪60年代初期，美国管理大师彼得·德鲁克首先提出了知识工作者的概念，指出我们正在步入知识社会，资本和劳动力不再是最基本的经济资源，而应该是知识，知识工作者将发挥重要作用。所谓知识是人的大脑对客观世界的一种反映，使人们在适应和改造客观世界的实践中不断总结和发展起来，同时又用来指导人们适应和改造活动的关于客观世界的比较系统的认识，它是实践的产物，并反作用于实践，对实践具有指导性作用。经济合作与发展组织（OECD），在1996年的年度报告《以知识为基础的经济》中将知识分为了四大类：一是"知道是什么"的知识（Know—what），主要指对事实进行阐释的知识；二是"知道为什么"的知识（Know—why），主要是自然原理和规律方面的知识；三是"知道怎么做"的知识（Know—how），主要是指对某些事物的技能和经验；四是"知道是谁"的知识（Know—who），涉及谁知道是什么、为什么和谁知道如何做某些事的知识。

2. 知识创新的必要性研究

（1）获取和保持竞争优势是组织创新的根本目的和要求。作为管理的基本职能，创新的根本目的是要形成组织的竞争优势，从而在变动频繁、竞争激励的市场环境中获得生存和发展的机会。企业如何才能使自己的产品或服务为用户创造比竞争对手更多的价值？其途径无非有二：或者以同等的成本和价格为用户创造更多的价值；或者为用户提供同等的价值，但支付较低的成本和价格。波特把这两种基本竞争优势分别称为成本优势和差异化优势（波特，《竞争优势》，华夏出版社，1997年版，第122页）。其中差异化优势不仅与产品本身有关，还与产品的提供方式以及产品销售后的服务有关，即企业既可通过提供某种具有特殊使用价值的产品（产品的功能更加完善和完整），亦可通过以特殊的方式保证用户对产品使用价值的实现（比如对用户进行充分的培训，提供及时的维修服务）来形成企业的差异化优势。

（2）竞争优势的形成是专有知识运用的结果。企业的活动过程是生产要素的利用过程，企业的竞争优势就是在生产要素的利用过程中或利用结果中表现出的某种竞争优势。企业在一组生产要素的利用过程中之所以能形成某种独特的优势，无非由于以下几个原因：拥有某种独特的生产要素；以独特的方式组合和利用生产要素；利用独特的生产要素生产出某种独特的产品。由于要素市场竞争机制的存在，企业要持续垄断地拥有某种独特的生产要素即使不是不可能，也是非常困难的，因此独特要素的拥有难以成为企业持续竞争优势的源泉。这种优势只能来自要素利用的独特方式和（或）要素利用的独特结果；以独特的方式组合生产要素，既可能降低获得相同成果所需利用的要素数量以及相关成本，亦可能使企业利用相同或独特的生产要素产出独具特色的产品或服务。独特方式的运用和独特产品与服务的获得，是某种或某些专门知识运用的结果。和人类的其他社会经济活动一样，企业的活动过程是与工业生产经营相关的知识的发现和利用、积累与创新的过程。只有那些在较长时间内竞争对手无法模仿的知识是企业的核心知识，是企业竞争优势的持续来源。

作为企业竞争优势的持续来源，核心知识应该具有两个方面的特点：第一，源自企业内部，是企业内部组织长期学习的积累结果；第二，是企业在整合要素个体知识基础上形成的。由于是企业内部经过长期努力累积形成的，因此竞争对手很难在外部从第三方以购买的方式获得，同时，由于学习曲线或经验曲线的作用，企业形成这种独特知识的历史越长，保持其独特性的可能性就越大。由于是要素整合后形成的综合知识，因此它们总是与特定企业在特定环境下由特定成员以特定方式从事特定的经营活动相联系，竞争对手即便能够通过人力资源的引进获得这些知识的某些构成要素，但要素知识的组合方式及其结构也是很难复制的。这两个特征决定了核心知识即便可能在不同的企业间转移，其转移成本也是非常昂贵的。代价巨大的转移成本会销蚀知识转移后所创造的竞争优势能够给企业带来的收益。

（3）竞争优势的维持要求企业有效组织知识的创新。一定的竞争优势要求企业在自己的经营过程中通过知识学习形成一种独特的知识；竞争优势的维持实际上是这种知识以及相关的运用能力的独家拥有。因此，竞争优势的形成实际上要求企业的独特知识具有私人性的特征，但是这种优势的实现则要求这种独特知识具有社会性的特征。只有拥有独特的知识，企业生产的产品或提供的服务才不易被竞争对手模仿，从而才可能具有某种独特的竞争优势；利用这种独特的知识生产的产品只有被社会所接受，这种产品所包含的竞争优势的价值才可能得到实现。然而，产品的社会承认可能导致产品所体现的独特知识的暴露和对外扩散。实际上，企业产品的社会实现过程也可能是企业内部学习的效应及结果——内部知识的外溢过程，企业产品的销售不仅为自己的用户提供了他们所需的使用价值，而且也可能为竞争对手提供了可以模仿的样品。因此，竞争优势的维持要求企业解决好独特知识的社会性要求与私人特征之间的矛盾，这种矛盾的解决要求企业组织核心知识的不断创新。

二、知识管理的内涵

创新管理职能的基础和实质是企业的知识创新；另一方面，知识经济时代是一个智力资本不断升值的时代，知识是决定企业成败和获得并维持持续竞争优势的重要因素。因此，构建好知识管理系统、管理好知识资产对企业来说至关重要。

1. 知识管理的概念

知识管理是知识经济时代涌现的一种最新的管理思想与方法,这一概念最早产生于企业实践,随后迅速被社会各领域所接受。作为信息化和知识化浪潮的产物,知识管理融合了现代信息技术、知识经济理论和现代管理理念等,成为构建企业核心竞争力的基础。对于知识管理,国内外学者从不同的角度界定了它的内涵,给出了自己的看法,目前尚未形成统一的定论。

霍尔顿于1979年最早从资源演化的角度提出了知识管理的概念。彼得·德鲁克指出,信息技术和互联网的发展使组织发生了革命性的变化。在组织中,人际关系和沟通交流变得越来越重要;专家小组成为组织的重要组成部分,组织员工也以知识型为主;组织具有更高的自律性,在组织结构、决策方式等方面均有突破性的改变。

美国生产力与质量中心(APQC)认为知识管理是以增强竞争力为目标,识别、获取和利用知识的战略过程。通常可以将其划分为三个阶段:第一阶段主要是发现和获取企业内部创造的各种知识和技能;第二阶段主要表现为在组织内部实现这些知识与技能的共享;第三阶段主要是修正知识与技能并将其应用到新的环境中去。马赫特拉认为,知识管理是当组织面对环境变化日益增加的非连续性和不可预测性,针对组织的适应性、生存和竞争能力等重要方面的一种应对措施。本质上,它包含了组织的发展过程,并寻求实现由信息技术所提供的数据和信息处理能力以及人的发明和创造能力这两者的有机结合。从知识管理的目标来看,巴斯认为,"知识管理是为增强组织能力而创造、获取和使用知识的过程",劳特斯公司则把知识管理定义为系统性地利用信息、处理流程和专家技能,改进组织的创新能力、快速反应能力,从而提高组织效率与技能的过程。

比较全面系统的知识管理观点认为:知识管理被看作一种确认、管理、共享企业所有的显性知识和隐性知识的系统和整合的方法,目的是让员工在组织工作中使用这些知识能更有效率和生产率,从而提高组织的应变能力和创新能力,追求组织目标和创造价值。

2. 知识管理的对象

知识管理的对象就是知识,知识可以分为显性知识(Explicit knowledge)和隐性知识(Tacit knowledge)两种类型,因此我们认为,知识管理的内容应该包括对显性知识的管理、对隐性知识的管理,以及对两种类型知识的转化过程的管理这三个方面。

(1)显性知识。我们将通常能够以书面文字、图表和数学公式等加以表述的知识称为显性知识。显性知识是客观有形的,能够用一定的信息化形式表达或进行编码,因此,这类知识能够方便地在人们之间进行交流和传递。对显性知识的管理往往体现为对知识本身的管理。

(2)隐性知识。在行动中所蕴含的未被表述出来的知识,称为隐性知识。野中郁次郎认为,隐性知识是一种高度个人化的知识,难以规范化,不能通过语言、文字、图表或符号明确表述,它是人类非语言智力活动的成果,包括个体的思维模式、价值观等,因此不易在人们之间进行交流与传递。由于隐性知识是存在个人头脑中的,它的主要载体是个人,不能通过正规的形式(例如,学校教育、大众媒体等形式)进行传递,因此,对隐性知识的管理主要体现为对人的管理。

（3）知识转化过程。对显性知识和隐性知识之间变化的管理体现为知识转化模式的建立，日本学者野中郁次郎提出了 SECI 模型，即社会化、外部化、联合化和内部化，说明了显性知识和隐性知识这两类知识之间的相互转化过程。

社会化指的是通过社会性的相互作用实现由隐性知识向隐性知识的转化。主要通过观察、模仿和亲身实践等形式使隐性知识得以传递。它是一个通过共享经历建立隐性知识的过程，而获取隐性知识的关键是通过观察、模仿和实践，而不是语言。学徒制就是一种个人间分享隐性知识的典型形式。

外部化指的是隐性知识向显性知识的转化，例如清晰地表述最佳实践。它是一个将隐性知识用显性化的概念和语言清晰表达的过程，将其转化为别人容易理解的形式，其转化手法有隐喻、类比、概念和模型等。这是知识创造过程中至关重要的环节。当前的一些智能技术，如知识挖掘系统、商业智能、专家系统等，则为实现隐性知识的显性化提供了手段。

联合化指的是通过合并、分类、再分类以及综合现有的显性知识来创造新的显性知识，例如书面调查报告。它是一个利用各种语言或数字符号，将各种显性知识组合化和系统化的过程。将零碎的知识进行整合并用专业语言表述出来，个人知识就上升了组织知识，能更容易地为更多人共享和创造组织价值。

内部化即显性知识到隐性知识的转化，例如从阅读或讨论中获得的理解。它是一个将显性知识形象化和具体化的过程，通过"汇总组合"产生新的显性知识被组织内部员工吸收、消化，并升华成他们自己的隐性知识。

在上述四种转化过程中，隐性知识向显性知识的转化是核心，是知识生产过程中的最直接和最有效的途径。员工个人的隐性知识，是企业新知识生产的核心，也是知识管理过程的重要内容。如何有效地挖掘个体的隐性知识，减少转化过程中的障碍，增加四种转化方式的互动作用，将影响企业整体的知识管理水平。

三、知识管理的基本活动

1. 知识的获取

获取知识是组织进行知识管理的前提和基础，如果没有知识的获取，那么知识管理无从谈起，其本质在于知识量的积累。在该阶段，既要重视收集组织内部持续开发的知识，也不能忽视组织外部的知识；既要重视从实践中获得一手知识，也要重视二手知识的收集。在该阶段，组织需要注意两类知识不值得获取：一是该知识能够带给组织的收益较高，但其获取成本更高；另一类是知识的获取成本较低，但相应的收益更低。因此，组织需要对知识的收益和获取成本进行预先估计，避免资源的浪费。

2. 整理与保存

整理与保存是指按照一定的程序和方法，对组织获取的知识进行分析、鉴别，去伪存真、去粗取精，并进行有效存储的过程。

一般来说，组织在第一阶段搜集到的知识往往是一种数量上的积累，这种知识是碎片化的而且带有一定的主观色彩，知识的质量良莠不齐，影响知识应用的效果；其次，很多知识对组织来说是没有价值的，组织必须通过对知识价值的评估来有效剔除这部分知识，降低知识的管理成本，提高知识应用的效率；第三，由于知识在组织的传播过程中存在一定的障碍，如表述障碍、理解障碍、记忆障碍等,再加上传播过程中噪音的存在,知识会出现失真的现象;第四,知识管理目标的实现,必须保证知识的准确性、系统性和有效性,因此,对组织而言,对获取的知识进行整理分析是十分必要的。

而在知识的保存过程中,组织需要注意:首先要避免已掌握的知识的丢失,尤其要避免由于对某些知识价值的错误判断而抛弃原有知识。同时,也要避免无限制保存,及时淘汰那些对组织来说失去价值的知识,降低保存管理的成本,因此这要求组织对已有知识的价值做出正确的判断;另一方面要注意知识产权的保护以及核心知识的安全性,一旦出现问题,将会危及企业的生存与发展。进行知识保存的目的是为了组织在日后使用这些知识的时候,能够快速"找到"它们,降低检索的成本。一般来说,组织保存知识的方法就是建立知识库,将整理过的知识,按照一定的分类标准,分门别类地保存在知识库中。知识库往往没有固定的模式,根据组织的具体情况来定。通常对于显性知识来说,因为易于描述,可利用计算机等信息技术进行处理,通过编码保存在数据库中;对于难以规范化的隐性知识而言,案例保存是一个有效的方法,用户可以通过分析来理解并掌握其中包含的一些隐性知识。因此,组织可以通过建立案例库的方式来间接地实现隐性知识的保存。当组织或者员工再次面临相同或相似的情况时,能够通过对案例的分析,从中获取隐性知识来解决当前所面临的问题。

3. 知识的更新

由于组织所面临的内外环境往往是复杂多变的,因此组织需要对掌握的知识进行实时更新,才能够适应动态变化的环境。特别是当一种新的工艺技术或管理经验给组织带来短期优势的时候,组织如果能够不断对这种知识进行更新,并且重视对其安全性的保护,那么这种短期的竞争优势往往就构建起了组织的核心竞争力。组织在决定是否更新知识时,需要对新旧知识的价值进行评估对比。尤其是更先进的知识已经出现,而原有知识并没有完全丧失其价值,这时候要求组织在决策时必须保持谨慎的态度,在进行认真评估的基础上慎重做出选择。

4. 交流与共享

交流与共享知识是为了实现知识在一定范围内的自由流动,从而最大限度地发挥其价值。组织通过建立知识共享的组织文化和有效的激励机制,促进知识在不同群体之间的交流与共享。一般来说,共享的程度越高,组织从中获得的利益越多。根据共享的范围,可以将其划分为组织内部的交流共享与组织外部的交流共享。

(1)组织内部的交流与共享。组织内部的知识共享是指通过员工彼此之间的交流,使知识由个人的经验扩散到组织的层面。一般来说,组织都会尽量避免自己所掌握的知识流向外部,以保持自己独特的竞争优势。而对于组织内部的员工,组织则希望他们能够掌握和理解除核心技术和关键财务信息外的大多数知识。但是知识往往具有高分散性,组织中不同的员工由于个体差异和不同的劳动分工,只能拥有解决某些问题所需的部分知识,这种零散的知识无法满足知识管理的整体性需求,因此组织需要通过共享来实现知识的整合。但是组织中的员工由于以下原因往往不愿意共享自己拥有的知识:害怕由于共享而丧失自己的专有知识与技能,威胁到自身职业安全;对组织缺乏信任感和归属感,不愿进行知识共享;组织内部缺乏知识交流与共享的条件。因此,为了使组织内部更好地实现信息知识的交流与共享,可以有针对性地采取以下措施:在组织中营造交流与共享知识的氛围,建立相互信任的、和谐的文化,增强员工知识共享的意愿;制定和实施共享知识的激励措施,对为知识共享做出贡献的成员予以物质和精神的奖励,将员工的知识共享纳入绩效考评体系,同时也要建立对阻碍知识共享行为的惩罚机制,减少共享的阻力;最后,加强知识共享基础设施建设,完善信息交流与沟通的渠道,为实现内部的知识共享创造良好的条件。

(2)组织外部的交流与共享。组织外部的知识共享与交流,根据共享对象的不同,我们将其划分为:跨企业的交流与共享、企业与客户之间的交流与共享两种类型。

跨企业共享是企业之间为了实现共同的目标,通过建立战略联盟的方式,在互惠互利的条件下,将原属于自己的知识有条件地交换和转移给对方。当今社会,随着行业和技术分工越来越细和经济全球化的扩张,闭门造车式的研究已不适应企业的发展,加强跨企业间的知识共享与合作对于提高企业研发效率,培育核心竞争力是至关重要的。共享知识的企业可以是上下游的企业,也可以是不同类型的企业,甚至可以是竞争对手。共享的知识可以是技术,也可以是管理方法和经验。共享的方式可以是直接的知识转移,也可以是通过互派人员,间接地实现隐性知识的共享。

与此同时,能否与客户实现良好的互动,交流与共享知识是影响企业成功的关键因素。一方面,只有将有关产品和服务的知识有效传递给客户,他们才能充分地了解产品和服务的价值,或者更好地使用企业提供的产品或服务,从而提高用户满意度;另一方面,企业必须最大限度地了解客户的需求,才能有针对性地生产出满足客户需要的产品或提供服务。

组织在进行知识共享时,必须提高警惕,无限制的共享可能造成知识的大规模外泄,尤其是商业机密和核心技术的外泄将会危及企业的生存。所以在共享的过程中,需要注意以下几个问题:首先,应该限制知识共享与交流的范围,加强对核心知识和关键技术的保护措施;另一方面,组织对于员工的背景信息也要有一定的了解,提高员工的忠诚度,降低其故意泄露知识的可能性。

5. 应用与评审

这是知识管理过程的最后一个阶段,组织将知识应用于管理实践,从而创造价值,实现从知识到价值的飞跃。一般来说,知识应用活动可以分为两大类:最常见的一种知识应用就是直接把知识作为产品转让或者售卖,从而获得收益;另一种是组织将知识内化为理念、文化、业务流程、经营管理和技术开发,以获得收益,这是知识创造价值的最重要途径,也是能够为企业带来最大收益的途径。

知识评审是指根据一系列标准化的知识考核指标体系,对知识及其应用情况进行完整的分析与考核,从而评估知识管理活动的效果。知识的评审主要依赖于合理的指标体系,有关的评审指标包括:知识获取、整理、更新的速度;知识的条理性和系统性;与组织业务的相关程度;利用资产回报率衡量的效益;对企业文化和经营理念的改进;对流程再造的效率;对客户关系的改善等等。这些指标的确定,要根据实际情况,按照一定的权重和结构,对知识开发和应用的效果进行综合考核。

四、知识管理的实施步骤

1. 认知

企业实施知识管理的第一步是认知,这一阶段的主要任务是要统一整个组织对于知识管理的认知,明确知识管理实施的意义。通过评估企业的知识管理现状,从而确认企业是否需要实施知识管理,并确定知识管理的正确方向。主要工作包括:通过开展认知培训和各种宣传活动,使组织内部成员对于知识管理有一个全面完整的认识,特别是让企业高层重视知识管理,减少实施的阻力;利用各种评价工具多方位评估企业知识管理现状,及通过调查分析企业目前存在的一些主要问题,评估知识管理能够为企业带来的长、短期效果,从而决定是否需要在组织内部推进知识管理,然后根据评估结果和问题分析确定企业的知识管理战略。

2. 规划

在第一环节充分认识企业现状和需求的基础上,需要进行详细规划,从而确保知识管理的实施效果。这个环节主要是根据第一阶段对企业知识管理现状的分析,并结合知识类型、企业内部组织结构、业务流程等多个角度,进行知识管理的具体规划,从而保证知识管理战略的实现。在规划中,需要注意的是:知识管理只是过程,不是目的,不能为了知识管理而进行知识管理,要把知识管理充分融入企业管理之中,与企业实际情况相结合,才能充分发挥知识管理的价值。这一阶段的主要工作包括:根据企业文化和战略、业务流程及组织结构来进行知识管理规划;结合企业实际情况和相关战略目标制定具体实施策略和落地规划,并进行业务流程改造。

3. 试点

完成知识管理的规划后,转入实施和改进阶段。最好的实施过程应该是先试点后推广,通过试点及时发现问题。首先,在试点阶段,应选取合适的部门和流程,组建试点团队,依照规划进行局部的知识管理实践,并从局部的短期效果来评估知识管理的效果,同时结合试点中发现的问题和反馈结果对规划进行修正。此阶段的重点是结合企业业务模式进行知识体系梳理,并对知识梳理结果进行分析,以确定知识管理具体策略和提升行为。本阶段是知识管理从战略规划到落地实施的阶段,可以说,本阶段在知识管理系统实施中难度最大,需要建立强有力的项目保障团队,做好业务部门、咨询公司、系统开发商等多方面协调工作。在试点阶段需要注意的是:应该包括足够多的在整个组织实施时会涉及的因素;能够显著体现知识管理的效果;所涉及的过程不应过分复杂,保障参与人员的积极性,赋予试点团队调动必要资源完成任务的权力;试点对时间要求比较高,既能保证体现效果,又不应过长导致失去动力。

4. 推广与制度化

根据试点效果完成对知识管理规划的修正之后,将知识管理试点部门的实践在企业范围内进行大规模推广复制,以全面实现其价值。逐步将知识管理全面融入企业的业务流程和价值链,使其成为组织综合运行机制的一部分。初步建立起知识管理的有关制度,使其制度化,融入组织管理体系。通过知识管理系统否认全面运用,构建组织的核心竞争力,促进成员和组织的发展。

第三节 组织学习与学习型组织

知识只有被接受和运用才可以发挥作用和体现价值,但是,这个过程是无法自动完成的,必须通过学习来实现。组织学习能够促进知识的积累、流动与应用,促进知识共享和知识管理。学习型组织和组织学习紧密相连,关于组织学习的各项理念和制度的建立是通过学习型组织来具体落实的。学习型组织是组织学习的结果,是一种理想的组织形态,通过学习型组织的五项基本修炼能有效克服组织学习的智障,创建学习型组织的核心就是要实现组织学习,通过组织学习进而实现组织知识的创新。

一、组织学习是知识创新的前因

组织学习是企业创造知识的能力,知识创新建立在组织学习的基础上,不同的组织学习形式会带来不同的创新类型,组织学习越有效,组织就越能够不断创新并且克服创新的障碍。从某种意义上来说,知识创新是在知识沉淀、组织学习与知识应用的过程中实现的。因此,组织学习是知识创新必不可少的环节。

1. 组织学习的基本内涵

组织学习概念最初倡导者可能是詹姆斯·马奇,他在 20 世纪 60 年代将组织(Organization)和学习(Learning)两个单词合在一起形成了组织学习(Organizational Learning)这个词汇,表示组织应该像个人一样,能够不断学习和调整自己,以适应不断变化的环境。后来,不同学者提出了组织学习的不同概念。

人们可以从认知和行为两个方面的变化的角度来研究组织学习问题。认知角度关注的是知识的获得、理解和加深等;行为角度关注的是组织行为的改变。例如,野中郁次郎认为,组织学习是"组织内获取、创造和传播知识的过程";什里瓦斯塔瓦将组织学习定义为"组织的知识库形成和发展的过程"。此类定义只涉及认知的改变。将组织学习定义为行为改变的代表人物是斯威林格和威尔德斯玛,他们对组织学习的定义是"组织行为改变的过程"。还有一些学者则将组织学习定义为认识和行为改变的过程。譬如,阿吉瑞斯和施恩关于组织学习的经典定义强调认知和行为之间的相互关系,认为组织学习过程既包括认识方面也包括行为方面的改变。他们指出,个人和小组通过理解及行动来进行学习,或者通过行动后的解释来进行学习。这个定义包含这样的思考:即组织学习是个人共享思维及行动变化的过程,它受到组织影响并根植于组织机构之中。当个人和小组的学习机制化以后,组织学习就发生了,知识嵌入到企业规程、系统、结构、文化和战略之中。组织学习系统是由不断进化的,存储在个人、小组或组织中的知识所组成的,并形成企业的基础知识以支持企业的战略形成及实施过程。此外,休伯认为,"如果通过信息的处理过程,组织的潜在行为会有所改变,那么组织学习的过程就发生了";莱维特和马奇认为,组织学习是"把过去经验总结为指导行为的日常规范的过程";费奥尔和莱尔斯的定义是"用更好的知识和理解改进行为的过程"。

2. 组织学习的类型

从学习层次来看,组织学习包括个体、团队、组织内和组织间四个层次。

（1）个体学习。个体学习指是个体在行为过程中或通过行为的结果获取知识及技能的过程，以提高个人绩效和组织绩效为目标，个体围绕实际工作进行的一种有意义的学习过程。个体学习的实现或者是通过直接的实践，或者是通过他人经验的提示，或者通过理论知识的学习。

（2）团队学习。团队学习是指一个单位的集体性学习，是学习型组织进行学习的基本单位。彼得·圣吉认为：团队的集体智慧要高于个人，团队学习是发展团体成员整体搭配与实现共同目标能力的过程，对组织与个体来说是双赢的选择，也是双赢的结果。当团队真正学习的时候，不仅团队整体会产生出色的成果，团队成员也表现出更快的成长速度。团队学习的修炼往往从"深度会谈"开始，它包括找出有碍学习的互动模式，即找出并打破组织、团队、成员间的自我防卫，便于单位成员之间的互相学习、互相交流、互相启发、共同进步。团队学习一般具有两个主要特征：一是团队目标一致，个人目标与团队目标的一致，是团队学习的基本要求，虽然在实际运作中不能否定个人目标，但个人目标如果最大限度与团队目标一致，则会推进团队学习的进程；二是知识共享，实质上是内部交易的过程，只有通过知识共享，才能互通有无，共同提高。

（3）组织内学习。组织内学习是指组织内部进行的新知识新技能的分享、学习与应用，表现为组织内部的员工、部门之间通过正式或非正式的交往，借助面对面的交谈等工作，促进知识在组织内部的流动。需要注意的是，组织内学习并不是组织内个体学习的简单相加，而是一个学习社会化的过程。

（4）组织间学习。组织和整个外部环境间建立起网状的知识战略联盟，使组织能够加速外部环境的知识流动，及时获取大量的外部知识信息。与同行同业者相互交流，甚至向竞争对手学习，都是组织间学习的重要方式。要把整个业务链上的利益相关者，例如员工、客户、供应商与经销商、合作伙伴等，都视为学习型组织不可忽视的角色。客户通过识别需求、接受培训等方式，与学习型组织之间建立联系。合作伙伴、供应商和经销商、社区团体等都可以通过与企业分享知识、参与企业的学习项目而获益并有所贡献。

另一方面，从学习的过程来看，可以将组织学习分为：单环学习、双环学习和再学习这三种类型。

（1）单环学习。单环学习（Single-Loop Learning）是指发现并立即纠正组织的错误，使得组织能够保持当前的策略，去实现既定的目标。它能够对日常程序加以改良，将组织所需的知识和技能植入组织，但是没有改变组织活动的基本性质，是在组织现有框架内进行的学习。单环学习适合于惯例、重复性的问题，有助于完成日常工作，它是一种企业日常技术、生产和经营活动中的基本学习类型。单环学习是以提高工作效率为目标的机械学习方式，其标准是企业现有规范，是回避外界变化或程式化的被动学习过程，属于较低层次的学习。

（2）双环学习。双环学习（Double-Loop Learning）是指工作中遇到问题时，不仅仅是寻求直接解决问题的办法，而且要检查工作系统、工作制度、规范本身是否合理，分析导致错误或成功的原因。双环学习更多地与复杂、非程序性的问题相关，它是一种较高水平的学习，它能扩展组织的能力，注重系统性解决问题，包括对组织的学习基础、特殊能力和例行常规进行变革，适合于组织的变革和创新。它不仅包括在已有组织规范下的探索，而且还包括对组织规范本身的探索。双环学习经常发生在组织的渐进或根本性创新时期。

（3）再学习。"再学习"(Deutero-learning)就是"学习学习的能力，学会如何去学"的过程，又被称为第二次学习，即获得解决问题的能力。这是一种更具挑战性的终极学习结构，被描述成"质疑组织能够发现和更正错误的学习系统。"它是对上述两种学习经验的转化与再应用，借助此过程转化为组织的能力。当组织知道如何执行单循环学习和双循环学习的时候，组织就开始了第二次学习的过程。在这个过程中，不仅组织的行为发生改变，而且对整个学习的过程也提出了质疑。再学习需要从组织以前的经验教训中学习，反思以往是怎样学习的以及学习的不足，再学习过程中人们对认知结构的基本反馈和优化过程，是产生新思维、提高解决问题和创新能力的基础。

二、组织学习的具体过程

美国学者吉雷与梅楚尼奇将组织学习划分为：学习准备、信息交流、知识习得与实践、转换与整合、负责与认可五个阶段，每个阶段对于组织来说都是至关重要的。

1. 学习准备

这是组织学习的初始阶段，只有为新知识的获取做好充分的准备，才能使组织学习更加有效。此阶段包括学习的意愿、自主性学习、学习的关联度，以及设计知识习得和转换计划四个要素。

学习的意愿。组织学习根植于个体学习的意愿和能力，个体必须首先愿意并有能力从事学习活动。尊重并且渴望学习的个体、团队和组织能够通过表现出好奇心和分析能力来获得知识、采取行动和反思结果。因此，学习型组织应该要了解学习者的接受能力，并通过营造有利于个体和团队学习的环境，最终促进组织的学习。而了解学习的接受程度，首先要求考察学习是如何吸引个体注意力的，注意力是一个人集中在内部或外部物体上的精力，代表着对学习的不同接受程度。相反，如果组织没有认识到员工对学习的接受程度和内在的学习动机，那么后续的学习促进措施和开发活动就无法实现预期的目标。

自主性学习。自主学习的员工，学习和思想会变得活跃，能够实事求是地对自己的学习需求做出判断，识别实现不同类型绩效目标的人力和物力资源，选择有效利用这些资源的策略，并结合实际情况积极灵活地实施。他们能够更好地把握自己的命运，将自己视作独立的、有自决力的、自主的、自我导向的个体，强调与其他同事的合作，并且把管理者看作学习的推动者、帮助者和变革代理人，通过从网络和其他资源获得帮助，最大限度地促进个人的成长和发展。

学习的关联度。组织的管理者和员工必须把所有的学习和变革活动与企业的战略经营目标联系起来，那些无法支持组织目标的学习和变革对企业来说是没有价值的。每一个经营单元和部门必须将其目标与组织的战略经营目标联系起来，为实现企业目标服务，使每位管理者和员工认识到个人绩效目标最终将促进组织的成功，明确个人对组织目标的贡献，使员工能够以主人翁的姿态积极参与到企业运作中，激发员工的工作热情。

设计知识习得和转换计划。组织可以通过帮助设计知识习得和转换计划来使员工为学习和变革做好充分的准备，这些计划能够帮助员工获得良好的绩效表现，并进一步去实现个人的目标。

2. 信息交流

在这一阶段,学习者可以通过信息交流了解并掌握能够增强绩效的信息内容。信息交流过程可以帮助员工获得改善其知识、技能和行为所需的内容,包括学习环境、学习代理人、成人学习者、沟通过程和领导过程五个相互联系的要素。

学习环境。一个和谐的组织环境能够促进个体的成长和发展,同时也有利于人际关系的改善。学习环境必须使成员间能够进行开放式的双向沟通,有利于思想和情感的自由交流,并且使学习者获得安全感。因此,管理者应该通过与下属建立长久的关系,加深对员工的理解,维护员工的自尊,并努力营造一种相互尊重、相互信任和共同分享的氛围,促进知识与信息在组织内部的自由流动。

学习代理人。学习代理人是指负责把信息以一种有意义、易于控制的方式传递给员工的个体,有效的学习代理人能够将信息与员工的生活联系起来,并且运用共同的经历帮助员工加深对新知识的理解。知识和经验就是管理者的工具,他们通过把专业知识和工作经历相结合的方式帮助员工在工作中应用新信息。有能力的、准备充分的、富有激情的管理者往往能够激发员工学习、成长和发展的欲望,从而有效担当起学习代理人的重任。

成人学习者。组织中的员工都是成人,有其自身的特点和学习规律。首先,成人需要了解为什么学习新技能、掌握新知识或改变他们的行为很重要,以及这样的学习如何让他们受益,从而了解学习目的及对其完整的解释。其次,成人需要控制他们的行为和能力以影响结果。因此,学习和改变必须支持成人学习者的自我意识。最后,成人都有丰富的个人和专业经验,这对于学习过程来说是十分有价值的,他们通过相互分享这些经历和彼此之间的互动而受益。

沟通过程。在信息交流共享的过程中,学习代理人用来促进学习的沟通媒介发挥了重要作用,思想和感受通过这些媒介进行表达。沟通媒介一般包括语言、文字和各种标志符号,是用来传递信息和增进理解的重要工具。对于学习者来说,如果没有使用通俗、易于理解和通用的语言,学习是不完整的。同时,学习代理人也要经常检测学习者对于各种标志和符号的理解力,以确保他们对这些标志和符号的正确使用,并且尽可能地将更多熟悉的术语和符号融入学习过程。

指导过程。当管理者被要求扮演学习代理人角色时,指导的第一步应该是了解员工的知识和技能水平。其次,有效的管理者应该通过引起员工兴趣的合适方式来吸引员工的注意力,从而表达信息。这些信息应该是以问题为中心的,并且能够符合逻辑地表达出来。最后,管理者应该鼓励员工积极参与学习活动并在工作中利用这些知识。

3. 知识习得与实践

当某些活动使个体将信息转化为最终改变行为的新意识时,学习就发生了。启发、重复和回顾是支持知识习得和实践的三个基本要素。

启发。启发指的是学习过程中知识的内化和以某种方式或形式对知识的应用,学习过程只有到达启发时,才算完整。当帮助个体明确将要完成的工作,并且要求他们通过口头和书面表达所理解的信息的含义和内容时,学习者就受到了启发。学习代理人应该通过以下方式来帮助学习者:以平和的态度提问学习者,鼓励他们发表和分享自己的观点,并帮助个体成为对自己的学习、成长和发展负责的独立自主的研究人员;通过正确的、可以接受的方式挑战学习者对于复制信息的看法；当个体不能快速掌握概念和观点时，为他们提供及时的帮助。

重复。每个人在开始职业生涯时都会经历绩效低下的痛苦，有的会在很长的一段时间内一直如此。然而经过一段时间的不断实践之后，当掌握了卓越的技能和技巧的时候就可以蜕变成卓越的人物。重复意味着学习从理论到实践的转折，实践可以避免人们"不学"不正确的信息或不合适的方法。实践可以靠自己，也可以在安全的环境中通过正规的学习进行。实践应该尽可能贴近实际，鼓励从失败中学习，将其贯穿于整个学习过程。一个最有效的学习转换方法是让员工能够在工作模拟或案例学习这样安全的环境中体会到失败的感觉，在舒适的背景中感受到失败的员工将对工作中所需要的技能水平产生深刻的理解。

回顾。回顾是指运用以前的知识开展活动或训练的过程，这是组织学习非常重要的一步。个体进行再思考、再实践或使用最近获得的知识时，通过有效的回顾来增进理解，并将理论与实际联系起来，从而获得新的见解。有效的回顾可以指出学习过程存在的问题，并给予员工机会去使用新的知识与技能。有效的学习代理人应该经常使用回顾与反馈，充分发挥其在学习过程中的作用。

4. 转换与整合

无论是个人的还是职业的学习，如果不转换到结合实际的工作和生活经历中，学习将是毫无意义的。学习只有被应用到工作中，才可能转化成为对组织有用的价值。如果缺乏相应的支持，员工往往会选择最没有阻力的路径，即回到老路上去而不使用新技术、新知识。转换和整合的过程涉及应用、强化与反馈和反思三个基本要素。

应用。人们在实践中学习，要让学习者积极参与新知识的应用活动。需要注意的是，新知识或新技能的应用可能会一时降低员工的绩效表现，因此管理者需要运用"失败分析"的方法弄清楚其对生产效率产生的影响，识别学习整合中的障碍，从而早做计划。管理者不应该对新知识、新技能的第一次应用要求尽善尽美，允许失败实际上是强调了对长期绩效的改善。因此，应用的原则是：给学习者利用其新知识或新技能的机会，并且允许失败。同时，加强培训后的应用会使学习效果达到最大化。

强化与反馈。如果某项学习活动得到了积极的强化与反馈，那么个体往往会重复这些活动，从而也就增进了学习。积极的强化与反馈可能包括以下几种方式：如表示赞许地点头，对于出色工作表现的认可与表扬等等。定期的绩效回顾是管理者给予员工应用新知识或新技能的强化与反馈的最佳时机。管理者在向员工提供强化与反馈时，需要注意遵循以下几条原则：要具体，使员工认识到哪些是做得正确的；要真实，使员工在不被操纵的情况下主动接受反馈，并且在员工准确完成任务后及时给予反馈；管理者还应该通过频繁但随机的反馈来加强绩效执行，并且尽量简明扼要，以促进员工的理解。

反思。反思是学习过程的关键步骤，也是员工在促进新知识、新技能的转换与整合中最重要的活动之一。反思活动多种多样，其目的在于充实一个人的洞察力，确保能够吸取成功经验和失败教训，并且对新的学习机会保持开放的态度。反思鼓励个体去考虑他们可能会用到新知识或新技能的机会或情形，以及他们当前应该做的事。当学习者能够应用经过反思的知识和技能时，他们会对潜在的改进做出评价。反思有助于个人从失败中学习，克服障碍并规划未来。

5. 负责与认可

尽管个体必须对自己的学习负责,但是他们的努力和改进也必须得到认可。管理者应该与员工一起对他们的学习进行评价,并就如何提升未来绩效做出规划。负责与认可是组织学习的最后一个阶段,包括期望与检查、认可与奖励两个要素。

期望与检查。"期望与检查"是一种双向的过程。在学习活动开始之前,管理者与员工进行商讨,分享在新的学习后对他们绩效的期望,包括绩效产出的数量和质量。随着学习活动的开展,管理者仔细考察学习者的行为以确定是否达到了现有的绩效标准,以及学习活动是如何促进改善的。同时,这种期望应该与责任相关联,员工知道他们应该做什么以及应该负什么样的责任,这种联系最终会增强学习。

认可与奖励。那些努力学习或利用学习改进知识、技能和行为的个体,应该得到奖励和认可,从而维持学习的积极性。适当的奖励和认可能够鼓励个体通过学习不断地成长和发展,激发个体的学习热情,而管理者的积极参与能在鼓励员工的同时,又进一步强化了学习的重要性。如果得不到认可和奖励,员工会丧失学习的动力,阻碍他们将新知识和新技能应用到工作中去。

三、学习型组织的特征与修炼

20 世纪 90 年代,学习型组织出现在西方管理学界,一经产生便引起了极大的关注。组织学习与学习型组织在理论上属于不同的领域,"组织学习"是一种描述性的理论流派,它探索的问题是"组织如何学习";学习型组织是一种规范性的理论流派,它探索的问题是"组织应该怎样学习"。但两者之间是紧密相连的,学习型组织是充分重视组织学习的组织,为了更有效地组织学习,必须创建一个高效的学习型组织。

1. 学习型组织的内涵

美国麻省理工学院佛瑞斯特教授最早提出了学习型组织(Learning Organization)的构想。1965 年,他在《企业的新设计》中,非常具体地描述了未来企业组织的理想形态——层次扁平化、组织信息化、结构开放化,逐渐由从属关系转向为工作伙伴关系,不断学习,不断重新调整结构关系。这是有关学习型组织的最初构想。

彼得·圣吉是学习型组织理论的奠基人,被称为"学习型组织之父",在佛瑞斯特教授的基础上,发展了学习型组织,他的著作《第五项修炼》的问世,开启了学习型组织的研究热潮。圣吉认为,学习型组织是指通过培养弥漫于整个组织的学习气氛、充分发挥员工的创造性思维能力而建立起来的一种有机的、高度柔性的、扁平的、符合人性的、能持续发展的组织。学习型组织是以共同愿景为基础,以团体学习为特征的扁平化、横向网络管理组织系统,它以增强组织的学习能力为核心,通过提高组织的群体智商,使员工活出生命的意义。

后来,不同的学者又陆续提出了自己的观点,野中郁次郎用"知识创造型公司"来描述学习型组织,指出知识创造型公司的特征是"发明新知识不是一项专门的活动……它是行动的一种方式,是存在的一种方式。在其中,每个人都是知识工作者"。沃特金斯和马席克把学习型组织定义为不断学习并改进自身的组织,他们认为,"学习型组织是通过不断学习来改革自身的组织,而学习在个人、团体、组织或组织相互作用的共同体中产生,是一种可以持续地与工作相结合的过程。学习的结果不仅能够导致知识、信念和行为的变化,而且可以增强组织的成长和创新能力。"现代管理学之父彼得·德鲁克指出："学习型组织是一个能熟练地创造、获得和传递知识的组织，同时也要善于修正自身的行为，以适应新的知识和见解；学习型组织是指能够持续地进行组织学习，并将学习的成果转化为组织创新能力的组织。"加尔文指出："学习型组织是指善于获取、创造、转移知识，并以新知识、新见解为指导，勇于修正自己行为的一种组织。"本特和霍尼从文化的角度将学习型组织定义为一种能将学习、调试及变革等能力深植为组织文化的过程，学习型组织的企业文化能够鼓励持续改进企业行为和管理工作。马奎特对学习型组织进行了系统化定义：能够有效和集体地学习，并为了共同的目的，持续地获取、管理和使用知识，锐意进取的组织。

2. 学习型组织的特征

学习型组织是一种典型化或理想化的组织，它显示了当人们抛弃旧思维方式接受新观点及方法时，组织会变成什么样。经理可对公司具体特性予以变革，以帮助公司成为一个学习型组织。学习型组织是基于平等、公开信息，几乎没有等级制的强有力的文化，而这种强有力的文化鼓励适应性，并使组织能够抓住机会和处理危机。在学习型组织中，经理强调对员工的授权，并鼓励跨部门的以及与其他组织的合作。关键的价值观是问题解决以及不断学习，而在传统组织中，关键的价值观是稳定而有效率的执行。以下通过五个方面（结构、任务、系统、文化、战略）对传统组织和学习型组织进行了对比。①

（1）从垂直结构变成水平结构。传统的组织结构自下而上地将共同活动分组归在一起。一般来说，各职能部门之间没有什么协作，整个组织是通过垂直等级制来协调控制的，而决策权集中在上层经理手中。这一结构可促进有效的生产及员工深入的技能发展，而且权限等级制为大型组织中的监督和控制提供了一个切合实际的机制。但在一个迅速变化的环境中，高层经理无法就问题或机会做出足够快的回应。另外，下层工人对解决问题没有什么动力。在学习型组织中，垂直结构（它在高层经理及一线工人之间造成了距离）被放弃了。结构是围绕水平作业流或流程（而不是部门职能）而构建的。垂直结构被大大压平了，可能只有几个高级经理处于传统的支持性职位上（如财务或人力资源）。自我引导的团队是学习型组织的基本工作单位。各职能之间的界限实际已被取消，因为团队中包括各职能领域的成员。在某些情况下，组织会完全取消部门，没有组织系统图、部门、职能区别及职衔，组织等级的一切都消失了，员工不断形成或再形成自我引导的团队，这些团队各自负责具体的项目。

（2）从例行任务变成获授权的角色。另一重要改变涉及对员工完成工作的正式结构及控制的程度。科学管理要求精确界定每一项工作以及完成工作的方式。任务（Task）是指分割一个人的有狭窄定义的工作。在传统的组织中，任务被细分成专业的、不同的部分，有关任务的知识和控制集中在组织的高层，而员工被要求按指示工作。与之形成对比的是，角色是动态的社会系统中的一部分，一个角色带来了责任，使该人可用自己的处理权及能量来达到目标。在学习型组织中，员工在团队或部门中扮演一个角色，而且角色可以不断重新界定或调整。几乎没有什么规则，而且有关任务的知识和控制集中在员工中，而不是主管或高级经理。员工被鼓励通过相互合作及与客户的合作，来处理相关问题。

---

① 资料来源：达夫特·诺埃著：《组织行为学》，杨宇等译，机械工业出版社，2004年版，第456页

（3）从正式的控制系统变成分享信息。在年轻的、富于企业家精神的公司中，交流通常是非正式以及面对面的，几乎没有正式的控制及信息系统，因为公司高层领导者通常在日常经营中与员工直接共事。但是当组织变大和复杂以后，高层经理与一线员工的距离增加了。人们常常实行正式的制度来管理日益增长的复杂信息，并发现背离既定标准及目标的情况。在学习型组织中，信息服务于一个非常不同的宗旨。广泛的信息分享使组织能以最佳水平发挥功用。学习型组织努力回到富于企业家精神的小公司状态，在这种小公司里，一切员工都了解公司信息，因此他们可以迅速采取行动。观念及信息在全公司分享，经理人员不是用信息去控制员工，而是设法打开交流渠道，让观念到处自由流动。另外，学习型组织还与客户、供应商、甚至竞争者保持开放的交流渠道，以促进学习能力的提高。

（4）从竞争性战略到协作性战略。在专为工作有效履行而设计的传统组织中，战略是由高层经理制定然后强加给组织。高层经理负责思考组织如何最好地应对竞争、有效利用资源及对付环境上的变化。与之形成对比的是，在学习型组织中，消息灵通并得到授权的员工，以其积累的行动为战略的制定做出贡献。由于全部员工都与客户、供应商以及新技术保持联系，他们可以帮助鉴别需要和解决方案，并参加战略制定。此外，战略还源自与供应商、客户、甚至竞争者的伙伴关系。组织不仅是竞争者，还成了协作者，并进行实验来发现学习及适应的最好方式。

（5）从刻板文化变成适应性文化。一个组织要保持健全，其文化就应该鼓励对外部环境的适应。但在许多组织中，文化被固定了，如同植入了混凝土，而且如果环境迅速或戏剧性变化，公司也难以适应。学习型组织的文化鼓励开放、无界限、平等、冒险、不断改进及变革。

3. 建立学习型组织的方法和原则

（1）形成危机意识。具有危机意识是建立学习型组织必不可少的前提条件。组织如果没有危机意识，就不会主动去关注内外环境的各种变化，这对于过去曾经成功的企业更是如此。西方学者指出，组织学习的智障（Organizational Learning Disability）之一就是能力陷阱（Competency Traps），是指由于企业过去的成功导致盲目的自信，使组织脱离未来的变化，学习能力下降，安于现状不思进取，如曾声名赫赫的山东秦池酒厂、沈阳飞龙、石家庄造纸厂等企业的衰亡从某种意义上可以说是先前成功的结果。阿吉瑞斯曾指出，教会聪明人如何学习是最难的。人们常说"失败是成功之母"，而实际上"成功也是失败之母"。为了避免成功之后的失败，组织必须具有危机意识。2001年一本《谁动了我的奶酪》之所以在中国流行，是因为它通过一个寓言故事让人们认识到在当今社会建立危机和变化意识的重要性。我国小天鹅公司倡导"末日管理"的理念，也正是要建立为危机意识。荷兰壳牌石油公司在20世纪70年代石油危机发生之前就提出了情景企划（Scenario Planning）的做法，它假设遇到原油涨价、战争爆发、政局动荡等不利情景，管理层和员工一起思考公司该如何应对管理，最后提出了一系列应对措施。后来，石油危机果然爆发，原油价格上涨，由于公司事先有考虑，因而比其他公司更好地渡过了危机。

（2）设立共同愿景。如果说危机意识是组织学习的推动力量，那么共同愿景就是拉动力量。组织只有建立了超越现状的愿景之后，才会更主动和有创造性地去学习和创新，关注外界的变化。20世纪初，福特提出要让每一个美国家庭都买得起汽车的理念，使他发明了流水生产线,开创了大规模生产方式。而戴尔提出要让每一个人都得到其个性化 PC 机的愿景,使他开创了大规模定制生产模式。圣吉特别强调共同愿景(Shared Vision)对组织学习的作用,指出"有了衷心渴望实现的目标,大家会努力学习,追求卓越,不是因为他们被要求这样做,而是因为衷心想要如此"。他还指出"如果企业只是将学习型组织当成是业绩最佳的方法和手段,那就错了。应该是通过学习型组织,让员工得到成长。"所以说,让员工参与学习的最好方法是要让他们意识到学习对其自身提升、成长乃至生活的重要意义。组织的共同愿景来自个人的愿景。但是如何将个人的愿景转化成能够鼓舞组织的共同愿景,或者说,如何将许多个人的愿景整合为共同愿景,却需要一定的方法。

(3) 鼓励创新思维。组织的领导和员工必须具有创新意识、变化和发展的眼光,才不会局限于传统的甚至曾经在过去取得成功的方法。任何产品、服务和经营管理上好的经验都是一定环境和条件下的产物,而环境和条件总是变化的,企业总是需要持续改进。有了创新意识,还必须具备创新能力。提高领导和员工的创新能力需要给他们相应的培训,使其转变思维模式,掌握创新的思维方法。逆向思维也是一种重要的创新思维方式。逆向思维是指用一种反传统的方式来提出新的方法。譬如,戴尔在创立自己的计算机公司时,抛弃了传统上人们创立公司时必须建立层层销售渠道的观念,而建立了直接面对顾客的直销模式。系统思考也是一种创新思维方式,一般人看问题总是片面和局部的,难免头疼医头,脚疼医脚,得到的治标而不治本的方法。圣吉提出的系统思考(System Thinking)要求人们从全局、整体的视角来看问题,有助于人们找到真正解决问题的根本性方法。另外,辩证思维方式可以让我们看到事物都有其对立面,且对立双方会互相转化,就像太极图一样。从事物的反面来思考有助于人们找到解决问题的新方法。

(4) 组织全员参与。传统的组织理论认为,决策与执行是分离的。决策层负责提出新方案,普通员工负责执行,这种观点将创新的主体定为管理层而非员工,显然是错误的。实际上在很多情况下,真正对顾客的需要和具体生产运作情况了解的人往往是一线员工,他们对这些问题真正具有发言权。真正的学习型组织应该是全员参与的。20 世纪 80 年代在日本盛行的全面质量管理(TQM),90 年代美国摩托罗拉公司的 TCS 团队,通用电气的六西格玛(6Sigma)和群策群力(Work-out)活动等,都是利用所有人的智慧进行创新的成功案例。

(5) 强调团队学习。团队工作是由不同部门和专业背景的人在一起工作,不同观点在一起碰撞会激发新的观点。因此,现在很多企业在新产品开发中都采用跨部门团队方式来代替传统的部门间串行开发方式。跨部门团队开发方式能够在产品开发一开始就全面系统地吸收各部门的经验、观点,全面考虑产品整个生命周期中的所有因素,使产品的创新程度和上市速度都大大提高。圣吉的《第五项修炼》一书中,也特别强调团队学习(Team Learning)的重要性,提出了成员间通过深度会谈(Dialogue)取代传统的讨论(Discuss)对创新的意义。

(6) 充分授权。要使组织中的个人或团队有创造性,必须给他们一定的自由度和自主权。自由度意味着不要对他们的工作给予过度的规定和限制,即所谓最少的说明原则。该原则的中心思想是,系统必须具备一定的空间,以利于创新。然而,在现实中,许多组织的管理有界定过多和过度控制的趋势,而不是集中精力于需要制定的"重要的变量",让其他的变量自己去寻找各自的形式。自治（Autonomy）主要是指得到一定程度的授权,从而自我决策,以利于创新。

(7) 建立多元文化。创新需要多向思维;创新需要容忍失败、甚至鼓励失败。为此,企业文化应在倡导主导价值观的同时,允许甚至鼓励异质价值观的存在,从而为企业成员的学习与创新提供一个和谐宽松的组织氛围。

四、学习型组织的智障与修炼

1. 学习型组织存在的智障

彼得·圣吉在研究中发现,大企业的寿命很少超过人类寿命的一半。圣吉认为是组织的智障阻碍了组织的学习和成长,使组织无法认清危机或提出正确的应对策略,最终导致了组织的衰败。学习智障对组织来说是致命的,治疗的第一步就是要认清组织存在的各种学习智障。

(1) 局限思考。指人们片面、孤立地思考问题。只见局部不见全体的思考和行动忽视了整体运动的效应,员工将自身与工作混淆,或是将自己的责任、思考、学习局限于职务范围之内。当组织中的人只专注于自身职务上,他们便不会对所有职务互动产生的结果有责任感。现代组织功能导向的设计,将组织按照概念功能切割划分,更加深了这种学习智障。

(2) 归罪于外。指在遇到问题的时候往往进行外部归因,这种倾向在组织内部最为明显。组织内部各个部门相互推诿责任,销售部门责怪制造部门;"我们一直达不到销售目标的原因,是我们的品质无法跟人竞争";制造部门怪罪研发部门,研发部门又回头责怪销售部门:"如果他们不干扰我们的设计,让我们尽情发挥,我们已经是行业的领导者"。归罪于外实际上是局限思考的一种副产品,以片段的方式来看待外在的世界。如果只专注于自己的职务,就看不到自身行动的影响是如何延伸到职务范围以外,又反过来对自己的行动产生影响。归罪于外并不限于指责组织内部,有时甚至归罪于组织外部的因素。"内外"总是相对的,归罪于外意味着将无法认清存在于"内"与"外"互动关系中的许多问题及其解决之道。

(3) 缺乏整体思考的主动积极。主动积极解决问题意味着,我们不应一再拖延,而必须有所行动,并在问题扩大之前进行解决。但是需要注意的是,采取积极主动的行动通常能够帮助我们解决问题,但是在处理动态性复杂问题时往往会适得其反。"今天不做,明天就会后悔"的想法往往缺乏细密的整体规划。真正具有前瞻性的积极行动,除了正面的想法之外,还必须以整体思考的方法与工具深思熟虑,细密量化,模拟我们的构想,可能会造成哪些我们极其不易觉察的后果。

(4) 专注于个别事件。我们都有一种惯性思维,把生命看作一系列独立的事件,每个事件的背后都有一个显而易见的起因。专注于某些片段或短期事件,会分散我们的注意力,使我们不能以较长远眼光来看事件背后变化的形态,更无法了解其真正原因。今天组织和社会所面临的很多生存威胁,并不是来自突发事件,实际都是因为复杂原因而缓慢形成的。如果企业的思维被短期事件所主导,就不可能持续性地从事有创造力的生成性学习。专注于事件,最多只能在事件发生之前加以预测,做出最佳的反应,然而,仍然无法学会如何创新。

(5) 安于现状不思进取。由于企业过去的成功导致盲目的自信,使组织脱离未来的变化,学习能力下降,安于现状不思进取。在企业失败案例的系统研究中发现,企业对缓慢积累的生存威胁普遍缺乏应对措施,这种情况的普遍存在使得"温水煮青蛙"的寓言得以流行。青蛙缺乏感应生存威胁的感官,只能应对环境中突发的变化,对缓慢渐进的改变却毫无察觉。学会观察缓慢、渐进的过程,要求企业放慢脚步,注意那些细微的、戏剧性的变化,随时做好应对的措施,学会"居安思危",树立危机意识。

(6) 从经验中学习。最深刻的学习往往来自直接的经验,但许多重要的决策所带来的结果往往是无法直接体验的。许多组织最重大的决定,会在数年或数十年的时间里,对整个组织产生深远的影响。面对此类决策,企业很少有"试错式学习(Trial and Error Learning)"的机会。从经验中学习有其时空范围的限制,在此范围内,我们可以评估采取的行动是否有效;当行动的后果超出了时空的范围后,就无法直接从经验中学习。

(7) 管理团队的"迷思"。争权夺利和害怕承认无知,造成团体中人人避免真正学习,不敢互相追根究底的质疑求真,往往做出表面和谐的妥协意见。绝大多数组织不会奖励深入质疑复杂问题的人,尤其在所有人都无法确定时,避免由于没有把握和无知所造成的威胁,这一过程阻碍了新知识的形成,因为新知识可能会带来威胁。这样做的结果,就是阿吉瑞斯所提出的"老练的无能"(Skilled Incompetence)——团队成员非常擅长躲避学习。

当前,学习智障及其导致的后果仍在持续。彼得·圣吉认为,学习型组织的五项修炼能够成为医治这些学习障碍的对症良药,但是企业必须清晰地了解这些学习障碍——因为他们很容易被那些纷繁复杂的日常事务所掩盖。

2. 学习型组织的五项修炼

要克服组织学习过程中的这些智障,彼得·圣吉认为,学习型组织要进行五项修炼——自我超越(Personnel Mastery)、改善心智模式(Improve Mental Model)、建立共同愿景(Build Shared Vision)、团队学习(Team Learning)、系统思考(System Thinking)。

(1) 个人自我超越。自我超越要求组织中的每个人首先要学习如何不断理清并找到自己内心真正的愿望和追求,然后集中精力、全身心投入、不断创造和实现自我。这样每个人才会成为真正的终身学习者,组织也才会成为真正的学习型组织。彼得·圣吉认为,组织整体对学习的意愿与能力,根植于每个成员对于学习的意愿与能力;每个成员内心的真实渴望,是学习型组织的力量源泉和精神动力。

(2) 改善心智模式。心智模式是根深蒂固于人们心中,影响人们如何认识这个世界以及如何在这个世界中采取行动的各种假设、成见或者图像、印象。心智模式不容易被自己和别人察觉到,但是它对人们的行为影响是巨大的。心智模式是人们在长期的工作和生活环境中形成的,尽管它在很大程度上能指导我们的认识和行为,但是当环境发生改变的时候,过去的心智模式就不利于我们适应新的环境,所以我们需要在必要的时候改变自己的心智模式。从个人学习的角度来说,要改善我们的心智模式,首先就要学会看到它。所以,彼得·圣吉认为,将镜子转向自己,是心智模式修炼的开始。通过这种方法,我们发掘内心世界的图像,使这些图像浮上表面,并严加审视。它还包括进行一种有学习效果的、兼顾质疑与表达的交谈——这种交谈能有效地表达自己的想法,并以开放容纳别人的想法。

(3) 建立共同愿景。建立学习型组织不仅需要个人的学习,还要求成员们在一起相互分享个人的学习,分享信息、知识、成功的经验,甚至失败的教训。要做到这些,就要求人们建立共同的愿景和目标,以鼓励大家的共同学习和成长。在一个组织中,光有领导者的个人愿景是不够的,领导必须通过一种有效的方式,建立一个能够让大家都向往的、激动人心的目标,这种共同理想能凝聚大家的力量。有了共同的衷心渴望实现的目标,大家会努力学习、追求卓越,不是因为他们被要求这样,而是衷心想要如此。彼得·圣吉认为,共同愿景的建立需要所有成员的参与,需要运用共同未来景象的技术,在所有成员主动而真诚的奉献下建立起来。

（4）团队学习。组织学习的基本单位是团队。组织学习还需要人们学会如何在一起工作和交流,以提高整个团队的学习能力和智慧。研究表明:经常在一个管理团队中,尽管大家都认真参与,每个成员的智商都在 120 以上,但是最后团队集体的智商只有 62。所以,要想提高团队的绩效,必须掌握团队学习的方法,深度会谈（Dialogue）就是其中之一。深度会谈要求团队中的所有成员,都谈出心中的假设,真正在一起思考。它使得团队中各种想法自由交流,能产生远比个人认识更深入,更有意义的见解。

（5）系统思考。组织要更好地学习,还必须具备系统思考的能力。任何一个人、团队和组织,都是出于不同层次的复杂动态变化的系统之中,这些系统中各种因素及其活动,都会相互影响和演变。我们身为群体中的一小部分,置身其中而想要看清整体变化,有时会特别困难。我们有时也习惯于对问题进行思考和分析,但很难解决问题的根本,组织在学习的过程中,必须运用系统的而非片段的思维方式,才能看清事物变化的内在特征,认清整个变化的形态规律,并了解应如何有效地掌握变化,开创新局。经过发展,系统思考已经发展出一套思考的架构,它既具备完整的知识体系,也拥有实用的工具。

主要参考文献

[1] [美]达夫特.领导学.北京:机械工业出版社,2005.

[2] [英]杰克逊.系统思考.北京:中国人民大学出版社,2005.

[3] [美]伯克.组织变革——理论和实践.北京:中国劳动社会保障出版社,2005.

[4] [美]鲁宾斯坦等.大脑型组织.上海:上海交通大学出版社,2001.

[5] [美]米勒.管理困境.上海:上海人民出版社,2002.

[6] [美]巴纳德.经理人员的职能.北京:中国社会科学出版社,1997.

[7] [美]德鲁克.公司的概念.上海:上海人民出版社、上海社会科学出版社,2002.

[8] [美]米尔格罗姆.经济学、组织与管理.北京:经济科学出版社,2004.

[9] [美]西蒙.管理行为.北京:机械工业出版社,2004.

[10] [美]梅耶.现代社会中的科层制.上海:学林出版社,2001.

[11] [美]丹尼尔·A·雷恩.管理思想史(第五版).北京:中国人民大学出版社,2009.

[12] [美]纽曼等.管理过程.北京:中国社会科学出版社,1995.

[13] [美]沃尔特·W·鲍威尔等.组织分析的新制度主义.上海:上海人民出版社,2008.

[14] [英]查尔斯·汉迪.组织的概念.北京:中国人民大学出版社,2006.

[15] [加]亨利·明茨伯格.明茨伯格论管理.北京:机械工业出版社,2007.

[16] [美]克思斯·阿吉里斯.组织学习.北京:中国人民大学出版社,2004.

[17] 陈传明.比较企业制度.北京:人民出版社,1995.

[18] 周雪光.组织社会学十讲.北京:社会科学文献出版社,2003.

[19] 吴彤.自组织方法论研究.北京:清华大学出版社,2001.

[20] 林金忠.企业组织的经济学分析.北京:商务印书馆,2005.

图书在版编目(CIP)数据

管理学原理/周三多,陈传明,龙静编著. 一3 版
. 一南京:南京大学出版社,2020.8(2024.8 重印)
ISBN 978 - 7 - 305 - 22363 - 1

Ⅰ. ①管…　Ⅱ. ①周… ②陈… ③龙…　Ⅲ. 管理学
Ⅳ. ①C93

中国版本图书馆 CIP 数据核字(2019)第 119370 号

出版发行　南京大学出版社
社　　址　南京市汉口路 22 号　　邮　编　210093
书　名　**管理学原理**
　　　　　GUANLIXUE YUANLI
编　著　周三多　陈传明　龙 静
责任编辑　尤 佳　　　　　编辑热线　025 - 83592315

照　排　南京南琳图文制作有限公司
印　刷　南京人文印务有限公司
开　本　787 mm×1092 mm　1/16　印张 21.5　字数 510 千
版　次　2020 年 8 月第 3 版　2024 年 8 月第 4 次印刷
ISBN 978 - 7 - 305 - 22363 - 1
定　价　55.00 元

网址:http://www.njupco.com
官方微博:http://weibo.com/njupco
官方微信号:njupress
销售咨询热线:(025)83594756